Das Buch

Wer sich ernsthaft mit Fragen nach Begriff, Formen und Rechtfertigung politischer Herrschaft auseinandersetzen will, kommt
nicht umhin, die wesentlichen Texte der staatsphilosophischen
Klassiker zu studieren. Ihre Entwürfe haben die politische
Wirklichkeit in Ost und West bis in die Gegenwart hinein geprägt.
Die vorliegende Auswahl von Texten aus den Werken siebzehn
klassischer Autoren wendet sich an den staatsphilosophischen
Anfänger. Sie will ihm nicht nur anhand primärer Quellen einen
ersten historischen Überblick über die wichtigsten Stationen in
der Entwicklung der abendländischen Staatsphilosophie ver-
schaffen. Sie dient auch dem Ziel, ihn in die noch heute im
Vordergrund stehenden Hauptprobleme des Faches selbst ein-
zuführen.
Eine kapitelweise Gliederung der Texte nach Epochen sowie
Einführungen des Herausgebers bieten dem Leser wertvolle
Orientierungshilfe.

Der Herausgeber

Prof. Dr. jur. et phil. Norbert Hoerster, geb. 1937, ist Ordina-
rius für Rechts- und Sozialphilosophie an der Universität
Mainz. Er verfaßte zahlreiche Abhandlungen zur Ethik und
Rechtsphilosophie und ist Herausgeber von ›Klassiker des phi-
losophischen Denkens‹ (dtv 4386/4387), ›Recht und Moral.
Texte zur Rechtsphilosophie‹, ›Glaube und Vernunft. Texte
zur Religionsphilosophie‹ sowie Mitherausgeber von ›Texte zur
Ehtik‹ (dtv 4456).

W0175331

Klassische Texte
der Staatsphilosophie

Herausgegeben von Norbert Hoerster

Deutscher
Taschenbuch
Verlag

Originalausgabe
1. Auflage September 1976
5. Auflage März 1987: 27. bis 33. Tausend
© Deutscher Taschenbuch Verlag GmbH & Co. KG, München
Umschlaggestaltung: Celestino Piatti unter Verwendung des
Titelkupfers der Erstausgabe von Thomas Hobbes' ›Leviathan‹
Gesamtherstellung: C. H. Beck'sche Buchdruckerei,
Nördlingen
Printed in Germany · ISBN 3-423-04455-1

Inhalt

Die vorliegende Sammlung von Textauszügen macht die Beschäftigung mit den ungekürzten Werken der staatsphilosophischen Klassiker nicht überflüssig. Doch vielleicht bietet sie dem Anfänger, den die Lektüre der Gesamttexte überfordern würde, einen willkommenen Zugang zu den klassischen Denkern und Theorien. Nach meiner Überzeugung ist die direkte, wenn auch nur bruchstückhafte Beschäftigung mit Originaltexten dem bloßen Studium von Sekundärliteratur – wie es hierzulande weitverbreitete Praxis ist – in jedem Fall vorzuziehen.

Die Auswahl der Texte wurde nach folgenden Gesichtspunkten vorgenommen: Erstens wurden vor allem solche Textpassagen der als klassisch geltenden Staatsdenker berücksichtigt, die auch noch im heutigen Wortsinn staats*philosophischer* Natur sind. Und zweitens wurde im Zweifel solchen Texten der Vorzug gegeben, die auf die aktuelle Problemdiskussion des Faches noch anregend zu wirken vermögen. Das Problem, wie sich die spezifischen Fragestellungen der Staats*philosophie* von den Fragestellungen der übrigen Wissenschaften, die sich mit dem Staat befassen, vom modernen Standpunkt aus abgrenzen lassen, wird in der Einführung zur Sprache kommen.

Die in diesen Band aufgenommenen Texte haben eine geringfügige Redaktion erfahren. Die Abänderungen beziehen sich insbesondere auf die Weglassung von Fußnoten und Überschriften einzelner Textabschnitte, auf die Weglassung von Hinweisen des Autors auf frühere Stellen seines Werkes, die in diesen Reader nicht aufgenommen wurden, sowie auf solche Anfangssätze einer wiedergegebenen Textpassage, die in der Formulierung des Autors an unmittelbar vorhergehende (nicht abgedruckte) Sätze anknüpfen. Die Überschriften am Anfang der Texte wurden von mir hinzugefügt.

Der einzige Gesichtspunkt für diese Änderungen war, die Lesbarkeit und Verständlichkeit der ausgewählten Texte zu verbessern. In ihren Sinngehalt ist in keinem Fall eingegriffen worden – soweit man nicht in jeder nur auszugsweisen Wiedergabe eines größeren Textes schon per se einen derartigen Eingriff erblicken will. Da dieser Reader die Funktion hat, die wiedergegebenen Grundtexte dem Anfänger – und nicht dem Wissenschaftler – zugänglich zu machen, erschien es mir gerechtfertigt,

auf eine ausdrückliche Kenntlichmachung der redigierten Text-
stellen, die nur den Lesefluß hemmen würde, zu verzichten. Auf
Auslassungen ganzer Passagen wird durch [...] hingewiesen.

Klassische Texte einer Disziplin zeichnen sich dadurch aus,
daß sie besonders originelle, einflußreiche oder interessante Fragestellungen und Theorien enthalten. Klar und leicht verständlich (insbesondere vom Standpunkt des heutigen Lesers aus)
müssen diese Texte deshalb nicht schon sein. Aus diesem Grund
hielt ich es für angebracht, dem Leser durch Kapiteleinleitungen
für jeden der hier vertretenen Klassiker eine gewisse Verständ-
nishilfe an die Hand zu geben. Als umfassende Erläuterungen
hätten diese Einleitungen mindestens so lang wie die Texte selbst
ausfallen müssen. In der vorliegenden knappen Form erheben sie
lediglich den Anspruch, auf einige Aspekte hinzuweisen, die für
das Verständnis der Grundposition des jeweiligen Denkers wesentlich sind. Zu ihrer Ergänzung sollte der Leser im Bedarfsfall
die auf S. 307 angeführte Sekundärliteratur zu Rate ziehen.

Der Herausgeber

Norbert Hoerster: Der Gegenstand der Staatsphilosophie und ihre Geschichte

Zwei Fragen sollen in dieser Einführung erörtert werden. Was ist der *Gegenstand* der Staatsphilosophie? Welches Interesse leitet uns, wenn wir, indem wir die klassischen Texte der Staatsphilosophie studieren, uns mit der *Geschichte* dieser Disziplin beschäftigen?

Zunächst: Was ist der Gegenstand der Staatsphilosophie? – Man könnte versucht sein, einfach zu antworten: Gegenstand der Staatsphilosophie ist der Staat. In einem gewissen, trivialen Sinne ist diese Antwort gewiß zutreffend. Wenn wir jedoch nach dem »Gegenstand« einer philosophischen oder einzelwissenschaftlichen Disziplin fragen, wollen wir im allgemeinen noch etwas Weiteres in Erfahrung bringen. Wir wollen wissen, *welche Art von Fragen* sich die betreffende Disziplin vorlegt. Es geht uns um die spezifische Weise der Betrachtung des Gegenstandes und nicht nur um den Gegenstand als solchen.

Was ist nun die spezifisch staats*philosophische* Betrachtungsweise des Gegenstandes »Staat« im Unterschied zur Betrachtungsweise der Einzelwissenschaften? Wie lauten die typischen Fragen der Staatsphilosophie?

Die Einzelwissenschaften, die sich mit dem Staat befassen, sind neben der Geschichtswissenschaft vor allem die Politikwissenschaft und die Rechtswissenschaft. Sie beide behandeln – in Form einer allgemeinen Staatslehre – die Frage, wie sich die verschiedenen in der Realität von Vergangenheit und Gegenwart anzutreffenden Staatstypen adäquat beschreiben und klassifizieren lassen; was ihnen gemeinsam ist, wodurch sie sich unterscheiden. Neben diesem gemeinsamen Randgebiet hat jede der beiden Wissenschaften ihren für sie typischen Fragenbereich.

Die Politikwissenschaft erforscht Bedingungen, Ursachen und Folgen der einzelnen Staatstypen und politischen Institutionen. Sie sucht Antwort auf Fragen wie diese: Welche sozialen Bedingungen sind günstig oder unverzichtbar für Entstehung und Erhaltung einer parlamentarischen Demokratie? Welche Folgen hat ein demokratisches Entscheidungsverfahren in einer Gesellschaft, in der nur etwa 10% der Bevölkerung aufgeklärt oder mündig genug sind, ihre Stimme abgeben zu wollen? Existieren Beziehungen – vielleicht wechselseitiger Natur – zwischen der demokratischen Staatsform westlichen Zuschnitts und einer (mehr oder minder) kapitalistischen Wirtschaftsordnung? Welches Verfahren politischer Willensbildung ist einem Garantiesystem individueller Freiheitsrechte am zuträglichsten? – In allen diesen Fällen handelt es sich im Kern nicht um philosophische, sondern um empirische Fragen: Um Fragen, die nicht durch bloße Reflexion, sondern nur anhand vielfältiger psychologischer, soziologischer oder nationalökonomischer Erfahrungen und Gesetzmäßigkeiten einer Lösung nähergebracht werden können.

Die Rechtswissenschaft untersucht nicht Zusammenhänge von Fakten, sondern von Normen. Sie interpretiert, erläutert, systematisiert die Rechtsnormen, die rechtlichen Verhaltensregeln, denen ein konkreter Staat (etwa die Bundesrepublik Deutschland) in seinem Gebiet Geltung verschafft. Dabei haben für jemanden, dessen Erkenntnisinteresse auf den Staat zielt, diejenigen Rechtsnormen eine besondere Bedeutung, die nicht nur insofern mit dem Staat zu tun haben, als sie ihm ihre Geltung verdanken (etwa die Normen des Eherechts), sondern die das Funktionieren des Staates selbst, seiner Organe und Institutionen regeln (etwa die Normen des Verfassungsrechts über das Zustandekommen eines Gesetzes).

Soweit die knappe Skizze der wichtigsten Funktionen, welche die Einzelwissenschaften, die sich mit dem Staat befassen, wahrnehmen. Welcher Art nun sind die Fragen, die in dieser Situation für die Staatsphilosophie übrigbleiben? Welche grundlegenden Fragen über den Staat gibt es, die von den genannten Einzelwissenschaften nicht behandelt werden?

Da sind zunächst einmal Fragen methodologischer Natur zu nennen: Welcher Methoden bedienen sich Politikwissenschaft beziehungsweise Rechtswissenschaft bei ihren Forschungen? Sind diese Methoden denen der sogenannten Naturwissenschaften vergleichbar? Bedarf nicht etwa die Politikwissenschaft anstelle derartiger Methoden oder zumindest zusätzlich zu ihnen ganz andersartiger Verfahrensweisen, die der Tatsache Rechnung tragen, daß Gegenstand dieser Wissenschaft nicht »natürliche«, sondern vom Menschen geschaffene, kulturell-soziale Phänomene sind? Und ist nicht vielleicht die Rechtswissenschaft, die Normsetzungen, also sprachliche Zeichen, zu deuten und zueinander in Beziehung zu setzen hat, in ihrem Vorgehen einer anderen Textwissenschaft, etwa der Literaturwissenschaft, viel verwandter als einer Naturwissenschaft oder selbst als einer Kulturwissenschaft wie der Politikwissenschaft?

Dieser wissenschaftsmethodologische Aspekt der Staatsphilosophie wird in den Texten dieses Readers allerdings kaum eine Rolle spielen. Denn er wird von den klassischen Autoren, die hier vorgestellt werden, allenfalls am Rande behandelt und hat erst seit etwa einhundert Jahren eine eigenständige, systematische Bearbeitung erfahren.

Die staatsphilosophische Fragestellung, die von den Anfängen der Staatsphilosophie bis heute gleichermaßen aktuell gewesen ist und die im Mittelpunkt unserer Texte stehen wird, lautet: Warum gibt es überhaupt so etwas wie einen Staat? Und wie sollte der Staat richtigerweise im einzelnen beschaffen sein? Man darf diese zentrale Fragestellung aller Staatsphilosophie nicht mißverstehen. Gefragt ist hier nicht nach der historischen Entstehung, der Genese des Staates oder nach einzelnen seiner Verwirklichungen; mit dieser Frage befaßt sich eine Einzelwissenschaft, nämlich die Geschichtswissenschaft. Für den Staatsphilosophen ist die Warum-Frage eine Frage der *Rechtfertigung*: Gibt es vom Standpunkt der Vernunft aus überzeugende Gründe für die Existenz eines Staates (dafür, daß es einen Staat geben *soll*) und, wenn ja, für die Existenz eines Staates welcher Art? Gibt es Erwägungen, die einen rationalen Menschen bestimmen können, das Leben in einem Staat dem Leben in einem staatslosen Zustand vorzuziehen, und welche der möglichen Formen des Staates lassen diese Erwägungen wählenswert erscheinen?

Dies sind Fragen wertender Natur, normative Fragen, die sich von den deskriptiven, auf dem Feld der Beschreibung liegenden Fragen – etwa der Politikwissenschaft – deutlich unterscheiden. Ob sich derartige Wertungsfragen überhaupt, wie es die Staatsphilosophie zu tun beansprucht, mit rationalen Mitteln behandeln lassen, wird bisweilen bezweifelt. Ob diese Zweifel begründet sind, ist seinerseits ein schwieriges philosophisches Grundlagenproblem. Wir werden ihm in den einzelnen Kapiteleinleitungen einige Beachtung schenken und uns die spezifische Art und Weise, auf die der jeweilige Autor es zu lösen versucht, – soweit lohnend – vor Augen führen. Jedenfalls wäre es voreilig, die Möglichkeit jeglicher staatsphilosophischen Erkenntnis skeptisch zu beurteilen, bevor man sich nicht ernsthaft und im Detail mit den wichtigsten staatsphilosophischen Argumentationen selbst vertraut gemacht und auseinandergesetzt hat. Sollte etwa das Urteil, die gegenwärtige Staatsordnung der Bundesrepublik Deutschland sei besser als die des Dritten Reiches, anstatt rational begründbar, wirklich nichts weiter als eine Sache willkürlicher Festlegung oder persönlichen Bekenntnisses sein? Wer eine derartige, auf den ersten Blick alles andere als einleuchtende These aufstellt, sollte sich ihre Begründung nicht zu einfach machen. Es wäre ein mehr als trauriger Befund, wenn man dem Staatsbürger, der nach Rechtfertigung jener politischen Gewalt verlangt, unter der er lebt, schon aus prinzipiellen Gründen jede Antwort schuldig bleiben müßte.

Die staatsphilosophische Rechtfertigungsproblematik hat eine Reihe verschiedenartiger, wenn auch verwandter Aspekte. Einige von ihnen, die den Kernbereich der Staatsphilosophie bilden, seien hier schlagwortartig genannt: Was ist das Ziel einer sozialen Vereinigung von der Art des Staates? Liegt es in nichts anderem als im Glück und Wohlergehen der einzelnen Mitglieder, oder ist es letztlich überindividueller Natur? Welche Rolle spielt bei seiner Verwirklichung das Prinzip der Gerechtigkeit? Was fordert dieses Prinzip? Wie sind Glück und Wohlergehen der Individuen näher zu bestimmen? Zählt lediglich die Befriedigung der faktisch vorhandenen Begierden, Wünsche und Interessen, oder kann eigentliches Glück nur in der moralischen Selbstverwirklichung entsprechend einem metaphysisch fundierten Menschenbild liegen? – Sind die Rechte und Pflichten, die Individuen untereinander haben, ausnahmslos staatlichen Ursprungs, oder gibt es eine Kategorie von Rechten und Pflichten (etwa moralischer Natur), die unabhängig von jeder staatlichen Normierung existieren und an denen sich diese, soll sie ihrer Funktion gerecht werden, zu orientieren hat? – Woher leitet der Staat seine Autorität, die er mittels der Rechtsordnung dem einzelnen gegenüber so selbstverständlich zur Geltung bringt, eigentlich ab? Beruht sie vielleicht letztlich auf der – wenn schon nicht ausdrücklich, so doch stillschweigend erteilten – Zustimmung seiner Bürger? Liegt also die eigentliche Souveränität immer beim Volk selbst; und muß jede Konstituierung und Ausübung staatlicher Macht, den Intentionen und Interessen des Volkes entsprechend, als an bestimmte Bedingungen geknüpft gedacht werden? – Wie ist das richtige Verhältnis zwischen staatlicher Macht und individueller Freiheit beschaffen? Unter welchen Voraussetzungen ist das Individuum berechtigt, staatlichen Anordnungen den Gehorsam zu versagen beziehungsweise zu versuchen, im Wege einer Revolution die bestehende staatliche Ordnung aus den Angeln zu heben?

Diese und ähnliche Fragen der staatsphilosophischen Rechtfertigungsproblematik haben im allgemeinen zwei unterschiedliche Dimensionen. Die Antworten auf sie erweisen sich zum einen dort als relevant, wo es um *Kriterien des richtigen Inhalts* staatlicher Normen geht – etwa im Zusammenhang mit der Frage, welche Abwehrrechte dem Individuum gegen den Staat zustehen sollen oder wie eine gerechte Form staatlicher Strafe aussieht. Und sie haben zum anderen Konsequenzen dafür, *von wem und nach welchem Verfahren* politische Entscheidungen gefällt werden sollen – also ob etwa Demokratie und Gewaltenteilung gerechtfertigte Formen staatlichen Regierens sind.

Die Fragestellung der Staatsphilosophie ist, wie wir schon sahen, nicht deskriptiver, sondern normativer, wertender Art: Wir möchten wissen, in welchen Institutionen und nach welchen Prinzipien die Menschen politisch zusammenleben *sollen*. Diese Art der Fragestellung unterscheidet die staatsphilosophische von der einzelwissenschaftlichen Beschäftigung mit dem Staat. Das bedeutet jedoch nicht, daß im Rahmen normativer Staatsphilosophie keine deskriptiven Erkenntnisse relevant werden könnten. Denn die zu suchenden Prinzipien politischen Zusammenlebens sollen ja nicht für irgendein beliebiges Wesen gelten, sondern für den Menschen, ein Wesen mit spezifischen Fähigkeiten und Eigenschaften. Es liegt deshalb auf der Hand, daß die Lösung der staatsphilosophischen Problemstellung auch von gewissen fundamentalen Fakten über den Menschen abhängig ist.

Vor allem deskriptive Fragen der folgenden Art sind es, die von Staatsphilosophen immer wieder als relevant erachtet und in ihre normativen Erörterungen miteinbezogen worden sind: Gibt es eine höhere, überempirische Seinsordnung – beruhend etwa auf kosmischen Gesetzmäßigkeiten, auf dem Schöpfungsplan Gottes oder auf einer inneren Zielrichtung des Verlaufs der Weltgeschichte –, in die das Leben politischer Gemeinschaften eingefügt ist? Verfügt der Mensch über gewisse natürliche Anlagen, die ihn zu einem Leben in einer politischen Gemeinschaft – vielleicht einer politischen Gemeinschaft mit bestimmten, näher angebbaren Strukturen – gleichsam vorprogrammieren? Angenommen, es gäbe keine staatliche Ordnung – wie würde menschliches Leben dann im einzelnen aussehen; welche Vor- und welche Nachteile würde dieses Leben gegenüber einem Leben im Staat für den einzelnen einschließen?

Derartige Fragen werden, wie gesagt, von der Staatsphilosophie im Kontext ihrer normativen Begründungsproblematik aufgeworfen. Selbst beantworten kann sie diese Fragen allerdings nicht; denn sie fallen in das Arbeitsgebiet solcher Disziplinen wie der Metaphysik, der Theologie, der Geschichtsphilosophie beziehungsweise der empirischen Sozialwissenschaften. Der Staatsphilosoph ist darauf angewiesen, die Ergebnisse dieser Disziplinen, soweit sie über gesicherte Ergebnisse verfügen, zu übernehmen oder aber sich in die betreffende Disziplin soweit einzuarbeiten, daß er an der in ihr geführten Diskussion in kompetenter Weise selbst teilnehmen kann.

In jedem Fall bleibt dem Staatsphilosophen in diesem Zusammenhang relevanter deskriptiver Erkenntnisse *eine* Aufgabe reserviert, die Aufgabe der Transformation: Er muß die jeweiligen Erkenntnisse, die die betreffende Disziplin ja ohne Rücksicht auf seine spezifische Fragestellung formuliert hat, in den Kontext dieser Fragestellung übertragen. Das zu tun erfordert nicht selten ein beträchtliches Maß an Klärung und Vergleich sprachlicher Bedeutungen. Inwieweit ist etwa die Theorie eines psychologischen Egoismus, wie sie der Freudschen Psychoanalyse zugrunde liegt, identisch mit jener Egoismusthese, aus der manche Staatsphilosophen die unumgängliche Notwendigkeit eines staatlichen Sanktionsapparates abgeleitet haben?

Der Staatsphilosoph bewegt sich hier auf dem Gebiet der Begriffsanalyse. Diese bildet neben dem Rechtfertigungsproblem den zweitwichtigsten Teilbereich seiner Disziplin. Begriffs- und sprachanalytische Untersuchungen nehmen in der Staatsphilosophie in der Tat einen größeren Raum ein, als man zunächst vermuten könnte. Sie sind nämlich nicht nur auf das Problem der Übertragung relevanter Resultate anderer Disziplinen beschränkt. Sie spielen vielmehr schon innerhalb der staatsphilosophischen Fragestellung selbst eine bedeutende Rolle. Bevor wir nämlich nicht die staatsphilosophischen Kernbegriffe – Begriffe wie »Staat«, »Recht«, »Macht«, »Autorität«, »Freiheit«, »Gerechtigkeit«, »Gleichheit«, »Demokratie« – geklärt und präzisiert haben, besteht immer die Gefahr, daß unsere staatsphilosophischen Fragen und Antworten von verschiedenen Personen in einem unterschiedlichen Sinn verstanden werden. Wenn etwa verschiedene Personen schon mit den Begriffen »Staat« und »Demokratie« unterschiedliche Vorstellungen verbinden, dann kann ihre Diskussion der Fragen, wie sich die Existenz einer staatlichen Ordnung rechtfertigen läßt und welches die ideale Staatsform ist, nur zu Mißverständnis und Konfusion führen.

Eine solche Begriffsexplikation geht richtigerweise in zwei Schritten vor: Sie stellt zunächst den tatsächlichen allgemeinen sowie den tatsächlichen wissenschaftlichen Sprachgebrauch des betreffenden Begriffes fest (in aller Regel wird der wissenschaftliche Sprachgebrauch bereits eine gewisse Präzisierung des allgemeinen Sprachgebrauchs darstellen). Sodann sucht sie diesen Sprachgebrauch sofern erforderlich mit den Mitteln kritischer Analyse zu verbessern. Kriterien dieser Verbesserung sind Gesichtspunkte wie Präzision, logische Konsistenz, Stimmigkeit im Rahmen des gesamten staatsphilosophischen Begriffsnetzes. Bei dieser Begriffsfestlegung sollte nicht schon die Einstellung zu Sachfragen eine Rolle spielen, sondern das Ziel einer optimalen sprachlichen Verständigung über das jeweils Gemeinte allein ausschlaggebend sein.

Staatsphilosophische Theorien und Systeme setzen sich also aus mindestens drei verschiedenartigen Elementen zusammen: aus begriffsanalytischen beziehungsweise begriffsdefinitorischen Elementen; aus den im Brennpunkt stehenden normativen Rechtfertigungselementen; und schließlich aus als Zusatzprämissen herangezogenen deskriptiven Elementen (theologischer, metaphysischer oder empirischer Natur).

Nicht immer sind staatsphilosophische Abhandlungen so verfaßt, daß es aus jeder der in ihnen aufgestellten Behauptungen unmittelbar hervorgeht, auf welcher der drei Ebenen sie liegt; unterschiedslos gehen oft die verschiedenartigen Elemente im Rahmen einer bestimmten Argumentation ineinander über. Das gilt besonders für staatsphilosophische Texte früherer Jahrhunderte (wie die hier abgedruckten), in denen das methodische und sprachkritische Bewußtsein in der Philosophie durchweg noch nicht so geschärft war wie heute. Um so wichtiger ist es für den Leser solcher Texte, sich diese Unterscheidungen klarzumachen und mit ihrer Hilfe die in den Texten enthaltenen Argumente zu analysieren. Nur so wird er dem Ziel, sie kritisch zu würdigen und für das eigene staatsphilosophische Denken fruchtbar zu machen, näherkommen.

Auch ist in diesem Zusammenhang zu bedenken, daß die Entstehung einer von der Staatsphilosophie unterschiedenen Politikwissenschaft (mit ihren oben skizzierten Aufgaben) relativ jungen Datums ist. Die meisten der in diesem Reader vertretenen klassischen Autoren verstanden unter Staatsphilosophie noch die

Gesamtheit der in einem rational-wissenschaftlichen Geist durchführbaren Untersuchungen über politische Phänomene. Der heutige Leser klassischer Texte muß daher häufig, sofern er primär an Staats*philosophie* interessiert ist, die spezifisch philosophischen Fragestellungen und Argumente aus einem umfassenden (im weitesten Sinn des Wortes) politikwissenschaftlichen Kontext herauslösen. Wie schon im Vorwort ausgeführt, war mein Bemühen, dem Leser diese Aufgabe möglichst abzunehmen, einer der Gesichtspunkte, unter denen ich die vorliegenden Texte aus dem staatsphilosophischen Gesamtwerk der Klassiker ausgewählt habe.

Wir kommen zu der zweiten der beiden eingangs aufgeworfenen Fragen: Welches Interesse leitet jemanden, der sich mit klassischen Texten der Staatsphilosophie beschäftigen möchte? – Diese Frage läßt sich nicht einheitlich beantworten; denn es gibt eine Reihe recht verschiedenartiger Gesichtspunkte, unter denen man die Geschichte der Staatsphilosophie studieren kann. Die wichtigsten von ihnen seien kurz vorgestellt.

Erstens kann man die Geschichte der Staatsphilosophie im Sinne einer Ideengeschichte als den Ablauf einer fortschreitenden Entwicklung bestimmter Fragestellungen und Theorien begreifen. Unter diesem Gesichtspunkt wird man bei der Beschäftigung mit einem bestimmten Denker vor allem an der Frage interessiert sein, inwieweit sich in seinem Werk Bezüge auf das Denken seiner Vorgänger sowie seiner Nachfolger feststellen lassen, ob er in irgendeiner Weise durch frühere Fragestellungen und Theorien angeregt wurde sowie seinerseits spätere beeinflußt hat.

Zweitens kann man die Geschichte der Staatsphilosophie als integrierten Bestandteil der Gesamtgeschichte, insbesondere der politischen Geschichte sehen – die Geschichte der politischen *Theorie* in gewisser Weise als Spiegel der Geschichte der politischen *Praxis*. Unter diesem Gesichtspunkt wird man vor allem wissen wollen, welche praktisch-politischen Probleme und Konflikte Zeit und Gesellschaft des jeweiligen Autors bestimmten, welche Einstellung er zu diesen Problemen und Konflikten hatte und in welcher Weise er es verstand, seine staatsphilosophischen Theorien diesen Einstellungen dienstbar zu machen.

Während diese beiden Betrachtungsweisen historisch orientiert sind, gilt das für eine dritte mögliche Betrachtungsweise nicht. Sie ist primär nicht daran interessiert, die Position eines bestimmten staatsphilosophischen Denkers in dem zugehörigen historischen Kontext (sei er horizontal oder vertikal verstanden) zu sehen und zu würdigen. Sie geht vielmehr von der Frage aus, inwieweit diese Position für die staatsphilosophische Diskussion der Gegenwart fruchtbar gemacht werden kann und inwieweit sich aus ihr Anregungen für unser eigenes staatsphilosophisches Denken gewinnen lassen. Dabei braucht eine solche Anregung natürlich keineswegs in eine Übernahme der betreffenden Theorie zu münden. Sie kann ebensogut darauf hinauslaufen, daß man nur gewisse Aspekte von ihr akzeptiert oder aber, indem man sie vollständig ablehnt, sich zur Ausarbeitung einer kritischen Gegenposition veranlaßt sieht. Entscheidend für diese Betrachtungsweise ist lediglich, daß man die Theorien vergangener Denker als noch heute aktuelle Diskussionsbeiträge ansieht und sie dementsprechend ernst nimmt.

Jede dieser drei Betrachtungsweisen, die selbstverständlich Berührungspunkte miteinander aufweisen und sich bis zu einem gewissen Grade ergänzen können, ist legitim und in sich lohnend. Das verdient heute besonders betont zu werden – vor allem in unseren Breiten, wo nicht wenige politische Philosophen (aus im übrigen sehr unterschiedlichen staatsphilosophischen Lagern) offenbar der Meinung sind, allein interessant und erwägenswert an den Theorien eines klassischen Autors sei die Frage, welche zeitgenössischen politischen Interessen er durch sie habe fördern wollen oder de facto gefördert habe. Eine sich in diesem Sinne ausschließlich auf den zweiten der oben genannten Gesichtspunkte versteifende Betrachtungsweise wird dem theoretischen Anspruch wie auch der tatsächlichen Argumentationsleistung großer vergangener Staatsphilosophen nicht gerecht. Es ist Zeichen einer beklagenswerten Verengung des Gesichtskreises, das einzig Bemerkenswerte in den staatsphilosophischen Theorien etwa eines Aristoteles oder eines Hobbes darin zu sehen, daß diese Theorien den Betreffenden zur theoretischen Legitimation der mit ihren praktischen Interessen verknüpften politischen Institutionen der Sklaverei beziehungsweise der absoluten Monarchie gedient hätten. Denn zum einen enthalten die staatsphilosophischen Überlegungen dieser beiden Philosophen viel Bedenkenswertes, das mit den beiden genannten Legitimationstheorien in keinem logischen Zusammenhang steht. Und zum zweiten enthalten sogar diese Legitimationstheorien selbst zumindest Bestandteile, die durchaus diskussionswürdig sind. Daß wir ihre Ergebnisse keinesfalls zu akzeptieren bereit sind, ist ja damit vereinbar, daß wir sämtliche ihrer Prämissen außer einer einzigen für wahr halten.

Ich bin der Auffassung, daß der staatsphilosophische Anfänger, der sich in die Geschichte des Faches einarbeiten möchte, gerade auf den dritten, ahistorischen Gesichtspunkt das Hauptgewicht seines Interesses legen sollte. Dafür sprechen vor allem zwei Gründe. Erstens verfügt er gewöhnlich nicht über das erforderliche geistes- und politikgeschichtliche Wissen, um im Rahmen der ersten beiden Betrachtungsweisen über rudimentäre (oft illegitim simplifizierende) Erkenntnisse hinauszugelangen. Und zweitens ist sein primäres Interesse an der Staatsphilosophie gewöhnlich ja gar nicht historischer Natur; er möchte sich vom heutigen Standpunkt über die staatsphilosophischen Grundprobleme und ihre Lösungen ein eigenes Bild machen.

Natürlich ließe sich dieses Ziel im Prinzip auch ohne die Beschäftigung mit klassischen Texten erreichen. Es ist aber nun einmal eine kaum zu bestreitende Tatsache, daß die meisten der noch heute aktuellen staatsphilosophischen Kernprobleme und Lösungsalternativen schon von Denkern wie Platon und Aristoteles, Hobbes und Locke, Rousseau und Kant, Marx und Mill im Detail ausgearbeitet wurden. Und es gibt wenige Betätigungen, bei denen der philosophische Anfänger mehr lernen kann als bei der kritischen Rekonstruktion, der Übersetzung in das eigene Denken von Theorien und Konzeptionen großer, origineller Denker der Vergangenheit.

Einleitung

PLATON (427–347 v. Chr.), mit dessen Schriften diese Textsammlung eröffnet wird, ist nicht nur der älteste der hier vertretenen Philosophen. Er ist zugleich derjenige Denker der abendländischen Philosophiegeschichte, in dessen Werk in unvergleichlicher Weise die wesentlichen philosophischen Problemstellungen und Lösungsalternativen, die seine Nachfolger bis auf den heutigen Tag beschäftigt haben, bereits im Kern enthalten sind. Diese Feststellung trifft ohne Einschränkung auch auf Platons Staatsphilosophie zu. Es ist daher vom Standpunkt des Lesers ein glücklicher Zufall, daß wir unser ja historisch aufgebautes Buch mit Partien aus dem Werk Platons beginnen lassen können; sie sind hervorragend geeignet, die wichtigsten der staatsphilosophischen Hauptthemen, die ich in meiner Einführung skizziert habe, zu verdeutlichen und ihnen – dank der dichterisch aufgelockerten Sprache Platons – konkretere Konturen zu geben.

Es ist die von Platon verwandte Dialogform, die ihn in besonderer Weise in die Lage versetzt, nicht nur die eigenen philosophischen Überzeugungen zu verfechten, sondern zunächst einmal beim Leser ein Problembewußtsein zu wecken und ihn in anregender Form mit sehr verschiedenartigen, oft kontroversen Lösungsmöglichkeiten zu konfrontieren.

Die Dialogpartner sind auf der einen Seite Platons Lehrer Sokrates, dem der Autor gewöhnlich seine eigenen Meinungen in den Mund legt, und auf der anderen Seite Sokrates' zeitgenössische Gegenspieler, die Sophisten. Nicht immer stellt Platon bei umstrittenen Fragen die Gegenmeinung so fair und überzeugend dar, wie es wünschenswert wäre. Platons Dialoge erfüllen ihre Funktion, philosophischen Problemen gegenüber aufgeschlossen zu machen und zur eigenen Meinungsbildung über sie anzuregen, am besten bei jenem Leser, der kritisch genug ist, die auf beiden Seiten vorgebrachten Argumente möglichst noch zu verbessern und gelegentlich auch die von Sokrates bekämpfte Position für die überzeugendere zu halten.

In den Diskussionen, die Sokrates in den hier wiedergegebenen Dialogauszügen mit verschiedenen Partnern über die Funktion des Staates führt, sind sich alle Beteiligten einig, daß der Staat auf das Glück, das Wohlbefinden, das Interesse, den – wie Platon es nennt – »Vorteil« seiner Bürger bezogen ist. Bei der näheren Interpretation dieses Programmsatzes jedoch hört die Einigkeit sogleich auf, und zwar in mindestens zwei sehr wesentlichen Hinsichten.

Erstens dienen für Sokrates' Gesprächspartner Staat und Rechtsordnung jeweils nur partikularen Interessen – seien es nun die Interessen der von Natur aus Stärkeren, die sich im Kampf um die politische Macht durchgesetzt haben (so Thrasymachos); die Interessen der breiten Masse von Natur aus schwacher Durchschnittsmenschen, die auf diese Weise die von Natur aus Starken, eigentlich zum Herrschen Bestimmten im Zaume halten (so Kallikles); oder die lediglich zeitweiligen Interessen praktisch aller, insofern jeder einmal in die Lage kommen kann, ohne den Schutzverband des Staates hilflos den Aggressionen seiner Mitmenschen ausgesetzt zu sein (so Glaukon). Für alle drei Auffassungen – die übrigens ihre eigentliche Blüte erst in der Philosophie der Neuzeit erlebten (bei Marx, Nietzsche beziehungsweise Hobbes!) – gilt, daß der Staat entweder für einige Menschen stets oder für alle Menschen gelegentlich *nicht* von Vorteil ist. Sokrates hält das Gegenteil für richtig: Es ist für jeden Menschen in jeder Situation von Vorteil, in seinem Verhalten die Forderungen der Gerechtigkeit zu erfüllen. (Der Leser sollte zu diesem Punkt Platons Text daraufhin analysieren, ob nicht Sokrates und seine Gesprächspartner bis zu einem gewissen Grade aneinander vorbeireden: Scheinen nicht diese mehr den Staat in der historischen Wirklichkeit, jener aber den idealen Staat, die Verkörperung der wahren Gerechtigkeit im Sinn zu haben?)

Zweitens haben Sokrates und seine Gesprächspartner eine vollkommen verschiedene Vorstellung davon, worin der Vorteil eines Menschen besteht. Für diese besteht er in der möglichst umfassenden Befriedigung der jeweils auftretenden Begierden und Wünsche, für Sokrates dagegen in einem geordneten, gerechten, sittlich guten Leben. Diese Position des Sokrates (aus der sich seine Einstellung zu dem ersten Streitpunkt zwanglos ergibt) steht im Zentrum von Platons gesamter Staatsphilosophie: Das gerechte Leben und das glückliche Leben fallen zusammen. Die staatliche Ordnung ist insofern legitimiert, als sie die Gerechtigkeit verwirklicht und damit dem glücklichen Leben der Bürger dient.

Die dieser Position zugrundeliegende Konzeption vom menschlichen Glück ist nicht leicht nachzuvollziehen. Lehrt uns nicht die Erfahrung, daß ein moralisch hochstehendes Leben zumindest gelegentlich auch Opfer und Verzicht einschließt? Das Glück liegt für Platon nicht nur nicht in der Erfüllung aller möglichen schnell vorübergehenden Wünsche eines Menschen; es liegt nicht einmal in der möglichst dauerhaften Befriedigung seiner langfristigen Interessen (wie Platons Beispiele – etwa das Beispiel der unangenehmen, aber der Gesundheit dienenden ärztlichen Operation – eigentlich nahelegen). Man muß vielmehr den Eindruck gewinnen, daß »Glück« für Platon überhaupt kein empirischer, an Empfindungen und Gefühle des Betreffenden anknüpfender Begriff ist. Der Leser gehe anhand der Texte selber der Frage nach, wie Platon den Begriff statt dessen, positiv gesehen, verstanden haben könnte.

Wie haben wir uns nun die gerechte politische Ordnung vorzustellen, die allein dem Menschen zu seinem Glück verhilft? Als Antwort auf diese Frage entwickelt Platon in seinem staatsphilosophischen Hauptwerk ›Der Staat‹ in großer Ausführlichkeit seine Lehre von einer spezifischen Form des Ständestaates – eines Staates, in dem jeder Bürger, seiner Standeszugehörigkeit entsprechend, eine genau umrissene Funktion zu erfüllen hat. Diese Lehre kann heute kaum noch aktuelles Interesse beanspruchen. Sie ist deshalb in unserer Textauswahl aus dem Werk Platons nicht repräsentiert. (Der interessierte Leser findet sie in jeder Geschichte der Staatsphilosophie dargestellt.) Von bleibendem Interesse dürfte dagegen die *methodologische* Position sein, die Platon auf der Suche nach der gerechten Staatsform einnimmt. Platons Auffassung, auf welchem Denkwege sich diese Staatsform finden läßt, hat in der Geschichte der Staatsphilosophie bis auf den heutigen Tag Anhänger gefunden.

Zunächst: Platon läßt keinen Zweifel daran, daß das politisch Richtige sich prinzipiell wissen oder erkennen läßt; es ist nicht eine Sache von weltanschaulichem Bekenntnis, willkürlicher Festlegung, Auszählung von Stimmen oder ähnlichem. Und weiter: Dieses Wissen, um das es im Bereich des Politischen geht, ist für Platon ganz und gar außerempirischer, philosophischer Natur. Es kommt nicht einmal zusätzlich darauf an, etwa die langfristigen Interessen der Bürger zu ermitteln oder die sozialen oder geographischen Bedingungen, unter denen sie zu leben haben. Denn es gibt ein Modell des Staates, des für alle Zeiten und Orte verbindlichen Staates, und dieses Modell existiert im überempirischen Reich der Ideen. Nur reine, von keiner Sinneserfahrung getrübte philosophische Reflexion kann es erfassen.

Nach alledem kann es für Platon die Verwirklichung des gerechten Staates nicht geben, bevor nicht die Staatsmänner, Politiker und Pädagogen (in Platons Sprache die »Redner«) wirkliche Fachkenner – und zwar Philosophen – geworden beziehungsweise wirkliche Fachkenner an die Spitze des Staates getreten sind. Es ist durchaus möglich, diese methodologische Position mitsamt ihren Konsequenzen ganz oder teilweise zu akzeptieren, ohne jenes konkrete Modell des Ständestaates gutzuheißen, das Platon selbst von dieser Position aus rechtfertigen zu können meint.

ARISTOTELES (384–322 v. Chr.) glaubt nicht wie Platon an die Existenz einer außerempirischen Idee des gerechten Staates, die durch rein philosophisches Denken erfaßt werden kann. Das bedeutet nicht etwa, daß er meint, auf das Leitbild eines gerechten Staates verzichten zu können. Er sieht vielmehr dieses Leitbild in der politischen Wirklichkeit immer schon enthalten – freilich in einer mehr oder weniger vollkommenen Verwirklichung. Dementsprechend geht er in seinem staatsphilosophischen Ansatz zunächst einmal von empirischen, jedermann zugänglichen Erkenntnissen über das tatsächliche politische Leben aus. Sodann unternimmt er es, die der Gestaltung dieses politischen Lebens zugrunde liegenden Prinzipien und Zielvorstellungen herauszupräparieren. Und schließlich geht er daran, anhand dieser allgemeinen Prinzipien und Zielvorstellungen gewisse Formen und Aspekte der politischen Wirklichkeit als mit ihnen nicht in Einklang stehend zu kritisieren. Auf diese Weise kann er den Anspruch erheben, aufgrund philosophischer Analyse anstatt philosophischer Spekulation ein normatives Leitbild des Staates zu entwerfen, das der empirischen Realität gegenüber weder utopisch anmutet noch alles Bestehende kritiklos hinnimmt.

Nicht anders als für Platon ist auch für Aristoteles das Ziel, um dessenwillen der Staat existiert, das glückliche Leben seiner Bürger. Allerdings versteht es Aristoteles, dank seiner stärker empirischen Betrachtungsweise, diese These sowohl durchsichtiger als auch plausibler erscheinen zu lassen als Platon. Aristoteles legt nämlich in diesem Zusammenhang großen Wert auf die Feststellung, daß der Mensch über natürliche Bedürfnisse und Anlagen verfüge, die ihn zu einem politischen Zusammenleben prädestinieren – was bedeutet, daß er auf ein solches Zusammenleben sinnvollerweise so wenig verzichten kann wie etwa auf eine Befriedigung seines Nahrungs- oder Geschlechtstriebes.

Das Charakteristische dieser Auffassung zeigt sich, wenn man sie etwa mit der in unserem Platontext von Glaukon vorgetragenen Theorie des Staates als eines auf Gegenseitigkeit beruhenden Schutzverbandes gegen fremde Übergriffe vergleicht. Erstens hat der Staat für Aristoteles nicht nur diese negative Funktion bloßer Abwehr, sondern die eminent positive Funktion, einem mit Sprache begabten und auf Kommunikation angelegten Wesen überhaupt erst zur Selbstverwirklichung zu verhelfen. Und zweitens ist der Staat keine Einrichtung, die menschlichem Erfindungsgeist zu verdanken ist, sondern etwas, das von Anfang an zur Natur des Menschen dazugehört. Der Staat dient der unmittelbaren Verwirklichung eines Zieles, das die Natur selbst dem Menschen gesetzt hat. Das gute (das glückliche) Leben liegt für den Menschen wie für jedes natürliche Wesen allein darin, die ihm von der Natur gesetzten Ziele – seine »natürliche« Funktion – möglichst vollkommen zu erfüllen.

Der Einfluß, den diese aristotelische Konzeption von der natürlichen Zielgerichtetheit von Mensch und Staat auf die spätere Entwicklung der abendländischen Moral- und Staatsphilosophie ausgeübt hat, läßt sich kaum überschätzen. Ob und in welcher Weise es überhaupt sinnvoll und möglich ist, nicht nur einem wollenden und planenden Wesen wie dem Menschen (oder, falls er existiert, Gott), sondern der Natur als solcher Ziele, Zwecksetzungen, Strebungen zuzuschreiben, ist in der Philosophie und Wissenschaftstheorie bis heute eine kontroverse Frage geblieben. Daß jedenfalls die aristotelische Sichtweise von der normgebenden Autorität der Natur gerade auch dem Denken philosophisch Unbelasteter keineswegs fremd ist, zeigen Beispiele alltäglicher Argumentation wie dieses: Viele Menschen würden homosexuelles Verhalten in einem Atemzug als »nicht normal«, »unnatürlich« und »unmoralisch« bezeichnen, wobei sie in der Unnatürlichkeit den Grund für die Unmoral erblicken würden.

MARCUS TULLIUS CICERO (106–43 v. Chr.) bietet dem Leser vieles, das von Platon und Aristoteles her bereits bekannt ist. Trotzdem enthält seine Staatsphilosophie gewisse Aspekte und Akzente, durch die sie sich von der seiner griechischen Vorgänger abhebt. Außerdem ist es Ciceros popularisierende Fassung, in der die wichtigsten staatsphilosophischen Gedanken von Platon und Aristoteles auf juristische und politische Autoren bis weit in die Neuzeit hinein am stärksten gewirkt haben.

Der bedeutsamste Unterschied in der Staatsphilosophie von Platon und Aristoteles auf der einen und Cicero auf der anderen

Seite liegt in Ciceros unmißverständlicher These der fundamentalen Gleichheit aller Menschen. Diese These hat für ihn verschiedene Aspekte. Zum einen besagt sie, daß alle Menschen gleichermaßen an jener göttlichen Vernunft teilhaben, die als unveränderliches, ewiges Gesetz den Kosmos durchwaltet. Jeder Mensch hat von Natur aus die Fähigkeit, das Rechte zu erkennen und ohne fremde Führung dieser Erkenntnis entsprechend zu handeln – eine optimistische Annahme, die Platon ganz und gar und Aristoteles weitgehend suspekt gewesen wäre.

Zum zweiten besagt Ciceros Gleichheitsthese, daß alle Menschen dem ewigen Vernunftgesetz in gleicher Weise unterliegen, daß sie alle – unabhängig von ihrer Nationalität oder Klassenzugehörigkeit – als Menschen die gleiche rechtliche Stellung genießen. Mit dieser Auffassung, die etwa in unserer modernen Redeweise von der »Würde des Menschen« zum Ausdruck kommt, ist die aristotelische Konzeption vom Status des Ausländers oder des Sklaven nicht vereinbar. Für Cicero ist der Idealstaat nicht der eine organische Einheit darstellende und autarke, ständisch gegliederte Kleinstaat, sondern die weltweite Rechtsgemeinschaft aller menschlichen Wesen.

AURELIUS AUGUSTINUS (354–430) folgt in seinen staatsphilosophischen Ausführungen weitgehend Cicero. Allerdings verlangt er, insoweit über Cicero hinausgehend, von einem gerechten Staat, daß er keinen falschen Göttern huldigt, sondern die einzig wahre Religion (für Augustin: das Christentum) zumindest anerkennt, wenn nicht fördert.

Die Originalität Augustins liegt in der Tat nicht auf dem eigentlichen Gebiet der Staatsphilosophie. Sie liegt vielmehr darin, daß er von seinem christlichen Standpunkt aus die gesamte irdische Existenz des Menschen (einschließlich ihrer sozial-politischen Aspekte) dadurch relativiert, daß er sie in einen höheren, geschichtstheologischen Rahmen stellt: Das irdische Leben ist lediglich Durchgangsstadium zum Ziel des ewigen Heils (beziehungsweise der ewigen Verdammnis). Irdisches Glück und Wohlergehen zählen auf diesem Hintergrund wenig; und irdisches Wohlverhalten manifestiert sich in nichts so sehr wie in der Befolgung der göttlichen Gebote.

In diesem theologischen Zusammenhang entwickelt Augustin seine Lehre von den beiden Staaten, dem himmlischen »Gottesstaat« und dem irdischen »Menschenstaat«. Man darf diese Begriffe nicht mißverstehen. Sie bedeuten bei Augustin nicht etwa eine Gegenüberstellung zwischen heidnisch regiertem und christlich regiertem Staat oder zwischen dem Staat schlechthin und der Kirche. Augustin versteht unter dem Gottesstaat vielmehr die Gemeinschaft der von Gott zur ewigen Seligkeit Auserwählten, und unter dem Menschenstaat (den er auch als den Staat Satans bezeichnet) die Gemeinschaft derjenigen, auf die die ewige Verdammnis wartet. Jeder Mensch, ob lebend oder verstorben, gehört zu einer dieser beiden Gemeinschaften. Zu welcher der beiden er gehört, wird allerdings erst am Tag des göttlichen Gerichts offenbar. Denn niemand außer Gott kann in die Seele des Menschen blicken und letztlich beurteilen, ob er ein gottesfürchtiges Leben im Dienst des Geistes oder ein sündhaftes Leben im Dienst des Fleisches führt. Die Zugehörigkeit zum sichtbaren Verband der Kirche ist nicht der ausschlaggebende Gesichtspunkt.

Das Neuartige dieser Betrachtungsweise liegt darin, daß sie die gesamte menschliche Geschichte als einen zielgerichteten Prozeß auffaßt. Dabei läßt Augustin keinen Zweifel daran, daß das Ziel dieses Prozesses überirdischer Art ist: die Verwirklichung des göttlichen Heilsplanes der ewigen Seligkeit, mit der Geschichte als dem Schauplatz menschlicher Bewährung im Kampf zwischen Gut und Böse. Spätere Denker – wie etwa Hegel oder Marx – haben diese prinzipielle Sichtweise vom sinnvollen Verlauf der Geschichte übernommen. Sie haben jedoch, ungebunden an die christlichen Vorstellungen Augustins, das Ziel der Geschichte in die Geschichte selbst verlegt – als einen bestimmten irdischen Zustand der Menschheit, auf den hin sich die Geschichte mit immanenter Notwendigkeit entwickelt. Es ist nur folgerichtig, daß für diese Denker der sichtbare Staat als der wesentliche Träger der Geschichte wieder eine Bedeutung gewinnt, wie er sie für Augustin nie haben konnte. Dabei wird nach ihrer Konzeption jenes Glück vollkommener Selbstverwirklichung, das der Mensch für Aristoteles an jedem Punkt der Geschichte in einem gerecht geordneten Staatswesen, für Augustin dagegen erst am Ende aller Geschichte in der ewigen Anschauung Gottes erfahren kann, zwar im Diesseits, aber erst mit einer bestimmten Epoche historischer Entwicklung realisierbar.

THOMAS VON AQUIN (1225–1274) ist bemüht, anders als Augustin, in seiner Philosophie der Praxis das menschliche Streben nach diesseitigem und jenseitigem Glück in eine ausgewogene Beziehung zu bringen. Zu diesem Zweck erstrebt er eine Synthese zwischen den philosophischen Einsichten des Aristoteles und den christlichen Lehren der Bibel.

Diese Synthese findet in dem vierfachen Gesetzesbegriff des Aquinaten Ausdruck. Er unterscheidet zwischen dem ewigen Gesetz, dem natürlichen Gesetz, dem menschlichen Gesetz und dem göttlichen Gesetz: Das ewige Gesetz umfaßt die Summe jener Anordnungen Gottes, die in seiner ewigen Vernunft begründet sind und die seit dem Tag der Schöpfung den Ablauf aller Dinge im Universum bestimmen. Das natürliche Gesetz ist der Teilbereich des ewigen Gesetzes, der den Menschen betrifft und sich in seiner Vernunft spiegelt; es ist also das natürliche, dem Menschen erkennbare Sittengesetz. Das menschliche Gesetz sind jene näheren Ausgestaltungen und Ergänzungen des natürlichen Gesetzes, wie sie in einer politischen Gemeinschaft kraft positiver Setzung durch den staatlichen Normgeber in Geltung sind. Das göttliche Gesetz schließlich sind solche Anordnungen, die Gott dem Menschen, anstatt über seine Vernunft, durch die Offenbarung der Heiligen Schrift zu erkennen gibt.

Man kann die fünf Autoren dieses Kapitels nicht lesen, ohne das hohe Maß an Übereinstimmung in ihren prinzipiellen staatsphilosophischen Aussagen zu bemerken. Dieser Eindruck verstärkt sich noch, wenn man diese Aussagen mit einigen jener Theorien vergleicht, die für die in den folgenden Kapiteln zu Wort kommenden Staatsphilosophen der Neuzeit im Mittelpunkt stehen. Der Leser sollte diese Vergleiche selbst im Detail durchführen und dabei die Richtigkeit meiner Behauptung überprüfen, daß sich die gemeinsamen Grundpositionen der fünf antiken und mittelalterlichen Denker etwa wie folgt schlagwortartig charakterisieren lassen:

1. Der Staat ist mehr als eine zweckmäßige Erfindung des Menschen, über dessen Existenz und Ausgestaltung dieser nach Belieben befinden kann. Er ist eine dem Menschen von der Natur beziehungsweise von Gott vorgegebene Ordnung des Zusammenlebens. Die Staatsphilosophie gründet in der Metaphysik, die politischen Sollensgesetze in metaphysischen Seinsgesetzen.

2. Diese vorgegebene politische Ordnung umfaßt das *gesamte soziale Leben* des Menschen. Für eine prinzipielle Trennung von Staat und Gesellschaft sowie für die Annahme dem Staat gegenüber bestehender Freiheitsrechte des Individuums ist in dieser Konzeption kein Raum.

3. Die von Staatsmännern erlassenen politischen Normen können nur insoweit Geltung beanspruchen und den Bürger zum

Gehorsam verpflichten, als sie mit den Normen dieser vorgegebenen Ordnung übereinstimmen. Naturrecht geht dem von Menschen gesetzten, positiven Recht vor.

Platon: Die Idee des Staates und das wahre Interesse der Bürger

»So höre denn«, begann Thrasymachos, »ich behaupte, das Gerechte ist nichts anderes als der Vorteil des Stärkeren. Doch warum lobst du mich nun nicht? Du willst eben nicht!«

Erst wenn ich verstehe, was du meinst, sagte ich; denn jetzt weiß ich es doch nicht. Du behauptest, der Vorteil des Stärkeren sei das Gerechte. Wie meinst du denn das, Thrasymachos? Du willst doch damit nicht etwa sagen: wenn der Faustkämpfer Pulydamas stärker ist als wir und wenn ihm das Rindfleisch für seinen Körper vorteilhaft ist, dann sei diese Nahrung auch für uns, die wir schwächer sind als er, vorteilhaft und damit auch gerecht.

»Du bist wirklich unausstehlich, Sokrates, und fassest jede Antwort so auf, wie du sie am ehesten verdrehen kannst.«

Durchaus nicht, mein Bester, erwiderte ich. Doch sage uns deutlicher, was du meinst.

»Weißt du denn nicht«, fuhr er fort, »daß die einen Städte von Tyrannen beherrscht sind, während andere demokratisch und wieder andere aristokratisch regiert werden?

Natürlich.

»Und nicht wahr, in jeder Stadt hat doch eben das, was regiert, die Macht inne?«

Gewiß.

»Jedes Regime aber erläßt doch die Gesetze zu seinem eigenen Vorteil, die Demokratie demokratische, die Tyrannis tyrannische und die anderen ebenso. Indem sie das tun, erklärten sie das für die Regierten als gerecht, was ihnen selbst zum Vorteil dient. Und wer das übertritt, den bestrafen sie als Verletzer der Gesetze und der Gerechtigkeit. Das meine ich also, mein Bester, wenn ich sage, daß in allen Städten dasselbe gerecht ist: der Vorteil des jeweiligen Regimes. Dieses aber hat eben die Macht inne, und so ergibt sich für den, der richtig überlegt, daß an allen Orten dasselbe gerecht ist, nämlich eben der Vorteil des Stärkeren.«

Nun habe ich verstanden, was du meinst, erwiderte ich; ob es aber richtig ist oder nicht, das will ich erst zu erfahren suchen.

Daß also *der Vorteil* gerecht sei, Thrasymachos, das sagtest auch du in deiner Antwort – und doch hast du mir verboten, diese Antwort zu geben; freilich kommt dazu noch dieses *des Stärkeren.*

»Das ist ja nun wohl ein unwichtiger Zusatz!« sprach er.

Noch ist nicht abgeklärt, ob er wichtig ist; das hingegen ist klar, daß wir untersuchen müssen, ob deine Behauptung richtig sei. Auch ich gebe nämlich zu, daß das Gerechte etwas Vorteilhaftes ist; du machst aber einen Zusatz und sagst, es sei der Vorteil des Stärkeren; da ich das nicht weiß, müssen wir es also untersuchen.

»So untersuche es«, sagte er.

Das soll geschehen, erwiderte ich. Sage mir: nennst du nicht auch gerecht, daß man den Regenten gehorcht?

»Doch.«

Sind denn aber die Regenten in all den Städten unfehlbar, oder können sie auch Fehler machen?

»Gewiß können sie auch Fehler machen«, erwiderte er.

Wenn sie sich also mit Gesetzgebung befassen, so erlassen sie zum Teil richtige, zum Teil unrichtige Gesetze?

»Ja, das glaube ich.«

Richtig abgefaßt aber sind sie doch, wenn sie für sie selbst vorteilhaft sind, unrichtig dagegen, wenn sie unvorteilhaft sind? Oder wie meinst du das?

»Gerade so.«

Was immer sie aber verordnen, müssen die Regierten tun, und eben das ist das Gerechte.

»Ohne Zweifel.«

Nach deiner These ist es also nicht nur gerecht, das für den Stärkeren Vorteilhafte zu tun, sondern auch das Gegenteil, das nicht Vorteilhafte.

»Was sagst du da?« rief er.

Was du gerade selbst sagst, scheint mir. Doch überlegen wir uns das noch besser! Sind wir nicht übereingekommen, daß sich die Regenten manchmal über ihr eigenes Bestes täuschen, wenn sie den Regierten Befehle erteilen, daß jedoch für die Regierten gerecht sei, das auszuführen, was die Regenten anordnen? Das haben wir doch zugegeben?

»Ich glaube, ja«, erwiderte er.

So glaube auch, fuhr ich fort, daß du damit zugestanden hast, daß es gerecht ist, auch etwas zu tun, was für die Regenten und die Stärkeren unvorteilhaft ist – wenn diese nämlich gegen ihren

Willen Dinge befehlen, die für sie selbst schlecht sind, während es nach deiner Meinung für die anderen gerecht ist, ihre Befehle auszuführen. Muß sich denn daraus nicht notwendigerweise ergeben, du hochweiser Thrasymachos, daß es gerecht ist, das Gegenteil von dem zu tun, was du sagst? Denn den Schwächeren wird ja zu tun befohlen, was für den Stärkeren unvorteilhaft ist.

»Beim Zeus, Sokrates«, bemerkte Polemarchos, »das ist völlig klar.«

»Ja freilich, wenn auch du es ihm bezeugst«, nahm Kleitophon das Wort.

»Was bedarf es da eines Zeugen?« erwiderte jener. »Thrasymachos gibt ja selbst zu, daß die Regenten manchmal etwas befehlen, was für sie schlecht ist, daß es aber für die Regierten gerecht sei, das auszuführen.«

»Ja, Polemarchos, daß man das tut, was von den Regenten befohlen wird – das hat Thrasymachos als gerecht bezeichnet.«

»Und ebenso, Kleitophon, hat er den Vorteil des Stärkeren als das Gerechte bezeichnet. Nach diesen beiden Sätzen aber gab er ferner zu, daß manchmal die Stärkeren den Schwächeren und Regierten etwas befehlen, was für sie selbst unvorteilhaft ist. Nach diesen Zugeständnissen wäre ja das, was für den Stärkeren unvorteilhaft ist, ebenso gerecht wie das Vorteilhafte.«

»Er meinte aber«, erwiderte Kleitophon, »daß das für den Stärkeren das Vorteilhafte sei, was dieser selbst für seinen Vorteil hält. Das müsse der Schwächere tun – und das hat er für das Gerechte erklärt«.

»Er hat es aber nicht so gesagt«, meinte Polemarchos.

Das macht nichts aus, Polemarchos, erwiderte ich. Doch wenn es Thrasymachos jetzt auf diese Weise erklärt, dann wollen wir es so von ihm hinnehmen.

Also sage mir, Thrasymachos: War es das, was du als das Gerechte bezeichnen wolltest: was dem Stärkeren als der Vorteil des Stärkeren erscheint, gleichgültig, ob es in Wirklichkeit vorteilhaft ist oder nicht? Sollen wir annehmen, daß du das meinst?

»Durchaus nicht«, erwiderte er. »Glaubst du denn, ich nenne den, der einen Fehler macht, einen Stärkeren, und zwar gerade dann, wenn er den Fehler macht?«

Ich glaubte freilich, du seist dieser Ansicht, erwiderte ich, als du zugabst, daß die Regenten nicht unfehlbar sind, sondern zuweilen auch irre gehen.

»Du bist eben im Gespräch eine Art Denunziant, Sokrates, der einem das Wort im Munde verdreht«, sagte er. »Nimm gleich ein

Beispiel: Nennst du jemanden, der in der Behandlung seiner Kranken Fehler macht, einen Arzt, und zwar eben auf Grund dieses Fehlers? Oder einen, der im Rechnen Fehler macht, gerade dann einen Rechner, wenn er den Fehler macht, und auf Grund eben dieses Fehlers? Nein, ich glaube, das ist nur so eine Redensart, wenn wir sagen, der Arzt habe einen Fehler gemacht und der Rechner habe einen Fehler gemacht oder der Schreiber. Insofern aber ein jeder von ihnen wirklich das ist, als was wir ihn bezeichnen, kann er, glaube ich, nie einen Fehler machen. Im genauen Sinne des Wortes – du nimmst es ja auch genau – macht also kein Meister einen Fehler. Denn wer einen Fehler macht, macht ihn dort, wo ihn sein Können und Wissen im Stiche läßt, und darin ist er dann eben kein Meister. Somit fehlt kein Meister oder Weiser oder Regent dann, wann er Regent ist. Und doch sagt man wohl allgemein, der Arzt habe einen Fehler gemacht oder der Regent habe einen Fehler gemacht. In diesem Sinne mußt du also jetzt auch meine Antwort auffassen; ganz genau würde sie etwa lauten: der Regent, insofern er Regent ist, macht keinen Fehler, und weil er keinen Fehler macht, befiehlt er das, was für ihn am besten ist, und das muß der Regierte ausführen. Wie ich also von Anfang an gesagt habe: gerecht sein heißt das tun, was für den Stärkeren vorteilhaft ist.«

Gut denn, Thrasymachos, sagte ich; du meinst also, ich verdrehe dir wie ein Denunziant die Worte im Munde?

»Allerdings«, erwiderte er.

Du glaubst nämlich, ich hätte meine Frage so gestellt, um dich im Gespräch heimtückisch zu überlisten?

»Ja, da bin ich ganz sicher«, sagte er. »Und doch wird es dir nichts helfen. Denn ich merke es genau, wenn du mich überlisten willst, und wenn ich es merke, wirst du mir mit deinen Worten nichts anhaben können.«

Mein sehr Verehrter, das würde ich auch nicht versuchen, erwiderte ich. Doch damit uns nicht noch einmal so etwas widerfährt, erkläre uns, was du unter dem ›Regenten‹ und dem ›Stärkeren‹ verstehst: den, den man gemeinhin so nennt, oder den im genauen Sinne des Wortes, wie du es eben vorhin sagtest, nämlich denjenigen, zu dessen, als des Stärkeren, Vorteil zu handeln für den Schwächeren gerecht ist.

»Ich meine den ›Regenten‹ im genauesten Sinn des Wortes«, sagte er. »Dagegen wende nun deine Bosheit an und verdrehe die Worte, wenn du kannst; ich hindere dich nicht daran. Aber du richtest doch nichts aus!«

Glaubst du denn, ich sei so toll, sagte ich, daß ich versuche, einen Löwen zu scheren und den Thrasymachos zu denunzieren?

»Du hast es immerhin versucht«, erwiderte er, »so wenig du auch dazu imstande bist.«

Genug davon, sagte ich. Doch sage mir: Ist jener Arzt im genauen Sinn des Wortes, von dem du vorhin sprachst, ein Geschäftsmann oder ein Pfleger der Kranken? Denke dabei an den wirklichen Arzt!

»Er ist ein Pfleger der Kranken«, antwortete er.

Und wie ist es mit dem Steuermann? Ist der wahre Steuermann ein Gebieter über die Seeleute oder einfach ein Seemann?

»Ein Gebieter über die Seeleute.«

Nicht das ist also das Entscheidende, glaube ich, daß er zur See fährt, und man darf ihn nicht einfach einen Seemann nennen. Denn nicht weil er auf dem Schiffe fährt, bezeichnet man ihn als Steuermann, sondern seiner Kunst wegen, und weil er die Seeleute befehligt.

»Richtig«, sagte er.

Für jeden von diesen gibt es nun doch etwas, das vorteilhaft ist.

»Gewiß.«

Und ist nicht ihre Kunst eben auch dazu da, fuhr ich fort, einem jeden dieses Vorteilhafte zu suchen und zu verschaffen?

»Ja, dazu ist sie da«, erwiderte er.

Gibt es also nicht auch für jede Kunst noch etwas anderes, das ihr vorteilhaft ist, außer dem, daß sie so vollkommen als möglich ist.

»Wie meinst du das?«

Etwa so, erwiderte ich: Wenn du mich fragtest, ob es dem Leib genüge, Leib zu sein, oder ob er dazu noch etwas anderes bedarf, dann würde ich antworten: ›Gewiß braucht es noch etwas anderes, deswegen ist auch die heutige ärztliche Kunst erfunden worden, weil der Leib mangelhaft ist und es ihm nicht genügt, das zu sein, was er ist. Um ihm nun das zu verschaffen, was ihm vorteilhaft ist, dazu ist die Kunst ausgebildet worden.‹ Hältst du das für richtig, was ich sage, oder nicht? fragte ich.

»Es ist richtig«, erwiderte er.

Wie nun aber: ist die Heilkunst selbst mangelhaft, oder braucht überhaupt eine Kunst jeweils noch eine besondere Tüchtigkeit, wie die Augen die Sehkraft und die Ohren das Gehör brauchen, und wie man bei ihnen deshalb noch einer weiteren Kunst bedarf, die prüft, was ihnen zu diesem Zweck von Vorteil ist und es ihnen verschafft? Liegt auch in der Kunst als solcher wieder ein Mangel, und braucht man also für jede Kunst wieder eine andere Kunst, die untersucht, was ihr vorteilhaft ist, und braucht die untersuchende Kunst wiederum eine andere, und geht das so fort bis ins Unendliche? Oder kann jede für sich selber untersuchen, was für sie vorteilhaft ist? Oder braucht sie zusätzlich weder sich selbst noch eine andere, um herauszufinden, was ihrer Mangelhaftigkeit abhelfen kann, und haftet keiner Kunst irgendein Mangel oder Fehler an? Und liegt es keiner Kunst ob, für etwas anderes das Vorteilhafte zu suchen als eben für das, worauf sie selbst als Kunst sich bezieht? Sie selbst aber ist mangellos und makellos, weil sie richtig ist, solange sie jeweils ganz sie selbst ist? Prüfe das nun in jenem genauen Sinne! Ist das so, oder ist es nicht so.

»Offenbar ist es so«, erwiderte er.

Also sucht die Heilkunst nicht das, was der Heilkunst selbst, sondern was dem Leibe vorteilhaft ist?

»Ja«, sagte er.

Und die Reitkunst sucht nicht das für die Reitkunst, sondern das für die Pferde Vorteilhafte; und auch sonst sucht überhaupt keine Kunst ihren eigenen Vorteil, da sie das auch gar nicht braucht, sondern jede sucht ihn für das, worauf sie als Kunst sich bezieht.

»So scheint es«, sagte er.

Und die Künste, Thrasymachos, regieren also und haben Macht über das, worauf sie als Künste sich beziehen.

Er stimmte hier zu, freilich nur sehr ungern.

Kein einziges Können und Wissen also sucht und gebietet den Vorteil des Stärkeren, sondern den des Schwächeren und des von ihm Regierten.

Er gab schließlich auch das zu, versuchte aber doch noch, darüber zu streiten. Als er dann beigestimmt hatte, sagte ich:

Auch kein Arzt also, sofern er Arzt ist, sucht und verordnet das, was für den Arzt, sondern das, was für den Kranken vorteilhaft ist? Wir sind ja übereingekommen, daß der Arzt im genauen Sinne ein Gebieter über die Leiber ist und nicht ein Geschäftsmann. Oder waren wir uns darüber nicht einig?

Das gab er zu.

Und auch, daß der Steuermann im genauen Sinne Befehlshaber über die Seeleute ist und nicht einfach ein Seemann?

»Ja, darüber waren wir uns einig.«

Ein solcher Steuermann und Befehlshaber wird also nicht das

suchen und anordnen, was für den Steuermann, sondern was für den Seemann und Untergebenen vorteilhaft ist.

Nur ungern stimmte er zu.

Auch kein anderer, Thrasymachos, fuhr ich fort, der irgendeine Herrschaft ausübt, sucht und verordnet also, insofern er Regent ist, das, was für ihn selbst, sondern das, was für den Regierten vorteilhaft ist, für den er seinen Beruf ausübt; und im Hinblick darauf und auf das, was für diesen vorteilhaft und angemessen ist, redet er alles, was er redet, und tut er alles, was er tut. [...]

»So vernimm denn«, sagte Glaukon, »was ich zuerst über diese Frage darzulegen versprach: was das Wesen und der Ursprung der Gerechtigkeit sei.

Man behauptet, Unrechttun sei von Natur aus ein Gut, Unrechtleiden aber ein Übel; doch sei das Unrechtleiden ein größeres Übel als das Unrechttun ein Gut. Wenn demnach die Menschen einander Unrecht tun und voneinander Unrecht leiden und sie somit beides auskosten, so dünkt es diejenigen, die diesem nicht entgehen aber auch nicht jenes wählen können, von Vorteil, sich miteinander dahin zu verständigen, daß sie weder Unrecht tun noch Unrecht leiden. Und daher habe man dann angefangen, Gesetze zu geben und miteinander Verträge zu schließen, und was das Gesetz bestimmt, habe man als gesetzlich und gerecht bezeichnet. Das also sei der Ursprung und das Wesen der Gerechtigkeit: Sie stehe in der Mitte zwischen dem höchsten Gut (wenn man nämlich Unrecht tun darf, ohne bestraft zu werden) und dem höchsten Übel (wenn man Unrecht leiden muß, ohne die Macht zu haben, sich zu rächen). Das Gerechte aber, das sich mitten zwischen den beiden befindet, liebe man nicht als ein Gut, sondern schätze es nur, weil man zum Unrechttun nicht die Kraft besitzt. Denn wer dazu die Macht hat und ein wirklicher Mann ist, der werde sich nie jemandem gegenüber verpflichten, weder Unrecht zu tun noch Unrecht zu leiden; er wäre ja unsinnig. Dies also sei das Wesen und die Art der Gerechtigkeit, Sokrates, und hieraus ist sie entstanden, wie man behauptet.

Daß aber auch die, die sie ausüben, das gegen ihren Willen tun, bloß weil sie eben die Macht nicht haben, Unrecht zu begehen, das werden wir am besten erkennen, wenn wir in Gedanken folgendes machen: Lassen wir den beiden, dem Gerechten und dem Ungerechten, freie Hand zu tun, was jeder will, und gehen ihnen dann nach und schauen, wohin einen jeden die Begierde treibt. Da würden wir den Gerechten auf der Tat ertappen, wie er denselben Weg geht wie der Ungerechte, im Streben nach größerer Habe; dieser als einem Gut nachzujagen, liegt ja in jeder Natur, und nur durch das Gesetz wird sie mit Gewalt zur Anerkennung der Gleichheit gebracht. Die Freiheit, die ich meine, wäre etwa derart, daß sie die Gabe besäßen, die einst Gyges, der Ahnherr des Lyderkönigs, gehabt haben soll. Der sei nämlich als Hirt im Dienste des damaligen Königs von Lydien gestanden. Während eines starken Unwetters und Erdbebens – so erzählt man – barst die Erde, und an der Stelle, wo er seine Herde weidete, tat sich eine Kluft auf. Über diesen Anblick verwundert, stieg er hinunter, und da sah er neben anderen Wunderdingen, von denen die Sage erzählt, auch ein ehernes Pferd, das war hohl und hatte kleine Öffnungen. Und als er durch diese hineinschaute, erblickte er darin einen Leichnam, der ihm größer als der eines Menschen vorkam und der sonst nichts an sich trug als einen goldenen Ring an der Hand; diesen zog er ihm ab und stieg wieder hinauf. Als dann die Hirten ihre gewohnte Zusammenkunft abhielten, an der sie jeden Monat dem König über ihre Herden Bericht erstatteten, da kam er auch und trug den Ring an seinem Finger. Wie er nun so unter den anderen saß, drehte er zufällig den Stein des Ringes nach innen, der Handfläche zu. In diesem Augenblick wurde er seinem Nachbarn unsichtbar, und sie redeten von ihm, wie wenn er nicht dagewesen wäre. Er verwunderte sich, faßte den Ring wieder an, drehte den Stein nach außen, und damit wurde er wieder sichtbar. Nach dieser Entdeckung erprobte er, ob der Ring wirklich diese Kraft habe, und da ergab sich, daß er jedesmal, wenn er den Stein nach innen drehte, unsichtbar wurde, und wieder sichtbar, wenn er ihn nach außen drehte. Als er das festgestellt hatte, bewirkte er sofort, daß er unter die Boten kam, die zum König geschickt wurden. Dort hat er dessen Gemahlin zum Ehebruch verführt, dann mit ihrer Hilfe dem König nachgestellt, ihn umgebracht und sich der Herrschaft bemächtigt.

Gäbe es nun zwei solche Ringe und den einen steckte der Gerechte an, den anderen der Ungerechte, dann wäre wahrscheinlich keiner so stählern, daß er in der Gerechtigkeit verharrte und sich enthalten könnte, nach fremdem Gut zu greifen. Es stände ihm ja frei, unbedenklich vom Markte wegzunehmen, was er wollte, in die Häuser zu gehen und dort Umgang zu pflegen, mit wem er wollte, und zu töten oder aus dem Gefängnis zu befreien, wen er wollte, und auch sonst unter den Menschen wie ein Gott zu walten. Wenn er aber so handelte, würde er sich in nichts mehr vom Ungerechten unterscheiden, sondern beide gingen denselben Weg. Dies aber dürfte man nun doch als sicheren Beweis dafür ansprechen, daß niemand aus freien Stücken gerecht ist, sondern nur unter Zwang, weil das für den einzelnen kein Gut ist; denn wo einer glaubt, daß er Unrecht tun könne, da tut er es. Ist doch jedermann der Ansicht, daß für den einzelnen die Ungerechtigkeit viel lohnender sei als die Gerechtigkeit, und damit hat er auch recht, wie jeder bezeugen wird, der über diese Frage redet. Denn wer diese Freiheit bekommt und dann doch nie ein Unrecht begehen und nach fremdem Gut greifen wollte, der wäre in den Augen derer, die das merkten, der unglückseligste und uneinsichtigste Mensch. Voreinander freilich würden sie ihn loben und sich so gegenseitig hinters Licht führen, weil sie Angst haben, sonst Unrecht zu erleiden. So verhält es sich also damit.

Über die Lebensweise der beiden, von denen die Rede ist, werden wir aber erst dann ein richtiges Urteil fällen können, wenn wir den Gerechtesten und den Ungerechtesten einander gegenüberstellen, sonst nicht. Wie machen wir nun aber diese Gegenüberstellung? Folgendermaßen: Wir nehmen weder von der Ungerechtigkeit des Ungerechten noch von der Gerechtigkeit des Gerechten etwas weg, sondern stellen uns jeden der beiden als vollkommen in seiner Lebensweise vor. Der Ungerechte zunächst soll es so halten wie die geschickten Meister. Ein hervorragender Steuermann zum Beispiel oder ein Arzt vermag in seiner Kunst das Unmögliche vom Möglichen zu unterscheiden und nimmt dann dieses an die Hand, während er jenes bleiben läßt; und wenn er irgendeinen Fehler begangen hat, ist er imstande, das wieder gut zu machen. So geschickt muß auch der Ungerechte, wenn er wirklich ganz ungerecht sein soll, seine Ungerechtigkeiten in die Hand nehmen, daß er dabei nicht entdeckt wird. Wer sich aber erwischen läßt, den muß man für ungeschickt halten; denn der höchste Grad der Ungerechtigkeit besteht darin, daß man als gerecht erscheint, ohne es zu sein. Dem vollendet Ungerechten müssen wir also die vollendetste Ungerechtigkeit zuteilen und nichts davon wegnehmen, sondern zulassen, daß er bei den größten Ungerechtigkeiten, die er begeht, sich den Ruf der größten Gerechtigkeit erwirbt, und daß er einen Fehler, den er begangen hat, wieder gut zu machen versteht, weil er überzeugend zu reden weiß, wenn eine seiner Ungerechtigkeiten zur Anzeige kommt, und weil er, wo immer es Gewalt braucht, Gewalt anwenden kann, vermöge seines Mutes und seiner Kraft und mit Hilfe der Freunde und des Vermögens, die er sich erworben hat. Nachdem wir nun diesen so bestimmt haben, wollen wir in unserer Betrachtung den Gerechten neben ihn stellen, einen einfachen und edlen Mann, der – um mit Aischylos zu reden – nicht gut *scheinen*, sondern gut *sein* will. Den Schein müssen wir ihm also wegnehmen. Denn scheint er gerecht, so werden ihm, weil er in diesem Ansehen steht, Ehren und Geschenke zuteil, und es wäre dann ungewiß, ob er um der Gerechtigkeit willen oder wegen der Geschenke und Ehren so ist. Wir müssen ihn also von allem entkleiden, nur nicht von der Gerechtigkeit, und ihn in einer Lage zeigen, wo er dem Vorigen gerade entgegengesetzt ist: Während er kein Unrecht begeht, soll er im Ruf der größten Ungerechtigkeit stehen, damit er so in seiner Gerechtigkeit die Probe bestanden hat, indem er sich durch den schlechten Ruf und seine Folgen nicht berühren läßt. Unwandelbar bis zum Tode bleibe er; sein ganzes Leben hindurch soll er ungerecht scheinen, aber gerecht sein. Dann kann das Urteil darüber gesprochen werden, wer von den beiden glücklicher ist, wenn sie die höchste Stufe erreicht haben, der eine der Gerechtigkeit, der andere der Ungerechtigkeit.« [...]

KALLIKLES: Die Gesetze, glaube ich, sind von den Schwachen und von der großen Masse gemacht. Zu ihren Gunsten und zu ihrem eigenen Nutzen stellen diese die Gesetze auf, sprechen sie Lob und Tadel aus. Die Stärkeren unter den Menschen und diejenigen, die imstande sind, ein Übergewicht zu erlangen, wollen sie einschüchtern, damit sie nicht mächtiger als sie werden können, und behaupten deshalb, es sei häßlich und ungerecht, einen Vorteil zu suchen, und darin bestehe eben das Unrechttun: daß man mehr haben will als die anderen. Denn da sie weniger wert sind, sind sie, glaube ich, zufrieden, wenn sie nur den gleichen Anteil haben.

Demzufolge wird eben dies vom Gesetz als ungerecht und häßlich erklärt: mehr haben zu wollen als die Menge, und das nennt man Unrecht tun. Die Natur dagegen, glaube ich, beweist selbst, daß es gerecht ist, wenn der Bessere mehr hat als der Geringere, der Stärkere mehr als der Schwächere. Vielerorts zeigt sie uns, daß das so ist, bei den Tieren und bei den Menschen, in ganzen Städten und Geschlechtern, daß es das erklärte Recht ist, daß der Stärkere über den Schwächeren herrscht und mehr hat als dieser. Mit welchem anderen Recht als dem der Natur ist Xerxes gegen Griechenland gezogen oder sein Vater gegen die Skythen? Und man könnte noch unzählige solche Beispiele aufzählen. Ich glaube aber, diese Männer handeln der Natur des Gerechten gemäß und, bei Zeus, fürwahr auch gemäß dem Gesetz der Natur, wenn auch vielleicht nicht nach jenem, das wir willkürlich aufstellen. Wir nehmen ja die Besten und Stärksten unter uns von Jugend an heraus und wollen sie, wie junge Löwen, durch Beschwörung und Zaubermittel untertänig machen, indem wir ihnen sagen, es müsse Gleichheit herrschen, und das eben sei das Schöne und das Gerechte.

Wenn aber einmal ein Mann ersteht mit einer genügend starken Natur, dann wird er, glaube ich, all das abschütteln und zerreißen und zu Boden treten, unsere Fangnetze, Gaukeleien und Zaubersprüche und all die widernatürlichen Gesetze. Und er tritt auf und zeigt sich als unser Herr, er, der unser Knecht war, und da erweist sich das Recht der Natur in seinem Glanze. Was ich da sage, scheint mir auch Pindar zu meinen, in dem Liede, in dem er sagt:

>»Das Gesetz, der König von allen,
>Der Menschen und Götter zugleich.«

Das Gesetz aber, sagt er weiter,

>»Macht Gewaltsamstes zum Recht,
>Hilft mit erhabener Hand es vollführen.
>Das erschließe ich an des Herakles Taten.
>Denn ungekauft ...«

So etwa sagt er; ich kenne das Gedicht nicht auswendig. Er meint aber, Herakles habe die Rinder des Geryon weder gekauft noch geschenkt bekommen, sondern sie einfach fortgetrieben, weil das von Natur recht sei, daß Rinder und alles andere Eigentum der Geringeren und Schwächeren dem Besseren und Stärkeren gehören. [...]

SOKRATES: Wie steht es denn nun mit der Redekunst vor dem Volk der Athener und vor den Gemeinden der freien Männer in den anderen Städten, was halten wir von ihr? Hast du den Eindruck, daß die Redner immer im Hinblick auf das Beste sprechen und stets darauf abzielen, daß die Bürger durch ihre Reden möglichst gut werden, oder gehen auch sie nur darauf aus, bei ihren Mitbürgern Wohlgefallen zu erregen, vernachlässigen um ihres eigenen Vorteils willen das gemeine Wohl und gehen mit dem Volk wie mit Kindern um, indem sie ihnen gefällig zu sein suchen, unbekümmert darum, ob sie dadurch besser oder schlechter werden?

KALLIKLES: Diese Frage ist nicht mehr so einfach. Es gibt nämlich Redner, die alle ihre Reden aus Sorge um das Wohl ihrer Mitbürger halten; es gibt aber auch solche, wie du sie schilderst.

SOKRATES: Das genügt. Denn wenn es diese zwei Arten von Redekunst gibt, dann ist eben doch wohl die eine davon Schmeichelei und üble Volksrednerei. Die andere dagegen ist schön: zu bewirken, daß die Seelen der Mitbürger möglichst gut werden, und sich zu bemühen, immer das Beste zu sagen, ob es den Zuhörern angenehm oder unangenehm ist. Aber hast du diese Art von Redekunst je angetroffen? Und wenn du so einen Redner nennen kannst, warum hast du mir nicht gesagt, wer das ist?

KALLIKLES: Bei Zeus, ich kann dir unter den jetzigen Rednern auch nicht einen nennen.

SOKRATES: Aber kannst du denn von den früheren einen nennen, durch dessen Verdienst die Athener besser geworden sind, nachdem er angefangen hat, vor dem Volke zu reden, während sie in der Zeit vorher schlechter waren? Ich kenne nämlich keinen solchen.

KALLIKLES: Hast du denn aber nicht gehört, was für ein vortrefflicher Mann Themistokles gewesen ist und Kimon und Miltiades und unser Perikles, der vor kurzem gestorben ist und den du selber noch hast reden hören?

SOKRATES: Ja, wenn das die wahre Tugend ist, Kallikles, was du vorhin als solche bezeichnet hast: daß man seine Begierden befriedigt, die eigenen und die der anderen. Wenn aber nicht das Tugend ist, sondern jenes, was wir im späteren Verlauf unseres Gespräches zuzugeben genötigt waren: daß man nämlich *die* Begierden befriedigen soll, die, wenn sie erfüllt sind, den Menschen besser machen, nicht aber die, die ihn schlechter machen, und wenn eben darin eine gewisse Kunst liegt – kannst du mir dann unter den genannten Rednern einen solchen Mann nennen?

KALLIKLES: Ich weiß nicht, was ich sagen soll.

SOKRATES: Doch wenn du recht suchst, wirst du es schon herausfinden. Wir wollen in aller Ruhe sehen und prüfen, ob einer von diesen Rednern so ein Mann gewesen ist. Nicht wahr, der Tüchtige, der bei allem, was er sagt, stets auf das Beste bedacht ist, der wird nicht einfach so planlos daherreden, sondern seinen Blick auf einen bestimmten Zweck richten? So halten es ja auch alle anderen Handwerker, die ihre eigene Arbeit im Auge haben: Jeder wählt das, was er für seine Arbeit verwendet, nicht aufs Geratewohl aus, sondern im Hinblick darauf, daß das, was er schafft, eine bestimmte Form gewinnen soll. Schau zum Beispiel auf die Maler oder auf die Zimmerleute oder auf die Schiffsbaumeister oder auf welche von allen anderen Handwerkern du nur willst, dann kannst du sehen, wie jeder jeden einzelnen Teil seines Werkes in einer bestimmten Ordnung anbringt und jeden zwingt, sich dem übrigen einzufügen und anzupassen, bis er das Ganze zu einem wohlgeordneten Ding gemacht hat. Und so ist es auch mit allen übrigen Handwerkern, auch denen, die wir soeben genannt haben und die es mit dem Körper zu tun haben, den Gymnastiklehrern und Ärzten: Auch sie bringen irgendwie dem Körper Regelung und Ordnung. Sind wir so einverstanden oder nicht?

KALLIKLES: Das mag so sein.

SOKRATES: Ein Haus, in dem Regelung und Ordnung herrschen, dürfte gut, ein ungeordnetes schlecht sein?

KALLIKLES: Ja.

SOKRATES: Und ist es so nicht auch mit einem Schiff?

KALLIKLES: Ja.

SOKRATES: Und dasselbe behaupten wir doch auch von unserem Körper?

KALLIKLES: Gewiß.

SOKRATES: Doch wie steht es mit der Seele? Wird sie gut sein, wenn sie ungeregelt ist oder wenn in ihr eine gewisse Regel und Ordnung herrscht?

KALLIKLES: Dem Vorhergehenden entsprechend, müssen wir auch dies zugeben.

SOKRATES: Wie nennt man nun im Körper das, was aus Regelung und Ordnung entsteht?

KALLIKLES: Gesundheit und Kraft wirst du es vermutlich nennen.

SOKRATES: Ja. Wie sagen wir aber zu dem, was in der Seele aus Regelung und Ordnung entsteht? Versuche es herauszufinden und auch ihm einen Namen zu geben.

KALLIKLES: Warum sagst du es aber nicht selbst, Sokrates?

SOKRATES: Wenn es dir angenehmer ist, will ich es sagen. Dünkt dich dann, daß ich recht habe, so stimme mir zu; im anderen Fall widerlege mich ohne Nachsicht. Ich glaube nämlich, man nennt die Regelung des Körpers Gesundheitsregeln; aus ihnen ergibt sich in ihm die Gesundheit und das übrige Gedeihen des Körpers. Ist das so oder nicht?

KALLIKLES: Es ist so.

SOKRATES: Die Regelungen der Seele aber und ihre Ordnungen nennt man Rechtlichkeit und Gesetz; durch sie werden die Menschen sittsam und ordentlich, und das eben ist Gerechtigkeit und Besonnenheit. Ist es so oder nicht?

KALLIKLES: Mag es so sein.

SOKRATES: Wird nun nicht jener Redner, der ein Fachmann und ein guter Redner ist, die Reden, die er hält, und all sein Tun im Hinblick darauf an die Seelen herantragen? Und wenn er ein Geschenk gibt oder etwas wegnimmt, dann hat er beim Geben und Nehmen seine Gedanken stets darauf gerichtet, daß in den Seelen seiner Mitbürger Gerechtigkeit werde, Ungerechtigkeit aber weiche, daß Besonnenheit werde, Zügellosigkeit weiche und übrige Tugend werde, Schlechtigkeit weiche. Gibst du das zu oder nicht?

KALLIKLES: Ich gebe es zu.

SOKRATES: Was nützt es aber einem Körper, Kallikles, der ermüdet und in üblem Zustande ist, wenn man ihm eine Menge Speisen gibt, die süßesten Getränke und sonstige Dinge, von denen er manchmal keinen größeren Nutzen hat als im Gegenteil Schaden oder, um es richtig zu sagen, sogar noch weniger. Stimmt das?

KALLIKLES: Ja.

SOKRATES: Ich glaube nicht, daß es einem Menschen nützt, mit einem Körper zu leben, der sich in schlechtem Zustand befindet; denn mit ihm muß man ja auch ein schlechtes Leben führen. Oder ist es nicht so?

KALLIKLES: Doch!

SOKRATES: Und die Ärzte lassen ja auch in der Regel nur einen Gesunden seine Begierden befriedigen; einen Hungrigen zum Beispiel essen, soviel er will, oder einen Durstigen trinken. Einem Kranken dagegen erlauben sie sozusagen nie, sich mit dem zu sättigen, wonach er verlangt. Gibst auch du das zu?

KALLIKLES: Ja.

SOKRATES: Ist es denn mit der Seele, mein Bester, nicht genau dasselbe? Solange sie schlecht ist, weil sie unverständig, zügellos, ungerecht und gottlos ist, muß man sie von dem abhalten, was sie begehrt, und darf ihr nur das zu tun erlauben, wodurch sie besser wird. Gibst du das zu?

KALLIKLES: Ja.

SOKRATES: Denn so ist es doch besser für die Seele selbst?

KALLIKLES: Gewiß.

SOKRATES: Sie aber von dem abzuhalten, was sie begehrt, das bedeutet doch, sie züchtigen?

KALLIKLES: Ja.

SOKRATES: Gezüchtigt zu werden, ist also für die Seele besser als Zügellosigkeit, wie du noch eben selbst meintest. [...]

So sage ich denn: Wenn die besonnene Seele gut ist, dann ist die der besonnenen entgegengesetzte schlecht. Das aber war die unbesonnene und zügellose. – Gewiß.

Nun wird doch gewiß der Besonnene seine Pflichten gegenüber Göttern und Menschen erfüllen. Denn er wäre ja nicht besonnen, wenn er diesen Pflichten zuwiderhandelte. – Notwendig muß das so sein.

Erfüllt er aber den Menschen gegenüber seine Pflichten, so wird er gewiß das tun, was gerecht ist; erfüllt er sie den Göttern gegenüber, so tut er das, was fromm ist. Wer aber tut, was gerecht und fromm ist, der muß selbst gerecht und fromm sein. – So ist es.

Und er muß auch tapfer sein. Denn es gehört sich doch für einen besonnenen Mann nicht, daß er etwas erstrebt oder meidet, was er nicht soll; sondern daß er das meidet und erstrebt, was er soll, seien es Dinge oder Menschen, Freuden oder Leiden, und daß er wacker standhält, wo es nötig ist. Demzufolge, Kallikles, muß ohne Zweifel der Besonnene, weil er – wie wir gezeigt haben – auch gerecht, tapfer und fromm ist, ein vollendet guter Mann sein; der Gute aber muß in allen Fällen gut und schön handeln; wer aber gut handelt, der muß auch selig und glücklich, der Schlechte dagegen, der schlecht handelt, unglücklich sein; das aber wäre der, der sich gerade umgekehrt verhält wie der Besonnene, der Zügellose, den du gepriesen hast.

Ich betrachte das so als ausgemacht und behaupte, dies sei wahr. Ist es aber wahr, dann muß offenbar jemand, der glücklich sein will, nach der Besonnenheit streben und sie üben, die Zügellosigkeit dagegen fliehen, so schnell einen jeden von uns die Füße tragen; und vor allem muß er danach trachten, daß er keiner Strafe bedarf. Hat er aber eine Strafe nötig, entweder selbst oder sonst einer von denen, die ihm nahestehen, sei es ein Einzelner oder ein ganzer Staat, dann soll er sich die Strafe auferlegen und sich züchtigen lassen, wenn er glücklich sein will.

Das ist nach meiner Ansicht das Ziel, das wir in unserem Leben vor Augen haben sollen; und danach müssen wir in unserem Tun alles richten, in unserem eigenen und im öffentlichen Leben, damit Gerechtigkeit und Besonnenheit in dem wohne, der glücklich sein will. Auch dürfen wir unsere Begierden nicht zügellos gewähren lassen und sie zu befriedigen suchen – das wäre ein Übel ohne Ende und ein Leben, wie ein Räuber es führt.

Denn ein solcher Mensch könnte weder einem anderen Menschen lieb sein noch einem Gott, weil er zur Gemeinschaft unfähig ist. Wer aber keinen Gemeingeist in sich hat, kann auch keine Freundschaft besitzen. Die weisen Männer behaupten, Kallikles, daß Himmel und Erde, Götter und Menschen durch die Gemeinschaft und die Freundschaft, durch Ordnung, Besonnenheit und Gerechtigkeit zusammengehalten werden, und dieses Ganze nennen sie deswegen Weltordnung, mein Freund, und nicht Unordnung oder Zuchtlosigkeit. Du aber scheinst mir darauf nicht zu achten, und trotz all deiner Weisheit bemerkst du nicht, daß die geometrische Gleichheit bei Göttern und Menschen eine wichtige Rolle spielt. Du meinst, man müsse darauf ausgehen, mehr als andere zu besitzen; denn du kümmerst dich nicht um die Geometrie.

Nun also: entweder müssen wir diesen Satz widerlegen und beweisen, daß die Glücklichen nicht durch den Besitz von Gerechtigkeit und Besonnenheit glücklich und die Unglücklichen nicht durch die Schlechtigkeit unglücklich sind – oder, falls dies doch zutrifft, müssen wir sehen, was daraus folgt. Alles, wonach du mich vorhin gefragt hast, geht dann daraus hervor: ob es mein Ernst sei, als ich sagte, man müsse sich selbst und seinen Sohn und seinen Freund anklagen, wenn er ein Unrecht begehe, und dazu von der Redekunst Gebrauch machen. Und was mir Polos nach deiner Ansicht nur aus Schüchternheit zugegeben hat, war also richtig: daß nämlich das Unrechttun gerade um so viel schlechter sei als das Unrechtleiden, als es häßlicher ist, daß also, wer ein wahrhafter Redner sein will, gerecht sein muß und sich auf das Gerechte verstehen soll, was nach des Polos Meinung Gorgias wiederum nur aus Schüchternheit zugegeben hatte. [...]

Müssen wir nun nicht versuchen, der Stadt und den Mitbürgern so zu dienen, daß wir die Bürger selbst so gut als möglich machen? Denn wie wir in unseren vorigen Untersuchungen herausgefunden haben, wäre es ohne das nutzlos, ihnen irgendeine andere Wohltat zu erweisen, wenn die Gesinnung der Leute, die zu großem Reichtum oder zur Herrschaft über andere oder sonst zu einer Macht gelangen sollen, nicht gut und edel ist. [...]

Ich tadle die früheren Staatsmänner nicht in ihrer Eigenschaft als Diener des Staates; ich finde sogar, sie seien in ihrem Dienst eifriger gewesen als die jetzigen, und sie hätten es besser verstanden, der Stadt das zu verschaffen, wonach sie begehrte. Aber die Begierden umzuwandeln und ihnen nicht nachzugeben und die Bürger zu dem zu überreden oder zu zwingen, wovon sie sittlich besser werden können: in diesem Punkte unterscheiden sie sich sozusagen gar nicht von den heutigen; und doch ist gerade das die einzige Aufgabe eines guten Bürgers. Daß jene es besser verstanden haben als die heutigen, Schiffe, Mauern und Werften und viele andere derartige Dinge zu beschaffen, das gebe auch ich dir gerne zu. Doch wir machen in unserem Gespräch etwas ganz Lächerliches: die ganze Zeit, in der wir miteinander reden, kommen wir unaufhörlich immer wieder auf denselben Punkt zurück und mißverstehen uns dabei.

Ich glaube nun, du hast wiederholt zugegeben und eingesehen, daß es sowohl um den Körper als um die Seele zweierlei Bemühungen gibt. Die eine ist dienender Art; sie ermöglicht uns, unserem Körper Speisen zu verschaffen, wenn er Hunger hat, Getränke, wenn ihn dürstet, Kleider, Decken und Schuhe, wenn er friert, und noch anderes mehr, wonach er begehrt; – ich brauche absichtlich gerade diese Beispiele, damit du es leichter verstehst. Denn wer diese Dinge herbeizuschaffen weiß, der Krämer oder der Kaufmann oder der Handwerker, oder wer eines davon herstellt, der Bäcker oder Koch, der Weber, Schuster oder Gerber: kein Wunder, wenn so einer bei sich selber und bei den anderen als ein Pfleger des Körpers gilt, bei jedem nämlich, der nicht weiß, daß es neben diesen Betätigungen eine Gymnastik und eine Heilkunde gibt, welche den Körper wirklich pflegen und denen es auch zukommt, über all jene Künste zu herrschen und sich ihrer Erzeugnisse zu bedienen. Denn sie wissen, welche Speisen und Getränke zum

Gedeihen des Körpers nützlich oder schädlich sind, während alle anderen davon nichts verstehen. Darum gelten jene anderen Künste auch als niedrig und untergeordnet und unedel in ihrer Bemühung um den Körper; die Gymnastik und die Heilkunde aber betrachten wir als ihre rechtmäßigen Herrinnen.

Wenn ich nun sage, ganz dasselbe gelte auch für die Seele, dann scheinst du zu begreifen, was ich sage, und stimmst mir zu, als wüßtest du, was ich meine. Kurz darauf aber kommst du und sagst, es habe in Athen doch gute und tüchtige Staatsmänner gegeben; und wenn ich frage, welche, dann führst du mir offenbar auf dem Gebiet der Politik ganz entsprechende Leute an, wie wenn ich dich über die Gymnastik fragte, welches denn gute Pfleger des Körpers gewesen seien oder noch sind, und du mir dann in vollem Ernst zur Antwort gäbest: Thearion, der Bäcker, und Mithaikos, der über die sizilische Kochkunst geschrieben hat, und der Schenkwirt Sarambos; das seien nämlich hervorragende Pfleger des Körpers gewesen; der eine habe wunderbare Brote geliefert, der andere Fische und der dritte Wein. [...]

Ich glaube, einer der wenigen Athener – um nicht zu sagen der einzige – zu sein, der sich um die wahre Staatskunst bemüht, und der einzige unter meinen Zeitgenossen, der für das Staatswohl tätig ist. Denn ich richte meine Worte jeweils nicht danach, daß sie Gefallen finden, sondern bezwecke damit das möglichst Gute, nicht das möglichst Angenehme, und all die herrlichen Dinge, zu denen du mich ermunterst, will ich nicht tun; darum werde ich auch vor Gericht nichts zu sagen wissen. Dabei kommt mir der Ausspruch in den Sinn, den ich zu Polos getan habe: Ich werde so gerichtet werden wie ein Arzt, wenn Kinder über ihn zu Gericht säßen und ein Koch der Ankläger wäre. Überlege dir, was so ein Mann zu seiner Verteidigung sagen könnte, wenn er vor einem solchen Gerichtshof stände und ihn dann einer mit folgenden Worten anklagte: »Liebe Kinder, viel Übles hat dieser Mann euch zugefügt, und sogar die Jüngsten unter euch richtet er mit seinem Schneiden und Brennen zugrunde, bringt sie mit Magerkuren und Brechmitteln zur Verzweiflung; er gibt euch die bittersten Tränklein und läßt euch hungern und dürsten – anders als ich, der ich euch mit vielen angenehmen Dingen aller Art bewirte.« Was meinst du, daß ein Arzt wohl sagen kann, wenn er in so eine Lage kommt? Oder wenn er die Wahrheit sagte: »Dies alles, liebe Kinder, tat ich um eurer Gesundheit willen« – was meinst du, daß dann solche Richter für ein Geschrei erheben würden? Doch ein großes?

KALLIKLES: Vermutlich; das läßt sich ja denken.

SOKRATES: Du glaubst also auch, er werde in der größten Verlegenheit sein, was er sagen soll?

KALLIKLES: Gewiß.

SOKRATES: Gerade so, ich weiß wohl, würde es auch mir ergehen, wenn ich vor Gericht käme. Ich werde keine Vergnügungen aufzählen können, die ich ihnen bereitet habe und die sie als Wohltaten und Vorteile anerkennen, aber ich beneide weder die, die ihnen solche verschaffen können, noch die, denen sie zuteil werden. Wenn aber einer behauptet, ich verdürbe die Jugend, indem ich sie in Zweifel stürze, oder ich beschimpfte die Alten, indem ich in kleinem Kreise oder öffentlich bittere Reden führe, dann werde ich weder die Wahrheit sagen können, nämlich: »Mit Recht sage ich das alles, ihr Richter, und habe damit ja euren Vorteil im Auge«, noch sonst irgend etwas; und so werde ich vermutlich, wie es auch kommt, mein Schicksal erleiden müssen. [...]

Die Behandlung, die gerade die am anständigsten Denkenden von seiten der Stadt erfahren, ist so schlimm, daß es sonst kein einzelnes Geschehnis gibt, das man damit vergleichen könnte. Wenn man diese Männer mit einem Gleichnis verteidigen will, so muß man es aus vielen Zügen zusammensetzen, so wie die Maler Bockhirsche und ähnliche Mischwesen malen. Stelle dir also vor, es ereigne sich auf mehreren Schiffen oder auch nur auf einem etwa folgendes: Der Schiffsherr übertreffe alle anderen auf dem Schiff an Größe und Stärke, sei aber schwerhörig und kurzsichtig und verstehe auch nicht eben viel vom Seewesen. Nun geraten die Matrosen miteinander in Streit, weil jeder meint, er müsse das Steuer führen, obschon er die Kunst nie gelernt hat und auch keinen Lehrer und keine Lehrzeit angeben kann. Überdies behaupten sie noch, man könne diese Kunst überhaupt nicht lehren, und wollen jeden in Stücke reißen, der sagt, daß sie lehrbar sei. Sie drängen sich nun immer um den Schiffsherrn und bitten und bearbeiten ihn auf jede Art, er solle ihnen das Steuer überlassen. Wenn aber bisweilen andere mit dem Überreden mehr Erfolg haben als sie, so bringen sie diese anderen um oder werfen sie über Bord; den guten Schiffsherrn aber machen sie wehrlos, mit einem Schlaftrunk oder durch einen Rausch oder sonst mit etwas. Damit sind sie Herren über das Schiff und nehmen das in Beschlag, was sie darauf finden. Und wie es bei solchen Leuten üblich ist, setzen sie dann die Fahrt zechend und schmausend fort. Wer ihnen aber bei der Übernahme des Kommandos behilflich zu sein versteht, wenn sie den Schiffsherrn überreden oder überwältigen, den loben sie und nennen ihn einen geschickten Seemann und Steuermann und einen Sachverständigen im Schiffswesen; wer das aber nicht kann, den schelten sie als unbrauchbar. Dabei wissen sie nicht einmal, daß der wahre Steuermann sorgfältig die Jahres- und Tageszeiten, den Himmel und die Gestirne, die Winde und alles andere beobachten muß, was mit seiner Kunst zusammenhängt, wenn er tatsächlich der Lenker des Schiffes sein will. Ja, sie meinen, wenn einer mit oder ohne Zustimmung von einigen das Ruder führen wolle, könne er neben der dazu nötigen Geschicklichkeit und Erfahrung nicht auch noch die wahre Steuermannskunst erlernen. Glaubst du nicht, wenn sich solche Dinge auf den Schiffen abspielen, dann werde der rechte Steuermann von der Bemannung solcher Schiffe als Himmelsgucker und müßiger Schwätzer bezeichnet, den sie zu nichts brauchen können?

»Ja, gewiß«, erwiderte Adeimantos.

Ich glaube also, daß du das Bild nicht näher erklärt zu haben brauchst, um zu sehen, daß es den Städten gleicht, wie sie den wahren Philosophen gegenüber gesinnt sind; du verstehst auch so schon, was ich meine.

»Ja, gewiß«, sagte er.

Wenn sich nun jemand darüber wundert, daß die Philosophen in den Städten nicht geachtet werden, so bringe ihm dieses Gleichnis bei und versuche ihn zu überzeugen, daß es noch viel seltsamer wäre, wenn man sie achtete.

»Ja, das will ich«, sagte er.

Und daß er also recht hat, wenn er behauptet, daß die Anständigsten in der Philosophie in den Augen der Menge unbrauchbar seien. Für diese Unbrauchbarkeit aber laß ihn die Schuld nicht bei den Anständigen suchen, sondern bei denen, die sie nicht brauchen können. Denn es ist doch wider die Natur, daß ein Steuermann die Matrosen bittet, sie sollten sich von ihm leiten lassen, oder daß *die Weisen vor die Türen der Reichen gehen;* – wer dieses Scherzwort geprägt hat, der hat gelogen. Wahr ist vielmehr, daß der Kranke, ob reich oder arm, notgedrungen vor die Türen des Arztes geht, und jeder, der regiert werden möchte, vor die Türen dessen, der zu regieren vermag, daß aber nicht der Regent die Untergebenen bittet, sie sollten sich von ihm regieren lassen, sofern er wirklich etwas taugt. Vergleichst du aber die gegenwärtigen politischen Führer mit den Seeleuten, von denen wir eben sprachen, und jene, die von ihnen als unbrauchbare Himmelsgucker bezeichnet werden, mit den wahren Steuerleuten, so wirst du nicht fehlgehen. [...]

Wenn nicht entweder die Philosophen Könige werden in den Städten oder die, die man heute Könige und Machthaber nennt, echte und gründliche Philosophen werden, und wenn dies nicht in eines zusammenfällt: die Macht in der Stadt und die Philosophie, und all die vielen Naturen, die heute ausschließlich nach dem einen oder dem anderen streben, gewaltsam davon ausgeschlossen werden, so wird es mit dem Elend kein Ende haben, nicht für die Städte und auch nicht, meine ich, für das menschliche Geschlecht. [...]

Wer seine Gedanken wirklich auf das Seiende richtet, Adeimantos, der hat auch gar keine Zeit, hinabzublicken auf das Treiben der Menschen und sich im Streit mit ihnen mit Neid und Bitterkeit zu erfüllen. Sondern er schaut und betrachtet Geordnetes, sich immer Gleichbleibendes, bei dem es kein gegenseitiges Unrechttun und kein Unrechtleiden gibt, das sich vielmehr insgesamt wohlgeordnet und vernünftig verhält. Das ahmt er nach und gleicht sich ihm so weit als möglich an. Oder meinst du, man könne bewundernd mit etwas umgehen, ohne es nachzuahmen?

»Das ist nicht möglich«, erwiderte er.

Indem also der Philosoph mit dem Göttlichen und Wohlgeordneten verkehrt, wird er selbst wohlgeordnet und göttlich, so weit das einem Menschen möglich ist. Verleumdung gibt es freilich überall viel.

»Ja, allerdings.«

Wenn er nun in die Notwendigkeit versetzt wird, fuhr ich fort, sich zu bemühen, um das, was er dort sieht, in die Sitten der Menschen im privaten wie im öffentlichen Leben hineinzutragen, statt nur sich selbst zu bilden – wird er dann wohl ein schlechter Bildner zur Besonnenheit und Gerechtigkeit und zu jeder Bürgertüchtigkeit werden?

»Sicher nicht«, sagte er.

Und wenn die Menge spürt, daß wir die Wahrheit über ihn sagen, dann werden sie doch die Philosophen nicht mehr entrüstet ablehnen und nicht mehr ungläubig gegen unsere Behauptung sein, daß eine Stadt anders wohl nie glücklich werden könnte, als wenn sie von den Malern entworfen wird, die das Göttliche zum Vorbild nehmen. [...]

Meine Ansicht geht jedenfalls dahin, daß unter dem Erkennbaren als letztes und nur mit Mühe die Idee des Guten gesehen wird; hat man sie aber gesehen, so muß man die Überlegung anstellen, daß sie für alles die Urheberin alles Richtigen und Schönen ist. Denn im Sichtbaren bringt sie das Licht und seinen Herrn hervor; im Einsehbaren aber verleiht sie selbst als Herrin Wahrheit und Einsicht. Sie muß man erblickt haben, wenn man für sich oder im öffentlichen Leben vernünftig handeln will.

Aristoteles: Der Staat als natürliche Voraussetzung glücklichen Lebens

Da wir sehen, daß jeder Staat eine Gemeinschaft ist und jede Gemeinschaft um eines Gutes willen besteht (denn alle Wesen tun alles um dessentwillen, was sie für gut halten), so ist es klar, daß zwar alle Gemeinschaften auf irgendein Gut zielen, am meisten aber und auf das unter allen bedeutendste Gut jene, die von allen Gemeinschaften die bedeutendste ist und alle übrigen in sich umschließt. Diese ist der sogenannte Staat und die staatliche Gemeinschaft.

Alle diejenigen nun, die meinen, daß ein Staatsmann, ein Fürst, ein Hausverwalter und ein Herr dasselbe seien, irren sich; sie meinen nämlich, der Unterschied bestünde nur in der größeren und geringeren Zahl und nicht in der Art jedes einzelnen, so daß etwa, wer über wenige regiert, ein Herr sei, wer über mehrere, ein Hausverwalter, und wer über noch mehrere, ein Staatsmann oder Fürst; denn zwischen einem großen Hause und einem kleinen Staate sei kein Unterschied vorhanden [...]. Daß dies falsch ist, wird klar werden, wenn wir die Untersuchung nach der hier gegebenen Methode führen.

Wie man nämlich auch anderswo das Zusammengesetzte bis zu den nicht mehr zusammengesetzten Teilen zerlegen muß (denn diese sind die kleinsten Teile des Ganzen), so müssen wir auch beim Staate erkennen, woraus sich jene Verhältnisse voneinander unterscheiden und ob sich über jedes einzelne etwas wissenschaftlich Brauchbares feststellen läßt.

Die beste Methode dürfte hier wie bei den anderen Problemen sein, daß man die Gegenstände verfolgt, wie sie sich von Anfang an entwickeln. Als erstes ist es notwendig, daß sich jene Wesen verbinden, die ohne einander nicht bestehen können, einerseits das Weibliche und das Männliche der Fortpflanzung wegen (und dies nicht aus freier Entscheidung, sondern weil es wie anderswo, bei den Tieren und Pflanzen, ein naturgemäßes Streben ist, ein anderes Wesen zu hinterlassen, das einem selbst gleich ist), anderseits das naturgemäß Regierende und Regierte um der Lebenserhaltung willen. Denn was mit dem Verstand vorauszuschauen vermag, ist von Natur aus das Regierende und Herrschende, was aber mit seinem Körper das Vorgesehene auszuführen vermag, ist das von Natur Regierte und Dienende. Darum ist auch der Nutzen für Herrn und Diener derselbe. [...]

Die aus mehreren Dörfern bestehende vollkommene Gemeinschaft ist der Staat. Er hat gewissermaßen die Grenze der vollendeten Autarkie erreicht, zunächst um des bloßen Lebens willen entstanden, dann aber um des vollkommenen Lebens willen bestehend. Darum existiert auch jeder Staat von Natur, da es ja schon die ersten Gemeinschaften tun. Er ist das Ziel von jenen, und das Ziel ist eben der Naturzustand. Denn den Zustand, welchen jedes Einzelne erreicht, wenn seine Entwicklung zum Abschluß gelangt ist, nennen wir die Natur jedes Einzelnen, wie etwa des Menschen, des Pferdes, des Hauses.

Außerdem ist der Zweck und das Ziel das Beste. Die Autarkie ist aber das Ziel und das Beste.

Daraus ergibt sich, daß der Staat zu den naturgemäßen Gebilden gehört und daß der Mensch von Natur ein staatenbildendes Lebewesen ist; derjenige, der auf Grund seiner Natur und nicht bloß aus Zufall außerhalb des Staates lebt, ist entweder schlecht oder höher als der Mensch; so etwa der von Homer beschimpfte: »ohne Geschlecht, ohne Gesetz und ohne Herd«. Denn dieser ist von Natur ein solcher und gleichzeitig gierig nach Krieg, da er unverbunden dasteht, wie man im Brettspiel sagt.

Daß ferner der Mensch in höherem Grade ein staatenbildendes Lebewesen ist als jede Biene oder irgendein Herdentier, ist klar. Denn die Natur macht, wie wir behaupten, nichts vergebens. Der Mensch ist aber das einzige Lebewesen, das Sprache besitzt. Die Stimme zeigt Schmerz und Lust an und ist darum auch den andern Lebewesen eigen (denn bis zu diesem Punkte ist ihre Natur gelangt, daß sie Schmerz und Lust wahrnehmen und dies einander anzeigen können); die Sprache dagegen dient dazu, das Nützliche und Schädliche mitzuteilen und so auch das Gerechte und Ungerechte. Dies ist nämlich im Gegensatz zu den andern Lebewesen dem Menschen eigentümlich, daß er allein die Wahrnehmung des Guten und Schlechten, des Gerechten und Ungerechten und so weiter besitzt. Die Gemeinschaft in diesen Dingen schafft das Haus und den Staat.

Der Staat ist denn auch von Natur urspünglicher als das Haus oder jeder Einzelne von uns. Denn das Ganze muß ursprünglicher sein als der Teil. Wenn man nämlich das Ganze wegnimmt, so gibt es auch keinen Fuß oder keine Hand, außer dem Namen nach, wie etwa eine Hand aus Stein; nur in diesem Sinn wird eine tote Hand noch eine Hand sein. In Wahrheit ist alles bestimmt durch seine besondere Leistung und Fähigkeit, und wenn es diese nicht mehr besitzt, kann es auch nicht mehr als dasselbe Ding bezeichnet werden außer dem bloßen Namen nach.

Daß also der Staat von Natur ist und ursprünglicher als der Einzelne, ist klar. Sofern nämlich der Einzelne nicht autark für sich zu leben vermag, so wird er sich verhalten wie auch sonst ein Teil zu einem Ganzen. Wer aber nicht in Gemeinschaft leben kann oder in seiner Autarkie ihrer nicht bedarf, der ist kein Teil des Staates, sondern ein wildes Tier oder Gott.

Alle Menschen haben also von Natur den Drang zu einer solchen Gemeinschaft, und wer sie als erster aufgebaut hat, ist ein Schöpfer größter Güter. Wie nämlich der Mensch, wenn er vollendet ist, das beste der Lebewesen ist, so ist er abgetrennt von Gesetz und Recht das schlechteste von allen. Das schlimmste ist die bewaffnete Ungerechtigkeit. Der Mensch besitzt von Natur als Waffen die Klugheit und Tüchtigkeit, und gerade sie kann man am allermeisten in verkehrtem Sinne gebrauchen. Darum ist der Mensch ohne Tugend das gottloseste und wildeste aller Wesen und in Liebeslust und Eßgier das schlimmste. Die Gerechtigkeit dagegen ist der staatlichen Gemeinschaft eigen. Denn das Recht ist die Ordnung der staatlichen Gemeinschaft, und die Gerechtigkeit urteilt darüber, was gerecht sei. [...]

Der Mensch, der seiner Natur nach nicht sich selbst, sondern einem anderen gehört, ist von Natur ein Sklave; einem andern Menschen gehört, wer als Mensch ein Besitzstück ist, das heißt ein für sich bestehendes, dem Handeln dienendes Werkzeug.

Ob es nun einen Menschen gibt, der von Natur derart ist oder nicht, und ob es besser und gerecht ist für einen Menschen, Sklave zu sein oder nicht, oder ob überhaupt jede Sklaverei gegen die Natur ist, dies ist nun zu untersuchen.

Es ist nicht schwer, dies theoretisch zu erkennen und aus der Erfahrung zu entnehmen.

Das Herrschen und Dienen gehört nicht nur zu den notwendigen, sondern auch zu den zuträglichen Dingen. Einiges trennt sich gleich von Geburt an, das eine zum Dienen, das andere zum Herrschen. Es gibt viele Arten von Herrschenden und Dienenden; und immer ist jene Herrschaft besser, wo Bessere regiert werden, also besser diejenige über einen Menschen als diejenige über ein Tier. Denn was von Besseren zustande gebracht wird, ist auch eine bessere Leistung; und wo eines regiert und das andere regiert wird, gibt es eine gemeinsame Leistung beider.

Allgemein: wo immer Eines aus Mehrerem zusammengesetzt ist und ein Gemeinsames entsteht, entweder aus kontinuierlichen oder aus getrennten Teilen, da zeigt sich ein Herrschendes und ein Beherrschtes, und zwar findet sich dies bei den beseelten Lebewesen auf Grund ihrer gesamten Natur. Sogar beim Unbelebten gibt es eine Art von Herrschaft, wie in der musikalischen Harmonie. Doch eine Untersuchung darüber gehört wohl nicht hierher.

Das Lebewesen besteht primär aus Seele und Leib, wovon das eine seiner Natur nach ein Herrschendes, das andere ein Beherrschtes ist. Was dabei naturgemäß sei, muß man eher an dem ablesen, was sich normal verhält, als an dem, was verdorben ist. So muß man auch jenen Menschen untersuchen, der sich nach Leib und Seele in der besten Verfassung befindet. Da wird dies klar. Denn bei Menschen, die schlecht oder in schlechter Verfassung sind, könnte es oft scheinen, als regiere der Körper die Seele, weil sie sich schlecht und naturwidrig verhalten.

Zuerst also kann man, wie wir sagen, beim Lebewesen das Herrenverhältnis und das staatsmännische Verhältnis beobachten. Denn die Seele regiert über den Körper in der Weise eines Herrn und der Geist über das Streben in der Weise eines Staatsmannes oder Fürsten. Daraus wird klar, daß es für den Körper naturgemäß und zuträglich ist, von der Seele beherrscht zu werden; ebenso für den leidenschaftsbegabten Teil der Seele, vom Geiste und vom vernunftbegabten Teil beherrscht zu werden; Gleichheit oder ein umgekehrtes Verhältnis wäre für alle Teile schädlich.

Ebenso steht es mit dem Verhältnis zwischen dem Menschen und den anderen Lebewesen. Die zahmen sind ihrer Natur nach besser als die wilden, und für alle zahmen Tiere ist es am besten, wenn sie vom Menschen regiert werden. Denn so bleiben sie am Leben erhalten.

Desgleichen ist das Verhältnis des Männlichen zum Weiblichen von Natur so, daß das eine besser, das andere geringer ist, und das eine regiert und das andere regiert wird.

Auf dieselbe Weise muß es sich nun auch bei den Menschen im allgemeinen verhalten. Diejenigen, die so weit voneinander verschieden sind wie die Seele vom Körper und der Mensch vom Tier (dies gilt bei allen denjenigen, deren Aufgabe die Verwendung ihres Körpers ist und bei denen dies das Beste ist, was sie leisten können), diese sind Sklaven von Natur, und für sie ist es, wie bei den vorhin genannten Beispielen, besser, auf die entsprechende Art regiert zu werden.

Von Natur ist also jener ein Sklave, der einem andern zu gehören vermag und ihm darum auch gehört, und der so weit an der Vernunft teilhat, daß er sie annimmt, aber nicht selbständig besitzt. Die andern Lebewesen dienen so, daß sie nicht die Vernunft annehmen, sondern nur Empfindungen gehorchen. Doch ihre Verwendung ist nur wenig verschieden: denn beide helfen dazu, mit ihrer körperlichen Arbeit das Notwendige zu beschaffen, die Sklaven wie die zahmen Tiere. [...]

Wenn man aber nicht bloß um des Lebens, sondern um des edlen Lebens willen beisammen ist (denn sonst gehörten auch Sklaven und andere Lebewesen zum Staate; dies trifft aber nicht zu, da diese weder an der Glückseligkeit, noch an einem Leben auf Grund freier Entscheidung beteiligt sind), und auch nicht nur um des Beistands willen, um von niemandem unterdrückt zu werden, und auch nicht wegen des gegenseitigen Handelsverkehrs und Nutzens voneinander – – – denn sonst müßten die Tyrrhener und Karthager und alle Völker, die Handelsverträge miteinander haben, gewissermaßen Bürger eines einzigen Staates sein. Sie haben bekanntlich Abmachungen über die Importe und Verträge, einander nicht zu schädigen, und Urkunden über militärischen Beistand. Aber die Regierungen sind durchaus nicht in allen diesen Staaten dieselben, sondern bei jedem eine andere, noch kümmert sich der eine um die Eigenschaften, die der andere haben muß, oder darum, daß der andere Vertragspartner nicht ungerecht wird und keiner Schlechtigkeit verfällt, sondern ausschließlich darum, daß sie einander gegenseitig keinen Schaden antun.

An die politische Tugend und Schlechtigkeit denken nur jene, die sich um gute Gesetze kümmern. Und in der Tat muß ein Staat, der in Wahrheit und nicht bloß dem Namen nach ein Staat ist, sich um die Tugend kümmern. Denn sonst wäre die Gemeinschaft ein bloßer Beistandsvertrag, der sich von den andern solchen Verträgen (die weit voneinander getrennte Staaten verbinden) nur durch die räumlichen Verhältnisse unterschiede, und das Gesetz würde eine bloße Abmachung und, wie der Sophist Lykophron sagte, ein gegenseitiger Bürge der Gerechtigkeit, aber nicht in der Lage sein, die Bürger tugendhaft und gerecht zu machen. Daß es sich so verhält, ist klar. Denn wenn einer die Orte konzentrierte, so daß die Städte der Megarer und Korinther sich mit ihren Mauern berührten, so entstünde daraus doch nicht Ein Staat; auch nicht, wenn sie Ehegemeinschaft miteinander vereinbarten, obschon dies eine dem Staate eigentümliche Gemeinschaftsform ist; auch nicht, wenn die Leute in einiger Distanz voneinander wohnten, aber doch so nahe, daß sie miteinander verkehren könnten und Abmachungen hätten, einander im Warenaustausch nicht zu betrügen: wenn also der eine ein Schreiner wäre, der andere ein Bauer, der dritte ein Schuster usw. und sie der Zahl nach zehntausend wären, aber in nichts anderm eine Gemeinschaft hätten als eben in Handelsabmachungen und Beistandsverträgen, so wäre dies doch noch kein Staat. Warum? Nicht weil die Gemeinschaft nicht eng genug ist. Denn auch wenn sie in solcher Gemeinschaft ganz nahe beisammen lebten (während jeder sein eigenes Haus wie seinen Staat behandelte), und sie eine Bundesgenossenschaft besäßen gegen die Angriffe dritter, so wird auch dies für den, der es genau nimmt, nicht als ein Staat gelten können, da sie ja am gemeinsamen Orte so verkehren, als wären sie getrennt.

Offensichtlich ist also der Staat nicht bloß eine Gemeinschaft des Ortes und um einander nicht zu schädigen und um des Handels willen. Sondern dies sind nur notwendige Voraussetzungen, wenn es einen Staat geben soll; aber auch wenn all das vorhanden ist, ist noch kein Staat vorhanden, sondern dieser beruht auf der Gemeinschaft des edlen Lebens in Häusern und Familien um eines vollkommenen und selbständigen Lebens willen.

Freilich kann dies nicht zustande kommen, wo man nicht an demselben Orte wohnt und keine Ehegemeinschaft hat. Und so gibt es in den Staaten Verschwägerungen und Brüderschaften und Opferfeste und Formen des geselligen Lebens. Das ist das Werk der Freundschaft. Denn der Wille, zusammenzuleben, ist Freundschaft.

Ziel des Staates ist also das edle Leben, und jenes andere ist um dieses Zieles willen da. Und der Staat ist die Gemeinschaft der Geschlechter und Dorfgemeinden um des vollkommenen und selbständigen Lebens willen. Dieses endlich ist, wie wir betonen, das glückselige und edle Leben. Man muß also die politischen Gemeinschaften auf die edlen Handlungen hin einrichten und nicht bloß auf das Beisammenleben. Wer darum zu einer solchen Gemeinschaft am meisten beiträgt, der hat auch einen größeren Anteil an dem Staate als jene, die an Freiheit und Abkunft gleich oder sogar überlegen sind, aber an politischer Tugend weniger besitzen, oder jene, die an Reichtum hervorragen, an Tugend aber zurückstehen. [...]

Soweit die Verfassungen das Gemeinwohl berücksichtigen, sind sie im Hinblick auf das schlechthin Gerechte richtig; diejenigen aber, die nur das Wohl der Regierenden im Auge haben, sind allesamt verfehlt und weichen von den richtigen Verfassungen ab. Denn dann sind sie despotisch; der Staat ist aber eine Gemeinschaft von Freien.

Nach dieser Feststellung haben wir zu untersuchen, wie viele Staatsformen es gibt, und welche sie sind, und vor allem, welches die richtigen sind. Denn kennt man diese, werden auch die verfehlten sichtbar werden.

Da nun die Staatsverfassung und die Staatsregierung dasselbe meinen und die Staatsregierung das ist, was den Staat beherrscht, so wird dieses Beherrschende Eines oder Einige oder die Mehrheit sein müssen. Wenn nun der Eine oder die Einigen oder die Vielen im Hinblick auf das Gemeinwohl regieren, dann sind dies notwendigerweise richtige Staatsformen, verfehlte aber jene, wo nur der eigene Nutzen des Einen, der Einigen oder der Vielen bezweckt wird. Denn entweder dürfen diejenigen, die nicht am Nutzen teilhaben, nicht Bürger genannt werden oder sie müssen als Bürger am Nutzen teilhaben.

Wir nennen nun von den Monarchien jene, die auf das Gemeinwohl schaut, das Königtum, von den Regierungen Einiger, also mehrerer als Eines, die entsprechende die Aristokratie (entweder weil die Besten regieren, oder weil sie zum Besten des Staates und der Gemeinschaft regieren). Wenn aber die Menge zum allgemeinen Nutzen regiert, so wird dies mit dem gemeinsamen Namen aller Verfassungen, nämlich Politie benannt. Dies mit Recht: denn daß sich Einer oder Einige an Tugend auszeichnen, ist wohl möglich, daß dagegen Viele in jeder Tugend hervorragen, schwierig; am ehesten noch in der kriegerischen, denn diese besitzt die Masse, und darum ist auch in einer solchen Verfassung das kriegerische Element das maßgebende, und es haben diejenigen an ihr teil, die Waffen tragen.

Verfehlte Formen im genannten Sinne sind für das Königtum die Tyrannis, für die Aristokratie die Oligarchie und für die Politie die Demokratie. Denn die Tyrannis ist eine Alleinherrschaft zum Nutzen des Herrschers, die Oligarchie eine Herrschaft zum Nutzen der Reichen und die Demokratie eine solche zum Nutzen der Armen. Keine aber denkt an den gemeinsamen Nutzen aller. [...]

Da nun in allen Wissenschaften und Künsten das Gute das Ziel ist, so gilt dies am meisten und vor allem in der wichtigsten von allen, nämlich der Kunst des Staatsmannes. Das politische Gute ist das Gerechte, und dieses ist das, was der Allgemeinheit zuträglich ist. Das Gerechte scheint nun Gleichheit für alle zu sein, und bis zu einem gewissen Grade stimmt dies mit den philosophischen Erwägungen der Ethik überein. Denn diese stellen fest, was und für wen etwas gerecht sei, und daß Gleiche Gleiches erhalten sollen. Worin aber Gleichheit und Ungleichheit zu bestehen haben, muß man auch wissen. Denn auch dies ist eine Frage und bedarf staatsphilosophischer Untersuchung.

Man könnte sagen, daß die Ämter je nach dem Vorrang in irgendeinem Gute ungleich verteilt werden müßten, wenn auch im übrigen keine Unterschiede bestünden, sondern alle gleich wären. Denn wo überhaupt Unterschiede vorhanden sind, da ist auch die Gerechtigkeit und die Würdigkeit eine andere. Wenn aber dies stimmt, so müssen auch jene, die sich an Farbe, Größe und sonst einem Gute auszeichnen, einen Überschuß an politischer Gerechtigkeit erfahren. Oder liegt hier nicht der Fehler zutage? In den andern Wissenschaften und Künsten ist es klar: Wo Flötenspieler von gleichem Können vorhanden sind, da wird man nicht etwa den Vornehmeren die besseren Flöten geben. Denn sie werden darum nicht besser spielen. Wer sich also in der Leistung auszeichnet, der soll auch das bessere Werkzeug erhalten.

Wenn dies noch nicht deutlich genug ist, so wird es doch im

weitern Verlaufe klar werden. Wenn sich nämlich einer in der Flötenkunst auszeichnet, aber an Vornehmheit oder Schönheit weit zurückbleibt, so würde man doch, obschon die beiden Güter Vornehmheit und Schönheit für sich höher stehen als die Flötenkunst und im Verhältnis höher über der Flötenkunst stehen als der Flötenspieler durch seine Kunst über den andern, dem Flötenspieler die besseren Flöten geben. Denn der Vorrang in Adel und Reichtum müßte zur Leistung beitragen, aber das tut er nicht.

Nach diesem Prinzip würde sonst jedes Gut mit jedem vergleichbar sein, und wenn irgendeine Größe in Betracht zu ziehen wäre, so könnte die Größe überhaupt mit dem Reichtum oder der Freiheit rivalisieren. Wenn sich also der eine mehr durch Größe auszeichnet als der andere durch Tugend, mag auch im ganzen die Tugend hervorragender sein als die Größe, so wird dann doch alles vergleichbar sein. Denn wenn eine Größe die andere übertrifft, so sind sie offenbar vergleichbar. Da das unmöglich ist, so kann man auch im Staate vernünftigerweise bei dem Kampf um die Ämter nicht auf jede Art von Ungleichheit hinweisen (denn wenn die einen schnell, die andern langsam sind, so dürfen doch nicht darum die einen mehr und die andern weniger erhalten, sondern eine solche Differenz kommt nur in den gymnastischen Wettspielen zu Ehren). Man muß also vielmehr in den Dingen wetteifern, die den Staat konstituieren, und so bewerben sich vernünftigerweise die Edlen, Freien und Reichen um die Ämter. Denn man muß frei sein und Steuern entrichten (nur aus Armen kann ein Staat ebensowenig bestehen wie nur aus Sklaven), und wenn dies notwendig ist, dann ist es auch die Gerechtigkeit und die kriegerische Tugend. Denn ohne diese läßt sich ein Staat nicht behaupten: Ohne das Frühere kann ein Staat überhaupt nicht sein, ohne das Spätere kann er nicht gut regiert werden. [...]

Es gibt Menschen, die von Natur unter despotischer, andere, die unter königlicher Herrschaft stehen müssen, und andere, für die eine Politie gerecht und zuträglich ist. Die Tyrannis ist nicht naturgemäß, und auch nicht die andern abweichenden Verfassungen; sie sind vielmehr naturwidrig. Aus dem Gesagten ergibt sich sicherlich, daß es bei Ebenbürtigen und Gleichen nicht zuträglich und gerecht ist, daß Einer Herr über alle sei, sei es, daß keine Gesetze bestehen, sondern er selbst Gesetz ist, oder sei es, daß solche bestehen; und mag er als Tüchtiger über Tüchtige regieren, oder als Untüchtiger über Untüchtige, und auch nicht, wenn er an Tugend hervorragt, außer in bestimmten Fällen. Welches diese Fälle sind, ist nun darzulegen; in gewisser Weise wurde es schon früher gesagt.

Zuvor aber ist zu bestimmen, was die königliche, die aristokratische und die politische Regierungsform ist. Königlich regiert ist eine solche Menge, die ihrer Natur nach ein an Tugend hervorragendes Geschlecht in der politischen Führung akzeptiert, aristokratisch eine Menge, die als eine freie durch die in der Tugend Hervorragenden in politischen Beamtenstellen regiert werden kann, und endlich politisch eine solche, worin abwechselnd Regieren und Regiertwerden stattfindet gemäß einem Gesetz, das in richtiger Weise die Ämter verteilt.

Wenn nun ein ganzes Geschlecht oder sonst ein Einzelner vorhanden ist, der an Tugend so sehr hervorragt, daß sie diejenige aller übrigen übertrifft, dann ist es gerecht, daß dieses Geschlecht das Königtum innehabe und Herr über alles sei, und daß dieser Eine König sei. Denn wie zuvor gesagt, verhält es sich so nicht bloß nach der Gerechtigkeit, die diejenigen anzurufen pflegen, die aristokratische, oligarchische oder demokratische Verfassungen aufgebaut haben (alle machen nämlich einen Vorrang geltend, nur eben nicht denselben), sondern auch nach unserer früheren Feststellung. Einen derart hervorragenden Menschen darf man nämlich nicht töten, verbannen oder ostrakisieren oder ihn auch nur abwechslungsweise regieren lassen. Denn der Teil ist seiner Natur nach nicht mehr als das Ganze, aber dies würde demjenigen gegenüber eintreten, der einen so großen Vorrang besäße. Es bleibt also nur übrig, daß man einem solchen gehorcht und daß dieser Herr sei, und zwar nicht abwechslungsweise, sondern überhaupt.

Über das Königtum und seine Formen, und ob es den Staaten zuträglich ist oder nicht, und wem und wie, sei dies gesagt.

Da wir aber drei richtige Verfassungen genannt haben und von ihnen jene die beste ist, die von den Besten verwaltet wird, also diejenige, in der Einer unter allen oder ein ganzes Geschlecht oder eine Menge sich an Tugend auszeichnet, so daß die einen sich regieren lassen, und die andern im Hinblick auf die wünschenswerteste Lebensform regieren, und da am Anfang gezeigt wurde, daß die Tugend des vollkommenen Menschen und diejenige des Bürgers im vollkommenen Staate dieselbe ist, so ist es klar, daß auf dieselbe Weise und aus denselben Gründen ein einzelner Mann tüchtig wird und einen entsprechenden Staat, eine Aristokratie oder ein Königtum einrichten könnte. Es wird also so ziemlich dieselbe Erziehung und dieselbe Gewöhnung sein, die einen tüchtigen Mann und einen guten Staatsmann und König heranbildet. [...]

Am wichtigsten in jeder Verfassung ist es, durch Gesetze und sonstige Einrichtungen dafür zu sorgen, daß man sich an den Ämtern nicht bereichern kann. Vor allem in den Oligarchien ist darauf zu achten. Denn dann wird sich die Menge nicht darüber ärgern, daß sie von den Ämtern ausgeschlossen ist, sondern ist sogar zufrieden, wenn man sie bei ihren privaten Geschäften in Ruhe läßt. Wenn sie dagegen meinen, öffentliches Gut werde von den Regierenden unterschlagen, dann sind sie über beides erbittert, sowohl darüber, daß sie an den Ämtern nicht teilhaben, wie auch über den Gewinn.

Nur wenn man dies entsprechend einrichtet, kann ein Staat sogar zugleich eine Demokratie und eine Aristokratie sein. Denn dann können die Angesehenen wie die Menge, jeder auf seiner Seite, bekommen, was sie wollen: daß alle regieren dürfen, ist demokratisch, daß faktisch die Angesehenen die Magistraturen besetzen, ist aristokratisch, und dies ist möglich, wenn man aus den Regierungsämtern keinen Gewinn ziehen kann. Denn dann werden die Armen gar nicht regieren wollen, weil sie daran nicht profitieren, sondern sie bleiben lieber bei ihren Sachen; die Wohlhabenden dagegen können es, weil sie auf das öffentliche Gut nicht angewiesen sind. Es ergibt sich, daß die Armen reich werden, weil sie ihrer Arbeit nachgehen, und daß die Angesehenen nicht von beliebigen Leuten regiert werden.

Um Unterschlagungen des öffentlichen Besitzes zu vermeiden, muß die Kassenübergabe in Anwesenheit aller Bürger erfolgen und müssen Rechnungsabschriften bei den Verbänden der Phratrien, Lochen und Phylen hinterlegt werden. Damit man andererseits gerne ohne materiellen Gewinn regiert, sollen für bewährte Beamte durchs Gesetz Ehrungen vorgesehen werden.

In den Demokratien soll man die Wohlhabenden schonen: Nicht nur der Besitz, auch der Ertrag soll nicht aufgeteilt werden, was doch in einigen Staaten unter der Hand geschieht; es ist sogar besser, sie, auch gegen ihren Willen, von kostspieligen, aber nutzlosen Leistungen für den Staat abzuhalten, wie Theateraufführungen, Prozessionen und dergleichen. In der Oligarchie wiederum soll man für die Armen sorgen, ihnen die mit Einkünften verbundenen Ämter zur Verfügung halten und einen

Übergriff der Reichen gegen sie schwerer ahnden als Übergriffe unter ihresgleichen. Die Erbschaften dürfen nicht verschenkt werden, sondern müssen in der Familie bleiben, und keiner darf mehr als eine Erbschaft annehmen. Denn so werden die Vermögen gleichmäßiger, und es gelangen mehr Arme zu Reichtum.

Für Demokratie und Oligarchie zweckmäßig ist es auch, jenen, die nicht regimentsfähig sind, in den übrigen Dingen Gleichheit oder den Vorrang einzuräumen, in der Demokratie den Reichen, in der Oligarchie den Armen; abgesehen natürlich von den entscheidenden Staatsämtern. Diese dürfen ausschließlich oder in der Mehrheit nur von Regimentsfähigen besetzt werden. [...]

Man darf nicht übersehen, was faktisch alle verfehlten Verfassungen übersehen: die Mitte. Denn vieles, was demokratisch zu sein scheint, zerstört die Demokratie, und vieles Oligarchische die Oligarchie. Solche Leute meinen, das einzig Richtige sei das Fortschreiten zum Extrem, und sehen nicht, daß etwa eine Nase von der vollkommenen Geradheit etwas zur Habichtnase oder Stumpfnase abweichen kann, aber dennoch schön und anziehend bleibt, dagegen nicht mehr, wenn sie bis zum Extrem weitergeht: Dann wird sie zuerst die rechten Proportionen verlieren und schließlich so aussehen, daß man sie vor lauter Übermaß an der einen und Mangel an der entgegengesetzten Eigenschaft gar nicht mehr für eine Nase wird halten können. Dasselbe kann man von den andern Körperteilen und so auch von den Verfassungen sagen. Denn eine Oligarchie oder Demokratie kann lebensfähig sein, auch wenn sie von der vollkommenen Verfassung abweicht. Wenn man aber die eine oder die andere extrem durchführt, dann wird man die Verfassung zuerst verschlechtern und schließlich überhaupt zugrunde richten. Darum müssen der Gesetzgeber ⊙ und der Politiker wohl bedenken, welche der demokratischen Einrichtungen eine Demokratie erhalten und welche sie ruinieren, und ebenso bei der Oligarchie. Denn keine von beiden kann Bestand und Dauer haben ohne die Wohlhabenden und ohne die Menge; vielmehr wenn etwa die Vermögen gänzlich ausgeglichen sind, so entsteht eine neue Staatsform. Mit übertriebenen Gesetzen also zerstört man die Verfassungen.

⊙ keine Volksabstimmungen!

Marcus Tullius Cicero: Naturrecht als universale Teilhabe am ewigen Weltgesetz

Es ist also der Staat die Sache des Volkes, das Volk aber nicht jede Versammlung von Menschen, auf welche Weise auch immer zusammengeschart, sondern die Versammlung einer Menschenmenge, die durch die Übereinstimmung der Rechtsvorstellung und die Gemeinsamkeit des Nutzens vereinigt ist. Deren erster Beweggrund aber zu diesem Zusammengehen ist nicht so sehr die Schwäche, sondern vielmehr eine Art natürlichen Geselligkeitsstrebens der Menschen; denn diese Gattung ist weder einsiedlerisch noch einzelgängerisch angelegt. [...]

Es ist allerdings das wahre Gesetz die rechte Vernunft, mit der Natur übereinstimmend, ausgegossen in alles, beständig, ewig; die zur Pflicht ruft durch Gebot, durch Verbot vom Trug abschreckt; die dennoch weder den Redlichen vergeblich gebietet oder verbietet, noch die Unredlichen durch Gebot oder Verbot bewegt. Dieses Gesetz zu ändern, verstößt gegen heilige Ordnung. Weder ist es erlaubt, etwas von ihm teilweise abzuschaffen, noch kann es ganz beseitigt werden; aber auch nicht durch den Senat oder durch das Volk können wir von diesem Gesetz entbunden werden. Weder muß dazu als Erklärer oder Deuter Sextus Aelius befragt werden, noch wird es ein Gesetz in Rom, ein anderes in Athen, wiederum ein anderes jetzt, ein anderes später geben; sondern alle Völker und zu allen Zeiten wird ein Gesetz, ewig und unveränderlich, umschließen, und nur ein gemeinsamer Lehrer und Gebieter aller sozusagen wird Gott sein. Er ist der Urheber dieses Gesetzes, der Schiedsrichter, der Antragsteller; wer aber diesem nicht gehorcht, wird selbst sich entfliehen und durch Verschmähung der Natur des Menschen eben dadurch schwer bestraft werden, auch wenn er anderen vermeintlichen Strafen entkommen ist. [...]

Die größten Gelehrten also fanden es gut, vom Gesetz auszugehen, wohl mit Recht, vorausgesetzt nur, daß das Gesetz, wie sie es definieren, die höchste Vernunft ist, die, der Natur eingeprägt, gebietet, was zu tun ist, und das Gegenteil verbietet. Die gleiche Vernunft ist Gesetz, wenn sie im Geist des Menschen gefestigt und ausgebildet ist. Deshalb meinen sie, die Klugheit sei das Gesetz, dessen Wesen darin bestehe, rechtes Handeln zu gebieten, unrechtes zu verbieten; und sie glauben, dieser Begriff habe im Griechischen seinen Namen von ›einem jeden das Seinige zuteilen‹, ich glaube, im Lateinischen hat er ihn von ›auswählen‹. Denn wie jene in das Wort ›Gesetz‹ den Sinn der Gleichheit legen, so wir den der Auswahl, und doch kommt dem Gesetz beides zu. Ist aber diese Erklärung, wie es mir wenigstens gewöhnlich erscheint, richtig, so ist der Ursprung des Rechtes vom Gesetz herzuleiten; denn dieses ist die Wirkung der Natur, ist der Verstand und die Vernunft des Klugen, die Richtschnur für Recht und Unrecht. Aber da ja unsere ganze Rede sich mit einem alle betreffenden Problem befaßt, wird es nötig sein, bisweilen gemeinverständlich zu sprechen und gemäß der Umgangssprache Gesetz das zu nennen, was schriftlich seinen Willen durch Gebot oder Verbot anordnet. Als Ausgangspunkt für die Begründung des Rechtes wollen wir jedoch jenes höchste Gesetz nehmen, das vor aller Zeit entstand, ehe irgendein Gesetz aufgeschrieben oder überhaupt ein Staat gegründet war. [...]

Ich will es kurz machen: Es läuft darauf hinaus, daß dieses Lebewesen, umsichtig, klug, vielseitig, scharfsinnig, erinnerungsfähig, voll Vernunft und Einsicht, das wir Mensch nennen, mit einer ganz hervorragenden Ausstattung vom höchsten Gott geschaffen wurde. Denn es allein unter soviel Arten und Wesen der Geschöpfe hat teil an Vernunft und Denkvermögen, während dies alle anderen Lebewesen nicht besitzen. Was gibt es aber – ich will nicht sagen nur im Menschen, sondern im ganzen Himmel und auf der ganzen Erde – Göttlicheres als die Vernunft? Ist sie erstarkt und voll ausgebildet, wird sie mit Recht Weisheit genannt.

Da nun nichts besser ist als die Vernunft und diese im Menschen und in Gott ist, besteht also für den Menschen mit Gott eine erste Gemeinschaft auf der Grundlage der Vernunft. Welchen aber die Vernunft gemeinsam ist, denen ist auch die rechte Vernunft gemeinsam: Da diese aber das Gesetz ist, muß man uns Menschen auch durch das Gesetz als mit den Göttern verbunden halten. Unter welchen nun wiederum eine Gemeinschaft des Gesetzes besteht, unter denen besteht auch eine Gemeinschaft des Rechtes. Diejenigen aber, die all das gemeinsam haben, sind als Bürger ein und desselben Staates zu betrachten. Wenn sie zudem den gleichen Mächten und Gewalten Folge leisten, gilt dies noch viel mehr. Sie gehorchen nun aber dieser himmlischen Ordnung, diesem göttlichen Geist und allmächtigen Gott, so daß sogar diese gesamte Welt für einen den Göttern und Menschen gemeinsamen Staat zu halten ist. Und wenn in den Staaten nach einer bestimmten Art und Weise, über die an geeigneter Stelle noch gesprochen werden soll, sich Stände nach der Verwandtschaft der Familien unterscheiden, so ist dies im Bereich der Natur um soviel großartiger und um soviel vortrefflicher gegeben, daß die Menschen in Verwandtschafts- und Stammesverhältnissen mit den Göttern stehen.

Denn bei Untersuchungen über das Wesen des Menschen pflegt man darzulegen – und zweifellos ist diese Darlegung richtig –, daß bei den ewigen Umläufen und Umdrehungen der Himmelskörper auch einmal die rechte Zeit gekommen sei für die Begründung des Menschengeschlechtes. Über die Erde verbreitet und ausgestreut sei es durch das göttliche Geschenk des Geistes bereichert worden; und während die Menschen ihre anderen Bestandteile aus dem Bereich des Vergänglichen bezogen hätten, die damit also brüchig und hinfällig seien, sei der Geist von Gott eingegeben worden. So kann man bei uns wirklich von einer Verwandtschaft mit den Göttern oder einem mit ihnen gemeinsamen Geschlecht oder Stamm sprechen. Deshalb gibt es unter soviel Arten von Lebewesen keines außer dem Menschen, das irgendeine Kenntnis von Gott hätte; und unter den Menschen selbst gibt es weder ein so zivilisiertes noch ein so wildes Volk, das selbst dann, wenn es nicht weiß, wie man sich Gott vorstellen soll, nicht dennoch wüßte, daß man sich einen vorstellen muß. Daraus ergibt sich, daß nur derjenige Gott erkennt, der sich seines Ursprungs gleichsam erinnert.

Vor allem aber ist die Tugend im Menschen und in Gott die gleiche, und keine andere Art von Wesen besitzt sie sonst. Die Tugend ist aber nichts anderes als die vervollkommnete und auf den höchsten Stand gebrachte Natur: Also hat der Mensch mit Gott eine Ähnlichkeit. Da es sich so verhält: Welche Verwandtschaft könnte denn näher und sicherer sein? Deshalb hat auch die Natur den Menschen zu Vorteil und Nutzen einen so großen Reichtum an Dingen geschenkt, daß ihre Erzeugnisse uns anscheinend mit Absicht gegeben wurden und nicht rein zufällig entstanden sind, und zwar nicht nur das, was in Form von Früchten und Beeren durch die Erde hervorgebracht wird, sondern auch die Tiere, die offensichtlich für die Menschen teils zum Gebrauch, teils zur Nutznießung, teils zur Ernährung geschaffen wurden. Ferner aber entdeckte man, von der Natur belehrt, zahllose Fertigkeiten: Durch Nachahmung der Natur verschaffte sich die Vernunft geschickt das Lebensnotwendige. [...]

Von allem, womit sich die Gelehrten in wissenschaftlichen Gesprächen befassen, ist sicher nichts bedeutsamer, als sich einen klaren Begriff davon zu machen, daß wir zur Gerechtigkeit geboren sind und das Recht nicht in subjektiver Meinung, sondern in der Natur begründet ist. Dies wird sofort deutlich, wenn man die Gemeinschaft und Verbindung der Menschen untereinander genau erkannt hat.

Es gibt nämlich kein einziges Wesen, das einem anderen so ähnlich, so gleich ist, wie wir alle es untereinander sind. Denn wenn entartete Gewohnheiten und wenn die verschiedenen subjektiven Meinungen nicht unseren schwachen Geist verdrehten und umstimmten, wohin er gerade tendiert, wäre niemand sich selbst so ähnlich, wie es alle untereinander wären. Welche Definition es daher für den Menschen geben mag: Eine einzige ist gültig für alle. Dies beweist zur Genüge, daß in der Art keine Verschiedenheit liegt. Gäbe es eine solche, so würde eine Definition nicht alle umfassen.

Und wirklich, die Vernunft, durch die allein wir die Tiere übertreffen, dank derer wir imstande sind, Vermutungen anzustellen, mit der wir Beweise anführen, widerlegen, unsere Gedanken entwickeln, etwas folgern und den Schluß ziehen, ist sicher allen gemeinsam, auf Grund der Ausbildung zwar verschieden, aber in der Fähigkeit des Lernens gleich. Denn durch die Sinne wird bei allen das Gleiche erfaßt, und die Affizierung der Sinne geschieht bei allen auf dieselbe Weise; auch was sich uns geistig einprägt, die noch unentwickelten Begriffe, von denen ich vorher gesprochen habe, prägt sich bei allen in ähnlicher Weise ein, und die Sprache, die Interpretin des Verstandes, ist zwar in den Worten verschieden, im Sinngehalt jedoch übereinstimmend. Und es gibt niemand bei irgendeinem Volk, der unter Führung der Natur nicht zur Tugend gelangen könnte. Aber nicht allein im Guten, sondern auch in den Verkehrtheiten besteht eine auffallende Ähnlichkeit unter dem Menschengeschlecht. [...]

Welcher Volksstamm schätzt nicht Freundlichkeit, Wohltätigkeit, dankbare und erkenntliche Gesinnung? Welcher verwirft und haßt nicht die Hochmütigen, die Verbrecher, die Grausamen, die Undankbaren? Da aus diesen Gegebenheiten verständlich wird, daß das ganze Menschengeschlecht untereinander verbunden ist, ergibt sich schließlich, daß eine rechte Lebensweise alle besser macht. [...]

Dann, wenn ein Weiser dieses so umfassende Wohlwollen einem anderen von gleicher Tugendhaftigkeit zuwendet, entsteht das, was einigen unglaublich erscheint, aber zwingend ist, nämlich daß er in keiner Weise sich mehr liebt als den anderen: Denn worin könnte ein Unterschied bestehen, da doch alles gleich ist? Wenn daher in irgendeiner Hinsicht auch nur die geringste Verschiedenheit in der Freundschaft bestehen könnte, wäre wohl die Bezeichnung Freundschaft schon hinfällig; denn deren Wesen besteht darin, daß sie nichtig ist, sobald einer etwas lieber sich als dem anderen gönnt. [...]

Ganz töricht ist es zu glauben, all das sei gerecht, was durch Einrichtungen oder durch Gesetze der Völker festgesetzt ist. Etwa auch dann, wenn es sich um Gesetze von Tyrannen handeln sollte? Wenn jene berüchtigten ›Dreißig‹ Athen Gesetze hätten auferlegen wollen, würde man dann, auch wenn alle Athener an den tyrannischen Gesetzen Gefallen fänden, etwa deshalb diese Gesetze für gerecht halten? Ich glaube ebensowenig wie jenes Gesetz, das unser Zwischenkönig beantragte, nämlich daß der Diktator jeden beliebigen Bürger sogar ohne Prozeß straflos töten lassen könne. Denn es gibt nur ein einziges Recht, durch das die menschliche Gesellschaft gebunden ist und das wiederum nur in einem einzigen Gesetz fundiert ist, in dem Gesetz, das in der rechten Vernunft des Gebietens und Verbietens besteht. Wer es nicht kennt, ist ungerecht, mag es irgendwo aufgeschrieben sein oder nicht. Denn wenn die Gerechtigkeit im Gehorsam gegenüber geschriebenen Gesetzen und Einrichtungen der Völker besteht, und wenn, wie dieselben Leute sagen, alles nach dem Nutzen zu bemessen ist, wird derjenige die Gesetze nicht beachten und nach Möglichkeit brechen, der daraus einen Gewinn zu ziehen glaubt. Infolgedessen gibt es überhaupt keine Gerechtigkeit, wenn sie nicht von Natur aus besteht und wenn die im Interesse des Nutzens aufgestellte Gerechtigkeit durch diesen Nutzen zerstört wird. Und ferner werden dann, wenn die Natur nicht das Recht sichern wird, alle Tugenden aufgehoben. Wo könnte nämlich Freigebigkeit entstehen, wo Vaterlandsliebe, wo Frömmigkeit, wo die Bereitschaft, anderen gegenüber sich wohltätig oder dankbar zu erweisen? Denn dies geht aus unserer natürlichen Neigung hervor, die Menschen zu lieben, was die Grundlage des Rechts ist. Und nicht nur der Gehorsam gegenüber Menschen, sondern auch Gottesverehrung und Gottesdienst werden aufhören, die meiner Meinung nach nicht aus

Furcht, sondern auf Grund der Verbindung des Menschen mit Gott aufrechterhalten werden müssen. Wenn also nur durch Volksbeschlüsse, durch Verordnungen der Ersten im Staate und durch richterliche Urteile die Rechtsbestimmungen begründet würden, wäre es Recht zu rauben, Recht, Ehebruch zu begehen, Recht, falsche Testamente zu unterschieben, wenn dies durch Abstimmung und Beschluß der großen Menge gebilligt würde. Wenn also in den Urteilssprüchen und Verordnungen der Dummen so große Macht liegt, daß durch deren Abstimmung die Natur der Dinge auf den Kopf gestellt werden könnte, warum setzen sie nicht gesetzlich fest, daß das Schlechte und Verderbliche für gut und heilsam gehalten wird? Oder, da das Gesetz aus Unrecht Recht machen kann, warum könnte es nicht ebenso aus Schlechtem Gutes machen?

Nun aber können wir ein gutes Gesetz von einem schlechten nur nach dem Maßstab der Natur trennen. Und nicht nur Recht und Unrecht werden nach der Natur unterschieden, sondern überhaupt alles sittlich Gute und Schlechte. Denn dazu gab die Natur uns gemeinsame Begriffe und legte sie in unserem Geiste an, damit das sittlich Gute unter die Tugend, das Schlechte unter die Laster gezählt werde.

Es ist aber unsinnig zu glauben, das beruhe auf einer rein subjektiven Meinung, nicht auf der Natur. Denn weder die sogenannte Tugend eines Baumes noch eines Pferdes – wobei wir den Namen ›Tugend‹ im uneigentlichen Sinn gebrauchen – beruht auf bloßer Meinung, sondern auf der Natur. Wenn dies der Fall ist, muß man auch das sittlich Gute und Schlechte nach der Natur unterscheiden. Denn wenn die gesamte Tugend auf Grund einer subjektiven Meinung gutgeheißen würde, dann ebenso auch deren Arten. Wer wird also wohl einen klugen und sozusagen einen gescheiten Menschen nicht nach seiner individuellen Eigenschaft, sondern nach irgendeiner Äußerlichkeit beurteilen? Die Tugend ist nämlich die vollendete Vernunft, eine Eigenschaft, die sicher in der Natur liegt: Also gilt dies in gleicher Weise für die ganze Sittlichkeit. Denn wie Wahres und Falsches, wie Folgerichtiges und Widersprechendes nach eigenen und nicht nach fremden Kriterien beurteilt werden, so wird man auch ein standhaft und dauernd der Vernunft gemäßes Leben, d.h. Tugend, und ebenso Unbeständigkeit darin, d.h. Untugend, nach ihrer Natur beurteilen. Oder werden wir etwa die Anlagen eines Baumes oder eines Pferdes auf Grund der Natur gutheißen, die der Jugend aber nicht? Oder wird man die Anlagen nach der Natur, die Tugenden und Untugenden, die aus den Anlagen hervorgehen, dagegen anders beurteilen? Oder doch nicht anders? Und wird man dann das sittlich Gute und Schlechte nicht auf die Natur zurückführen müssen? Ein lobenswertes Gut muß den Grund, weshalb es gelobt wird, in sich tragen; denn das Gutsein selbst liegt nicht in subjektiven Meinungen begründet, sondern in der Natur. Denn wenn es nicht so wäre, gäbe es auch Glückliche nur auf Grund einer subjektiven Meinung: das Dümmste, was man sagen kann. Wenn daher das Gute und Schlechte nach der Natur beurteilt werden und sie Prinzipien der Natur sind, dann sind sicherlich auch das sittlich Gute und Schlechte auf ähnliche Weise zu unterscheiden und auf die Natur zurückzuführen.

Aber es verwirren uns die Meinungsverschiedenheiten und die Uneinigkeit der Menschen, und weil dies nicht ebenso bei den Sinnen der Fall ist, halten wir diese von Natur aus für zuverlässig; jenes dagegen, was einigen so, anderen anders und nicht einmal denselben immer gleich erscheint, sagen wir, sei Einbildung. Doch es verhält sich ganz anders. Denn unsere Sinne verunstaltet kein Vater, keine Amme, kein Lehrer, kein Dichter, kein Theater; und keine Einmütigkeit der breiten Masse lenkt sie vom Wahren ab. Unserem Geist aber werden alle möglichen Fallstricke gelegt, entweder von denen, die ich eben aufgezählt habe, die, wenn sie uns als zarte und ungebildete Wesen aufgenommen haben, uns vergiften und willkürlich verändern, oder von dem, was tief in all unseren Sinnen eingesenkt ist: der Lust, die das Gute nachäfft, aber Mutter aller Übel ist. Durch deren Lockungen verdorben, erkennt man zu wenig das von Natur Gute, da es nicht diesen verführerischen Reiz besitzt.

Es folgt, was auf Grund des Gesagten vor Augen liegt, daß das Recht und alles sittlich Gute an sich zu erstreben sind. Denn alle Guten lieben die Gerechtigkeit als solche und das Recht als solches, und kein guter Mensch kann darin irren und das hochschätzen, was in sich selbst nicht hochzuschätzen ist. Um seiner selbst willen ist also das Recht zu erstreben und zu pflegen. Wenn aber das Recht, auch die Gerechtigkeit; wenn aber diese, so sind auch die anderen Tugenden um ihrer selbst willen zu pflegen.

Aurelius Augustinus: Die Verwirklichung des Gottesstaates als Ziel der Geschichte

Hier ist nun der Ort, in möglichster Kürze und Klarheit darzulegen, daß es nach den Begriffsbestimmungen, die Cicero in seinen Büchern über den Staat verwendet, einen römischen Staat niemals gegeben hat. Denn er definiert den Staat kurz als Volkssache. Ist diese Definition aber richtig, dann gab es niemals einen römischen Staat. Denn von einer Volkssache, die ja der Staat nach der Begriffsbestimmung sein soll, kann da keine Rede sein. Volk nennt Cicero nämlich eine Gemeinschaft vieler Menschen, die durch Rechtsgleichheit und Interessengemeinschaft verbunden ist. Was er aber unter Rechtsgleichheit versteht, führt er im Verlauf seiner Untersuchung näher aus, indem er zeigt, daß ohne Gerechtigkeit kein Staat geleitet werden kann. Denn wo keine wahre Gerechtigkeit ist, gibt's auch kein Recht. Denn was rechtmäßig ist, das ist auch gerecht, und was ungerecht, kann nicht rechtmäßig sein. Ungerechte menschliche Anordnungen kann man ja nicht Recht nennen oder für Recht halten, erklären sie doch selbst, nur das sei Recht, was aus dem Quell der Gerechtigkeit geflossen ist, dagegen falsch die Ansicht, die man häufig von einigen verkehrt urteilenden Menschen vernehmen kann, Recht sei, was dem Stärkeren nützt. Wo demnach keine wahre Gerechtigkeit ist, kann es auch keine durch Rechtsgleichheit verbundene Menschengemeinschaft geben, also nach Ciceros Definition auch kein Volk. Wenn aber kein Volk, dann auch keine Volkssache, sondern nur Sache einer Menge, die den Namen Volk nicht verdient. Darum, wenn Staat Volkssache ist und ein Volk durch Rechtsgleichheit verbunden sein muß, Recht aber nicht sein kann, wo keine Gerechtigkeit ist, ergibt sich unweigerlich der Schluß: wo keine Gerechtigkeit, da auch kein Staat. Nun ist Gerechtigkeit die Tugend, die jedem das Seine gibt. Was ist das aber für eine Gerechtigkeit unter Menschen, welche die Menschen selber dem wahren Gott entzieht und unreinen Dämonen unterstellt? Heißt das, jedem das Seine geben? Ungerecht ist doch, wer ein Grundstück dem rechtmäßigen Käufer wegnimmt und es einem andern übergibt, der kein Recht darauf hat; aber wer sich selbst der Herrschaft Gottes, der ihn geschaffen, entzieht und bösen Geistern dient, der sollte gerecht sein? [...]

Wenn aber der Menschengeist Gott dient, herrscht er in rechter Weise über den Leib und herrscht die Gott als Herrn unterworfene geistige Vernunft in rechter Weise über die Begierde und die übrigen Leidenschaften. Dient darum ein Mensch Gott nicht, was kann es dann in ihm noch für Gerechtigkeit geben? Denn wenn er Gott nicht dienstbar ist, kann der Geist unmöglich in rechter Weise über den Leib oder die menschliche Vernunft über die Leidenschaften gebieten. Und wenn in solch einem Menschen keinerlei Gerechtigkeit ist, dann auch zweifellos nicht in einem Kreise, der aus lauter solchen Menschen besteht. Hier gibt es also jene Rechtsgleichheit nicht, die aus einer Menschenmenge ein Volk macht, dessen Sache, wie es heißt, der Staat ist. Denn wozu soll ich noch von Nutzen und Interessen sprechen, deren Gemeinschaft nach der erwähnten Definition ebenfalls eine Vereinigung von Menschen zum Volke macht? Sieht man nämlich genauer zu, gibt es überhaupt nichts, was Menschen nützen könnte, die gottlos leben, wie jeder lebt, der Gott nicht, wohl aber den Dämonen dient. [...]

Was anders sind also Reiche, wenn ihnen Gerechtigkeit fehlt, als große Räuberbanden? Sind doch auch Räuberbanden nichts anders als kleine Reiche. Auch da ist eine Schar von Menschen, die unter Befehl eines Anführers steht, sich durch Verabredung zu einer Gemeinschaft zusammenschließt und nach fester Übereinkunft die Beute teilt. Wenn dies üble Gebilde durch Zuzug verkommener Menschen so ins Große wächst, daß Ortschaften besetzt, Niederlassungen gegründet, Städte erobert, Völker unterworfen werden, nimmt es ohne weiteres den Namen Reich an, den ihm offenkundig nicht etwa hingeschwundene Habgier, sondern erlangte Straflosigkeit erwirbt. Treffend und wahrheitsgemäß war darum die Antwort, die einst ein aufgegriffener Seeräuber Alexander dem Großen gab. Denn als der König den Mann fragte, was ihm einfalle, daß er das Meer unsicher mache, erwiderte er mit freimütigem Trotz: Und was fällt dir ein, daß du das Erdreich unsicher machst? Freilich, weil ich's mit einem kleinen Fahrzeug tue, heiße ich Räuber. Du tust's mit einer großen Flotte und heißt Imperator. [...]

Ich möchte ein wenig untersuchen, ob es vernünftig und klug ist, sich der Weite und Größe des Reiches zu rühmen, da man doch nicht nachweisen kann, daß Menschen glücklich sind, die stets in Kriegsnöten dahinleben und in Bürger- oder Feindesblut, auf jeden Fall in Menschenblut waten, die in düsterer Furcht und blutgieriger Leidenschaft ihr Leben führen und sich Freuden verschaffen, die glänzend und brüchig sind wie Glas, um die man sich schrecklich ängsten muß, sie könnten plötzlich zersplittern. Um dies leichter zu entscheiden, wollen wir alles leere, windige Gerede beiseite und die Schärfe unsers Blicks nicht durch die hochtönenden Worte »Völker, Königreiche, Provinzen« trüben lassen, sondern uns einfach zwei Menschen vor Augen stellen. Ist doch jeder einzelne Mensch, ebenso wie der einzelne Buchstabe in der Rede, ein Grundbestandteil des Staates und Reiches, mag es sich auch noch so weit durch Eroberungen ausgedehnt haben. Der eine der beiden also sei arm oder lebe in bescheidenen Verhältnissen, der andere sei schwerreich. Der Reiche aber werde von Furcht geängstet, verschmachte in Kümmernissen, brenne von Begierden, sei niemals sicher, immer unruhig, stöhne unter der Last ständiger Anfechtungen und Feindseligkeiten, aber in all diesem Elend vergrößere er sein Vermögen ins Ungemessene, häufe freilich zugleich ebensosehr bitterste Sorgen an. Der in bescheidenen Umständen Lebende lasse sich dagegen an seinem kleinen, beschränkten Vermögen genügen, sei seinen Angehörigen lieb, lebe mit Bekannten, Nachbarn und Freunden in erfreulichster Eintracht, sei fromm, wohlwollend, gesund, mäßig in seiner Lebensführung, keusch in seinem Wandel, ruhig im Gewissen. Ich kann mir nicht denken, daß jemand so töricht wäre zu zweifeln, wem er den Vorzug geben soll.

Was von diesen beiden Menschen gilt, gilt auch von zwei Familien und ebenso von zwei Völkern und zwei Reichen, und wenden wir diese Regel mit Bedacht an und lassen durch sie unsere Anschauung berichtigen, werden wir mühelos erkennen, wo Eitelkeit und wo das Glück zu Hause ist. Darum, wenn der wahre Gott verehrt wird und man ihm durch rechten Gottesdienst und gute Sitten huldigt, ist es heilsam, daß solch gute Menschen weit und breit und lange herrschen, ist es nicht nur für sie selbst, sondern erst recht für diejenigen heilsam, über die sie herrschen. Denn was sie selbst betrifft, sind ihnen ihre Frömmigkeit und Redlichkeit, diese großen Gottesgaben, schon zum wahren Glücke ausreichend, in dessen Besitz sie ihr Erdenleben gut hinbringen und hernach das ewige Leben erlangen. In dieser Weltzeit aber ist die Herrschaft der Guten nicht so sehr für diese selbst als für die menschlichen Verhältnisse von Wert. Die Herrschaft der Bösen jedoch schadet mehr den Machthabern selber, da sie durch die größere Freiheit, Verbrechen zu begehen, ihre Seelen verwüsten, während denen, die ihnen dienen und untertan sind, nur ihre eigene Schlechtigkeit schadet. Denn das Übel, das den Gerechten von gottlosen Herren zugefügt wird, ist nicht Strafe für Vergehen, sondern Tugendprobe. So ist denn der gute Mensch frei, auch wenn er dient, der böse ein Knecht, auch wenn er herrscht, und zwar Knecht nicht eines einzelnen Menschen, sondern was schlimmer ist, so vieler Herren, wie er Laster hat. Von diesen Lastern sagt die Heilige Schrift: »Denn von wem jemand überwunden ist, des Knecht ist er geworden.« [...]

Wir sprechen vom Gottesstaat. Ihn bezeugt die Heilige Schrift, die hoch über dem ganzen Schrifttum aller Völker stehend, nicht etwa infolge zufälliger Regungen in menschlichen Gemütern, sondern kraft Anordnung der höchsten Vorsehung die Menschengeister ausnahmslos durch ihr göttliches Ansehen sich unterworfen hat. Denn in ihr lesen wir: »Herrliche Dinge werden in dir gepredigt, du Stadt Gottes«, und in einem anderen Psalm: »Groß ist der Herr und hochberühmt in der Stadt unsers Gottes, auf seinem heiligen Berge. Frohlocken verbreitet er auf der ganzen Erde«, und ein wenig später in demselben Psalm: »Wie wir gehört haben, so sehen wir's auch an der Stadt des Herrn der Heerscharen, der Stadt unsers Gottes. Gott erhält sie ewiglich«, ferner in noch einem andern: »Des Flusses Brausen erfreut die Gottesstadt; der Höchste hat sein Zelt geheiligt; Gott ist in ihrer Mitte, sie wird nicht wanken.«

Aus diesen und ähnlichen Zeugnissen, die sämtlich aufzuzählen zu umständlich wäre, ersehen wir: Es gibt solch einen Gottesstaat, dessen Bürger zu sein wir in jener Liebe begehren, die uns sein Begründer eingeflößt hat. Diesem Begründer des heiligen Staates ziehen die Bürger des irdischen Staates ihre Götter vor. Denn sie wissen nicht, daß er der Gott der Götter ist, nicht der falschen, nämlich der bösen und übermütigen Götter, die seines unwandelbaren, allen gemeinsamen Lichtes beraubt und darum auf ihre eigene armselige Macht beschränkt, eine Art Privatherrschaft aufzurichten trachten und von ihren betrogenen Untertanen göttliche Ehren heischen, sondern der Gott frommer und heiliger Götter, die lieber sich selbst dem einen unterwerfen, als daß sie viele sich untertänig machen möchten, lieber Gott verehren, als an seiner Statt verehrt zu werden wünschen.

Doch den Feinden dieses heiligen Staates haben wir in den zehn vorausgehenden Büchern bereits mit Hilfe des Herrn, unsers Königs, nach bestem Vermögen Antwort gegeben. Nun aber will ich, dessen bewußt, was man von mir erwartet, und eingedenk meiner Verpflichtung, stets vertrauend auf den Beistand unsers Herrn und Königs, die Erörterung über beide Staaten, den irdischen und himmlischen, die in diesem Weltlauf, wie gesagt, einstweilen gewissermaßen ineinander verwirrt und vermengt sind, über ihre Entstehung, ihren Fortgang und ihr verdientes Ende, soweit meine Kraft reicht, in Angriff nehmen und zunächst ausführen, wie der Ursprung der beiden Staaten schon in der voraufgehenden Verschiedenheit der Engel zutage tritt. [...]

Wie schon in den vorhergehenden Büchern gesagt, wollte Gott alle Menschen aus einem einzigen hervorgehen lassen, um so das Menschengeschlecht nicht nur durch Gleichheit der Natur gesellig zusammenzuschließen, sondern auch durch verwandtschaftliche Beziehungen mit dem Band des Friedens in Einheit und Eintracht zu verknüpfen. Auch davon war die Rede, daß dies Geschlecht in seinen einzelnen Gliedern nicht hätte sterben müssen, wenn nicht die beiden ersten, von denen der eine aus keinem, die andere aus jenem einen erschaffen ward, es sich durch ihren Ungehorsam als Strafe zugezogen hätten. Sie begingen eine so schwere Sünde, daß dadurch die menschliche Natur zum Schlechteren verkehrt ward, da Verstrickung in Sünde und Todeszwang auch auf die Nachkommenschaft überging. Die Herrschaft des Todes aber hat die Menschen derartig geknechtet, daß die verdiente Strafe alle auch in den zweiten Tod, der kein Ende hat, hineinreißen würde, wenn nicht Gottes unverdiente Gnade einige davor rettete. Obwohl darum auf dem Erdkreis so viele und große Völker mit mannigfachen Sitten und Bräuchen leben und sich durch eine Vielfalt von Sprachen, Waffen und Kleidern unterscheiden, gibt es doch nicht mehr als nur zwei Arten menschlicher Gemeinschaft, die wir mit unserer Heiligen Schrift sehr wohl zwei Staaten nennen können. Der eine besteht aus den Menschen, die nach dem Fleisch, der andere aus denen, die nach dem Geist leben wollen, jeder in dem der seiner Art entsprechenden Frieden, und wenn sie erreichen, was sie anstreben, leben sie tatsächlich in diesem ihrer Art entsprechenden Frieden. [...]

Doch meine ich, bereits große und schwierige Fragen wie die nach dem Anfang der Welt, der Seele und des Menschengeschlechts hinreichend geklärt zu haben. Was letzteres anlangt, unterschieden wir zwei Arten, nämlich derer, die nach dem Menschen, und derer, die nach Gott leben. In Gleichnisrede sprechen wir hier von zwei Staaten, das ist zwei menschlichen Genossenschaften, deren eine vorherbestimmt ist, ewig mit Gott zu herrschen, die andere, mit dem Teufel ein ewiges Strafgericht zu erleiden. Doch von diesem Ausgang wird später zu reden sein. Ihren Anfang nahmen sie teils mit den Engeln, deren Zahl uns unbekannt ist, teils mit den beiden ersten Menschen, und davon war bereits die Rede. So müssen wir nunmehr ihre Entfaltung beschreiben, von dem Zeitpunkt an, wo jene beiden Nachkommen zu erzeugen anfingen, bis dahin, wo keiner mehr Nachkommen erzeugt. Denn den Inhalt dieser ganzen Zeit oder Weltperiode, in der die Kette von Sterben und Geborenwerden nicht abreißt, bildet die Entfaltung dieser beiden Staaten, denen unsere Betrachtung gilt.

Von den beiden Eltern des Menschengeschlechts ward also zuerst Kain geboren, der dem Menschenstaate angehört, darauf Abel, der Angehörige des Staates Gottes. Denn wie beim einzelnen Menschen die Erfahrung das Apostelwort bestätigt, daß nicht das Geistliche das erste ist, sondern das Seelische und danach das Geistliche – denn da jeder aus verdammtem Geschlecht abstammt, muß er als Adams Nachfahr unausweichlich zunächst böse und fleischlich sein, aber durch Wiedergeburt und Wachstum in Christus wird er später gut und geistlich –, so verhält es sich auch mit der Menschheit als ganzer. Als jene beiden Staaten mit ihrer Aufeinanderfolge von Geburt und Tod anfingen sich zu entfalten, da ward zuerst der Bürger dieser Erdenwelt geboren, nach ihm aber, der ein Fremdling auf Erden und Glied des Gottesstaates war, aus Gnaden vorherbestimmt, aus Gnaden auserkoren, aus Gnaden ein Fremdling hier unten, aus Gnaden ein Bürger droben. Denn was ihn selbst anlangt, so stammt er aus jener Masse, die ganz und gar in ihrem Ursprung verdammt ist, doch hat Gott wie ein Töpfer – nicht unbedacht, sondern wohlüberlegt führt der Apostel dies Gleichnis an – aus derselben Masse das eine Gefäß zur Ehre, das andere zur Schmach zubereitet. Zuerst aber ward das Gefäß zur Schmach zubereitet, danach das andere zur Ehre, da ja auch, wie gesagt, beim Einzelmenschen das Böse, mit dem wir notwendig anfangen, aber in dem wir nicht notwendig verharren, vorangeht und das Gute nachfolgt, zu dem wir fortschreitend gelangen und bei dem wir dann verharren sollen.

Indes wird nicht jeder böse Mensch gut, niemand jedoch wird gut, der nicht zuvor böse war. Aber je schneller sich jemand zum Besseren wandelt, um so eher wird er nach dem genannt, was er ergriffen hat, und überdeckt dann mit dem späteren Namen den früheren. Von Kain nun steht geschrieben, daß er einen Staat gründete, Abel aber als Fremdling tat dies nicht. Denn droben ist der Staat der Heiligen, wenn er auch hienieden Bürger erzeugt, in denen er dahinpilgert, bis die Zeit seines Reiches herbeikommt. Dann sammelt er alle leiblich Auferstandenen, und das verheißene Reich wird ihnen gegeben, wo sie mit ihrem Fürsten, dem König der Welten, ohne zeitliches Ende herrschen werden. [...]

In dieser argen Welt also, in diesen bösen Tagen, in denen sich die Kirche durch gegenwärtige Niedrigkeit zukünftige Hoheit erwirbt und durch Stacheln der Ängste, Qualen der Schmerzen, Beschwerden der Anstrengungen und Gefahren der Versuchungen erzogen wird und nur in Hoffnung froh ist, wenn ihre Freude vernünftig ist, sind viele Verworfene den Guten beigemischt. Beide sammeln sich sozusagen in dem Netz, von dem man im Evangelium liest, und schwimmen, von seinen Maschen eingeschlossen, unterschiedslos gleichsam im Meere dieser Welt, bis das Ufer erreicht ist, wo die Bösen von den Guten abgesondert werden. [...]

Jedoch eine menschliche Hausgemeinschaft, die nicht aus dem Glauben lebt, trachtet nur danach, im Genuß der Gaben und Güter des zeitlichen Lebens irdischen Frieden zu gewinnen. Eine Hausgemeinschaft aber von solchen, die aus dem Glauben leben, erwartet die ewigen Güter, die für die Zukunft verheißen sind, und gebraucht die irdischen und zeitlichen Dinge nur wie ein Gast, läßt sich von ihnen nicht fangen und vom Wege zu Gott abbringen, sondern stärkt sich durch sie, die Last des vergänglichen Leibes, der die Seele beschwert, leichter zu ertragen und so wenig wie möglich zu vermehren. So ist zwar der Gebrauch der für unser sterbliches Leben notwendigen Dinge beiderlei Menschen und Häusern gemeinsam. Aber der Endzweck, zu dem man sie gebraucht, ist bei beiden anders und grundverschieden.
Demnach strebt auch der irdische Staat, der nicht im Glauben lebt, nach irdischem Frieden und versteht die Eintracht der Bürger im Befehlen und Gehorchen als gleichmäßige Ausrichtung des menschlichen Wollens auf die zum sterblichen Leben gehörenden Güter. Der himmlische Staat dagegen oder vielmehr der Teil desselben, der noch in dieser vergänglichen Welt auf der Pilgerfahrt sich befindet und im Glauben lebt, bedient sich notwendig auch dieses Friedens, bis das vergängliche Leben selbst, dem solcher Friede not tut, vergeht. Solange er darum im irdischen Staate gleichsam in Gefangenschaft sein Pilgerleben führt,

trägt er, bereits getröstet durch die Verheißung der Erlösung und den Empfang des Unterpfandes der Geistesgabe, kein Bedenken, den Gesetzen des irdischen Staates, die all das regeln, was der Erhaltung des sterblichen Lebens dient, zu gehorchen. Da ja das sterbliche Leben beiden Staaten gemeinsam ist, kann zwischen ihnen in allen darauf bezüglichen Angelegenheiten Eintracht bestehen [...].

Während also dieser himmlische Staat auf Erden pilgert, beruft er aus allen Völkern seine Bürger und sammelt aus allen Zungen seine Pilgergemeinde. Er fragt nichts nach Unterschieden in Sitten, Gesetzen und Einrichtungen, wodurch der irdische Friede begründet oder aufrechterhalten wird, lehnt oder schafft nichts davon ab, bewahrt und befolgt es vielmehr, mag es auch in den verschiedenen Völkern verschieden sein, da alles ein und demselben Ziele irdischen Friedens dient. Nur darf es die Religion, die den einen höchsten und wahren Gott zu verehren lehrt, nicht hindern. So benutzt auch der himmlische Staat während seiner Erdenpilgerschaft den irdischen Frieden, sichert und befördert in allen Angelegenheiten, die die sterbliche Natur der Menschen betreffen, die menschliche Willensübereinstimmung, soweit es unbeschadet der Frömmigkeit und Religion möglich ist, und stellt diesen irdischen Frieden in den Dienst des himmlischen Friedens. Denn der allein ist in Wahrheit Friede, und wenigstens für ein vernunftbegabtes Geschöpf gibt es im Grunde nur ihn, und nur ihn darf man so nennen, nämlich die bestgeordnete, einträchtigste Gemeinschaft des Gottesgenusses und wechselseitigen Genusses in Gott. Ist man aber erst dahin gelangt, gibt es kein sterbliches Leben mehr, sondern nur das ganz und gar und immerdar lebendige, und keinen seelischen Leib mehr, der in seiner Gebrechlichkeit die Seele beschwert, sondern nur einen geistlichen, der keine Bedürfnisse kennt und vollständig dem Willen unterworfen ist.

Diesen Frieden besitzt der Gottesstaat, solang er hier pilgert, im Glauben, führt in der Kraft dieses Glaubens ein gerechtes Leben und zielt mit allem, was er Gutes tut für Gott und den Nächsten – denn das Leben des Gottesstaates ist ein Leben in Gemeinschaft – auf die Erlangung jenes Friedens hin. [...]

Hienieden ist der Friede, und zwar sowohl der Allerweltsfriede als auch unser Christenfriede, derart, daß man ihn eher Trost im Elend als Freude an der Glückseligkeit nennen kann. Ist doch selbst unsere Gerechtigkeit zwar wahr wegen des wahren Gutes, das sie als Ziel erstrebt, aber in diesem Leben nur so armselig, daß sie mehr in Vergebung der Sünden als in Vollendung der Tugenden besteht. Das bezeugt das Beten des ganzen Gottesstaates, solange er auf Erden pilgert. Denn in allen seinen Gliedern ruft er zu Gott: »Vergib uns unsere Schuld, wie wir vergeben unsern Schuldigern.« Dies Gebet nützt freilich denen nichts, deren Glaube ohne Werke und tot ist, sondern nur denen, deren Glaube durch die Liebe tätig ist. Doch weil ihre Vernunft zwar Gott untertan ist, aber in diesem sterblichen Dasein und bei der Belastung der Seele durch den sterblichen Leib die Leidenschaften nicht völlig beherrscht, bedürfen auch die Gerechten noch dieses Gebets. Denn wahrlich, wenn die Vernunft auch über die Leidenschaften herrscht, so doch nicht ohne Kampf, und an diesem Ort der Schwachheit schleicht sich selbst dann, wenn sie tapfer kämpft und den besiegten und unterworfenen Feinden gebietet, immer wieder etwas ein, was zur Sünde Anlaß gibt, wenn nicht in leichtfertiger Tat, so doch in leichtentschlüpftem Wort und flüchtigem Gedanken.

Solange man also noch Leidenschaften beherrschen muß, gibt es keinen vollkommenen Frieden. Denn leisten sie noch Widerstand, müssen sie in gefahrvollem Ringen niedergekämpft werden, und sind sie besiegt, kann man doch nicht in sicherer Ruhe über sie triumphieren, sondern muß sie in wachsamer Beherrschung niederhalten. Wer könnte inmitten all dieser Versuchungen, von denen Gottes Wort kurz und knapp sagt: »Ist nicht Versuchung des Menschen Leben auf Erden?« sich vermessen, solch ein Leben zu führen, daß er nicht mehr zu Gott rufen müßte: »Vergib uns unsere Schuld?« Doch nur ein hochmütiger Mensch, nicht wahrhaft groß, sondern von Stolz geschwollen und aufgeblasen, ein Mensch, dem in Gerechtigkeit der widersteht, der den Demütigen Gnade schenkt. Darum sagt die Schrift: »Gott widerstehet den Hoffärtigen, aber den Demütigen gibt er Gnade.«

Hienieden also gibt es für jedermann nur eine Gerechtigkeit, nämlich die, daß Gott dem gehorsamen Menschen gebietet, ferner, daß der Geist dem Leibe, die Vernunft aber den Leidenschaften trotz ihres Sträubens gebietet, sie entweder unterwerfend oder sich ihrer erwehrend, und daß man von Gott Gnade zu Verdiensten und Verzeihung für die Sünden erbittet und Dank sagt für die empfangenen Güter. In jenem endgültigen Frieden aber, auf welchen diese Gerechtigkeit abzielt und um deswillen

sie geübt werden muß, wird die in Unsterblichkeit und Unver-
gänglichkeit genesene Natur keine Leidenschaften mehr kennen
und keiner von uns weder mit einem anderen noch mit sich selbst
streiten müssen. Da braucht die Vernunft den Leidenschaften
nicht zu gebieten, weil es keine mehr gibt, sondern Gott wird
über den Menschen gebieten und der Geist über den Leib, und so
süß und leicht wird das Gehorchen sein wie das Leben und
Herrschen beglückend. Und alle miteinander und jeder einzelne
werden dort dies Glück ewiglich besitzen und seiner ewigen
Dauer gewiß sein; und darum ist der Friede dieser Glückseligkeit
oder die Glückseligkeit dieses Friedens das höchste Gut. [...]

Was nun das Leben sterblicher Menschen anlangt, das wenige
Tage währt und dann zu Ende ist, was liegt viel daran, unter
wessen Herrschaft der dem Tode entgegengehende Mensch lebt,
wenn ihn nur die Herrscher nicht zu gottlosen und ungerechten
Taten zwingen? [...]

Denn da der Staat, in dem wir nach der Verheißung einmal
herrschen werden, sich von dem der Römer unterscheidet wie
der Himmel von der Erde, wie das ewige Leben von zeitlicher
Freude, wie echter Ruhm von eitlen Lobsprüchen, wie die Gemeinschaft der Engel von der der Sterblichen, wie das Licht
dessen, der Sonne und Mond schuf, vom irdischen Sonnen- und
Mondlicht, dürfen die Bürger solch edlen Vaterlandes nicht wähnen, etwas Bemerkenswertes geleistet zu haben, wenn sie, es zu
gewinnen, einige gute Werke getan und einige Übel ertragen
haben, während jene für das irdische Vaterland, das sie bereits
besaßen, so Großes taten und so Großes erduldeten.

Thomas von Aquin: Regeln zur Erreichung des diesseitigen und
jenseitigen Lebenszieles

Der Mensch hat ein Ziel, dem sein ganzes Leben und sein Handeln zustrebt, denn er handelt nach seiner Vernunft, und diese
kann offensichtlich nur im Hinblick auf ein Ziel tätig sein. Die
Art und Weise, in der die Menschen ihr gefaßtes Ziel zu erreichen
suchen, ist verschieden; schon die Verschiedenheit menschlicher
Bestrebungen und menschlichen Handelns bringt das zum Ausdruck. Es braucht der Mensch also etwas, das ihm den geraden
Weg zum Ziel bestimmt. Von Natur aus ist ihm so das Licht der

Vernunft eingepflanzt, daß er dadurch in seinem Handeln zum Ziel geführt werde.

Wäre es die Bestimmung des Menschen, wie viele Tiere vereinzelt zu leben, würde er keiner anderen Leitung bedürfen, um sein Ziel zu erreichen; ein jeder wäre sein eigener König, und nur Gott würde als höchster Herrscher über ihn gebieten, insoweit er sich selbst durch das ihm geschenkte Licht der Vernunft in seinen Handlungen leiten lassen würde. Es ist aber die natürliche Bestimmung des Menschen, das für gemeinschaftliches und staatliches Leben erschaffene Geschöpf zu sein, das gesellig lebt, weit mehr als alle anderen Lebewesen. Schon die Notwendigkeit der menschlichen Natur gibt dafür die Erklärung. Anderen Geschöpfen hat die Natur die Nahrung bereitgestellt, die Bedeckung der Haare, Mittel zur Verteidigung, wie die Zähne, Hörner, Krallen, oder doch die Möglichkeit geschenkt, sich dem Gegner durch schnelle Flucht zu entziehen. Der Mensch aber ist mit keinem dieser Geschenke der Natur gerüstet, statt ihrer aller ist ihm die Vernunft gegeben, damit er, von ihr geleitet, imstande sei, sie sich selbst durch die Arbeit seiner Hände zu verschaffen. Aber um diese Aufgabe zu erfüllen, reicht die Kraft des einzelnen nicht hin. Auf sich allein gestellt, wäre kein Mensch imstande, das Leben so zu führen, daß er seinen Zweck erreicht. So ist es also der Natur entsprechend, mit vielen gesellig zu leben. [...]

Wie die Gründung einer Stadt oder eines Reiches in angemessener Weise nach der Erschaffung der Welt bestimmt werden kann, so ist auch der Grundsatz ihrer Regierung von der Art, in der die Welt regiert wird, abzuleiten.

Wir müssen uns zuerst vor Augen halten, daß das Wesen der Regierung eben darin besteht, das, was sie führt, in entsprechender Weise zu dem geforderten Ziele zu bringen. So sagt man, ein Schiff wird gelenkt, wenn es durch den Fleiß des Steuermanns auf dem richtigen Wege unversehrt in den Hafen geführt wird. Wenn also etwas einem Ziel, das außer ihm liegt, zugelenkt wird, wie das Schiff dem Hafen, so wird es zur Pflicht des Steuermanns gehören, nicht nur die Sache in sich selbst unversehrt zu bewahren, sondern sie darüber hinaus auch zu ihrem Ziel zu führen. Handelt es sich freilich um solche Dinge, deren Zweck nicht außer ihnen selbst liegt, so hätte sich die Aufmerksamkeit des Lenkers allein darauf zu richten, jenes Ding in seiner Vollkommenheit ohne Schaden zu erhalten. Und obwohl nach Gott, der das letzte Ziel aller Dinge ist, nichts derartiges zu finden ist, so wird doch von vielen in verschiedener Art auf das Mühe verwendet, was einem außenliegenden Zweck zugeordnet wird. Da wird etwa einer sein, der dafür Sorge trägt, daß eine Sache in ihrem Wesen erhalten bleibt, und ein anderer wieder, der darauf sieht, daß sie zu erhöhter Vollkommenheit gelangt, wie es ja auch bei dem Schiff, von dem der Grundsatz des Regierens abgeleitet wird, klar zutage tritt. Der Zimmermann hat die Sorge der Wiederherstellung, wenn etwas an dem Schiffe beschädigt worden ist. Der Schiffer aber hat seine Aufmerksamkeit darauf zu richten, daß er das Schiff in den Hafen führt. So ist es auch beim Menschen. Der Arzt sorgt, daß das Leben des Menschen gesund bleibe, der Wirtschafter, daß aller Lebensbedarf ausreichend gedeckt wird, der Gelehrte, daß er die Wahrheit erkennt, der sittliche Führer des Volkes aber, daß es nach den richtigen Grundsätzen lebt.

Wäre der Mensch nun nicht zu einem Gut bestimmt, das jenseits dieser Dinge liegt, so würden sie für ihn voll genügen. Nun gibt es aber ein Gut, das außer dem Menschen liegt, solange er als Sterblicher lebt: die höchste Seligkeit, die er sich in der Schau Gottes nach seinem Tode erhofft. Denn wie der Apostel sagt: »Solange unsere Seele im Körper gefangen ist, wandern wir ferne vom Herrn in der Fremde.« Daher bedarf der Christ, dem jene Glückseligkeit durch das Blut Christi erworben wurde und der für ihre Erlangung die Bürgschaft des Heiligen Geistes empfangen hat, einer geistlichen Fürsorge, durch die er in den Hafen des ewigen Heils geführt wird. Diese Fürsorge wird dem Gläubigen durch die Diener der Kirche Christi erwiesen.

Nun muß aber das Urteil über das letzte Ziel der ganzen Gesellschaft dasselbe wie über das Endziel des einzelnen sein. Wenn also das Endziel des Menschen ein Gut wäre, das in ihm selbst liegt, so wäre es gleicherweise das Endziel für die Regierung der Gesellschaft, dieses Gut zu erlangen und zu bewahren. Wäre so bei dem einzelnen oder der Gesellschaft das körperliche Dasein und die Gesundheit des Leibes der letzte Zweck, so fiele das Amt dem Arzt zu. Wäre es aber Überfluß an anderen Gütern, so wäre ein Kenner der Wirtschaft der Führer der Gesellschaft. Wäre schließlich das Gut eine Erkenntnis der Wahrheit von solcher Art, daß es die vielen zu erlangen vermöchten, wäre das Amt des Königs das eines Gelehrten. Nun ist es aber nach allem Anschein das Endziel der zu gemeinsamem Leben vereinigten Gesellschaft, nach der Tugend zu leben. Denn dazu begründen die Menschen eine Gemeinschaft, daß sie nun vereint gut leben, was jeder im Leben als einzelner nicht erreichen kann. Gut leben aber heißt leben, wie es die Tugend verlangt.

So ist das Leben nach der Tugend das Endziel menschlicher Gemeinschaft. Ein Zeichen dafür ist es, daß nur diejenigen Glieder einer in Gemeinschaft verbundenen Gesellschaft sind, die einander wechselseitig zu dem guten Leben die Hilfe der Gemeinschaft leisten. Denn wenn sich die Menschen allein des bloßen Lebens willen zusammenschließen wollten, so wären auch Tiere und Sklaven ein Teil der staatlichen Gemeinschaft. Wenn sie sich wieder nur, um Reichtümer zu erwerben, vereinigen würden, so müßten alle, die in gleicher Weise am wirtschaftlichen Verkehr interessiert sind, zu einem Staate gehören, denn wir sehen es ja, daß immer nur die als eine staatliche Gemeinschaft angesprochen werden, die unter denselben Gesetzen und von derselben Führung zur guten Lebensführung geleitet werden. Wenn aber der Mensch durch ein Leben nach der Tugend zu einem höheren Ziel gelenkt wird, das im Anschauen Gottes beschlossen liegt, wie wir es schon dargelegt haben, so muß das Ziel der menschlichen Gesellschaft dasselbe wie das eines einzelnen sein. Nun ist es aber nicht das letzte Endziel einer in Gemeinschaft verbundenen Gesellschaft, bloß nach der Tugend zu leben, sondern vielmehr durch dieses tugendvolle Leben in den Genuß der göttlichen Verheißung zu gelangen. Wenn man nun durch die Kraft der menschlichen Natur zu diesem Ziel gelangen könnte, so wäre es notwendigerweise Aufgabe des Königs, die Menschen dahin zu führen. Denn wir nehmen an, daß als König eben der bezeichnet wird, dem die höchste Leitung in den menschlichen Dingen anvertraut wird. Um so höher ist aber eine Regierung, je höher das Ziel ist, auf das sie sich einstellt.

Denn es zeigt sich immer, daß derjenige, dem die Erfüllung des höchsten Zieles bestimmt ist, über alle anderen die Führung hat, die bei dem, was dazu hinführt, am Werke sind. So schreibt der Seefahrer, der die Fahrt des Schiffes bestimmt, dem Erbauer des Schiffes vor, wie er das Schiff herstellen muß, damit es für die Fahrt geeignet ist, und der Bürger, der die Waffen verwendet, dem Schmied, wie er sie herzustellen hat. Da aber der Mensch das Ziel, in den Genuß der göttlichen Verheißungen zu gelangen, nicht durch menschliche Tugend, sondern durch eine von Gott verliehene Kraft erreicht, wie es das Wort des Apostels: »Die Gnade Gottes ist das ewige Leben«, verkündet, so wird es göttlicher und nicht menschlicher Führung zukommen, uns zu diesem Ziele zu bringen. Also gehört eine Führung dieser Art zu dem

Amt eines Königs, der nicht nur Mensch, sondern auch Gott ist, also zum Amt unseres Herrn Jesu Christi, der alle Menschen zu Kindern Gottes erhoben und sie so in die himmlische Herrlichkeit geführt hat.

Denn das ist die ihm übertragene Herrschaft, die nicht zugrunde gehen wird und um deretwillen der Heiland von der Heiligen Schrift nicht nur Priester, sondern auch König genannt wird, wie Jeremia sagt: »Es wird ein König herrschen, und er wird voll Weisheit sein.« Von ihm leitet sich nun das königliche Priestertum ab, und was weit mehr bedeutet, alle Gläubigen, soweit sie Glieder Christi sind, werden darum Könige und Priester genannt. Das Amt dieses Königtums ist, damit das Reich des Geistes vom Irdischen geschieden sei, nicht den Königen der Erde, sondern den Priestern überantwortet worden und vor allem dem höchsten Priester, dem Nachfolger Petri, dem irdischen Stellvertreter Christi, dem Papst zu Rom, dem alle Könige des christlichen Volkes untergeben sein müssen wie Jesus Christus dem Herrn.

Denn so müssen dem, der das letzte Ziel zu besorgen hat, alle diejenigen unterworfen sein, denen die Sorge um die Vorziele obliegt, und sie müssen sich durch sein Gebot lenken lassen. Weil aber bei den Heiden das Priestertum und die gesamte Gottesverehrung auf die Erwerbung zeitlicher Güter gerichtet war, die alle auf das äußere Gemeinwohl hinlenken, wofür die Sorge auf den Schultern des Königs ruht, waren ganz sinngemäß die Priester der Heiden ihren Königen unterstellt. Und weil auch im Alten Testament irdische Güter – freilich nicht als von Dämonen, sondern dem frommen Volk vom wahren Gott zu spendende Gaben – verheißen wurden, liest man dort, daß die Priester unter der Herrschaft der Könige standen.

Im Neuen Testament aber steht das Priestertum, durch das die Menschen zu den Gütern des Himmels gebracht werden, höher, und im Gesetz, das Christus gab, müssen die Könige den Priestern unterworfen sein. [...]

Wie das richtige Leben, das die Menschen auf Erden führen, auf jenes Leben, das wir im Himmel voll Seligkeit erhoffen, gleichsam als dem Endziel hingeordnet ist, so sind alle die Teilgüter, die von den Menschen besorgt werden, wie Reichtum, Gewinn, Gesundheit, Beredsamkeit oder Bildung, auf das allgemeine Wohl hingeordnet. Wenn nun, wie gesagt, der, der für das letzte Ziel Sorge zu tragen hat, denen, die alles auf dieses Ziel Hingeordnete besorgen, übergeordnet sein und sie mit seinem Befehl lenken muß, geht daraus klar hervor, daß der König, ebenso wie er sich in den Dingen jener Herrschaft und Führung, die durch das Amt der Priester erfolgt, unterwerfen, so anderseits allen Ämtern menschlicher Herrschaft vorstehen und sie durch seine Anordnung leiten muß.

Wem immer aber es obliegt, etwas, das auf etwas anderes als sein Ziel hingeordnet ist, einer Vollendung näherzubringen, der hat darauf zu achten, daß sein Werk diesem Ziele entspricht. So macht der Schmied ein Schwert, damit es in der Schlacht seine Aufgabe erfüllt, und der Baumeister muß den Bau eines Hauses so anordnen, daß es zur Bewohnung geeignet ist.

Da also der letzte Zweck eines guten Lebens, das wir jetzt führen, die himmlische Seligkeit ist, so gehört es zu dem Amt eines Königs, für ein gutes Leben des Volkes nach der Erwägung zu sorgen, inwieweit ihm zur Erreichung der himmlischen Seligkeit Bedeutung zukommt, damit er, was dazu förderlich ist, anordnet und das Gegenteil, soweit das eben möglich ist, verbietet. Was aber der Weg zur wahren Glückseligkeit ist und was die Hindernisse sind, die sich vor ihr auftürmen, das kann er aus der Heiligen Schrift erkennen, die zu lehren in die Aufgabe des Priesters fällt, wie es aus Maleachi hervorgeht: »Die Lippen des Priesters sollen Hüter des Wissens sein, und aus seinem Munde sollen sie das Gesetz erfragen.« Und so gebietet auch der Herr: »Sobald der König auf dem Thron seines Reiches sitzt, soll er sich die zwölf Gebote des Gesetzes, das er von einem Priester des Stammes der Leviten erhält, in eine Rolle abschreiben. Und er soll sie mit sich tragen und alle Tage seines Lebens darin lesen, damit er lernt, den Herrn, seinen Gott, zu fürchten und seine Worte und Gebräuche, wie sie im Gesetz vorgeschrieben sind, hütend zu bewahren.« Der König muß so, im göttlichen Gesetz wohlbewandert, seinen Eifer vor allem darauf richten, in welcher Weise das ihm untergebene Volk ein gutes Leben führt. Dieses Bestreben zerfällt in dreierlei: Erstens geht es darauf, in dem geführten Volk die Grundlagen für ein gutes Leben zu schaffen, zweitens das so Gegründete zu bewahren und drittens das Bewahrte zu immer Besserem zu heben.

Damit ein einzelner ein gutes Leben führt, wird zweierlei gefordert: Das eine, Hauptsächliche, ist das Handeln nach der Tugend (denn die Tugend ist es, die das Wesen des »guten Lebens« ausmacht) und das zweite, mehr Nebensächliche und gleichsam als Hilfsmittel Anzusehende, das genügende Vorhandensein materieller Güter, deren Gebrauch zu einem Akt der Tugend notwendig ist. Im Menschen wird die Einheit durch die Natur bewirkt, die Einheit der Gesellschaft aber, die Friede heißt, muß erst durch die Bemühung des Führers bewirkt werden.

Mithin ist dreierlei erforderlich, um ein gutes Leben der Gesellschaft zu begründen. Erstens, daß die Gesellschaft zu der Einheit des Friedens gebracht, und zweitens, daß die so durch das Band des Friedens verknüpfte Gesellschaft dazu gelenkt werde, ein gutes Leben zu führen. Wie nämlich der Mensch das nicht tun könnte, dürfte er nicht die Einheit aller seiner Teile voraussetzen, so ist sich auch die menschliche Gesellschaft, die der Einheit des Friedens entbehrt und mit sich selbst im Streit liegt, selbst im Wege, um ein gutes Leben zu führen. Drittens aber tut es not, daß durch die Bemühung des Herrschers eine genügende Menge der anderen Güter, die zu einem guten Leben notwendig sind, vorhanden ist. Sind nun also durch die Tätigkeit des Königs in der Gesellschaft die Grundlagen für ein gutes Leben geschaffen, so ist es das nächste, daß er seine Bemühungen darauf richtet, sie jetzt auch zu erhalten. [...]

Die Definition dessen, was ein Gesetz ausmacht, ist durch vier Merkmale bestimmt: Ein Gesetz ist eine Anordnung der Vernunft im Hinblick auf das Gemeinwohl, erlassen und öffentlich verkündet von demjenigen, der für die betreffende Gemeinschaft zu sorgen hat. [...]

So ist ein Gesetz nichts anderes als eine Regel der praktischen Vernunft, erlassen von dem Oberhaupt einer vollkommenen Gemeinschaft. Vorausgesetzt, die Welt unterliegt einer göttlichen Vorsehung, so muß offensichtlich die große Einheit, die das Universum bildet, durch die Vernunft Gottes geleitet werden. Und deshalb hat jener Regierungsplan aller Dinge, wie er in Gott als dem Oberhaupt des Universums existiert, die Form eines Gesetzes. Weil aber die göttliche Vernunft nicht in zeitlichen, sondern in ewigen Begriffen denkt, muß man dieses Gesetz als ein ewiges Gesetz bezeichnen. [...]

Da alle Dinge und Geschöpfe, die der göttlichen Vorsehung unterliegen, vom ewigen Gesetz geleitet und bestimmt werden, haben sie auch offensichtlich alle in irgendeiner Weise am ewigen Gesetz Anteil und gewinnen aus ihm die Neigung zu den ihnen eigenen Handlungen und Zielen. Unter allen Geschöpfen sind die vernunftbegabten Geschöpfe der göttlichen Vorsehung in einer besonderen Weise unterstellt; denn sie nehmen an dieser Vorsehung teil, insofern sie selbst für sich und andere planend tätig werden können. Auf diese Weise haben sie Anteil an der ewigen Vernunft, durch die sie die natürliche Neigung zu den ihnen angemessenen Handlungen und Zielen besitzen. Es ist diese Teilhabe vernunftbegabter Geschöpfe am ewigen Gesetz, die wir als das natürliche Gesetz bezeichnen. [...]

Wie ein Mensch seinem Untergebenen durch Anweisung ein inneres Handlungsmotiv einprägt, so prägt Gott der gesamten Natur die Ursachen der jeweilig angemessenen Tätigkeit ein. Daher heißt es von Gott, daß er auf diese Weise der gesamten Natur gebietet – gemäß dem Wort des Psalmisten: »Er gab ein Gebot von ewiger Dauer.« Und aus diesem Grunde unterliegen jede Bewegung und jede Tätigkeit im Universum dem ewigen Gesetz. Das gilt selbst für die vernunftlosen Geschöpfe, die von der göttlichen Vorsehung bewegt werden, wenn auch auf andere Art als die vernunftbegabten Geschöpfe, die das göttliche Gebot verstehen können.

Die Einprägung der inneren Wirkursache hat für die Dinge der Natur dieselbe Bedeutung wie die Verkündung des Gesetzes für den Menschen, dem hierdurch ein gewisses Leitprinzip für sein Handeln gegeben wird. [...]

Ein Ding kann auf zweierlei Weise erkannt werden: entweder in sich selbst oder in seiner Wirkung, in der sich eine gewisse Ähnlichkeit zu ihm findet (wie man etwa die Sonne nicht als solche, sondern in ihren Strahlen erkennt). Daher muß gesagt werden, daß niemandem außer Gott und den Seligen, die Gott in seinem Wesen schauen, das ewige Gesetz in sich selbst zugänglich ist; daß es aber jedes vernunftbegabte Geschöpf aufgrund einer größeren oder geringeren Ausstrahlung erkennen kann. Denn jede Erkenntnis der Wahrheit ist Teilhabe an der Ausstrahlung jenes ewigen Gesetzes, das, wie Augustinus sagt, die unwandelbare Wahrheit ist. Die Wahrheit erkennen alle in irgendeiner Weise, zumindest soweit es die allgemeinen Grundsätze des natürlichen Gesetzes betrifft. Soweit es das übrige betrifft, haben die Menschen an der Wahrheit und an der Erkenntnis des ewigen Gesetzes in unterschiedlichem Maße Anteil. [...]

Die Vorschriften des natürlichen Gesetzes verhalten sich zur praktischen Vernunft ebenso wie die Letztprinzipien der Wissenschaft zur theoretischen Vernunft: Beide sind in sich evidente Grundsätze. In zweifacher Weise aber wird etwas als in sich evident bezeichnet, zum einen der Sache nach und zum anderen unserer Erkenntnis nach. Der Sache nach wird jeder Satz als in sich evident bezeichnet, dessen Prädikat zum Wesen seines Subjektes gehört. Gleichwohl mag ein solcher Satz jemandem nicht als in sich evident einleuchten, der die Definition des Subjektes nicht kennt. So ist zum Beispiel der Satz »Der Mensch ist vernunftbegabt« der Sache nach in sich evident, denn wer »Mensch« sagt, sagt auch »vernunftbegabt«; und doch leuchtet dieser Satz jemandem nicht als in sich evident ein, der das Wesen des Menschen nicht kennt. Daher gibt es, wie Boethius sagt, gewisse Axiome oder Sätze, die allen insgesamt als in sich evident einleuchten. Und zwar sind das solche Sätze, deren Begriffe alle kennen, wie der Satz »Das Ganze ist stets größer als seine Teile« oder »Zwei Dinge, die ein und demselben dritten Ding gleich sind, sind auch untereinander gleich«.

Es gibt jedoch auch Sätze, die nur den Weisen, welche die Bedeutung der vorkommenden Begriffe verstehen, als in sich evident einleuchten. Wer zum Beispiel versteht, daß ein Engel kein körperliches Wesen ist, dem leuchtet es auch als in sich evident ein, daß ein Engel sich nicht an einem räumlich umschriebenen Ort aufhält – eine Einsicht, die den Ungebildeten, die das nicht verstehen, abgeht. [...]

Hinsichtlich der ersten, allgemeinen Grundsätze ist das natürliche Gesetz für alle dasselbe, sowohl was seine Richtigkeit als auch was seine Kenntnis betrifft. Und auch hinsichtlich gewisser Einzelheiten, die gleichsam Folgerungen aus den allgemeinen Grundsätzen sind, ist es in den meisten Fällen, wiederum was seine Richtigkeit und seine Kenntnis betrifft, für alle dasselbe. In einer Minderzahl von Fällen dagegen kann das natürliche Gesetz sich als unzureichend erweisen. Und zwar gilt das in bezug auf seine Richtigkeit deshalb, weil besondere Hinderungsgründe auftreten können – wie es ja auch bei den dem Entstehen und Vergehen unterliegenden Dingen der Natur gelegentlich Anomalien gibt. Und es gilt in bezug auf seine Kenntnis, weil manche Menschen infolge einer Leidenschaft oder einer schlechten Gewohnheit oder Veranlagung eine verdorbene Vernunft besitzen. So hielten zum Beispiel, wie Julius Cäsar berichtet, die alten

Germanen Raub nicht für verboten, obschon dieser eindeutig gegen das natürliche Gesetz verstößt. [...]

Alles das, wozu der Mensch eine natürliche Neigung besitzt, erfaßt die Vernunft ohne weiteres als gut und folglich als erstrebenswert, sein Gegenteil jedoch als schlecht und vermeidenswert. Entsprechend der Ordnung der natürlichen Neigungen gibt es demnach eine Ordnung der Vorschriften des natürlichen Gesetzes. Zunächst einmal besitzt der Mensch eine natürliche Neigung, die er mit allen selbständigen Wesen teilt, nämlich die Neigung zur Selbsterhaltung; und dieser Neigung entsprechend umfaßt das natürliche Gesetz alles das, was der menschlichen Lebenserhaltung dient und ihr Gegenteil verhindert. Zweitens besitzt der Mensch eine natürliche Neigung speziellerer Art, die er mit den anderen Wesen des Tierreiches teilt; dieser Neigung entsprechend bezeichnet man das als natürliches Gesetz, was die Natur alle Tiere gelehrt hat, etwa Paarung, Aufzucht von Nachwuchs und ähnliches. Und drittens besitzt der Mensch eine natürliche Neigung, die ihm allein als Vernunftwesen eigen ist – etwa die Neigung, die Wahrheit über Gott zu erkennen und in Gemeinschaft zu leben; dieser Neigung entsprechend gehört es zum natürlichen Gesetz, daß der Mensch die Unwissenheit meidet, daß er seinen Mitmenschen, mit denen er zusammenleben muß, keinen Schaden zufügt, und ähnliches, was damit zusammenhängt. [...]

Tötung eines Unschuldigen sowie Ehebruch und Diebstahl verstoßen gegen das natürliche Gesetz. Nun könnte man argumentieren, daß Gott diese Vorschriften außer Kraft gesetzt hat. Denn er befahl dem Abraham, seinen unschuldigen Sohn zu töten; den Juden, den Ägyptern die geborgten Gefäße zu entwenden; und dem Hosea, sich eine Dirne zu nehmen. [...]

Ausnahmslos alle Menschen, ob schuldig oder unschuldig, müssen von Natur aus sterben. Diesen natürlichen Tod hat Gott in seiner Macht wegen der Erbsünde verhängt, getreu dem Bibelwort: »Der Herr tötet und macht lebendig«. Deswegen kann Gottes Befehl jedem beliebigen Menschen, ob schuldig oder nicht, ohne jede Ungerechtigkeit den Tod bringen. Entsprechend besteht Ehebruch im Geschlechtsverkehr mit einer Frau, die nach dem von Gott gegebenen Gesetz einem anderen vermählt ist. Wer daher auf göttlichen Befehl mit einer Frau Geschlechtsverkehr hat, kann weder Ehebruch noch Unzucht begehen. Das gleiche Argument schließlich gilt für den Fall des Diebstahls, das heißt der Wegnahme fremden Eigentums: Wer eine Sache auf Befehl Gottes, des Herrn aller Dinge, wegnimmt, nimmt sie nicht ohne Willen ihres Eigentümers weg (und nur das wäre ja Diebstahl). Nicht nur im menschlichen Bereich ist alles, was Gott gebietet, ohne weiteres gerecht; auch im natürlichen Bereich muß alles, was Gott bewirkt, als der Natur entsprechend gelten. [...]

Vollkommene Tugend besteht vor allem darin, sich von aller unerlaubten Lust fernzuhalten. Die Menschen haben eine starke Neigung zu solcher Lust, vor allem die Jugend, auf die freilich disziplinarische Maßnahmen noch größere Wirkung ausüben. Deshalb müssen sich die Menschen einer Disziplinierung durch andere unterwerfen, die sie zur Tugend bringt. Was nun jene jungen Menschen betrifft, die – sei es aus guter Veranlagung oder Gewohnheit, sei es, besser noch, aus göttlicher Gnade – zu tugendhaftem Handeln neigen, so reicht die väterliche Disziplin aus, die durch Ermahnung erfolgt. Es gibt aber Jugendliche, die mutwillig sind und zum Laster neigen. Sie lassen sich durch Worte nur schwer beeinflussen; man muß sie vielmehr durch Gewalt und Drohung vom Bösen abhalten, damit sie wenigstens ihr schlimmes Handeln aufgeben und ihre Mitmenschen in Frieden lassen. Durch Gewöhnung können sie schließlich dahin gelangen, daß sie freiwillig tun, was sie zuvor aus Furcht taten, und so tugendhaft werden. Diese Disziplin, die auf Furcht vor Strafe beruht, ist die Disziplin der Strafgesetze. Um des zwischenmenschlichen Friedens und der Tugend willen war es also notwendig, daß solche Gesetze erlassen wurden. [...]

Wie wir schon sahen, kann man ein Gesetz als einen Plan definieren, der Handlungen auf ein Ziel ausrichtet. Bei jeder Kette von Bewegungen aber ist es notwendig, daß die Antriebskraft des Zweitbewegers sich von der Antriebskraft des Erstbewegers herleitet; denn nur auf diese Art kann der Zweitbeweger in Aktion treten. Dasselbe nun gilt für ein Regierungssystem: Die Regierungsautorität wird von dem obersten Regenten auf die untergeordneten Instanzen übertragen. So beruhen die staatlichen Verwaltungsmaßnahmen auf einem Befehl des Königs an die unteren Verwaltungsbehörden. Und auch im Bereich der Baukunst geht der eigentliche Bauplan vom Architekten auf die untergeordneten Handwerker über.

Da nun also das ewige Gesetz der Regierungsplan in der Vorstellung des obersten Herrschers des Universums ist, müssen alle Regierungsentwürfe untergeordneter Stellen sich von diesem ewigen Gesetz herleiten. Unter diese Kategorie abgeleiteter Regierungsweisen aber fallen sämtliche Gesetze außer dem ewigen Gesetz selbst. Sie alle lassen sich, soweit sie an der rechten Vernunft teilhaben, auf das ewige Gesetz zurückführen. Deshalb sagt Augustinus: »Nichts an einem irdischen Gesetz ist gerecht und anerkennenswert, was die Menschen nicht aus dem ewigen Gesetz hergeleitet haben.« [...]

Das menschliche Gesetz besitzt insoweit die Autorität eines Gesetzes, als es der rechten Vernunft gemäß ist und sich aus dem ewigen Gesetz herleitet. Insoweit es dagegen von der rechten Vernunft abweicht, nennt man es ein ungerechtes Gesetz; es hat nicht den eigentlichen Charakter eines Gesetzes, sondern ist Ausdruck von Gewalt. Doch selbst in einem ungerechten Gesetz bleibt insofern ein Teil des Gesetzescharakters erhalten, als es von einem ordnungsgemäßen Gesetzgeber erlassen wurde und sich in dieser formellen Hinsicht auf das ewige Gesetz zurückführen läßt. Denn alle Gewalt ist von Gott dem Herrn, wie es im Römerbrief des Apostels Paulus heißt. [...]

Mit Augustinus wird man sagen müssen, daß ein ungerechtes Gesetz gar kein Gesetz ist. Ein Gesetz besitzt deshalb nur in dem Maße Geltungskraft, in dem es der Gerechtigkeit genügt. Im menschlichen Bereich aber nennen wir etwas gerecht, wenn es der Regel der Vernunft entspricht. Und die erste Regel der Vernunft ist das natürliche Gesetz, wie aus dem oben Gesagten hervorgeht. Daher hat jedes von Menschen erlassene Gesetz insoweit Gesetzeskraft, als es sich vom natürlichen Gesetz herleitet. Sofern es jedoch in irgendeiner Hinsicht vom natürlichen Gesetz abweicht, ist es nicht mehr ein Gesetz, sondern die Entartung eines solchen. [...]

Die von Menschen erlassenen Gesetze sind entweder gerecht oder ungerecht. Sind sie gerecht, so binden sie das Gewissen, weil sie sich vom ewigen Gesetz herleiten – entsprechend dem Bibelwort: »Durch mich regieren die Könige und fassen die Gesetzgeber gerechte Beschlüsse.« Es gibt aber drei Gesichtspunkte, unter denen Gesetze als gerecht bezeichnet werden: vom Ziel her, wenn sie auf das Gemeinwohl hingeordnet sind; vom Urheber her, wenn ihr Erlaß im Rahmen seiner Kompetenzen liegt; und von der Form her, wenn sie für das Gemeinwohl den Untertanen verhältnismäßig gleiche Lasten auferlegen. Denn da das Individuum Teil einer Gruppe ist, gehört jeder Mensch mit dem, was ist und was er hat, zur Gemeinschaft – ebenso wie jeder Teil von etwas seine Bedeutung aus dem Ganzen erfährt. Deswegen läßt auch die Natur den einzelnen Teil Schaden nehmen, um das Ganze zu retten. Aus diesem Grunde sind solche Gesetze gerecht, die die Lasten gleichmäßig verteilen; sie sind ordnungsgemäßer Natur und binden das Gewissen.

Ungerecht aber können Gesetze auf zweierlei Weise sein. Erstens können sie ungerecht sein, indem sie im Gegensatz zum menschlichen Wohl stehen und damit den oben genannten Bedingungen für gerechte Gesetze nicht genügen: sei es vom Ziel her, wenn ein Herrscher seinen Untertanen Lasten auferlegt, die anstatt dem gemeinsamen Nutzen der eigenen Hab- oder Ruhmsucht dienen; sei es vom Urheber her, wenn jemand ein Gesetz erläßt, das seine Kompetenzen überschreitet; oder sei es von der Form her, wenn etwa gewisse Lasten zwar im Interesse des Gemeinwohls liegen, jedoch ungleichmäßig auf das Volk verteilt sind. Das alles sind Gewaltmaßnahmen, aber keine Gesetze. Denn, wie Augustinus sagt: »Ein ungerechtes Gesetz ist gar kein Gesetz.« Derartige Gesetze sind deshalb für das Gewissen nicht verbindlich, außer wenn es um die Vermeidung von Ärgernis oder öffentlicher Unruhe geht. Denn aus einem Grund dieser Art muß der Mensch überhaupt auf sein Recht verzichten, gemäß dem Schriftwort bei Matthäus: »Wer dich nötigt, eine Meile weit zu gehen, mit dem geh noch die zweite; und wer dir deinen Rock nehmen will, dem gib auch noch den Mantel.«

In einer zweiten Weise können Gesetze ungerecht sein, indem sie göttliche Rechte verletzen. Das trifft etwa auf Gesetze von Tyrannen zu, die zum Götzendienst oder zu anderen Handlungen verleiten, die dem göttlichen Gesetz widersprechen. Solche Gesetze dürfen unter keinen Umständen befolgt werden. Denn, wie es in der Apostelgeschichte heißt: »Man muß Gott mehr gehorchen als den Menschen.« [...]

Neben dem natürlichen Gesetz und dem menschlichen Gesetz war zur Lenkung des menschlichen Lebens ein göttliches Gesetz erforderlich. Denn durch das Gesetz wird der Mensch zu den ihm gemäßen Handlungen und damit zu seinem eigentlichen Ziel hingeleitet. Wäre der Mensch nur für ein Ziel bestimmt, das seine natürlichen Fähigkeiten nicht übersteigt, so bedürfte er außer dem natürlichen Gesetz und dem daraus abgeleiteten menschlichen Gesetz keiner weiteren bewußten Lenkung. Der Mensch ist jedoch bestimmt für das Ziel der ewigen Seligkeit, die über seine natürlichen Fähigkeiten hinausgeht. Deshalb muß er außer durch das natürliche und das menschliche Gesetz auch noch durch ein göttliches Gesetz auf sein Ziel hingeleitet werden.

Einleitung

NICCOLÒ MACHIAVELLI (1469–1527) stellt nicht die für das staatsphilosophische Denken in Antike und Mittelalter bestimmende Frage nach einem politischen Ordnungsbild, das theoretisch erfaßbar und dem praktischen Politiker vorgegeben ist. Ihn interessiert der Staat lediglich als Resultat politischen Kräftespiels in der empirischen Wirklichkeit. Er möchte im einzelnen untersuchen, nach welchen Gesetzmäßigkeiten politisches Handeln tatsächlich abläuft, welche Faktoren für die Erlangung und Erhaltung politischer Macht ursächlich sind.

Nach der von mir in der Einführung gegebenen Charakterisierung ist diese Fragestellung nicht eigentlich staatsphilosophischer, sondern empirisch-politikwissenschaftlicher Natur. Das Hauptverdienst Machiavellis liegt in der Tat darin, daß er als einer der ersten die Notwendigkeit und Fruchtbarkeit einer solchen Fragestellung eindringlich gezeigt hat. Das gilt ungeachtet der Tatsache, daß die *Methode,* mit der er sie verfolgt – die Berufung auf die eigene Erfahrung sowie auf beliebig herangezogene Beispiele aus der Geschichte – vom Standpunkt der modernen Politikwissenschaft aus als unzulänglich gelten muß.

Machiavelli versucht die – oft unmoralische – Wirklichkeit nüchtern und illusionslos zu beschreiben und die Dinge, ohne sie zu beschönigen, beim Namen zu nennen. Es ist sicher nicht gerechtfertigt, ihm deshalb Immoralismus oder Zynismus vorzuwerfen. Der Standpunkt des politischen Empirikers ist nicht nur an sich legitim und lohnend, er kann auch dem kritischen Reformer häufig das für eine Verwirklichung seiner Zielvorstellungen unverzichtbare Faktenwissen vermitteln. Andererseits ist das Staatsdenken Machiavellis ein gutes Beispiel für die Unzulänglichkeiten und Gefahren, die die Verabsolutierung eines derartigen Standpunktes in sich birgt. Machiavelli begnügt sich nämlich keineswegs mit einer distanziert interesselosen Darstellung und Erklärung der Mechanismen politischer Macht – eine solche Betrachtungsweise ließe sich ja im Prinzip durch eine primär normative Betrachtungsweise von anderer Seite ohne Widerspruch ergänzen. Er macht vielmehr darüber hinaus einerseits deutlich, daß er eine normativ verfahrende Staatsphilosophie überhaupt nicht für sinnvoll hält, stellt andererseits jedoch nicht selten seine empirischen Befunde durchaus in den Dienst (ganz bestimmter) normativer Wertvorstellungen.

Das Gefährliche dieses Vorgehens liegt darin, daß es sich explizit als ausschließlich empirisch, ja antinormativ darstellt, aber dennoch *implizit* normativ ist; daß es stillschweigend Wertvorstellungen propagiert, ohne diese freimütig offenzulegen und durch Argumente zu stützen. Es handelt sich hierbei um eine auch heute noch von Sozialwissenschaftlern nicht selten und häufig unbewußt verfolgte Methode, unter dem Schein besonders großer Objektivität beziehungsweise Wissenschaftlichkeit beim Leser die eigenen, unbefragt gebliebenen Wertungen einzuschmuggeln.

Um aus der Lektüre Machiavellis nicht nur als eines Vorläufers empirischer Politikwissenschaft, sondern auch als eines Staatsphilosophen im engeren Sinn Nutzen zu ziehen, müßte man ihm zur Verdeutlichung seiner Auffassungen etwa die folgenden Fragen vorlegen: »Jene Anweisungen politischer Zweckmäßigkeit, die du dem Herrscher erteilst, sind offenbar nicht auf ein beliebiges Ziel bezogen, sondern, wie an verschiedenen Stellen deines Gesamtwerkes deutlich wird, auf die Einheit, die Stabilität, die Stärke, ja die Größe seines Vaterlandes. Eben aus diesem Grunde ziehst du ja – unter optimalen Bedingungen – die republikanische der monarchischen Staatsform vor und hältst es auch dort, wo die Umstände einen Alleinherrscher erfordern, nicht für legitim, daß dieser ausschließlich auf seinen eigenen Vorteil bedacht ist. Wie rechtfertigt sich aber dieses höchste Ziel der vaterländischen Größe, für das selbst Wohlstand, Zufriedenheit und Freiheit der Bürger nur Mittel zum Zweck sind? Wie würdest du mit jemandem argumentieren, der dieses Ziel nicht zu akzeptieren bereit ist?« – »Was für eine Art von Moral ist es, von der du schreibst, der Politiker dürfe und müsse sich über sie, sofern seine politischen Ziele es erfordern, hinwegsetzen? Ist es lediglich ›die Moral‹ im Sinne der in der öffentlichen Meinung dominierenden moralischen Vorstellungen – eine Moral, die möglicherweise unaufgeklärt und konfus ist? So verstanden, ist deine These ziemlich trivial und dürfte kaum grundsätzlichen Widerspruch finden. Oder ist es (was deinen Intentionen eher entsprechen dürfte) jene Moral, die du selber von einem kritischen Standpunkt aus als die *richtige* Moral billigst und anerkennst? Läuft deine These demnach auf die auch heute noch gehörte Behauptung hinaus, Politik und Moral seien zwei völlig getrennte Bereiche und unterlägen ganz unterschiedlichen Kategorien der Beurteilung; mit anderen Worten, auf die Behauptung, ein und dieselbe Handlung könne moralisch betrachtet falsch und verabscheuenswürdig, politisch betrachtet dagegen notwendig und richtig sein? Wenn du das sagen willst, wie steht es dann mit jener obersten, subjektiver Willkür entzogenen Legitimation politischen Handelns, von der du selbst, wie oben dargelegt, ausgehst? Worin könnten die letzten Wertbezüge politischen Handelns, die deinem eigenen Denken zugrundeliegen, begründet sein, wenn nicht in der Moral? Und wie haben wir deine Behauptung zu interpretieren, der Herrscher dürfe unmoralisch handeln, da seine Gegenspieler ebenfalls unmoralisch handeln? Ist das nicht im Grunde ein durchaus *inner*moralischer (und nicht bloß politischer) Gesichtspunkt – ein Gesichtspunkt, der ein an sich zwar unmoralisches Verhalten als Reaktion in einer unbeeinflußbar unmoralischen Umgebung moralisch gerechtfertigt erscheinen läßt?« (Man denke an den analogen Fall der Tötung eines Menschen zum Zweck der Notwehr!)

Es markiert die große philosophische Überlegenheit des Denkers, dem wir uns nun zuwenden wollen, daß er – ausgehend von einem ähnlich metaphysikfreien Welt- und illusionslosen Menschenbild wie Machiavelli – auf die soeben aufgeworfenen Fragen eine eindeutige und in sich schlüssige (wenn schon nicht in allen Punkten überzeugende) Antwort zu geben weiß.

Thomas Hobbes (1588–1679) stellt die normative Frage nach der Rechtfertigung politischer Macht offen und unmißverständlich in den Mittelpunkt seines gesamten Denkens über den Staat. Dabei steht für ihn – nicht anders als für Machiavelli – von vornherein fest, daß der Staat ein Produkt menschlicher Erfindung ist und nicht die (mehr oder weniger gelungene) Verwirklichung einer göttlichen beziehungsweise natürlichen Seinsordnung. Doch jene Ziele der nationalen Größe oder der Staatsräson, die für Machiavelli maßgebend zu sein scheinen, kommen für Hobbes als Rechtfertigungsgründe nicht in Frage. Er beurteilt den Staat ausschließlich vom Standpunkt des Individuums. Und man kann nun einmal nicht leugnen, daß der Staat dem Individuum zumindest gelegentlich Einschränkungen und Opfer auferlegt. Läßt sich vielleicht zeigen, daß dieser negativen Komponente des Staates positive Aspekte gegenüberstehen, die sie aufwiegen? Nur unter der Voraussetzung, daß der Staat jedenfalls auf lange Sicht betrachtet dem Individuum mehr nutzt als schadet, will Hobbes ihn als gerechtfertigt gelten lassen. Und zwar sieht Hobbes – ganz anders als etwa Platon – das Kriterium für individuellen Schaden und Nutzen in der diesseitigen, mit einem Gefühl der Befriedigung verbundenen Realisierung von Wünschen, Bedürfnissen und Interessen.

Daß für Hobbes ausschließlich Gesichtspunkte individuellen Eigeninteresses den Staat rechtfertigen können, hängt unmittelbar mit seinem egoistischen Menschenbild zusammen. Hobbes ist nämlich der Auffassung, daß der Mensch (jeder Mensch) so strukturiert ist, daß er mit Notwendigkeit stets nur seine eigenen Interessen verfolgt. Aus diesem psychologisch verstandenen Egoismus folgert Hobbes einen normativen Egoismus: Der Mensch tut recht daran, er ist berechtigt, stets nur seine eigenen Interessen zu verfolgen. Allerdings nimmt der Egoismus für Hobbes auf der normativen Ebene eine Dimension an, die für seine Staatsphilosophie sehr wichtig wird: Während der Mensch de facto allzu häufig nur seine vordergründigen, kurzfristigen Interessen wahrnimmt beziehungsweise seinen momentanen Wünschen und Begierden nachgibt, *sollte* er – von einem rationalen Standpunkt aus – immer nur so handeln, daß er seine dauerhaften, langfristigen Interessen optimal verfolgt.

Auf der Basis dieses Menschenbildes versucht Hobbes nun zu zeigen, daß die Existenz eines Staates – gleichgültig welcher Form – von jedem einzelnen Bürger aus egoistischen Gründen gewünscht werden muß. Er zeichnet zu diesem Zweck das Bild des »Naturzustandes«, das heißt eines Zustandes menschlichen Zusammenlebens ohne staatliche Ordnung. Es muß in diesem Zusammenhang betont werden, daß die Hobbessche Lehre vom Naturzustand und seiner Überwindung nicht etwa eine historische Hypothese über die Entstehung des Staates aus vorstaatlichen Lebensformen sein will. Es geht dem Philosophen vielmehr primär darum, dem Leser vor Augen zu führen, wie sein Leben *wäre, wenn* es keinen Staat *gäbe* – um ihm auf diese Weise ein Abwägen der Vor- und Nachteile beider Lebensformen und damit eine rationale Einstellung zum Staat zu ermöglichen. Außerdem ist Hobbes der Meinung, daß es in der Geschichte eines Volkes immer wieder einmal tatsächlich Situationen ohne staatliche Ordnung – Bürgerkriegssituationen – geben wird, in denen seine Argumente für den Staat praktisch-politische Relevanz gewinnen.

Die Darstellung, die Hobbes im einzelnen vom Naturzustand gibt, spricht in ihrer Eindringlichkeit weitgehend für sich. Der

Leser sollte der Frage besondere Beachtung widmen, welche genaue Bedeutung Hobbes mit den Kernbegriffen seines staatsphilosophischen Systems verbindet. Es handelt sich vor allem um die folgenden Begriffe: »Natürliches Recht« – im Sinn des subjektiven Rechts, der Berechtigung des einzelnen im Naturzustand; »Gesetz der Natur« – im Sinn einer Norm, welche die Vernunft dem Individuum im Naturzustand zur eigenen Interessenwahrung auferlegt; »Gerechtigkeit« – im Sinn der Befolgung der positiven, vom Staat erlassenen Rechtsnormen. Eine solche Begriffsanalyse macht deutlich, daß Hobbes zwar an den überkommenen staatsphilosophischen Begriffen festhält, ihnen im Vergleich zu den antiken und mittelalterlichen Klassikern aber einen völlig neuen Inhalt gibt.

Es ist bemerkenswert, mit welcher Konsequenz Hobbes seinen Ansatz eines aufgeklärten Egoismus durch sämtliche Stufen möglicher Entwicklung vom Leben im staatslosen Zustand zum Leben im Staat durchhält. Sein Gedankengang ist, knapp rekonstruiert, der folgende: Das fundamentale Interesse am Überleben, dessen Wahrung Voraussetzung jeder sonstigen Interessenbefriedigung ist, läßt es dem Individuum geboten erscheinen, eine mit einem Machtmonopol ausgestattete Autorität einzusetzen, die dem Krieg aller gegen alle ein Ende macht und mittels einer Rechtsordnung ein friedliches Zusammenleben garantiert. Daher schließen alle Individuen eine Vereinbarung – den sogenannten Gesellschaftsvertrag –, in der sie sich verpflichten, auf ihre natürlichen Rechte zugunsten eines staatlichen Souveräns zu verzichten. Und die Furcht vor den Repressionen der anderen sowie vor den Sanktionen des Staates läßt es für jeden einzelnen vernünftig erscheinen, diese Vereinbarung auch einzuhalten. Da der Verzicht des einzelnen auf die unbeschränkten Rechte des Naturzustandes als solcher für ihn ja von Nachteil ist, kann er nur wirksam werden, falls gleichzeitig der durch ihn erkaufte Vorteil, nämlich der entsprechende Verzicht aller anderen Individuen, sichergestellt ist; Vorleistungen sind nicht angebracht. Andererseits wird in dem Augenblick der Verzicht gegenstandslos und leben sämtliche natürlichen Rechte wieder auf, in dem der Staat nicht mehr in der Lage sein sollte, die Einhaltung des Gesellschaftsvertrages zu erzwingen und den Frieden zu garantieren. Und selbst in einem intakten Staat findet die Gehorsamspflicht für das Individuum dort ihre Grenze, wo jener Wert, zu dessen Bewahrung es den Staat überhaupt nur errichtet hat, nämlich sein Leben, vom Staat selbst gefährdet wird.

Der schwächste Teil der Hobbesschen Staatsphilosophie ist ohne Zweifel ihr extrem egoistisches Menschenbild. Wer die Daten der Psychologie wie der täglichen Lebenserfahrung unbefangen zu sehen und undogmatisch zu interpretieren bereit ist, wird kaum an der Erkenntnis vorbeikommen, daß – sehr vorsichtig formuliert – jedenfalls einige Menschen gelegentlich ein nicht weiter ableitbares Interesse am Wohlergehen eines ihrer Mitmenschen haben. Die staatsphilosophisch interessante Frage in diesem Zusammenhang lautet, ob und genau inwieweit die Anerkennung dieser Tatsache Hobbes zu einer Modifizierung seiner Rechtfertigungstheorie des Staates zwingen würde.

Häufig wird gegen Hobbes der Vorwurf erhoben, er habe infolge seines Rechtspositivismus (»Recht ist, was der Staat anordnet«) dem *Inhalt* staatlicher Normen, dem Problem der vom Staat im einzelnen zu verfolgenden politischen Ziele keine Beachtung geschenkt. Dieser Vorwurf ist nicht gerechtfertigt. Hobbes hat den Staat durchaus, was gerechte Gleichbehandlung und Wohlfahrt der Bürger angeht, definitiven Forderungen unterworfen. Er ist allerdings der Meinung, daß jeder beliebige Staat besser ist als der Naturzustand und daß deshalb die Loyalität der Bürger nicht davon abhängen darf, ob diese Forderungen erfüllt werden.

Eine der interessantesten Fragen im Zusammenhang mit Hobbes' Rechtfertigungstheorie des Staates betrifft die Übertragbarkeit dieser Theorie auf die *inter*nationale Ebene. Befinden sich nicht die einzelnen Staaten untereinander noch heute weitgehend in einem Zustand, wie ihn Hobbes im Verhältnis der Individuen zueinander als Naturzustand charakterisiert? Müßten sie, der Hobbesschen Argumentationslogik folgend, diesen Zustand nicht durch die Errichtung eines Weltstaates zu überwinden suchen? Wie ließe sich der problematische *Übergang* vom einen in den anderen Zustand, Hobbes folgend, lösen? Liegt auf der internationalen Ebene die Errichtung einer übergeordneten Autorität – wie Hobbes entsprechend auf der innerstaatlichen Ebene mit einiger Plausibilität argumentiert – tatsächlich im Interesse jedes einzelnen Staates; das heißt ist die Gleichheit der Hobbesschen Individuen im Naturzustand übertragbar auf das Kräfteverhältnis der Staaten im Atomzeitalter? Inwiefern kann die UNO in ihrer jetzigen Verfassung den Anforderungen des Hobbesschen Modells nicht genügen? –

JOHN LOCKE (1632–1704) ist – darin etwa Thomas von Aquin vergleichbar – ein Philosoph, der extremen Positionen gegenüber abgeneigt ist und Elemente sehr unterschiedlicher Traditionen, sofern sie ihm plausibel erscheinen, in seinem System vereint. In vielen Punkten spiegelt sein Denken Auffassungen wieder, die sich mit noch heute verbreiteten Common sense-Vorstellungen decken.

Wie für Hobbes ist auch für Locke der Staat eine zweckmäßige Konstruktion des Menschen zur Überwindung des Naturzustandes. Und wie für Hobbes sind es für Locke die diesseitigen Interessen und Bedürfnisse des empirischen Menschen, denen der Staat letztlich zu dienen hat. Die staatsphilosophischen Differenzen der beiden Denker hängen im wesentlichen mit dem sehr unterschiedlichen Bild zusammen, das sie vom Leben des Menschen im Naturzustand zeichnen.

Locke ist nicht der Meinung, daß der Mensch von Natur aus ein ganz und gar egoistisches Wesen ist, unmotivierbar durch Gesichtspunkte von Wohl und Wehe seiner Mitmenschen. Für ihn ist es demnach keineswegs unrealistisch, den einzelnen schon im Naturzustand für verpflichtet zu erklären, Leben, Freiheit und Eigentum aller anderen zu respektieren.

Die natürlichen Gesetze, die dem Menschen diesen Respekt auferlegen, haben für Locke eine deutlich andere Funktion als die natürlichen Gesetze im System von Hobbes. Sie sind nicht Klugheitsregeln zur langfristigen Interessenwahrung jedes einzelnen. Sondern sie sind kategorisch verbindliche Normen, die von vornherein einem Interessenausgleich aller Individuen dienen, indem sie jeden in gleicher Weise in ein Netz gegenseitiger Rechte und Pflichten spannen.

Dementsprechend stellt sich der Unterschied zwischen vorstaatlichem Naturzustand und staatlicher Ordnung für Locke weit weniger kraß als für Hobbes dar. Die vom Staat zu erlassenden, positiven Gesetze sind nicht die ersten und einzigen Normen, die von einem überindividuellen Standpunkt aus die Individuen zu einem friedlichen Zusammenleben verpflichten. Sie dienen lediglich der Präzisierung und der gerechteren und wirksameren Durchsetzung jener natürlichen Gesetze, unter deren Autorität die Menschen seit eh und je gelebt haben.

Wie jedes Individuum, so bleibt auch der staatliche Souverän stets an die natürlichen Gesetze gebunden. Der Gesellschaftsvertrag, durch den ihn die Individuen einsetzen, ermächtigt ihn nur zu solchen Maßnahmen, die sich im Rahmen dieser Gesetze halten. Überschreitet er ihn, so erlischt die Loyalitätspflicht der Bürger; es entsteht für sie ein Recht zum Widerstand. In diesem

Zusammenhang ist es aufschlußreich, die Konzeption eines Widerstandsrechts bei Hobbes und bei Locke genau miteinander zu vergleichen. Die Widerstandsrechte im System der beiden Denker unterscheiden sich nicht nur in ihrer theoretischen Fundierung, sondern ebenfalls in ihrem jeweiligen Ausmaß. Wer die Texte sorgfältig liest, wird feststellen, daß das Lockesche Widerstandsrecht in einer gewissen Hinsicht weiter, in einer anderen Hinsicht jedoch auch wiederum enger als das Hobbessche Widerstandsrecht ist.

Für Locke ist es nach allem Gesagten nur folgerichtig, wenn er Hobbes' Auffassung, im Prinzip sei jeder beliebige Staat für das Individuum besser als gar kein Staat, strikt ablehnt. Für ihn ist die Willkürherrschaft einer absoluten Monarchie gegenüber dem Naturzustand eindeutig das *größere* Übel. Das bedeutet allerdings nicht, daß man Locke als Verfechter der modernen, auf Mehrheitsentscheidungen des Volkes beziehungsweise seiner Repräsentanten gegründeten Demokratie ansehen könnte. Locke ist zwar der Meinung, daß die Konzeption eines ursprünglichen Gesellschaftsvertrages aller Individuen es erfordert, daß die jeweilige Staatsverfassung von der Zustimmung einer Mehrheit der Bevölkerung getragen wird. Damit ist jedoch über die Form dieser Verfassung selbst noch nichts gesagt; sie kann demokratischer, aristokratischer oder auch monarchischer Natur sein. Wesentlich ist allein, daß die Regierung aufgrund von generellen Regelungen (Gesetzen) ausgeübt wird, die den natürlichen Gesetzen entsprechen, sie konkretisieren und damit die natürlichen Rechte aller Bürger schützen: Um legitim zu sein, muß eine Regierung dem recht verstandenen gemeinsamen Wohl dienen.

Die Konzeption eines jedermann verpflichtenden natürlichen Sittengesetzes bringt Locke in eine gewisse Nähe zu den Auffassungen seiner antiken und mittelalterlichen Vorgänger. Diese Verwandtschaft wird noch unterstrichen durch die Tatsache, daß auch Locke solche staatlichen Normen, die dem Sittengesetz widersprechen, für nichtig und für den Bürger unverbindlich erklärt. Freilich sind auch die Unterschiede nicht zu übersehen. So entbehrt das natürliche Sittengesetz bei Locke der traditionellen metaphysischen Fundierung und reduziert sich weitgehend auf intuitiv erfaßbare Moralprinzipien. Und sein Inhalt, Lockes individualistisches Postulat subjektiver Grundrechte, wäre den oben erwähnten Denkern nicht in den Sinn gekommen.

Niccolò Machiavelli: Realpolitische Bedingungen der Ausübung staatlicher Macht

Wenn ich den Lauf der Welt bedenke, so finde ich, daß die Welt stets die gleiche war. Es gab immer soviel Böses wie Gutes, aber beides wechselte von Land zu Land. So wissen wir aus der Geschichte, daß die alten Reiche durch den Wechsel der Sitten bald stiegen, bald sanken; die Welt aber blieb die gleiche, nur mit dem Unterschied, daß die Tugend, die zuerst in Assyrien blühte, nachher nach Medien und Persien verpflanzt wurde, bis sie endlich nach Italien und Rom kam. Wenn auf das römische Reich kein Reich von längerer Dauer mehr folgte, in dem die Welt ihre ganze Tugend vereint hätte, so zeigt diese sich doch unter verschiedene tüchtige Völker verstreut. [...]

Ich widerspreche der gewöhnlichen Meinung, wonach die Völker, wenn sie herrschen, unbeständig, veränderlich, undankbar sind, und behaupte, es verhält sich bei ihnen mit diesen Sünden nicht anders als bei den einzelnen Fürsten. Wenn jemand die Völker und die Fürsten des gleichen Fehlers beschuldigt, so könnte er wohl recht haben; nimmt er aber die Fürsten aus, so irrt er. Denn ein herrschendes Volk mit guter Verfassung wird beständig, klug und dankbar sein, so gut wie ein Fürst, ja mehr als ein Fürst, auch wenn er für weise gehalten wird. Andrerseits wird ein Fürst, der nicht an Gesetze gebunden ist, undankbarer, unbeständiger und unklüger sein als ein Volk. Die Verschiedenheit ihres Benehmens aber rührt nicht von der Verschiedenheit ihrer Natur her (denn die ist bei allen die gleiche, und überwiegt das Gute, so ist es beim Volke), sondern von der größeren oder geringeren Scheu vor den Gesetzen, unter denen beide leben. [...]

Zur Erklärung der Bezeichnung »Edelleute« sage ich, daß man diejenigen so nennt, die müßig vom Ertrag ihrer Güter im Überfluß leben, ohne sich um den Landbau oder irgendeinen anderen Lebensberuf zu kümmern. Solche Leute sind in einer Republik und in jedem Lande verderblich, zumal wenn sie außer den genannten Gütern auch noch Burgen und Untertanen haben, die ihnen gehorchen. Von diesen beiden Menschenklassen ist das Königreich Neapel, der Kirchenstaat, die Romagna und die

Lombardei voll. Daher kommt es, daß in diesen Ländern nie eine Republik noch irgendein freies Staatsleben bestand, denn diese Menschengattung ist der ärgste Feind jeder bürgerlichen Verfassung. In einem solchen Lande wäre es unmöglich, eine Republik einzuführen. Hätte aber jemand die Macht, einem solchen Lande eine erforderliche Staatsverfassung zu geben, so bliebe ihm kein anderes Mittel, als eine Monarchie zu gründen. Der Grund ist dieser: wo die Menschen so verderbt sind, daß die Gesetze zu ihrer Bändigung nicht ausreichen, da muß man ihnen durch eine höhere Gewalt Geltung verschaffen. Das aber vermag nur die Hand eines Königs, die der übermäßigen Herrschsucht und der Verderbnis der Mächtigen mit unumschränkter Gewalt entgegentritt. [...]

Es ist eine allgemeine Regel, daß eine Republik oder ein Königreich niemals oder nur selten von Anfang an gut eingerichtet oder vollkommen neu gestaltet wird, wenn es nicht durch einen einzigen geschieht, der den Plan angibt und aus dessen Geist alle Anordnungen hervorgehen. Deshalb muß ein weiser Gesetzgeber einer Republik, der nicht sich, sondern dem Allgemeinwohl, nicht seinen eignen Nachkommen, sondern dem gemeinsamen Vaterland nützen will, nach der unumschränkten Gewalt streben. Kein vernünftiger Mensch wird ihn wegen einer außerordentlichen Handlung tadeln, die er zur Gründung eines Reiches oder zur Einrichtung einer Republik ausführt. Spricht die Tat gegen ihn, so muß der Erfolg ihn entschuldigen, und ist dieser gut, wie bei Romulus, so wird er ihn immer entschuldigen. Tadel verdient nicht, wer Gewalt braucht, um aufzubauen, sondern um zu zerstören. Freilich muß er so klug und so tugendhaft sein, daß er die Gewalt, die er an sich gerissen hat, nicht an einen andern vererbt. Denn da die Menschen mehr zum Bösen als zum Guten neigen, könnte sein Nachfolger die Macht, die er zum Guten gebraucht hat, zu seinem Ehrgeiz mißbrauchen. Mag überdies ein Mann auch geeignet sein, eine Verfassung zu geben, so ist diese doch nicht von langer Dauer, wenn sie auf den Schultern eines einzelnen ruhen bleibt, wohl aber, wenn viele für ihre Erhaltung sorgen. Die Vielen eignen sich zwar nicht dazu, ein Staatswesen zu ordnen, weil sie bei ihrer Meinungsverschiedenheit das Rechte nicht erkennen; wenn sie es aber erkannt haben, werden sie sich nicht vereinigen, um es wieder preiszugeben. [...]

Wir wollen betrachten, wie ein Fürst sich gegenüber seinen Untertanen oder seinen Freunden verhalten soll. Da ich weiß, daß viele hiervon gehandelt haben, fürchte ich anmaßend zu erscheinen, wenn ich auch darüber schreibe, zumal ich gerade bei der Erörterung dieses Punktes von dem Verfahren der andern abweiche. Aber da es meine Absicht ist, zum Nutzen derer zu schreiben, die mich verstehen, schien es mir richtiger, mich an die tatsächliche Gestalt der Dinge zu halten als an ein Phantasiebild. Viele haben sich Republiken und Fürstentümer ausgemalt, von deren Existenz man nie etwas gesehen noch vernommen hat. Denn zwischen dem Leben, wie es ist und wie es sein sollte, ist ein so gewaltiger Unterschied, daß, wer das, was man tut, aufgibt für das, was man tun sollte, eher seinen Untergang als seine Erhaltung bewirkt; ein Mensch, der immer nur das Gute tun wollte, muß zugrunde gehen unter so vielen, die nicht gut sind. Daher muß ein Fürst, der sich behaupten will, auch imstande sein, nicht gut zu handeln und das Gute zu tun und zu lassen, wie es die Umstände erfordern.

Ich lasse also die Phantasien über den Fürsten beiseite und rede von dem Tatsächlichen. Hier ist zunächst zu sagen, daß allen Menschen und vor allem den Fürsten, weil sie am höchsten stehen, wenn von ihnen die Rede ist, gewisse Eigenschaften zugesprochen werden, die ihnen Lob oder Tadel eintragen. So gilt der eine für freigebig, der andre für knauserig – um einen toskanischen Ausdruck anzuwenden, denn geizig heißt nach unserm Sprachgebrauch auch der, welcher aus Habgier Besitz erstrebt, während wir knauserig den nennen, der sich scheut, von seinem Besitz Gebrauch zu machen –, dem sagt man Lust am Schenken, jenem Lust am Rauben nach, der eine heißt grausam, der andre mild, der eine treulos, der andre treu, der weibisch und zaghaft, jener wild und kühn, der freundlich, jener hochmütig, der ausschweifend, jener enthaltsam, der aufrichtig, jener verschlagen, der rauh, jener liebenswürdig, der ernst, jener leichtsinnig, der gottesfürchtig, jener gottlos usf. Natürlich wird jeder zugeben, daß es höchst lobenswert wäre, wenn ein Fürst von allen aufgezählten Eigenschaften nur die besäße, welche für gut gelten. Aber da die Natur des Menschen es nun einmal nicht zuläßt, daß er sie alle besitzt oder immer ausübt, muß er klug genug sein, den üblen Ruf derjenigen Laster zu meiden, die ihm die Herrschaft rauben können, und vor denjenigen, die seine Herrschaft nicht gefährden, sich hüten, sofern er es vermag. Vermag er es aber nicht, so darf er sich ihnen unbedenklicher hingeben. Ja, er darf sich nicht scheuen, in den Ruf solcher Laster zu geraten, die er zur Behauptung seiner Herrschaft nicht leicht entbehren kann. Denn alles wohl erwogen, gibt es Eigenschaften, die für Tugenden gelten und die seinen Untergang herbeiführen würden, und andere, die für Laster gelten und auf denen seine Sicherheit und Wohlfahrt beruht. [...]

Man kann sich durch gute Taten ebenso leicht verhaßt machen wie durch schlechte. Deshalb ist ein Fürst zur Behauptung seiner Herrschaft oft genötigt, nicht gut zu handeln: Denn wenn die Partei – Volk, Soldaten oder Große –, auf die er sich stützen muß, um sich zu behaupten, verderbt ist, muß er sich ihnen anpassen, um sie zufriedenzustellen, und dann ist ihm das Gute, das er tut, nur nachteilig. [...]

Man muß die Menschen entweder für sich einnehmen oder vernichten. Denn für leichte Kränkungen nehmen sie Rache, für schwere können sie es nicht. Wer also jemand schädigt, muß es so gründlich tun, daß er keine Rache zu fürchten hat. [...]

Die Eroberungslust ist etwas sehr Natürliches und Verbreitetes, und sooft Fürsten auf Eroberungen ausgehen, die die Macht dazu haben, werden sie gepriesen oder wenigstens nicht getadelt. Wenn ihnen aber die Kräfte zu Eroberungen fehlen und sie doch um jeden Preis solche machen wollen, so ist das verkehrt und verdient Tadel. [...]

Die Römer haben in diesen Fällen getan, was alle weisen Fürsten tun sollten. Ihre Aufgabe ist es, nicht nur ein Auge zu haben auf die gegenwärtigen Gefahren, sondern auch auf die zukünftigen, und diesen mit allem Fleiß entgegenzuarbeiten. Denn gegen das Übel, das man von fern sieht, kann man leicht ein Mittel finden. Wartet man aber, bis es da ist, so kommt die Arznei zu spät, weil die Krankheit unheilbar geworden ist. Es verhält sich hiermit wie mit der Schwindsucht, die, wie die Ärzte sagen, im Anfang des Leidens leicht zu heilen, aber schwer zu erkennen ist; wird sie aber anfangs nicht erkannt und behandelt, so läßt sie sich in der Folge leicht erkennen und schwer heilen. So geht es auch im Staatsleben. Wenn man die Krankheiten, die sich hier bilden, von vornherein erkennt – was freilich nur einem klugen Manne möglich ist –, so lassen sie sich leicht heilen. Läßt man sie aber, weil man sie nicht erkannt hat, so lange zunehmen, bis jeder sie erkennt, dann gibt es kein Heilmittel mehr. Darum wußten die Römer, da sie die Gefahren im voraus bemerkten, stets Abhilfe, und nie ließen sie Mißstände andauern, um einen Krieg zu vermeiden; denn sie wußten, daß der Krieg nicht aufgehoben, sondern immer nur aufgeschoben wird – zum Vorteil der Gegner. Deshalb wollten sie mit Philipp und Antiochus in Griechenland kämpfen, um es nicht in Italien tun zu müssen. Und doch konnten sie für den Augenblick beides vermeiden; aber das wollten sie nicht. Auch fanden sie nie Gefallen an dem Sprichwort, das die Weisen unserer Tage so gern im Munde führen: »Kommt Zeit, kommt Rat« – vielmehr erwarteten sie diesen allein von ihrer Tapferkeit und Klugheit. Denn die Zeit führt in ihrem Strom alles mit sich, sie bringt Gutes wie Schlimmes und Schlimmes wie Gutes. [...]

Man könnte fragen, woher es kommt, daß Agathokles und andre seinesgleichen nach unzähligen Verrätereien und Grausamkeiten sich eines langen, sicheren Lebens in ihrer Vaterstadt erfreuen und der auswärtigen Feinde erwehren konnten und daß ihre Mitbürger nie sich gegen sie verschworen, während viele andre durch Grausamkeiten nicht einmal im Frieden ihre Herrschaft zu behaupten vermochten, geschweige denn in unsicheren Kriegszeiten. Ich glaube, das hängt davon ab, ob die Grausamkeiten gut oder schlecht angewandt sind. Gut angewandt kann man diejenigen nennen – wenn anders man das Schlechte gut nennen darf –, die ein Fürst begeht aus Notwendigkeit, um sich zu sichern, und bei denen er späterhin nicht verharrt, sie vielmehr, soweit möglich, zum Wohle der Untertanen zu wenden sucht. Schlecht angewandt sind diejenigen, welche zwar im Anfang gering an Zahl sind, mit der Zeit aber eher zunehmen als verschwinden. Herrscher, welche den ersten Weg einschlagen, wie Agathokles, können mit Gottes und der Menschen Hilfe irgendein Mittel zur Sicherung ihrer Stellung finden. Die andern können sich unmöglich behaupten.

Daraus ist zu entnehmen, daß ein Eroberer gleich, wenn er einen Staat in Besitz nimmt, alle Gewalttaten, die er nicht umgehen kann, sich vergegenwärtigen und alle auf einen Schlag ausführen sollte, damit er nicht jeden Tag von neuem damit zu beginnen braucht, sondern, indem er sie nicht wiederholt, die Gemüter der Untertanen beruhigen und ihre Herzen durch

Wohltaten für sich gewinnen kann. Wer aus Furchtsamkeit oder Mangel an Einsicht anders handelt, muß beständig das Schwert in der Hand führen und kann sich nie auf seine Untertanen verlassen, da diese wegen der immer neuen und andauernden Gewalttaten nie Vertrauen zu ihm fassen können. Gewalttaten muß man alle auf einmal begehen, damit sie weniger empfunden werden und dadurch weniger erbittern. Wohltaten dagegen muß man nach und nach erweisen, damit sie nachhaltiger wirken. Vor allem aber muß ein Fürst sein Verhalten gegenüber seinen Untertanen so einrichten, daß er es bei keinem Glücks- oder Unglücksfall zu ändern braucht; denn wenn er im Unglück in eine Notlage gerät, so fehlt ihm die Macht zu strafen, und Wohltaten nützen ihm nicht, weil sie erzwungen wirken und niemand ihm Dank dafür weiß. [...]

Ein Fürst darf es sich nicht anfechten lassen, grausam gescholten zu werden, wenn er seine Untertanen einig und treu erhalten will. Denn einige wenige abschreckende Strafen sind viel milder als übertriebene Langmut, welche die Mißstände so weit einreißen läßt, bis Mord und Raub daraus entstehen. Dadurch wird die Allgemeinheit betroffen, durch ein Todesurteil des Fürsten aber nur ein einzelner. [...]

Daran knüpft sich eine Streitfrage: ob es besser sei, geliebt zu werden als gefürchtet, oder umgekehrt. Die Antwort lautet, daß es am besten wäre, geliebt und gefürchtet zu sein; da es aber schwer ist, beides zu vereinigen, ist es weit sicherer, gefürchtet zu sein als geliebt, wenn man schon auf eins verzichten muß. Denn von den Menschen läßt sich im allgemeinen so viel sagen, daß sie undankbar, wankelmütig und heuchlerisch sind, voll Angst vor Gefahr, voll Gier nach Gewinn. Solange sie von dir Vorteil ziehen, sind sie dein mit Leib und Seele: Sie sind bereit, dir ihr Blut, ihre Habe, ihr Leben, ihre Kinder zu opfern, solange die Not fern ist. Kommt sie aber heran, so empören sie sich. Ein Fürst, der sich ganz auf ihre Versprechungen verlassen und keinerlei anderweitige Vorkehrungen getroffen hat, ist verloren. Denn wer Freunde durch Geld und nicht durch großherzige Gesinnung gewinnt, erwirbt sie, ohne sie zu besitzen, und kann in der Zeit der Not nicht auf sie zählen. Auch scheuen die Menschen sich weniger, einen Fürsten zu verletzen, der beliebt, als einen, der gefürchtet ist. Denn das Band der Liebe ist die Dankbarkeit, und da die Menschen schlecht sind, zerreißen sie es bei jeder Gelegenheit um ihres eignen Vorteils willen; das Band der Furcht aber ist die Angst vor Strafe, die den Menschen nie verläßt.

Doch muß ein Fürst, der sich gefürchtet machen will, darauf achten, daß er, wenn schon nicht Liebe, so doch keinen Haß erwirbt. Denn man kann sehr wohl gefürchtet sein, ohne gehaßt zu werden. Das wird ihm stets gelingen, wenn er das Eigentum und die Frauen seiner Bürger und Untertanen nicht anrührt. Und wenn er auch genötigt wäre, das Blut eines Untertanen zu vergießen, mag er es ruhig tun, wenn er eine ausreichende Rechtfertigung und offenbaren Grund dazu hat – nur an seinen Besitz darf er nicht rühren. Denn die Menschen vergessen schneller den Tod ihres Vaters als den Verlust des väterlichen Erbes. Ferner fehlt es nie an Gelegenheiten, sich fremden Besitz anzueignen, und wer einmal angefangen hat, vom Raube zu leben, findet immer einen Anlaß dazu. Umgekehrt sind die Gelegenheiten zum Blutvergießen seltener und kehren nicht so leicht wieder.

Ist aber der Fürst zugleich Feldherr und hat eine Menge Soldaten in Zucht zu halten, dann darf er erst recht den Ruf der Grausamkeit nicht scheuen. Denn ohne ihn hat noch nie jemand ein Heer einig und schlagfertig erhalten. Man zählt es zu den bewunderungswürdigsten Leistungen Hannibals, daß in seinem gewaltigen, bunt zusammengewürfelten Heere, das auf fremdem Boden kämpfte, nie irgendein Streit entstand, weder unter den Soldaten noch mit dem Feldherrn, weder in guten noch in bösen Tagen. Der Grund dafür kann nirgends anders gesucht werden als in seiner unmenschlichen Grausamkeit, die ihn im Verein mit seinen vielen großen Eigenschaften zum Abgott und zum Schrecken seiner Soldaten machte. Ohne die Grausamkeit hätten alle seine Vorzüge nicht ausgereicht, eine solche Wirkung herbeizuführen. Kurzsichtige Schriftsteller bewundern einerseits diese seine Leistung, andrerseits verdammen sie ihre wichtigste Voraussetzung. [...]

Man muß nämlich wissen, daß es zweierlei Waffen gibt: die des Rechtes und die der Gewalt. Jene sind dem Menschen eigentümlich, diese den Tieren. Aber da die ersten oft nicht ausreichen, muß man gelegentlich zu den andern greifen. Deshalb muß ein Fürst verstehen, gleicherweise die Rolle des Tieres und des Menschen durchzuführen. Diese Lehre haben die Schriftsteller des Altertums den Fürsten verhüllt gegeben, wenn sie berichten, daß Achilles und viele andere Fürsten der Vorzeit dem Zentaur Chiron zur Erziehung anvertraut wurden. Daß ein Fürst einen Lehrmeister bekommt, der halb Mensch und halb Tier ist, soll nichts andres heißen, als daß er es verstehen muß, die Natur beider zu vereinigen, und daß eine allein keinen Bestand hat. Da also ein Fürst imstande sein muß, die Natur eines Tieres anzunehmen, so muß er sich den Fuchs und den Löwen aussuchen; denn der Löwe ist wehrlos gegen Schlingen, der Fuchs gegen Wölfe. Man muß also Fuchs sein, um die Schlingen zu kennen und Löwe, um die Wölfe zu schrecken. Diejenigen, die sich einfach nach dem Löwen richten, verstehen ihre Sache schlecht. Ein kluger Fürst kann und darf demnach sein Wort nicht halten, wenn er dadurch sich selbst schaden würde oder wenn die Gründe weggefallen sind, die ihn bestimmten, es zu geben. Wenn alle Menschen gut wären, wäre diese Vorschrift nicht gut; da sie aber schlecht sind und dir die Treue nicht halten würden, brauchst du sie ihnen auch nicht zu halten. Auch hat es einem Fürsten noch nie an rechtmäßigen Gründen gefehlt, um seinen Wortbruch zu beschönigen. Man könnte hierzu unzählige Beispiele aus neuerer Zeit anführen und zeigen, wieviel Friedensverträge und Versprechungen eitel und nichtig geworden sind durch die Treulosigkeit der Fürsten; und wer am besten verstanden hat, den Fuchs zu spielen, ist am besten weggekommen. Man muß nur verstehen, der Fuchsnatur ein gutes Ansehen zu geben und ein Meister sein in Heuchelei und Verstellung: denn die Menschen sind so einfältig und gehorchen so leicht dem Zwang des Augenblicks, daß ein Betrüger stets einen finden wird, der sich betrügen läßt. Ich will von den neueren Beispielen eines nicht unerwähnt lassen. Papst Alexander VI. tat und sann nichts weiter, als die Menschen zu betrügen, und stets fand er eine Gelegenheit dazu. Kein Mensch hat je seine Versprechungen so nachdrücklich beteuert, so feierlich beschworen und so leicht gebrochen; nichtsdestoweniger gelangen ihm alle seine Betrügereien nach Wunsch, weil er die Welt von dieser Seite vorzüglich kannte.

Es ist also nicht nötig, daß ein Fürst alle aufgezählten Tugenden besitzt, wohl aber, daß er sie zu besitzen scheint. Ja, ich wage zu behaupten, daß sie schädlich sind, wenn man sie besitzt und stets ausübt, und nützlich, wenn man sie zur Schau trägt. So muß der Fürst Milde, Treue, Menschlichkeit, Redlichkeit und Frömmigkeit zur Schau tragen und besitzen, aber wenn es nötig ist, imstande sein, sie in ihr Gegenteil zu verkehren. Es ist wohl zu beachten, daß ein Fürst, zumal ein neuer, nicht alle Tugenden befolgen kann, die den guten Ruf der Menschen begründen, da er oft genötigt ist, um seine Herrschaft zu behaupten, gegen Treue, Barmherzigkeit, Menschlichkeit und Religion zu verstoßen. Deshalb muß er verstehen, sich zu drehen und zu wenden nach dem Winde und den Wechselfällen des Glückes, und am Guten festhalten, soweit es möglich ist, aber im Notfall vor dem Schlechten nicht zurückschrecken. Ein Fürst muß sich also sehr hüten, daß irgend etwas über seine Zunge kommt, was gegen eine der fünf aufgezählten Tugenden verstößt, und wenn man ihn sieht und hört, ein Muster von Milde, Treue, Redlichkeit und Gottesfurcht scheinen. Besonders der Schein dieser letzten Tugend ist für ihn unerläßlich.

Die Menschen urteilen im allgemeinen mehr nach den Augen als nach den Händen; denn jeder ist in der Lage, zu sehen, nur wenige haben Gelegenheit, zu berühren. Jeder sieht, was der Fürst zu sein scheint, nur wenige können mit Händen greifen, was er ist, und diese wenigen wagen nicht, der Meinung der Menge entgegenzutreten, die obendrein die Majestät des Staates auf ihrer Seite hat. Zudem beurteilt man die Taten der meisten Menschen und insbesondere der Fürsten, die keinen Richter über sich haben, nach dem Erfolg. Ein Fürst braucht nur zu siegen und seine Herrschaft zu behaupten, so werden die Mittel dazu stets für ehrenvoll gelten und von jedem gepriesen werden. Denn der Pöbel läßt sich durch den Augenschein und den Erfolg bestechen, und in der Welt gibt es nur Pöbel – die wenigen richten nichts aus, wenn die Menge einen Rückhalt hat. [...]

Wer durch die Gunst des Volkes Fürst wird, muß sich dessen Freundschaft erhalten, was nicht schwer ist, da das Volk nichts weiter verlangt als Schutz vor Unterdrückung. Wer aber gegen das Volk durch die Gunst der Großen zur Herrschaft gelangt, muß vor allem danach trachten, das Volk für sich zu gewinnen, was ihm leicht gelingt, wenn er seinen Schutz übernimmt. Da die Menschen einem, der ihnen Gutes tut, um so dankbarer sind, wenn sie Schlechtes von ihm erwartet hatten, so hängt das Volk sofort mehr an ihm, als wenn er durch seine Gunst die Herrschaft erlangt hätte. Es gibt verschiedene Möglichkeiten, das Volk zu gewinnen, die von den Umständen abhängen und sich daher nicht in bestimmte Regeln fassen lassen, weshalb ich sie hier übergehe. Ich will nur soviel sagen, daß ein Fürst das Volk zum Freund haben muß, sonst ist er im Unglück ohne Hilfe. Nabis, der König von Sparta, widerstand dem Ansturm von ganz Griechenland und einem sieggewohnten römischen Heer und verteidigte gegen beide seine Vaterstadt und sein Reich, und er brauchte nur, als die Gefahr hereinbrach, einige wenige festzunehmen. Hätte er aber das Volk zum Feinde gehabt, so hätte das nicht genügt. Man wende gegen meine Ansicht nur nicht jenes abgedroschene Sprichwort ein: »Wer dem Volk vertraut, hat auf Sand gebaut.« Das trifft zu, wenn ein gewöhnlicher Bürger sich auf das Volk verläßt und sich einbildet, es werde ihn befreien, wenn ihm von Feinden und der Obrigkeit Gewalt angetan wird. In diesem Fall wird er oft eine Enttäuschung erleben, wie die Gracchen in Rom und Giorgio Scali in Florenz. Aber wenn ein Fürst sich auf das Volk verläßt, der zu befehlen versteht und tapfer ist, im Unglück nicht verzagt, die andern Vorsichtsmaßregeln nicht außer acht läßt und mit seinem Geist und Willen die Menge belebt, so wird er nie enttäuscht werden, vielmehr finden, daß er auf festen Grund gebaut hat. [...]

Ich weiß wohl, daß es viele gegeben hat und gibt, die glauben, die Ereignisse seien derart von Fortuna und von Gott vorherbestimmt, daß die Menschen mit ihrer Klugheit sie nicht lenken könnten, ja überhaupt nichts dagegen vermöchten, und die deshalb zu der Ansicht neigen, man sollte sich nicht viel abmühen, sondern sich der Leitung des Zufalls überlassen. Diese Meinung hat gerade in unsern Tagen viel Anklang gefunden wegen der großen Umwälzungen, die wir erlebt haben und alle Tage erleben und die sich aller menschlichen Berechnung entziehen. Im Gedanken hieran habe auch ich bisweilen bis zu einem gewissen Grade mich dieser Ansicht zugeneigt. Aber um unsere Willensfreiheit nicht ganz preiszugeben, halte ich nichtdestoweniger dafür, daß Fortuna wohl zur Hälfte Herr ist über unsre Taten, aber die andre Hälfte, oder fast soviel, unsrer Leitung überläßt. Ich möchte Fortunas Macht vergleichen mit einem reißenden Strom, der, wenn er wütend überschwillt, die Fluren überflutet, Bäume und Häuser niederreißt, hier Erde fortspült, um sie dort anzuschwemmen: jeder flieht vor ihm, alles weicht seinem Anprall, ohne irgendwelchen Widerstand leisten zu können. Aber diese Wildheit des Stromes hindert nicht, daß die Menschen in ruhigen Zeiten Vorkehrungen treffen, Dämme und Deiche errichten, so daß die Fluten, wenn sie anschwellen, durch einen Kanal abgeleitet werden oder ihr Anprall nicht so überwältigend und gefährlich ist.

Ebenso ist es mit Fortunas Macht: Auch sie zeigt ihre Gewalt dort, wo keine Kräfte zur Gegenwehr gerüstet stehen, und die

Wogen des Schicksals wälzen sich dorthin, wo sie sicher sind, keine Dämme und Deiche zu finden, die sie hemmen. Betrachtet man Italien, das Land, das der Schauplatz jener Umwälzungen ist und den Anstoß dazu gegeben hat, so erscheint es als eine Flur, die durch keinen Damm geschützt ist. Besäße es eine hinreichend starke Schutzwehr wie Deutschland, Spanien und Frankreich, so hätte die Flut nicht solche Verheerungen anrichten können oder wäre ganz ausgeblieben. Soviel möge genügen über den Widerstand gegen Fortuna im allgemeinen.

Um mehr auf Einzelheiten einzugehen, so kann man einen Fürsten heute auf dem Gipfel des Glückes und morgen vernichtet sehen, ohne daß sich sein Wesen oder irgendeine Eigenschaft an ihm geändert hätte. Das kommt meines Erachtens einmal aus den im vorigen ausführlich erörterten Ursachen, daß nämlich der Fürst, der sich ganz auf das Glück verläßt, zugrunde geht, sobald dieses sich wendet. Ferner glaube ich, daß *der* Glück hat, welcher mit seiner Art zu handeln in die Zeit paßt, und ebenso *der* Unglück, dessen Handlungsweise nicht zur Zeit stimmt.

Die Menschen verfahren verschieden, um das Ziel, das jeder vor Augen hat, Ruhm und Reichtum, zu erlangen: der eine handelt bedächtig, der andre ungestüm, der eine wendet Gewalt an, der andre List, der zeigt Geduld, jener das Gegenteil, und jeder kann auf seine Weise Erfolg haben. Ferner sieht man von zwei Bedächtigen den einen sein Ziel erreichen, den andern nicht, und ebenso zwei gleicherweise Glück haben bei entgegengesetztem Verfahren, indem der eine bedächtig, der andre ungestüm ist. Der Grund dafür liegt einzig im Charakter der Zeit, der mit ihrer Handlungsweise übereinstimmt oder nicht. Daher kommt es, daß, wie gesagt, zwei, die entgegengesetzt handeln, den gleichen Erfolg haben, und von zweien, die übereinstimmend handeln, der eine sein Ziel erreicht, der andre nicht. [...]

Ich komme zu dem Schluß, daß, da die Zeiten sich ändern, die Menschen aber an ihrer Art festhalten, sie glücklich sind, solange beide zusammenpassen, und unglücklich, sowie diese Übereinstimmung fehlt. Doch halte ich dafür, daß es besser ist, ungestüm zu handeln als bedächtig, denn Fortuna ist ein Weib, und wer sie bezwingen will, muß sie schlagen und stoßen. Auch zeigt die Erfahrung, daß sie sich leichter von solchen besiegen läßt als von denen, die kaltblütig zu Werke gehen. Und als Weib ist sie stets den Jünglingen hold, weil sie unbedenklicher und gewalttätiger sind und ihr dreister befehlen.

Thomas Hobbes: Der Staat als Instrument eines aufgeklärten Egoismus

Die Natur hat die Menschen hinsichtlich ihrer körperlichen und geistigen Fähigkeiten so gleich geschaffen, daß trotz der Tatsache, daß bisweilen der eine einen offensichtlich stärkeren Körper oder gewandteren Geist als der andere besitzt, der Unterschied zwischen den Menschen alles in allem doch nicht so beträchtlich ist, als daß der eine auf Grund dessen einen Vorteil beanspruchen könnte, den ein anderer nicht ebensogut für sich verlangen dürfte. Denn was die Körperstärke betrifft, so ist der Schwächste stark genug, den Stärksten zu töten – entweder durch Hinterlist oder durch ein Bündnis mit anderen, die sich in derselben Gefahr wie er selbst befinden.

Und was die geistigen Fähigkeiten betrifft, so finde ich, daß die Gleichheit unter den Menschen noch größer ist als bei der Körperstärke – einmal abgesehen von den auf Wörtern beruhenden Künsten und besonders von der Fertigkeit, nach allgemeinen und unfehlbaren Regeln vorzugehen, was man Wissenschaft nennt. Diese beherrschen nur wenige und nur in wenigen Dingen, da sie weder eine mit uns geborene, angeborene Fähigkeit ist, noch durch Beschäftigung mit irgendeinem anderen Gegenstand erworben wird wie die Klugheit. Denn Klugheit ist nur Erfahrung, die alle Menschen, die sich gleich lang mit den gleichen Dingen beschäftigen, gleichermaßen erwerben. Was diese Gleichheit vielleicht unglaubwürdig erscheinen läßt, ist nur eine selbstgefällige Eingenommenheit von der eigenen Weisheit, von der fast alle Menschen annehmen, sie besäßen sie in höherem Maße als das gewöhnliche Volk, das heißt, als jedermann außer ihnen selbst und einigen anderen, die sie wegen ihres Rufes oder weil sie mit ihnen übereinstimmen, anerkennen. Denn die Natur der Menschen ist so beschaffen, daß sie, wie sehr sie auch den größeren Witz, die größere Beredsamkeit oder Gelehrsamkeit anderer anerkennen, doch kaum annehmen, es gebe viele, die so weise sind wie sie, denn sie sehen ihren eigenen Verstand unmittelbar vor Augen und den anderer Menschen über eine Entfernung. Aber das beweist eher, daß die Menschen in dieser Hinsicht gleich, als daß sie ungleich sind. Denn es gibt gewöhnlich kein besseres Zeichen der gleichmäßigen Verteilung eines Dings, als daß jedermann mit seinem Anteil zufrieden ist.

Aus dieser Gleichheit der Fähigkeiten entsteht eine Gleichheit der Hoffnung, unsere Absichten erreichen zu können. Und wenn daher zwei Menschen nach demselben Gegenstand streben, den sie jedoch nicht zusammen genießen können, so werden sie Feinde und sind in Verfolgung ihrer Absicht, die grundsätzlich Selbsterhaltung und bisweilen nur Genuß ist, bestrebt, sich gegenseitig zu vernichten oder zu unterwerfen. Daher kommt es auch, daß, wenn jemand ein geeignetes Stück Land anpflanzt, einsät, bebaut oder besitzt und ein Angreifer nur die Macht eines einzelnen zu fürchten hat, mit Wahrscheinlichkeit zu erwarten ist, daß andere mit vereinten Kräften anrücken, um ihn von seinem Besitz zu vertreiben und ihn nicht nur der Früchte seiner Arbeit, sondern auch seines Lebens und seiner Freiheit zu berauben. Und dem Angreifer wiederum droht die gleiche Gefahr von einem anderen.

Und wegen dieses gegenseitigen Mißtrauens gibt es für niemand einen anderen Weg, sich selbst zu sichern, der so vernünftig wäre wie Vorbeugung, das heißt, mit Gewalt oder List nach Kräften jedermann zu unterwerfen, und zwar so lange, bis er keine andere Macht mehr sieht, die groß genug wäre, ihn zu gefährden. Und dies ist nicht mehr, als seine Selbsterhaltung erfordert, und ist allgemein erlaubt. Auch weil es einige gibt, denen es Vergnügen bereitet, sich an ihrer Macht zu weiden, indem sie auf Eroberungen ausgehen, die sie über das zu ihrer Sicherheit erforderliche Maß hinaustreiben, könnten andere, die an sich gerne innerhalb bescheidener Grenzen ein behagliches Leben führen würden, sich durch bloße Verteidigung unmöglich lange halten, wenn sie nicht durch Angriff ihre Macht vermehrten. Und da folglich eine solche Vermehrung der Herrschaft über Menschen zur Selbsterhaltung eines Menschen notwendig ist, muß sie ihm erlaubt werden.

Ferner empfinden die Menschen am Zusammenleben kein Vergnügen, sondern im Gegenteil großen Verdruß, wenn es keine Macht gibt, die dazu in der Lage ist, sie alle einzuschüchtern. Denn jedermann sieht darauf, daß ihn sein Nebenmann ebenso schätzt, wie er sich selbst einschätzt, und auf alle Zeichen von Verachtung oder Unterschätzung hin ist er von Natur aus bestrebt, soweit er es sich getraut (was bei weitem genügt, Menschen, über denen keine allgemeine, sie zum Stillhalten zwingende Macht steht, dazu zu bewegen, daß sie sich gegenseitig vernichten), seinen Verächtern durch Schädigung und den anderen Menschen durch das Exempel größere Wertschätzung abzunötigen.

So liegen also in der menschlichen Natur drei hauptsächliche

Konfliktursachen: Erstens Konkurrenz, zweitens Mißtrauen, drittens Ruhmsucht. Die erste führt zu Übergriffen der Menschen des Gewinnes, die zweite der Sicherheit und die dritte des Ansehens wegen. Die ersten wenden Gewalt an, um sich zum Herrn über andere Männer und deren Frauen, Kinder und Vieh zu machen, die zweiten, um dies zu verteidigen, und die dritten wegen Kleinigkeiten wie ein Wort, ein Lächeln, eine verschiedene Meinung oder jedes andere Zeichen von Geringschätzung, das entweder direkt gegen sie selbst gerichtet ist oder in einem Tadel ihrer Verwandtschaft, ihrer Freunde, ihres Volks, ihres Berufs oder ihres Namens besteht.

Daraus ergibt sich klar, daß die Menschen während der Zeit, in der sie ohne eine allgemeine, sie alle im Zaum haltende Macht leben, sich in einem Zustand befinden, der Krieg genannt wird, und zwar in einem Krieg eines jeden gegen jeden. Denn *Krieg* besteht nicht nur in Schlachten oder Kampfhandlungen, sondern in einem Zeitraum, in dem der Wille zum Kampf genügend bekannt ist. Und deshalb gehört zum Wesen des Krieges der Begriff *Zeit,* wie zum Wesen des Wetters. Denn wie das Wesen des schlechten Wetters nicht in ein oder zwei Regenschauern liegt, sondern in einer Neigung hierzu während mehrerer Tage, so besteht das Wesen des Kriegs nicht in tatsächlichen Kampfhandlungen, sondern in der bekannten Bereitschaft dazu während der ganzen Zeit, in der man sich des Gegenteils nicht sicher sein kann. Jede andere Zeit ist *Frieden.*

Deshalb trifft alles, was Kriegszeiten mit sich bringen, in denen jeder eines jeden Feind ist, auch für die Zeit zu, während der die Menschen keine andere Sicherheit als diejenige haben, die ihnen ihre eigene Stärke und Erfindungskraft bieten. In einer solchen Lage ist für Fleiß kein Raum, da man sich seiner Früchte nicht sicher sein kann; und folglich gibt es keinen Ackerbau, keine Schiffahrt, keine Waren, die auf dem Seeweg eingeführt werden können, keine bequemen Gebäude, keine Geräte, um Dinge, deren Fortbewegung viel Kraft erfordert, hin- und herzubewegen, keine Kenntnis von der Erdoberfläche, keine Zeitrechnung, keine Künste, keine Literatur, keine gesellschaftlichen Beziehungen, und es herrscht, was das Schlimmste von allem ist, beständige Furcht und Gefahr eines gewaltsamen Todes – das menschliche Leben ist einsam, armselig, ekelhaft, tierisch und kurz.

Manchem, der sich diese Dinge nicht gründlich überlegt hat, mag es seltsam vorkommen, daß die Natur die Menschen so sehr entzweien und zu gegenseitigem Angriff und gegenseitiger Vernichtung treiben sollte, und vielleicht wünscht er deshalb, da er dieser Schlußfolgerung aus den Leidenschaften nicht traut, dies durch die Erfahrung bestätigt zu haben. Er möge deshalb bedenken, daß er sich bei Antritt einer Reise bewaffnet und darauf bedacht ist, in guter Begleitung zu reisen, daß er beim Schlafengehen seine Türen und sogar in seinem Hause seine Kästen verschließt – und dies in Kenntnis dessen, daß es Gesetze und bewaffnete Beamte gibt, um alles Unrecht zu verfolgen, das ihm angetan wird. Welche Meinung hat er also von seinen Mit-Untertanen, wenn er bewaffnet reist, welche von seinen Mitbürgern, wenn er seine Türen verschließt, und welche von seinen Kindern und Bediensteten, wenn er seine Kästen verschließt? Klagt er da die Menschen durch seine Handlungen nicht ebensosehr an wie ich durch meine Worte? Aber keiner von uns klagt damit die menschliche Natur an. Die Begierden und anderen menschlichen Leidenschaften sind an sich keine Sünde. Die aus diesen Leidenschaften entspringenden Handlungen sind es ebenfalls so lange nicht, bis die Menschen ein Gesetz kennen, das sie verbietet: solange keine Gesetze erlassen werden, können sie dieses Gesetz nicht kennen, und es kann kein Gesetz erlassen werden, solange sie sich nicht auf die Person geeinigt haben, die es erlassen soll.

Vielleicht kann man die Ansicht vertreten, daß es eine solche Zeit und einen Kriegszustand wie den beschriebenen niemals gab, und ich glaube, daß er so niemals allgemein auf der ganzen Welt bestand. Aber es gibt viele Gebiete, wo man jetzt noch so lebt. Denn die wilden Völker verschiedener Gebiete Amerikas besitzen überhaupt keine Regierung, ausgenommen die Regierung über kleine Familien, deren Eintracht von der natürlichen Lust abhängt und die bis zum heutigen Tag auf jene tierische Weise leben, die ich oben beschrieben habe. Wie dem auch sei – man kann die Lebensweise, die dort, wo keine allgemeine Gewalt zu fürchten ist, herrschen würde, aus der Lebensweise ersehen, in die solche Menschen, die früher unter einer friedlichen Regierung gelebt hatten, in einem Bürgerkrieg abzusinken pflegen.

Aber obwohl es niemals eine Zeit gegeben hat, in der sich einzelne Menschen im Zustand des gegenseitigen Krieges befanden, so befinden sich doch zu allen Zeiten Könige und souveräne Machthaber auf Grund ihrer Unabhängigkeit in ständigen Eifersüchteleien und verhalten sich wie Gladiatoren: sie richten ihre Waffen gegeneinander und lassen sich nicht aus den Augen – das heißt, sie haben ihre Festungen, Garnisonen und Geschütze an den Grenzen ihrer Reiche und ihre ständigen Spione bei ihren Nachbarn. Das ist eine kriegerische Haltung. Weil sie aber dadurch den Fleiß ihrer Untertanen fördern, so folgt daraus nicht dieses Elend, das die Freiheit von Einzelmenschen begleitet.

Eine weitere Folge dieses Krieges eines jeden gegen jeden ist, daß nichts ungerecht sein kann. Die Begriffe von Recht und Unrecht, Gerechtigkeit und Ungerechtigkeit haben hier keinen Platz. Wo keine allgemeine Gewalt ist, ist kein Gesetz, und wo kein Gesetz, keine Ungerechtigkeit. Gewalt und Betrug sind im Krieg die beiden Kardinaltugenden. Gerechtigkeit und Ungerechtigkeit gehören weder zu den körperlichen noch zu den geistigen Tugenden. Gehörten sie dazu, so müßten sie in einem Menschen, der sich allein auf der Welt befände, ebenso vorkommen wie seine Sinne und Leidenschaften. Sie sind Eigenschaften, die sich auf den in der Gesellschaft, nicht in der Einsamkeit befindlichen Menschen beziehen. Eine weitere Folge dieses Zustandes ist, daß es weder Eigentum noch Herrschaft, noch ein bestimmtes *Mein* und *Dein* gibt, sondern daß jedem nur das gehört, was er erlangen kann, und zwar so lange, wie er es zu behaupten vermag. Und soviel über den elenden Zustand, in den der Mensch durch die reine Natur tatsächlich versetzt wird, wenn auch mit einer Möglichkeit, herauszukommen, die teils in den Leidenschaften, teils in seiner Vernunft liegt.

Die Leidenschaften, die die Menschen friedfertig machen, sind Todesfurcht, das Verlangen nach Dingen, die zu einem angenehmen Leben notwendig sind und die Hoffnung, sie durch Fleiß erlangen zu können. Und die Vernunft legt die geeigneten Grundsätze des Friedens nahe, auf Grund derer die Menschen zur Übereinstimmung gebracht werden können. Diese Gebote sind das, was sonst auch Gesetze der Natur genannt wird. Im folgenden werde ich näher auf Einzelheiten eingehen.

Das natürliche Recht, in der Literatur gewöhnlich *jus naturale* genannt, ist die Freiheit eines jeden, seine eigene Macht nach seinem Willen zur Erhaltung seiner eigenen Natur, das heißt seines eigenen Lebens, einzusetzen und folglich alles zu tun, was er nach eigenem Urteil und eigener Vernunft als das zu diesem Zweck geeignetste Mittel ansieht.

Unter *Freiheit* versteht man nach der eigentlichen Bedeutung des Wortes die Abwesenheit äußerer Hindernisse. Diese Hindernisse können einem Menschen oftmals einen Teil seiner Macht wegnehmen, das zu tun, was er möchte, aber sie können ihn nicht daran hindern, die ihm verbliebene Macht so anzuwenden, wie es ihm sein Urteil und seine Vernunft gebieten.

Ein Gesetz der Natur, lex naturalis, ist eine von der Vernunft ermittelte Vorschrift oder allgemeine Regel, nach der es einem Menschen verboten ist, das zu tun, was sein Leben vernichten oder ihn der Mittel zu seiner Erhaltung berauben kann, und das zu unterlassen, wodurch es seiner Meinung nach am besten erhalten werden kann. Denn obwohl diejenigen, welche über diesen Gegenstand sprechen, gewöhnlich *jus* und *lex, Recht* und *Gesetz,* durcheinanderbringen, so sollten diese Begriffe doch auseinandergehalten werden. Denn *Recht* besteht in der Freiheit, etwas zu tun oder zu unterlassen, während ein *Gesetz* dazu bestimmt und verpflichtet, etwas zu tun oder zu unterlassen. So unterscheiden sich Gesetz und Recht wie Verpflichtung und Freiheit, die sich in ein- und demselben Fall widersprechen.

Und weil sich die Menschen, wie im vorhergehenden Kapitel dargelegt, im Zustand des Kriegs eines jeden gegen jeden befinden, was bedeutet, daß jedermann von seiner eigenen Vernunft angeleitet wird, und weil es nichts gibt, das er nicht möglicherweise zum Schutze seines Lebens gegen seine Feinde verwenden könnte, so folgt daraus, daß in einem solchen Zustand jedermann ein Recht auf alles hat, selbst auf den Körper eines anderen. Und deshalb kann niemand sicher sein, solange dieses Recht eines jeden auf alles besteht, die Zeit über zu leben, die die Natur dem Menschen gewöhnlich einräumt, wie stark und klug er auch sein mag. Folglich ist dies eine Vorschrift oder allgemeine Regel der Vernunft: *Jedermann hat sich um Frieden zu bemühen, solange dazu Hoffnung besteht. Kann er ihn nicht herstellen, so darf er sich alle Hilfsmittel und Vorteile des Kriegs verschaffen und sie benützen.* Der erste Teil dieser Regel enthält das erste und grundlegende Gesetz der Natur, nämlich: *Suche Frieden und halte ihn ein.* Der zweite Teil enthält den obersten Grundsatz des natürlichen Rechts: *Wir sind befugt, uns mit allen zur Verfügung stehenden Mitteln zu verteidigen.*

Aus diesem grundlegenden Gesetz der Natur, das den Menschen befiehlt, sich um Frieden zu bemühen, wird das zweite Gesetz der Natur abgeleitet: *Jedermann soll freiwillig, wenn andere ebenfalls dazu bereit sind, auf sein Recht auf alles verzichten, soweit er dies um des Friedens und der Selbstverteidigung willen für notwendig hält, und er soll sich mit soviel Freiheit gegenüber anderen zufriedengeben, wie er anderen gegen sich selbst einräumen würde.* Denn solange jemand das Recht beibehält, alles zu tun, was er will, solange befinden sich alle Menschen im Kriegszustand. Verzichten aber andere nicht ebenso wie er auf ihr Recht, so besteht für niemanden Grund, sich seines Rechts zu begeben, denn dies hieße eher, sich selbst als Beute darbieten – wozu niemand verpflichtet ist – als seine Friedensbereitschaft zeigen. Dem entspricht dieses Gesetz der Heiligen Schrift: *Was ihr wollt, daß euch andere tun sollen, das tut ihnen,* sowie dieses für alle Menschen geltende Gesetz: *Quod tibi fieri non vis, alteri ne feceris.*

Auf das *Recht* auf irgendetwas *verzichten,* heißt sich der *Freiheit begeben,* einen anderen daran zu hindern, den Nutzen aus seinem Recht hierauf zu ziehen. Denn verzichtet jemand auf sein Recht oder überträgt er es, so gibt er damit niemandem ein Recht, das dieser nicht vorher schon besessen hätte, da es nichts gibt, worauf nicht jedermann von Natur aus ein Recht hätte. Er gibt vielmehr dem anderen nur den Weg frei, damit dieser sein eigenes ursprüngliches Recht ohne eine von ihm verursachte Behinderung ausüben kann, nicht aber ohne Behinderung durch einen anderen. So liegt die Wirkung, die der Wegfall des Rechts eines anderen auf jemanden hat, in einer entsprechenden Verringerung der Hindernisse in der Ausübung seines eigenen ursprünglichen Rechts.

Ein Recht wird niedergelegt, indem man entweder einfach darauf verzichtet oder es auf einen anderen überträgt. *Einfacher Verzicht* liegt dann vor, wenn man sich nicht darum kümmert, wem der Vorteil daraus zufällt, *Übertragung,* wenn man beabsichtigt, den Vorteil einer gewissen Person oder Personenmehrheit zukommen zu lassen. Und wenn jemand auf irgendeine Weise sein Recht aufgegeben oder übertragen hat, so sagt man, er sei *verpflichtet* oder *gebunden,* diejenigen, zu deren Gunsten er dieses Recht übertragen oder aufgegeben hat, nicht an der Wahrnehmung des daraus entspringenden Vorteils zu hindern, und er *soll* – es sei seine *Pflicht* – seiner eigenen willentlichen Handlung nicht entgegenhandeln. Und eine solche Behinderung wird *Ungerechtigkeit* und *Unrecht* genannt, da sie *sine jure* geschieht, denn das Recht wurde zuvor aufgegeben oder übertragen. So gleicht also *Unrecht* oder *Ungerechtigkeit* in weltlichen Streitigkeiten in gewisser Beziehung dem, was in den Disputationen der Scholastiker *Absurdität* genannt wird. Denn wie man dort als Absurdität bezeichnet, dem zu widersprechen, was man anfangs behauptet hat, so bezeichnet man es auf weltlichem Gebiet als Ungerechtigkeit und Unrecht, willentlich dem entgegenzuhandeln, was man anfangs willentlich getan hat. Der Weg, auf dem man auf sein Recht entweder einfach verzichtet oder es überträgt, besteht in einer Erklärung oder Kundgebung durch ein oder mehrere willentliche und ausreichende Zeichen, daß man darauf verzichtet oder es überträgt, oder daß man darauf verzichtet oder es auf denjenigen übertragen hat, der es annimmt. Und diese Zeichen sind entweder nur Worte oder nur Handlungen oder, wie meistens, Worte und Handlungen. Und sie stellen die *Bande* dar, durch welche die Menschen gebunden und verpflichtet werden, Bande, deren Stärke nicht auf ihrer eigenen Natur beruht – denn nichts wird leichter gebrochen als das Wort eines Menschen –, sondern auf der Furcht vor einer üblen Folge des Wortbruchs.

Immer wenn jemand sein Recht überträgt oder darauf verzichtet, so tut er dies entweder in der Erwägung, daß im Gegenzug ein Recht auf ihn übertragen werde, oder weil er dadurch ein anderes Gut zu erlangen hofft. Denn es handelt sich um eine willentliche Handlung, und Gegenstand der willentlichen Handlungen jedes Menschen ist ein *Gut für ihn selbst.* Und deshalb gibt es einige Rechte, die niemand durch Worte oder andere Zeichen aufgegeben oder übertragen haben kann, da sich diese Auslegung verbietet. Erstens kann niemand das Recht aufgeben, denen Widerstand zu leisten, die ihn mit Gewalt angreifen, um ihm das Leben zu nehmen, da nicht angenommen werden kann, er strebe dadurch nach einem Gut für sich selbst. Dasselbe gilt für Verletzungen, Ketten und Gefängnis, einmal deshalb, weil eine solche Duldung keinen Vorteil nach sich ziehen würde wie etwa die Duldung, daß ein anderer verletzt oder eingesperrt wird, zum andern auch, weil niemand sagen kann, wenn er Leute mit Gewalt gegen sich vorgehen sieht, ob sie seinen Tod beabsichtigen oder nicht. Und letztlich sind Motiv und Zweck, um derentwillen Rechtsverzicht und Rechtsübertragung eingeführt worden sind, nichts anderes als die Sicherheit der Person hinsichtlich ihres Lebens und der Mittel, das Leben so erhalten zu können, daß man seiner nicht überdrüssig wird. Und wenn deshalb jemand durch Worte oder andere Zeichen den Zweck scheinbar preisgibt, zu dem solche Zeichen vorgesehen sind, so ist das nicht so aufzufassen, als habe er dies gemeint oder dies sei sein Wille, sondern daß er nicht wußte, wie solche Worte und Handlungen auszulegen sind. [...]

Wird ein Vertrag abgeschlossen, bei dem keine der Parteien sofort erfüllt, sondern nur im gegenseitigen Vertrauen, so ist er im reinen Naturzustand – im Zustand des Kriegs eines jeden gegen jeden – bei jedem vernünftigen Verdacht unwirksam. Steht aber über beiden eine allgemeine, über beide gesetzte Macht, der Recht und Gewalt zur Verfügung stehen, die ausreichen, um die Erfüllung zu erzwingen, so ist er nicht unwirksam. Denn wer zuerst erfüllt, kann nicht sicher sein, daß der andere daraufhin erfüllen wird, da das Band der Worte viel zu schwach ist, um den Ehrgeiz, die Habgier, den Zorn und die anderen menschlichen Leidenschaften ohne die Furcht vor einer Zwangsgewalt zu zügeln. Im reinen Naturzustand, wo alle Menschen gleich sind und über die Berechtigung ihrer eigenen Befürchtungen richten, kann eine solche Zwangsgewalt unmöglich angenommen werden. Und deshalb gibt sich der zuerst Erfüllende nur seinen Feinden preis – entgegen dem unverzichtbaren Recht auf Verteidigung seines Lebens und auf die zur Fristung seines Lebens notwendigen Mittel.

In einem bürgerlichen Staat aber, wo eine Gewalt zu dem Zweck errichtet wurde, diejenigen zu zwingen, die andernfalls ihre Treuepflicht verletzen würden, ist eine solche Furcht nicht länger vernünftig, und deshalb ist derjenige, welcher auf Grund des Vertrags vorzuleisten hat, dazu verpflichtet. [...]

Aus dem Gesetz der Natur, das uns verpflichtet, auf einen anderen solche Rechte zu übertragen, deren Beibehaltung den Frieden der Menschheit verhindert, folgt ein drittes, nämlich: *Abgeschlossene Verträge sind zu halten*. Ohne dieses Gesetz sind Verträge unwirksam und nur leere Worte, und wenn das Recht aller auf alles bleibt, befinden wir uns immer noch im Kriegszustand.

Und in diesem natürlichen Gesetz liegen Quelle und Ursprung der *Gerechtigkeit*. Denn wo kein Vertrag vorausging, wurde auch kein Recht übertragen, und jedermann hat ein Recht auf alles; folglich kann keine Handlung ungerecht sein. Wurde aber ein Vertrag abgeschlossen, so ist es *ungerecht,* ihn zu brechen, und die Definition der *Ungerechtigkeit* lautet nicht anders als ›die Nichterfüllung eines Vertrages‹. Und alles, was nicht ungerecht ist, ist *gerecht*.

Weil aber auf gegenseitigem Vertrauen beruhende Verträge ungültig sind, wenn eine der beiden Parteien die Nichterfüllung befürchtet, so kann es tatsächlich – obwohl der Ursprung der Gerechtigkeit im Abschluß von Verträgen liegt – so lange keine Ungerechtigkeit geben, bis die Ursachen dieser Furcht beseitigt sind. Solange die Menschen im natürlichen Kriegszustand leben, kann dies nicht geschehen. Bevor man deshalb von ›gerecht‹ und ›ungerecht‹ reden kann, muß es eine Zwangsgewalt geben, um die Menschen gleichermaßen durch die Angst vor einer Bestrafung zur Erfüllung ihrer Verträge zu zwingen, die gewichtiger ist als der Vorteil, den sie sich vom Bruch ihres Vertrags erhoffen, und um das Eigentum zu sichern, das die Menschen durch gegenseitigen Vertrag als Entschädigung für das aufgegebene universale Recht erwerben. Eine solche Macht gibt es aber vor Errichtung eines Staates nicht. Dies kann man auch der üblichen scholastischen Definition der Gerechtigkeit entnehmen, denn sie lautet: *Gerechtigkeit ist der ständige Wille, einem jeden das Seine zu geben.* Und deshalb gibt es dort, wo es kein ›Mein‹, das heißt, kein Eigentum gibt, keine Gerechtigkeit, und wo keine Zwangsgewalt errichtet wurde, das heißt, wo es keinen Staat gibt, gibt es kein Eigentum, da alle ein Recht auf alles haben: deshalb ist nichts ungerecht, wo es keinen Staat gibt. So liegt also das Wesen der Gerechtigkeit im Einhalten gültiger Verträge. Aber die Gültigkeit von Verträgen beginnt erst mit der Errichtung einer bürgerlichen Gewalt, die dazu ausreicht, die Menschen zu ihrer Einhaltung zu zwingen, und mit diesem Zeitpunkt beginnt auch das Eigentum. [...]

Selbst dann, wenn die Menschen noch so bereit sind, diese Gesetze zu beachten, können trotzdem Fragen auftauchen, die die Handlungen eines Menschen betreffen, nämlich einmal, ob etwas getan oder nicht getan wurde, und sodann, wenn eine Tat vorliegt, ob sie gegen das Gesetz verstößt oder nicht. Die erste Frage wird *Tat*frage, die zweite *Rechts*frage genannt. Deshalb sind die streitenden Parteien, wenn sie nicht gegenseitig übereinkommen, zu dem Urteilsspruch eines anderen zu stehen, vom Frieden so weit entfernt wie je zuvor. Dieser andere, dessen Urteilsspruch sie sich unterwerfen, wird *Schiedsrichter* genannt. Und deshalb gehört zum natürlichen Gesetz, *daß diejenigen, die sich in einem Streit befinden, ihr Recht dem Urteil eines Schiedsrichters unterwerfen sollen.*

Und da man von jedem Menschen annimmt, daß er alles im Hinblick auf seinen eigenen Vorteil tut, so ist niemand ein geeigneter Schiedsrichter in eigener Sache. Und selbst wenn er noch so geeignet wäre, so gesteht doch die Billigkeit jeder Partei den gleichen Vorteil zu, und wenn der eine als Richter zugelassen wird, so müßte der andere ebenfalls zugelassen werden, und so bleibt der Streit, das heißt die Ursache des Kriegs, im Widerspruch zum Gesetz der Natur bestehen.

Aus demselben Grund darf niemand in einem Streitfalle als Schiedsrichter zugelassen werden, dem offensichtlich aus dem Sieg der einen Partei größere Vorteile, Ehren oder Freuden erwachsen als aus dem der anderen. Denn er hat eine Bestechung angenommen, wenn sie auch unvermeidbar war, und niemand kann verpflichtet sein, ihm zu vertrauen. Und somit bleiben Streit und Kriegszustand bestehen, im Widerspruch zum Gesetz der Natur.

Und da in einem Streit über eine *Tatsache* der Richter der einen Partei nicht mehr Glauben schenken darf als der anderen, so muß er einem dritten, oder einem dritten und vierten oder noch mehr Personen glauben, wenn es keine anderen Beweismittel gibt. Denn andernfalls ist die Frage unentschieden und bleibt der Gewalt überlassen, im Widerspruch zum Gesetz der Natur.

Dies sind die natürlichen Gesetze, die den Frieden als Mittel zur Selbsterhaltung der in einer Menge lebenden Menschen befehlen und die ausschließlich die Lehre von der bürgerlichen Gesellschaft betreffen. Es gibt auch noch andere Dinge, die zur Vernichtung von einzelnen Menschen führen wie Trunksucht und alle anderen Arten von Unmäßigkeit, die man deshalb ebenfalls zu den Dingen rechnen kann, die das natürliche Gesetz verboten hat. Es ist aber weder nötig, sie ausdrücklich zu erwähnen, noch gehören sie unbedingt in diesen Zusammenhang.

Zwar hat es den Anschein, diese Ableitung der natürlichen Gesetze sei zu kompliziert, um bei allen Menschen Beachtung zu finden, die zum größten Teil mit dem Erwerb des täglichen Brots zu sehr beschäftigt und, was die übrigen betrifft, zu gleichgültig sind, um sie zu verstehen. Doch um keinem Menschen eine Ausrede zu ermöglichen, wurden diese Gesetze zu einer auch dem bescheidensten Verstande leicht einsehbaren Maxime zusammengefaßt, welche lautet: *Füge einem anderen nicht zu, was du nicht willst, daß man dir zufüge.* Dies zeigt ihm, daß zum Lernen der natürlichen Gesetze nichts weiter erforderlich ist als daß man, wenn man seine eigenen Handlungen gegen diejenigen eines anderen aufwiegt, die des anderen, wenn sie zu schwer zu sein scheinen, auf die andere Seite der Waage legt und die eigenen an deren Stelle setzt, damit die eigenen Leidenschaften und die Selbstliebe das Gewicht nicht schwerer machen. Und dann gibt es keines dieser natürlichen Gesetze, das ihm nicht sehr vernünftig erscheinen wird.

Die natürlichen Gesetze verpflichten *in foro interno,* das heißt sie verpflichten zu dem Wunsch, daß sie gelten mögen, aber *in foro externo,* das heißt zu ihrer Anwendung, nicht immer. Denn jemand, der zu einer Zeit und an einem Ort bescheiden und umgänglich wäre und alle seine Versprechen erfüllte, wo sich sonst niemand so benimmt, würde sich nur den anderen als Beute darbieten und seinen sicheren Ruin herbeiführen, im Widerspruch zur Grundlage aller natürlichen Gesetze, die die Erhaltung der menschlichen Natur zum Ziel haben. Und wer ferner ausreichende Sicherheit besitzt, daß andere diese Gesetze ihm gegenüber befolgen, und sie selbst nicht beachtet, sucht nicht Frieden, sondern Krieg und folglich die gewaltsame Vernichtung seiner Natur.

Und jedes Gesetz, das *in foro interno* verpflichtet, kann nicht nur durch eine gegen das Gesetz verstoßende, sondern auch durch eine dem Gesetz entsprechende Handlung gebrochen werden, dann nämlich, wenn jemand glaubt, das Gegenteil zu tun. Denn obwohl seine Handlung in diesem Falle dem Gesetz entspricht, so war doch seine Absicht gegen das Gesetz gerichtet, was bei einer Verpflichtung *in foro interno* ein Gesetzesbruch ist.

Die Gesetze der Natur sind unveränderlich und ewig, denn Ungerechtigkeit, Undankbarkeit, Anmaßung, Hochmut, Unbilligkeit, Begünstigung und anderes mehr können niemals rechtmäßig gemacht werden. Denn es kann nie der Fall eintreten, daß Krieg das Leben erhält und Frieden es vernichtet.

Da diese Gesetze nur zu einem Verlangen und Bemühen verpflichten – ich meine ungeheucheltes und ständiges Bemühen –, so sind sie leicht zu befolgen. Denn da sie nur ein Bemühen verlangen, erfüllt sie jeder, der sich darum bemüht, und wer das Gesetz erfüllt, ist gerecht.

Und die Wissenschaft von diesen Gesetzen ist die wahre und einzige Moralphilosophie. Denn die Moralphilosophie ist nichts anderes als die Wissenschaft von dem, was im Verkehr und in der Gesellschaft *gut* und *böse* ist. *Gut* und *böse* sind Namen, die unsere Neigungen und Abneigungen bezeichnen, die je nach den verschiedenen Temperamenten, Gewohnheiten und Lehren der Menschen verschieden sind. Und verschiedene Menschen weichen nicht nur im Urteil ihrer Sinne über das voneinander ab, was dem Geschmack, Geruch, Gehör, Gefühl und Sehen angenehm oder unangenehm ist, sondern auch über das, was bei den Handlungen des täglichen Lebens mit der Vernunft übereinstimmt oder nicht. Ja, ein und derselbe Mensch hat zu verschiedenen Zeiten verschiedene Ansichten und lobt – das heißt, nennt gut –, was er ein andermal tadelt und böse nennt. Daraus entstehen Zank, Streitigkeiten und zuletzt Krieg. Und deshalb befindet sich der Mensch so lange im reinen Naturzustand, der ein Kriegszustand ist, wie private Meinung Maßstab von Gut und Böse ist. Und folglich stimmen alle Menschen darin überein, daß der Frieden gut ist, und deshalb sind auch der Weg oder das Mittel zum Frieden, also, wie ich oben gezeigt habe, *Gerechtigkeit, Dankbarkeit, Bescheidenheit, Billigkeit, Mitleid* und all die anderen natürlichen Gesetze gut, das heißt, *sittliche Tugenden,* und ihr Gegenteil, die *Laster,* böse. Nun ist die Wissenschaft von Tugend und Laster Moralphilosophie, und deshalb ist die wahre Lehre von den natürlichen Gesetzen die wahre Moralphilosophie. Aber da die Moraltheoretiker trotz ihrer Anerkennung derselben Tugenden und Laster weder sehen, worin ihre Güte besteht, noch daß sie als Mittel zu einem friedlichen, geselligen und bequemen Leben gepriesen werden müssen, so legen sie die Tugend in die Mitte zwischen den Leidenschaften – als ob nicht der Grund, sondern der Grad des Wagens die Tapferkeit und nicht der Grund, sondern die Größe der Gabe die Freigebigkeit ausmachte!

Diese Weisungen der Vernunft werden von den Menschen gewöhnlich als Gesetze bezeichnet, aber ungenau. Sie sind nämlich nur Schlüsse oder Lehrsätze, die das betreffen, was zur Erhaltung und Verteidigung der Menschen dient, während ein Gesetz genau genommen das Wort dessen ist, der rechtmäßig Befehlsgewalt über andere innehat. Betrachten wir jedoch dieselben Lehrsätze als im Wort Gottes verkündigt, der rechtmäßig allen Dingen befiehlt, so werden sie zu Recht Gesetze genannt. [...]

Die Menschen, die von Natur aus Freiheit und Herrschaft über andere lieben, führten die Selbstbeschränkung, unter der sie, wie wir wissen, in Staaten leben, letztlich allein mit dem Ziel und der Absicht ein, dadurch für ihre Selbsterhaltung zu sorgen und ein zufriedeneres Leben zu führen – das heißt, dem elenden Kriegszustand zu entkommen, der, wie gezeigt wurde, aus den natürlichen Leidenschaften der Menschen notwendig folgt, dann nämlich, wenn es keine sichtbare Gewalt gibt, die sie im Zaume zu halten und durch Furcht vor Strafe an die Erfüllung ihrer Verträge und an die Beachtung der natürlichen Gesetze zu binden vermag, die in den vorangehenden Ausführungen aufgestellt wurden.

Denn die natürlichen Gesetze wie *Gerechtigkeit, Billigkeit, Bescheidenheit, Dankbarkeit,* kurz, das Gesetz, *andere so zu behandeln, wie wir selbst behandelt werden wollen,* sind an sich, ohne die Furcht vor einer Macht, die ihre Befolgung veranlaßt, unseren natürlichen Leidenschaften entgegengesetzt, die uns zu Parteilichkeit, Hochmut, Rachsucht und Ähnlichem verleiten. Und Verträge ohne das Schwert sind bloße Worte und besitzen nicht die Kraft, einem Menschen auch nur die geringste Sicherheit zu bieten. Falls keine Zwangsgewalt errichtet worden oder diese für unsere Sicherheit nicht stark genug ist, wird und darf deshalb jedermann sich rechtmäßig zur Sicherung gegen alle anderen Menschen auf seine eigene Kraft und Geschicklichkeit verlassen – ungeachtet der natürlichen Gesetze (die jedermann dann eingehalten hat, wenn er willens ist, sie in den Fällen einzuhalten, wo er dies ungefährdet tun kann). Und überall dort, wo die Menschen in kleinen Familien zusammenlebten, war gegenseitiges Rauben und Plündern ein Gewerbe und weit davon entfernt, als naturrechtswidrig angesehen zu werden: je größer die Beute, die sie machten, desto größer die Ehre. Und die Menschen beachteten hierbei keine anderen Gesetze als die der Ehre, das heißt, Grausamkeiten waren dadurch zu vermeiden, daß man den Leuten das Leben und die Wirtschaftsgeräte ließ. Und wie damals kleine Familien, so vergrößern jetzt Städte und Königreiche, die nichts anderes als größere Familien sind, aus Gründen der eigenen Sicherheit ihren Herrschaftsbereich bei jeder angeblichen Gefahr und aus Furcht vor einem Angriff oder der Unterstützung, die den Angreifern zuteil werden könnte, und bemühen sich nach Kräften, ihre Nachbarn mit offener Gewalt und Hinterlist zu unterwerfen oder zu schwächen – mit Recht, da es keine andere Sicherheitsgarantie gibt. Und in späteren Zeiten gedenkt man ihrer deswegen in Verehrung.

Auch der Zusammenschluß einer kleinen Anzahl von Menschen gibt ihnen diese Sicherheit nicht, denn bei kleinen Zahlen verleihen kleine Zunahmen auf der einen oder der anderen Seite eine so große Übermacht, daß sie genügt, zum Sieg zu führen, und deshalb zu einem Angriff ermutigt. Die Menge, die zu einer verläßlichen Sicherheit ausreicht, ergibt sich nicht aus einer bestimmten Zahl, sondern aus einem Vergleich mit dem gefürchteten Feind, und sie reicht dann aus, wenn die Überzahl des Feindes nicht so offensichtlich ausschlaggebend ist, daß von vornherein der Ausgang des Krieges feststeht und ihn deshalb zu einem Versuch ermuntert.

Und eine Menge mag noch so groß sein: Wenn die Handlungen der einzelnen von ihren besonderen Urteilen und Neigungen geleitet werden, so können sie von ihnen weder Verteidigung noch Schutz gegen einen gemeinsamen Feind, noch gegen Übergriffe, die sie sich gegenseitig zufügen, erwarten. Denn da ihre Meinungen über die beste Ausnützung und Anwendung ihrer Stärke auseinandergehen, helfen sie sich nicht, sondern hindern sich gegenseitig und reduzieren ihre Stärke, indem sie sich gegenseitig bekämpfen, auf ein Nichts. Dadurch werden sie nicht nur leicht durch eine sehr kleine Zahl von Menschen, die sich einig sind, unterworfen, sondern sie führen auch ohne gemeinsamen Feind wegen ihrer Einzelinteressen gegeneinander Krieg.

Denn könnten wir annehmen, eine große Menge von Menschen stimmte ohne eine allgemeine, sie alle im Zaum haltende Macht miteinander in der Beachtung von Gerechtigkeit und allen anderen natürlichen Gesetzen überein, so könnten wir ebensogut annehmen, die ganze Menschheit verhielte sich so, und dann gäbe es überhaupt keine bürgerliche Regierung oder einen Staat, noch wären sie nötig, denn es herrschte Frieden ohne Unterwerfung.

Die Sicherheit, von der die Menschen wünschen, sie möge ihr Leben lang andauern, ist auch nicht gewährleistet, wenn diese nach dem Ermessen eines einzelnen für eine begrenzte Zeit, zum Beispiel in einer Schlacht oder in einem Krieg, regiert oder gelenkt werden. Denn selbst wenn sie durch ihre einmütige Anstrengung einen Sieg über einen auswärtigen Feind erringen, so müssen sie danach doch notwendig sich wegen ihrer unterschiedlichen Interessen entzweien und wieder in einen Krieg untereinander zurückfallen, wenn sie nämlich entweder keinen gemeinsamen Feind haben oder aber jemand von der einen Partei als Feind und von der anderen als Freund angesehen wird.

Es ist richtig, daß gewisse Lebewesen wie Bienen und Ameisen gesellig zusammenleben, weshalb sie von *Aristoteles* zu den politischen Lebewesen gerechnet werden, und daß sie doch keine andere Führung haben als ihre eigenen Urteile und Neigungen, auch keine Sprache, wodurch der eine dem anderen zu erkennen geben könnte, was seiner Meinung nach dem Gemeinwohl zuträglich ist. Und deshalb möchten manche vielleicht wissen, weshalb sich die Menschheit nicht ebenso verhalten kann. Darauf gebe ich zur Antwort:

Erstens. Die Menschen liegen in einem ständigen Wettkampf um Ehre und Würde, diese Lebewesen aber nicht; folglich entsteht zwischen den Menschen aus diesem Grund Neid und Haß und letztlich Krieg, zwischen diesen Lebewesen aber nicht.

Zweitens. Bei diesen Lebewesen unterscheidet sich das Gemeinwohl nicht vom Privatwohl, und da sie von Natur aus ihr privates Wohl anstreben, fördern sie dadurch das Gemeinwohl. Der Mensch dagegen, der es liebt, sich mit anderen Menschen zu vergleichen, kann nur an Außerordentlichem Geschmack finden.

Drittens. Da diese Lebewesen nicht wie die Menschen über Vernunft verfügen, sehen sie keine Mängel in der Verwaltung ihrer allgemeinen Angelegenheiten und meinen auch nicht, solche zu sehen, während es bei den Menschen sehr viele gibt, die sich für klüger und zur Regierung der Öffentlichkeit fähiger halten als der Rest. Und diese Leute streben nach Reformen und Neuerungen, die einen auf diesem, die anderen auf jenem Weg und stürzen die Öffentlichkeit dadurch in Wirren und Bürgerkrieg.

Viertens. Obwohl diese Tiere in gewissem Maße die Stimme benützen können, um sich gegenseitig ihre Wünsche und andere Gemütsbewegungen zu erkennen zu geben, so fehlt ihnen doch diese Wortkunst, durch die es einige Menschen verstehen, anderen gut als böse und böse als gut hinzustellen und die offensichtliche Größe eines Guts oder Übels zu vergrößern oder zu verringern. Dadurch machen sie die Menschen unzufrieden und stören ihren Frieden, wie es ihnen paßt.

Fünftens. Unvernünftige Lebewesen können nicht zwischen *Beleidigung* und *Verletzung* unterscheiden. Deshalb sind sie mit ihren Artgenossen nicht verfeindet, solange sie ungestört sind, während der Mensch dann am unleidlichsten ist, wenn er am meisten Muße hat. Denn dann liebt er es, seine Weisheit zu zeigen und die Handlungen derer, die den Staat regieren, zu kritisieren.

Letztlich. Die Übereinstimmung dieser Lebewesen ist natürlich, die der Menschen beruht nur auf Vertrag, der künstlich ist. Und deshalb ist es kein Wunder, daß außer dem Vertrag noch etwas erforderlich ist, um ihre Übereinstimmung beständig und dauerhaft zu machen, nämlich eine allgemeine Gewalt, die sie im

Zaum halten und ihre Handlungen auf das Gemeinwohl hinlenken soll.

Der alleinige Weg zur Errichtung einer solchen allgemeinen Gewalt, die in der Lage ist, die Menschen vor dem Angriff Fremder und vor gegenseitigen Übergriffen zu schützen und ihnen dadurch eine solche Sicherheit zu verschaffen, daß sie sich durch eigenen Fleiß und von den Früchten der Erde ernähren und zufrieden leben können, liegt in der Übertragung ihrer gesamten Macht und Stärke auf einen Menschen oder eine Versammlung von Menschen, die ihre Einzelwillen durch Stimmenmehrheit auf einen Willen reduzieren können. Das heißt soviel wie einen Menschen oder eine Versammlung von Menschen bestimmen, die deren Person verkörpern sollen, und bedeutet, daß jedermann alles als eigen anerkennt, was derjenige, der auf diese Weise seine Person verkörpert, in Dingen des allgemeinen Friedens und der allgemeinen Sicherheit tun oder veranlassen wird, und sich selbst als Autor alles dessen bekennt und dabei den eigenen Willen und das eigene Urteil seinem Willen und Urteil unterwirft. Dies ist mehr als Zustimmung oder Übereinstimmung: Es ist eine wirkliche Einheit aller in ein und derselben Person, die durch Vertrag eines jeden mit jedem zustande kam, als hätte jeder zu jedem gesagt: *Ich autorisiere diesen Menschen oder diese Versammlung von Menschen und übertrage ihnen mein Recht, mich zu regieren, unter der Bedingung, daß du ihnen ebenso dein Recht überträgst und alle ihre Handlungen autorisierst.* Ist dies geschehen, so nennt man diese zu einer Person vereinte Menge *Staat,* auf lateinisch *civitas.* Dies ist die Erzeugung jenes großen *Leviathan* oder besser, um es ehrerbietiger auszudrücken, jenes *sterblichen Gottes,* dem wir unter dem *unsterblichen Gott* unseren Frieden und Schutz verdanken. Denn durch diese ihm von jedem einzelnen im Staate verliehene Autorität steht ihm so viel Macht und Stärke zur Verfügung, die auf ihn übertragen worden sind, daß er durch den dadurch erzeugten Schrecken in die Lage versetzt wird, den Willen aller auf den innerstaatlichen Frieden und auf gegenseitige Hilfe gegen auswärtige Feinde hinzulenken. Hierin liegt das Wesen des Staates, der, um eine Definition zu geben, *eine Person ist, bei der sich jeder einzelne einer großen Menge durch gegenseitigen Vertrag eines jeden mit jedem zum Autor ihrer Handlungen gemacht hat, zu dem Zweck, daß sie die Stärke und Hilfsmittel aller so, wie sie es für zweckmäßig hält, für den Frieden und die gemeinsame Verteidigung einsetzt.*

Wer diese Person verkörpert, wird *Souverän* genannt und besitzt, wie man sagt, *höchste Gewalt*, und jeder andere daneben ist sein *Untertan*.

Diese höchste Gewalt wird auf zwei Wegen erlangt: Der eine besteht in der natürlichen Kraft, wenn zum Beispiel jemand seine Kinder dazu bringt, sich zusammen mit ihren Kindern seiner Regierung zu unterwerfen, da er sie vernichten kann, wenn sie es ablehnen, oder wenn jemand seine Feinde seinem Willen dadurch unterwirft, daß er ihnen unter dieser Bedingung das Leben schenkt. Der andere ist gegeben, wenn Menschen miteinander übereinkommen, sich willentlich einem Menschen oder einer Versammlung von Menschen zu unterwerfen, im Vertrauen darauf, von ihnen gegen alle anderen geschützt zu werden. Der letzte Fall kann »politischer Staat« oder »Staat durch *Einsetzung*« genannt werden, und der erste »Staat durch *Aneignung*«. Zuerst möchte ich auf den Staat durch Einsetzung zu sprechen kommen. [...]

Da von den Vertragsschließenden das Recht, ihre Person zu verkörpern, demjenigen, den sie zum Souverän ernennen, nur durch einen untereinander und nicht zwischen ihm und jedem einzelnen von ihnen abgeschlossenen Vertrag übertragen wurde, kann seitens des Souveräns der Vertrag nicht gebrochen werden, und folglich kann sich keiner seiner Untertanen von seiner Unterwerfung befreien, indem er sich auf Verwirkung beruft. Daß der zum Souverän Ernannte keinen vorherigen Vertrag mit seinen Untertanen abschließt, ist offensichtlich, denn sonst müßte er ihn entweder mit der ganzen Menge als einer Vertragspartei abschließen, oder er müßte verschiedene Verträge mit jedermann abschließen. Ein Vertragsschluß mit der ganzen Menge als einer Partei ist unmöglich, denn zu diesem Zeitpunkt stellen sie noch nicht eine Person dar, und wenn er so viele verschiedene Verträge abschließt, wie Menschen vorhanden sind, so sind diese Verträge nach Erlangung der Souveränität unwirksam, denn jede Handlung, die von einem der Vertragsschließenden als Grund eines Vertragsbruches vorgegeben werden kann, ist sowohl seine Handlung als auch die aller übrigen, denn sie geschah im Namen der Person und auf Grund des Rechts eines jeden einzelnen von ihnen. Wenn außerdem einer oder einige behaupten, der Souverän habe den bei seiner Einsetzung eingegangenen Vertrag gebrochen, und andere, oder ein anderer seiner Untertanen oder er selbst allein einen solchen Vertragsbruch bestreiten, so gibt es in diesem Falle keinen Richter zur Entscheidung des Streitfalles. Deshalb läuft dies wieder auf das Schwert hinaus und jedermann erlangt wieder das Recht, sich selbst durch eigene Kraft zu schützen, im Gegensatz zu der Absicht, die sie bei der Einsetzung verfolgten. Deshalb ist es sinnlos, die Souveränität durch vorhergehenden Vertrag zu verleihen.

Die Meinung, ein Monarch erlange seine Macht durch Vertrag, das heißt bedingt, kommt von der mangelnden Einsicht in die leicht verständliche Wahrheit, daß Verträge, die ja nichts als Wort und Hauch sind, nur *die* Kraft haben, jemanden zu verpflichten, in Schranken zu halten, zu zwingen oder zu schützen, die sie durch das öffentliche Schwert, das heißt durch die ungebundenen Hände des Menschen oder der Versammlung von Menschen besitzen, die die Souveränität innehaben und deren Handlungen von allen feierlich anerkannt und auf Grund der Stärke aller durchgeführt werden, die in ihnen vereinigt ist. [...]

Es gibt auf der ganzen Welt keinen Staat, der genügend Vorschriften zur Regelung aller menschlichen Handlungen und Äußerungen erlassen hat, da dies unmöglich ist. Daraus folgt notwendig, daß die Menschen in allen vom Gesetz nicht geregelten Gebieten die Freiheit besitzen, das zu tun, was sie auf Grund ihrer eigenen Vernunft für das Vorteilhafteste halten. Denn nehmen wir Freiheit im eigentlichen Sinn als körperliche Freiheit, das heißt, Freiheit von Ketten und Gefangenschaft, so wäre es von den Menschen völlig widersinnig, so, wie sie es tun, nach der Freiheit zu rufen, der sie sich so offensichtlich erfreuen. Nehmen wir ferner Freiheit als Ausnahme vom Gesetz, so ist es von den Menschen nicht weniger widersinnig, so, wie sie es tun, eine Freiheit zu verlangen, auf Grund derer alle anderen Menschen Herrn ihres Lebens sein könnten. Und doch: so widersinnig es ist, genau das verlangen sie, ohne zu wissen, daß die Gesetze keine Kraft zu ihrem Schutz hätten, ohne ein Schwert in Händen eines oder mehrerer Menschen zu ihrer Durchsetzung. Die Freiheit eines Untertanen ist daher auf die Dinge beschränkt, die der Souverän bei der Regelung ihrer Handlungen freigestellt hat: so zum Beispiel die Freiheit des Kaufs und Verkaufs oder anderer gegenseitiger Verträge, der Wahl der eigenen Wohnung, der eigenen Ernährung, des eigenen Berufs, der Kindererziehung, die sie für geeignet halten, und dergleichen mehr.

Trotzdem dürfen wir das nicht so verstehen, daß durch diese Freiheit die souveräne Gewalt über Leben und Tod aufgehoben oder eingeschränkt würde. Denn es wurde schon gezeigt, daß die souveräne Vertretung einem Untertan nichts zufügen kann, was aus irgendeinem Grund zu Recht Ungerechtigkeit oder Unrecht genannt werden könnte, da jeder Untertan Autor jeder Handlung des Souveräns ist. So fehlt diesem das Recht auf alles nur insofern, als er selbst Untertan Gottes und dadurch zur Einhaltung der natürlichen Gesetze verpflichtet ist. Und deshalb kann es geschehen, wie es tatsächlich in Staaten oft vorkommt, daß ein Untertan auf Befehl des Souveräns getötet wird und doch keiner dem anderen ein Unrecht zufügt: so zum Beispiel, als *Jephthah* veranlaßte, daß seine Tochter geopfert werde. Hier und in ähnlichen Fällen besaß der so Getötete die Freiheit zu der Handlung, wegen der er getötet wurde, ohne daß damit ein Unrecht geschah. Das gilt auch für einen souveränen Fürsten, der einen unschuldigen Untertanen tötet. Denn selbst wenn die Handlung gegen das natürliche Gesetz verstößt, da sie der Billigkeit widerspricht, wie die Tötung *Urias* durch *David,* so war dies doch kein Unrecht an *Uria,* sondern an *Gott.* An *Uria* nicht, weil das Recht, nach Belieben alles zu tun, von *Uria* selbst übertragen worden war, aber doch an *Gott,* weil *David Gottes* Untertan war und weil Gott alle Unbilligkeiten durch das natürliche Gesetz verboten hatte. Diese Unterscheidung bekräftigte David offensichtlich selbst, als er die Tat mit den Worten bereute: »An dir allein habe ich gesündigt.« [...]

Wenn wir nun zu den Einzelheiten der wahren Freiheit eines Untertanen kommen, das heißt, was die Dinge sind, die wir trotz des Befehls des Souveräns verweigern können, ohne Unrecht zu tun, so müssen wir in Betracht ziehen, welche Rechte wir bei der Schaffung eines Staates übertragen oder, was dasselbe ist, welche Freiheit wir uns vorenthalten, wenn wir ausnahmslos alle Handlungen des Menschen oder der Versammlung, die wir zu unserem Souverän ernennen, als eigene anerkennen. Denn der Akt unserer *Unterwerfung* enthält sowohl unsere *Verpflichtung* als auch unsere *Freiheit,* weshalb sie mit Argumenten begründet werden müssen, die sich von dort ableiten lassen. Man kann nämlich nur durch eigenes Handeln verpflichtet werden, denn alle Menschen sind von Natur aus gleichermaßen frei. Und da diese Argumente entweder den ausdrücklichen Worten: »Ich autorisiere alle seine Handlungen« oder der Absicht dessen, der sich seiner Gewalt unterwirft, zu entnehmen sind – diese Absicht ergibt sich aus dem Zweck der Unterwerfung –, müssen Verpflichtung und

Freiheit des Untertans entweder aus diesen oder anderen gleichbedeutenden Worten abgeleitet werden, oder aber aus dem Zweck der Einsetzung der Souveränität, nämlich dem Frieden zwischen den Untertanen und ihrer Verteidigung gegen einen gemeinsamen Feind.

Da erstens die Souveränität durch Einsetzung durch Vertrag eines jeden mit jedem und die Souveränität durch Aneignung durch Verträge des Besiegten mit dem Sieger oder des Kindes mit dem Vater entsteht, so ist klar, daß jeder Untertan Freiheit in allen Dingen besitzt, bei denen eine vertragliche Rechtsübertragung unmöglich ist. Ich habe oben gezeigt, daß Verträge, den eigenen Körper nicht zu verteidigen, nichtig sind.

Wenn deshalb ein Souverän einem wenn auch rechtmäßig verurteilten Menschen befiehlt, sich selbst zu töten, zu verletzen oder zu verstümmeln, Angreifern keinen Widerstand zu leisten oder auf Nahrung, Luft, Arznei oder andere lebensnotwendige Dinge zu verzichten, so hat dieser Mensch doch die Freiheit, den Gehorsam zu verweigern.

Wird ein Mensch vom Souverän oder seinen Beauftragten wegen eines von ihm begangenen Verbrechens verhört, so ist er, wenn ihm nicht Gnade zugesichert wird, nicht verpflichtet, es zu gestehen, denn niemand kann, wie ich im gleichen Kapitel gezeigt habe, durch Vertrag verpflichtet werden, sich selbst anzuklagen.

Ferner ist die Zustimmung eines Untertans zur souveränen Gewalt in den Worten enthalten: »Ich autorisiere alle ihre Handlungen oder nehme sie auf mich.« Darin liegt nicht die geringste Beschränkung seiner früheren natürlichen Freiheit, denn wenn ich dem Souverän erlaube, *mich zu töten,* so bin ich nicht verpflichtet, mich auf seinen Befehl hin selbst zu töten. Es ist nicht dasselbe, ob ich sage: »Töte mich oder meinen Genossen, wenn es dir gefällt«, oder: »Ich werde mich oder meinen Genossen töten.« [...]

Niemand hat die Freiheit, dem staatlichen Schwert Widerstand zu leisten, um einen anderen Menschen, ob unschuldig oder nicht, zu verteidigen, denn diese Freiheit beraubt den Souverän der Mittel zu unserem Schutz und zerstört deshalb das eigentliche Wesen der Regierung. Aber gesetzt den Fall, eine große Anzahl von Menschen hätte schon unrechtmäßig der souveränen Gewalt Widerstand geleistet oder ein Kapitalverbrechen begangen, für das jeder von ihnen die Todesstrafe zu erwarten hat:

Haben diese Menschen nicht die Freiheit, sich zusammenzuschließen und sich gegenseitig beizustehen und zu verteidigen? Sicherlich – denn sie verteidigen ihr Leben, was der Schuldige ebensogut tun darf wie der Unschuldige. In ihrer ersten Pflichtverletzung lag in der Tat eine Ungerechtigkeit. Daß sie daraufhin zu den Waffen griffen, ist keine neue ungerechte Handlung, selbst wenn es geschieht, um den Erfolg ihrer Tat zu verteidigen. Und geschieht es nur zur Verteidigung der eigenen Person, so ist es überhaupt nicht ungerecht. Aber das Angebot von Gnade entzieht dem Begnadigten die Möglichkeit, sich auf die Selbstverteidigung zu berufen und bewirkt, daß es gesetzwidrig ist, weiterhin den übrigen beizustehen und sie zu verteidigen.

Was die anderen Freiheiten betrifft, so hängen sie vom Schweigen des Gesetzes ab. In den Fällen, wo der Souverän keine Regel vorgeschrieben hat, besitzt der Untertan die Freiheit, nach eigenem Ermessen zu handeln oder es zu unterlassen. Und deshalb ist diese Freiheit mancherorts und zu manchen Zeiten größer oder geringer, je nachdem es die Inhaber der Souveränität für am zweckmäßigsten halten. [...]

Die Verpflichtung der Untertanen gegen den Souverän dauert nur so lange, wie er sie auf Grund seiner Macht schützen kann, und nicht länger. Denn das natürliche Recht der Menschen, sich selbst zu schützen, wenn niemand anderes dazu in der Lage ist, kann durch keinen Vertrag aufgegeben werden. Die Souveränität ist die Seele des Staates, von der die Glieder keinen Bewegungsantrieb empfangen können, wenn sie einmal den Körper verlassen hat. Der Zweck des Gehorsams ist Schutz. Findet ihn ein Mensch in seinem eigenen Schwert oder in dem eines anderen, so ist er von Natur aus diesem Schutz gehorsam und bemüht sich, ihn zu erhalten. Denn obwohl die Souveränität nach der Absicht ihrer Schöpfer unsterblich sein soll, so ist sie doch ihrer eigenen Natur nach nicht nur einem gewaltsamen Tod durch einen auswärtigen Krieg ausgesetzt, sondern trägt auch wegen der Unwissenheit und der Leidenschaften der Menschen von ihrer Errichtung an viele Keime einer natürlichen Sterblichkeit in sich, und zwar durch innere Zwietracht. [...]

Die Sicherheit des Volkes verlangt von demjenigen oder denjenigen, die die souveräne Gewalt innehaben, daß alle Schichten des Volkes gleichermaßen gerecht behandelt werden, das heißt, daß sowohl die Reichen und Mächtigen als auch die Armen und

Unbekannten ihr Recht bekommen, wenn ihnen Unrecht getan wurde, so daß die Großen keine größere Aussicht auf Straflosigkeit haben, wenn sie Gewalt, Entehrung oder ein anderes Unrecht gegen die niederere Schicht verüben, als ein Angehöriger dieser Schicht, der dieselbe Tat gegen einen Angehörigen der Oberschicht verübt. Denn darin besteht die Billigkeit, der ein Souverän ebenso unterworfen ist wie einer der Geringsten aus seinem Volk, da sie eine Vorschrift des natürlichen Gesetzes ist. Alle Gesetzesübertretungen sind Angriffe gegen den Staat, aber es gibt auch solche, die sich ebenfalls gegen Privatpersonen richten. Diejenigen, die nur den Staat betreffen, können verziehen werden, ohne daß dadurch gegen die Billigkeit verstoßen würde, denn das, was gegen einen selbst unternommen wurde, kann man nach eigenem Gutdünken verzeihen. Aber ein Angriff gegen eine Privatperson kann ohne Zustimmung des Angegriffenen oder vernünftige Genugtuung nicht verziehen werden.

Die Ungleichheit der Untertanen geht auf die Maßnahmen der souveränen Gewalt zurück und ist deshalb in Anwesenheit des Souveräns, das heißt vor einem Gerichtshof, nicht mehr am Platze als die Ungleichheit zwischen Königen und ihren Untertanen in Gegenwart des Königs der Könige. Die Ehre großer Persönlichkeiten ist nach ihrer Wohltätigkeit und Hilfe für Menschen niedrigeren Ranges einzuschätzen, oder aber überhaupt nicht. Und die von ihnen begangenen Gewalttätigkeiten, Unterdrückungen und Beleidigungen werden durch die Größe ihrer Person nicht gemildert, sondern erschwert, da sie es am wenigsten nötig haben, sie zu begehen. Die Folgen der Parteinahme für die Großen nehmen diesen Verlauf: Straflosigkeit bewirkt Übermut, Übermut Haß und Haß das Bestreben, alle unterdrückende und kränkende Größe niederzureißen, und wäre es zum Verderben des Staates.

Zur Gleichheit der Gerechtigkeit gehört auch die gleichmäßige Besteuerung. Ihre Gleichheit hängt nicht von der Gleichheit des Reichtums ab, sondern von der Gleichheit der Schuld, die jedermann gegen den Staat für seine Verteidigung hat. Es ist für einen Menschen nicht genug, zur Fristung seines Lebens zu arbeiten, sondern er muß auch, wenn nötig, für die Sicherung seines Arbeitsergebnisses kämpfen. Die Menschen müssen entweder wie die Juden nach ihrer Rückkehr aus der Gefangenschaft beim Wiederaufbau des Tempels mit der einen Hand bauen und in der anderen das Schwert halten, oder aber sie müssen andere anheuern, für sie zu kämpfen. Denn die Lasten, die von der souveränen

Gewalt dem Volke auferlegt werden, sind nichts anderes als der Sold, der dem geschuldet wird, der das öffentliche Schwert in Händen hält, um die Privatleute zu verteidigen, während sie ihre verschiedenen Gewerbe und Berufe ausüben. Da also der jedermann hieraus erwachsende Nutzen der Genuß des Lebens ist, das Armen wie Reichen gleichermaßen lieb ist, so ist die Schuld, die ein armer Mann gegen den Verteidiger seines Lebens hat, die gleiche wie die eines reichen Mannes für die Verteidigung seines Lebens, außer, daß die Reichen Arme beschäftigen und nicht nur für ihre eigene Person, sondern auch für viele steuerpflichtig sein können. Zieht man dies in Betracht, so liegt die Steuergleichheit eher in der gleichen Besteuerung des Verbrauchs als in der Besteuerung der Vermögen der Verbraucher. Denn welcher Grund könnte dafür sprechen, daß einer, der viel arbeitet und wenig verbraucht, da er die Früchte seiner Arbeit spart, mehr belastet werden sollte als einer, der wegen seines müßigen Lebenswandels wenig verdient und seine ganzen Einnahmen ausgibt? Schließlich wird der eine vom Staat nicht mehr geschützt als der andere. Werden aber die Steuern auf die Güter des menschlichen Verbrauchs gelegt, so bezahlt jedermann gleichermaßen für das, was er verzehrt, und der Staat wird auch nicht durch den verschwenderischen Luxus von Privatleuten betrogen.

Und da viele Menschen durch unvermeidbare Zufälle unfähig werden, sich selbst durch eigene Arbeit zu ernähren, sollten sie nicht der Wohltätigkeit von Privatpersonen überlassen, sondern auf Grund staatlicher Gesetzgebung wenigstens mit dem Lebensnotwendigsten versorgt werden. Denn ist es von jedermann hartherzig, wenn er sich um den Schwachen nicht kümmert, so ist es dies auch vom Souverän eines Staates, wenn er sie der zufälligen und so unsicheren Wohltätigkeit überläßt.

Aber bei den körperlich Kräftigen liegt der Fall anders: sie sind zur Arbeit zu zwingen. Und um die Entschuldigung, sie könnten keine Arbeit finden, unmöglich zu machen, sollten Gesetze bestehen, die alle Gewerbezweige wie Schiffahrt, Ackerbau, Fischerei und alle Arten von Manufakturen fördern, die Arbeit benötigen. Wächst die Menge armer, aber kräftiger Leute immer noch, so müssen sie in unterbesiedelte Länder verpflanzt werden. Dort dürfen sie aber nicht die Menschen, die sie antreffen, ausrotten, sondern sie müssen sie zwingen, enger zusammenzuwohnen und nicht weite Teile des Landes zu durchstreifen, um zu sammeln, was sie finden, sondern sich jedes Fleckchens mit Geschick und Arbeit anzunehmen, damit es ihnen in der entsprechenden Jahreszeit ihre Nahrung gibt. Und ist die ganze Welt von Bewohnern überfüllt, so bleibt als letztes Mittel der Krieg, der für jedermann Sieg oder Tod bereit hat.

Zur Obliegenheit des Souveräns gehört es, gute Gesetze zu erlassen. Aber was ist ein gutes Gesetz? Unter einem guten Gesetz verstehe ich nicht ein gerechtes Gesetz, denn kein Gesetz kann ungerecht sein. Das Gesetz wird von der souveränen Gewalt erlassen, und alles, was von dieser Gewalt getan wird, geschieht mit Vollmacht eines jeden, der zum Volke gehört, und wird von ihm als eigene Handlung anerkannt. Und was jedermann so haben möchte, kann niemand als ungerecht bezeichnen. Mit den staatlichen Gesetzen verhält es sich so wie mit den Spielregeln: Alles, was die Spieler untereinander abmachen, ist für keinen von ihnen ein Unrecht. Ein gutes Gesetz muß zum *Wohl des Volkes nötig* und zudem *eindeutig* sein.

John Locke: Der Staat als Zusammenschluß zur Sicherung natürlicher Grundrechte

Um politische Gewalt richtig zu verstehen und sie von ihrem Ursprung abzuleiten, müssen wir erwägen, in welchem Zustand sich die Menschen von Natur aus befinden. Es ist ein Zustand vollkommener Freiheit, innerhalb der Grenzen des Gesetzes der Natur ihre Handlungen zu regeln und über ihren Besitz und ihre Persönlichkeit so zu verfügen, wie es ihnen am besten scheint, ohne dabei jemanden um Erlaubnis zu bitten oder vom Willen eines anderen abhängig zu sein.

Es ist darüber hinaus ein Zustand der Gleichheit, in dem alle Macht und Rechtsprechung wechselseitig sind, da niemand mehr besitzt als ein anderer: Nichts ist einleuchtender, als daß Geschöpfe von gleicher Gattung und von gleichem Rang, die ohne Unterschied zum Genuß derselben Vorteile der Natur und zum Gebrauch derselben Fähigkeiten geboren sind, ohne Unterordnung und Unterwerfung einander gleichgestellt leben sollen, es sei denn, ihr Herr und Meister würde durch eine deutliche Willensäußerung den einen über den anderen stellen und ihm durch eine überzeugende, klare Ernennung ein unzweifelhaftes Recht auf Herrschaft und Souveränität verleihen. [...]

Aber obgleich dies ein Zustand der Freiheit ist, so ist es doch kein Zustand der Zügellosigkeit. Der Mensch hat in diesem Zustand eine unkontrollierbare Freiheit, über seine Person und seinen Besitz zu verfügen; er hat dagegen nicht die Freiheit, sich selbst oder irgendein in seinem Besitz befindliches Lebewesen zu vernichten, wenn es nicht ein edlerer Zweck als seine bloße Erhaltung erfordert. Im Naturzustand herrscht ein natürliches Gesetz, das jeden verpflichtet. Und die Vernunft, der dieses Gesetz entspricht, lehrt die Menschheit, wenn sie sie nur befragen will, daß niemand einem anderen, da alle gleich und unabhängig sind, an seinem Leben und Besitz, seiner Gesundheit und Freiheit Schaden zufügen soll. Denn alle Menschen sind das Werk eines einzigen allmächtigen und unendlich weisen Schöpfers, die Diener eines einzigen souveränen Herrn, auf dessen Befehl und in dessen Auftrag sie in die Welt gesandt wurden. Sie sind sein Eigentum, da sie sein Werk sind und er hat sie geschaffen, so lange zu bestehen, wie es ihm, nicht aber wie es ihnen untereinander gefällt. Und da sie alle mit den gleichen Fähigkeiten versehen wurden und alle zur Gemeinschaft der Natur gehören, so kann unter uns auch keine Rangordnung angenommen werden, die uns ermächtigt, einander zu vernichten, als wären wir einzig zum Nutzen des anderen geschaffen, so wie die untergeordneten Lebewesen zu unserem Nutzen geschaffen sind. Wie ein jeder verpflichtet ist, sich selbst zu erhalten und seinen Platz nicht vorsätzlich zu verlassen, so sollte er aus dem gleichen Grunde, und wenn seine eigene Selbsterhaltung nicht dabei auf dem Spiel steht, nach Möglichkeit auch die übrige Menschheit erhalten. Er sollte nicht das Leben eines anderen oder, was zur Erhaltung des Lebens dient: Freiheit, Gesundheit, Glieder oder Güter wegnehmen oder verringern, – es sei denn, daß an einem Verbrecher Gerechtigkeit geübt werden soll.

Damit nun alle Menschen davon abgehalten werden, die Rechte anderer zu beeinträchtigen und sich einander zu benachteiligen, und damit das Gesetz der Natur, das den Frieden und die Erhaltung der ganzen Menschheit verlangt, beobachtet werde, so ist in jenem Zustand die Vollstreckung des natürlichen Gesetzes in jedermanns Hände gelegt. Somit ist ein jeder berechtigt, die Übertreter dieses Gesetzes in einem Maße zu bestrafen, wie es notwendig ist, um eine erneute Verletzung zu verhindern. Denn das Gesetz der Natur wäre, wie alle anderen Gesetze, die den Menschen auf dieser Welt betreffen, nichtig, wenn im Naturzustand niemand die Macht hätte, dieses Gesetz zu vollstrecken, um somit den Unschuldigen zu schützen und den Übertreter in Schranken zu halten. Wenn in diesem Naturzustand jeder einzelne den anderen für ein begangenes Unrecht bestrafen darf, so dürfen es auch alle. Denn in diesem Zustand vollkommener Gleichheit, wo es von Natur aus weder eine Überlegenheit noch eine Rechtsprechung des einen über den anderen gibt, müssen notwendigerweise alle dazu berechtigt sein, was irgendeinem in der Verfolgung dieses Gesetzes erlaubt ist. [...]

Aus demselben Grund darf ein Mensch im Naturzustand auch geringere Verletzungen dieses Gesetzes bestrafen. Man wird vielleicht fragen, ob mit dem Tode? Ich antworte darauf: Jede Übertretung darf in dem Maße und mit genau der Strenge bestraft werden, wie erforderlich ist, daß sie dem Verbrecher teuer zu stehen komme und ihn zur Reue bewege, daß sie andere aber gleichzeitig davon abschrecke, eine ähnliche Tat zu begehen. Jedes Verbrechen, das im Naturzustand begangen werden kann, darf im Naturzustand genauso und mit derselben Strenge wie in einem Staate bestraft werden. Denn wenn es sich auch von meinem gegenwärtigen Ziel entfernen würde, auf die Einzelheiten des Gesetzes der Natur oder sein Strafmaß einzugehen, so ist es doch sicher, daß es ein solches Gesetz gibt. Das ist für ein vernunftbegabtes Wesen und für jemanden, der über dieses Gesetz einmal nachgedacht hat, ebenso verständlich und klar wie die positiven Gesetze der Staaten, ja vielleicht sogar noch klarer, da die Vernunft leichter zu begreifen ist als die Einfälle und verwickelten Kunstgriffe der Menschen, die in schönen Worten doch nur widersprüchliche und versteckte Interessen verfolgen. Denn wahrhaftig so verhält es sich mit einem großen Teil der staatlichen Gesetze von Ländern, die nur insoweit gerecht sind, als sie auf dem Gesetz der Natur beruhen, nach dem sie zu ordnen und auszulegen sind.

Gegen diese seltsame Lehre, nämlich daß *im Naturzustand jeder die vollziehende Gewalt des Gesetzes der Natur innehat*, wird man ohne jeden Zweifel einwenden, es sei unvernünftig, daß die Menschen Richter in eigener Sache seien, und die Eigenliebe werde sie sich selbst und ihren Freunden gegenüber parteiisch machen. Andererseits würden sie sich in der Bestrafung anderer durch ihre Bosheit, Leidenschaft und Rache zu weit hinreißen lassen. Die Folge davon werde nur Verwirrung und Unordnung sein, und Gott habe sicherlich deshalb Regierungen eingesetzt, um die Parteilichkeit und die Gewalttätigkeit der Menschen in Schranken zu halten. Ich gebe gern zu, daß eine bürgerliche Regierung das geeignete Heilmittel gegen die Nachteile des Naturzustandes ist, die gewiß ganz erheblich sein müssen, wenn die Menschen Richter in eigener Sache sind. Denn man kann sich wohl kaum vorstellen, daß jemand, der so ungerecht war, seinem Bruder einen Schaden zuzufügen, jemals so gerecht sein wird, sich selbst dafür zu verurteilen. Aber ich möchte diejenigen, die einen solchen Einwand machen, doch bitten, sich einmal daran zu erinnern, daß auch absolute Monarchen nur Menschen sind. Wenn die Regierung also das Heilmittel für jene Übel sein soll, die sich unmittelbar als Folge ergeben, wenn die Menschen Richter in eigener Sache sind, was den Naturzustand so unerträglich macht, dann möchte ich doch gern wissen, wie jene Regierung beschaffen ist und weshalb sie besser ist als der Naturzustand, in der ein Mensch, der viele andere Menschen beherrscht, die Freiheit hat, in eigener Sache sein Richter zu sein, und mit allen seinen Untertanen tun darf, was er will, ohne daß es irgend jemandem auch nur gestattet wäre, von denjenigen, die tun, was ihnen beliebt, Rechenschaft zu fordern oder sie zu kontrollieren? Wo man gehorchen muß, was er auch immer anordnet, gleichgültig, ob er dabei von Vernunft, Irrtum oder Leidenschaft geleitet wird? Da haben es die Menschen im Naturzustand doch viel besser, wo sie nicht gezwungen sind, sich dem ungerechten Willen eines anderen zu unterwerfen, und wo jeder, der in eigener oder fremder Sache falsch urteilt, der gesamten Menschheit gegenüber dafür verantwortlich ist.

Als gewichtiger Einwand wird oft die Frage gestellt: Wo sind oder wo befanden sich jemals Menschen in einem solchen Naturzustand? Darauf mag vorläufig als Antwort genügen: Da sich alle Fürsten und Herrscher von unabhängigen Regierungen auf der ganzen Welt in einem Naturzustand befinden, ist es doch wohl einleuchtend, daß die Welt niemals ohne eine große Anzahl von Menschen in einem solchen Zustand war oder jemals sein wird. Ich habe gesagt, alle Regierenden unabhängiger Gemeinwesen, gleichgültig, ob sie nun mit anderen verbündet sind oder nicht. Denn nicht jeder Vertrag beendet den Naturzustand unter den Menschen, sondern nur jener, in dem sie gegenseitig übereinkommen, eine Gemeinschaft einzugehen und einen politischen Körper zu bilden. Die Menschen können sich untereinander andere Versprechen geben oder andere Verträge abschließen, und dennoch im Naturzustand verbleiben. Die Versprechen und Tauschgeschäfte usw. zwischen den beiden Menschen auf der einsamen Insel, von denen Garcilaso de la Vega in seiner Geschichte Perus berichtet, oder zwischen einem Schweizer und einem Indianer in den Wäldern Amerikas, sind für sie verbindlich, obwohl sie sich in ihrer Beziehung zueinander vollkommen im Naturzustand befinden. Denn Wahrheit und Vertrauen gebührt dem Menschen als Menschen und nicht als Glied der Gesellschaft. [...]

Und hier liegt der deutliche Unterschied zwischen dem Naturzustand und dem Kriegszustand. Sooft manche Menschen sie auch verwechselt haben, sie sind voneinander genauso verschieden wie ein Zustand des Friedens, des Wohlwollens, der gegenseitigen Hilfe und Erhaltung, und ein Zustand der Feindschaft, der Bosheit, der Gewalttätigkeit und gegenseitiger Vernichtung. Menschen, die nach der Vernunft zusammenleben, ohne auf Erden einen gemeinsamen Oberherrn mit der Macht, zwischen ihnen zu richten, über sich zu haben, befinden sich im eigentlichen Naturzustand. Gewalt aber, oder die erklärte Absicht, gegen die Person eines anderen Gewalt anzuwenden, bedeutet, wo es auf Erden keinen gemeinsamen Oberherrn gibt, den man um Hilfe anrufen könnte, den Kriegszustand. Gerade das Fehlen einer solchen Berufungsinstanz gibt dem Menschen das Recht, Krieg gegen einen Angreifer zu führen, selbst wenn er in der Gesellschaft lebt und genau wie er ein Untertan ist. So darf ich einem Dieb, der mir alles gestohlen hat, was ich habe, nicht anders schaden als durch die Anrufung des Gesetzes. Aber wenn er mich anfällt, nur um mir mein Pferd oder meinen Mantel zu rauben, darf ich ihn totschlagen. Denn das Gesetz, das zu meiner Erhaltung geschaffen wurde, erlaubt mir die Selbstverteidigung, wo es nicht einschreiten kann, um mein Leben, das – wenn es erst einmal verlorengegangen ist – durch nichts ersetzt werden kann, vor unmittelbarer Gewalt zu schützen. Durch das Kriegsrecht habe ich die Freiheit, den Angreifer zu töten, weil er mir in einem Fall, wo das Unrecht nicht wiedergutzumachen wäre, keine Zeit läßt, unseren gemeinsamen Richter oder die Entscheidung des Gesetzes um Hilfe anzurufen. *Das Fehlen eines gemeinsamen, mit Autorität ausgestatteten Richters versetzt alle Menschen in einen Naturzustand: Gewalt ohne Recht, gegen die Person eines anderen gerichtet, erzeugt einen Kriegszustand,* wobei es keine Rolle spielt, ob es einen gemeinsamen Richter gibt oder nicht.

Wenn aber die unmittelbare Gewalt nicht mehr besteht, so ist der Kriegszustand unter denen, die in einer Gesellschaft leben, beendet, und beide Parteien müssen sich gleichermaßen der gerechten Entscheidung des Gesetzes unterwerfen, denn dann steht es einem offen, als Mittel für begangenes Unrecht, und um zukünftigem Schaden vorzubeugen, den Gerichtsweg zu wählen. Wo aber, wie im Naturzustand, eine solche Möglichkeit mangels positiver Gesetze und mit der nötigen Autorität versehener Richter, an die man sich wenden könnte, nicht besteht, dauert der einmal begonnene Kriegszustand fort. Die unschuldige Partei hat dann so lange das Recht, den anderen, wo immer sie kann, zu vernichten, bis der Angreifer die Hand zum Frieden bietet und den Wunsch zur Versöhnung äußert, und zwar unter Bedingungen, die alles bisher geschehene Unrecht wiedergutmachen und den Unschuldigen für die Zukunft schützen können. Ja, wo die Anrufung des Gesetzes und ernannter Richter offensteht, die Hilfe aber durch offensichtliche Verkehrung der Gerechtigkeit und unverhüllte Rechtsverdrehung verweigert wird, um die Gewalttätigkeit und das Unrecht einiger Menschen oder einer Partei zu protegieren und straflos zu halten, da fällt es schwer, sich etwas anderes vorzustellen als einen Kriegszustand. Wo immer nur Gewalt gebraucht wird und Unrecht geschieht, auch durch die Hände derer, die dazu ernannt worden sind, Recht zu sprechen, bleibt es dennoch stets Gewalt und Unrecht, so sehr es auch mit dem Namen, unter dem Vorwand oder der Form des Gesetzes beschönigt wird. Denn der Sinn der Gesetze ist es, durch vorurteilsfreie Anwendung auf alle, die unter ihnen stehen, den Unschuldigen zu schützen und ihm zu seinem Recht zu verhelfen. Wo das nicht bona fide geschieht, wird gegen die Leidtragenden der Krieg erklärt. Ihnen bleibt dann nur als einziger Ausweg, den Himmel anzurufen, da sie auf Erden keine Instanz haben, die ihnen zu ihrem Recht verhilft. [...]

Der Mensch wird, wie nachgewiesen worden ist, mit einem Rechtsanspruch auf vollkommene Freiheit und uneingeschränkten Genuß aller Rechte und Privilegien des natürlichen Gesetzes in Gleichheit mit jedem anderen Menschen oder jeder Anzahl von Menschen auf dieser Welt geboren. Daher hat er von Natur aus nicht nur die Macht, sein Eigentum, d.h. sein Leben, seine Freiheit und seinen Besitz gegen die Schädigungen und Angriffe anderer Menschen zu schützen, sondern auch jede Verletzung dieses Gesetzes seitens anderer zu verurteilen und sie so zu bestrafen, wie es nach seiner Überzeugung das Vergehen verdient, sogar mit dem Tode, wenn es sich um Verbrechen handelt, deren Abscheulichkeit nach seiner Meinung die Todesstrafe erfordert. Da aber keine politische Gesellschaft bestehen kann, ohne daß es in ihr eine Gewalt gibt, das Eigentum zu schützen und zu diesem Zweck die Übertretungen aller, die dieser Gesellschaft angehören, zu bestrafen, so gibt es nur dort eine politische Gesellschaft, wo jedes einzelne ihrer Mitglieder seine natürliche Gewalt aufgegeben und zugunsten der Gemeinschaft in all denjenigen Fällen auf sie verzichtet hat, die es nicht davon ausschließen, das von ihr geschaffene Gesetz zu seinem Schutz anzurufen. Auf diese Weise wird das persönliche Strafgericht der einzelnen Mitglieder beseitigt, und die Gemeinschaft wird nach festen, stehenden Regeln zum unparteiischen und einzigen Schiedsrichter für alle. Durch Männer, denen von der Gemeinschaft die Autorität verliehen wurde, jene Regeln zu vollziehen, entscheidet sie alle Rechtsfragen, die unter den Mitgliedern dieser Gesellschaft auftreten können, und bestraft jene Vergehen, die von irgendeinem Mitglied gegen die Gesellschaft begangen werden, mit den vom Gesetz vorgesehenen Strafen. Daran kann man leicht beurteilen, welche Menschen in einer politischen Gesellschaft zusammenleben und welche nicht. Diejenigen, die zu einem einzigen Körper vereinigt sind, eine allgemeine feststehende Gesetzgebung und ein Gerichtswesen haben, das sie anrufen können und das genügend Autorität besitzt, die Streitigkeiten unter ihnen zu entscheiden und Verbrechen zu bestrafen, bilden zusammen eine bürgerliche Gesellschaft. Diejenigen aber, die keine solche gemeinsame Berufungsinstanz besitzen, zumindest nicht auf Erden, befinden sich noch im Naturzustand. Da es keinen anderen Richter gibt, ist jeder zugleich sein eigener Richter und Vollstrecker. Und genau das ist, wie ich schon oben gezeigt habe, der vollkommene Naturzustand. [...]

Das beweist, daß die absolute Monarchie, die manche Menschen für die einzige Regierung der Welt halten, in Wahrheit mit bürgerlicher Gesellschaft unverträglich ist und überhaupt keinerlei Form von bürgerlicher Regierung sein kann. Denn das Ziel der bürgerlichen Gesellschaft ist es, die Unzuträglichkeiten des Naturzustandes, die sich notwendigerweise ergeben, wenn jeder sein Richter in eigener Sache ist, zu vermeiden und ihnen abzuhelfen, indem eine allen bekannte Autorität eingesetzt wird, die jedes Mitglied der Gesellschaft anrufen kann, wenn es ein Unrecht erlitten hat oder ein Streit entstanden ist. Dieser Autorität muß jeder in der Gesellschaft gehorchen. Wo es also Menschen gibt, die keine solche Autorität besitzen, die sie zur Entscheidung ihrer Streitigkeiten anrufen könnten, befinden sich diese Menschen immer noch im Naturzustand. Und das gilt für jeden absoluten Fürsten gegenüber denjenigen, die unter seiner Herrschaft stehen.

Denn da man von dem Fürst annimmt, daß er alle Gewalt, sowohl die legislative als auch die exekutive, allein in seiner Person vereinigt, so ist kein Richter zu finden, den man anrufen könnte und der gerecht, unparteiisch und mit Machtbefugnis entscheidet und von dessen Entscheidung man bei jedem Unrecht oder jedem Schaden, die man von seiten des Fürsten oder auf seinen Befehl erleidet, Abhilfe und Wiedergutmachung erwarten könnte. Ein solcher Mensch, gleichgültig ob man ihn Zar, Grandseigneur oder sonstwie nennen mag, befindet sich denjenigen gegenüber, die unter seiner Herrschaft stehen, ebensosehr im Naturzustand wie der übrigen Menschheit gegenüber. Denn überall, wo zwei Menschen leben, die keine feste Regel und keinen gemeinsamen Richter auf Erden haben, den sie zur Entscheidung ihrer Rechtsstreitigkeiten anrufen könnten, befinden sich diese Menschen immer noch im Naturzustand mit allen seinen Unzuträglichkeiten, nur mit dem folgenden schmerzlichen Unterschied für den Untertan oder vielmehr Sklaven eines absoluten Fürsten: Während er nämlich im gewöhnlichen Naturzustand die Freiheit hat, über sein Recht zu urteilen und, soweit es in seiner Macht steht, dieses Recht zu behaupten, so hat er jetzt, wenn nach dem Willen oder auf den Befehl seines Monarchen sein Eigentum angegriffen wird, nicht nur keine Berufungsmöglichkeit, wie sie doch die Menschen in einer Gesellschaft haben müßten, sondern ihm wird auch die Freiheit versagt, über sein Recht zu urteilen und es zu verteidigen, ganz als ob man ihn unter den normalen Zustand vernünftiger Wesen erniedrigt hätte. Er ist somit allem Elend und all den Nachteilen ausgesetzt, die ein Mensch von einem anderen zu befürchten hat, der sich im unbeschränkten Naturzustand befindet und obendrein noch von Schmeichlern verdorben und mit Gewalt ausgerüstet ist. [...]

Da die Menschen, wie schon gesagt wurde, von Natur aus alle frei, gleich und unabhängig sind, kann niemand ohne seine Einwilligung aus diesem Zustand verstoßen und der politischen Gewalt eines anderen unterworfen werden. Die einzige Möglichkeit, mit der jemand diese natürliche Freiheit aufgibt und die Fesseln bürgerlicher Gesellschaft anlegt, liegt in der Übereinkunft mit anderen, sich zusammenzuschließen und in eine Gemeinschaft zu vereinigen, mit dem Ziel eines behaglichen, sicheren und friedlichen Miteinanderlebens, in dem sicheren Genuß ihres Eigentums und in größerer Sicherheit gegenüber allen, die nicht zu dieser Gemeinschaft gehören. Dies kann jede beliebige Anzahl von Menschen tun, weil es die Freiheit der übrigen nicht beeinträchtigt; diese verbleiben wie vorher in der Freiheit des Naturzustandes. Wenn eine Anzahl von Menschen darin eingewilligt hat, eine einzige Gemeinschaft oder eine Regierung zu bilden, so haben sie sich ihr damit gleichzeitig einverleibt, und sie bilden einen einzigen politischen Körper, in dem die Mehrheit das Recht hat, zu handeln und die übrigen mitzuverpflichten.

Denn wenn eine Anzahl von Menschen mit der Zustimmung jedes Individuums eine Gemeinschaft gebildet hat, dann haben sie dadurch diese Gemeinschaft zu einem einzigen Körper gemacht, mit der Macht, wie ein einziger Körper zu handeln, was nur durch den Willen und den Beschluß der Mehrheit geschehen kann. Denn da eine Gemeinschaft allein durch die Zustimmung ihrer einzelnen Individuen zu handeln vermag und sich ein einziger Körper auch nur in einer einzigen Richtung bewegen kann, so muß sich notwendigerweise der Körper dahin bewegen, wohin die stärkere Kraft ihn treibt. Und das eben ist die Übereinstimmung der Mehrheit. Anderenfalls wäre es unmöglich, daß die Gemeinschaft als ein Körper, als eine einzige Gemeinschaft handeln und fortbestehen kann, wie es doch durch die Zustimmung aller Individuen, die sich in ihr vereinigt haben, beschlossen worden war. Und somit ist jeder einzelne durch diese Zustimmung verpflichtet, sich der Mehrheit zu unterwerfen. So sehen wir, daß in Versammlungen, die durch positive Gesetze zum Handeln ermächtigt sind und wo das positive Gesetz, das sie ermächtigte, keine bestimmte Zahl vorschreibt, der Beschluß der Mehrheit als der Beschluß aller gilt und folglich entscheidet, als ob sie nach dem Gesetz der Natur und der Vernunft die Gewalt der Gesamtheit vertreten würde.

Jeder Mensch also, der mit anderen übereinkommt, einen einzigen politischen Körper unter einer Regierung zu bilden, verpflichtet sich gegenüber jedem einzelnen dieser Gesellschaft, sich dem Beschluß der Mehrheit zu unterwerfen und sich ihm zu fügen. Denn sonst würde dieser ursprüngliche Vertrag, durch den er sich mit anderen zu einer Gesellschaft vereinigt, keinerlei Bedeutung haben und kein Vertrag sein, wenn der einzelne weiter frei bliebe und unter keiner anderen Verpflichtung stände als vorher im Naturzustand. Denn welcher Anschein eines Vertrages würde dann noch übrigbleiben? Welche neue Verpflichtung würde er eingehen, wenn er durch die Beschlüsse dieser Gesellschaft nicht weiter gebunden wäre, wie er es selbst für gut hielte und er ihnen seine Zustimmung gäbe? Dies würde eine noch ebenso große Freiheit bedeuten, wie er sie vor seinem Vertrage hatte oder wie sie sonst jemand im Naturzustand hat, der sich den Beschlüssen der Gemeinschaft unterwerfen und ihren Handlungen zustimmen mag, wenn es ihm nützlich scheint.

Denn wenn man nicht vernünftigerweise die Übereinkunft der Mehrheit für den Beschluß der Gesamtheit hält, der jedes Individuum verpflichten soll, so kann nur die Zustimmung jedes einzelnen etwas zum Beschluß aller machen. Eine solche Zustimmung jemals zu erlangen, ist aber so gut wie unmöglich, wenn wir die Krankheiten und die beruflichen Verpflichtungen berücksichtigen, die in einer Anzahl von Menschen, auch wenn sie viel kleiner ist als die eines Staatswesens, notwendigerweise viele von den öffentlichen Versammlungen fernhalten werden. Wenn wir dem noch die unterschiedlichen Meinungen und die gegensätzlichen Interessen hinzufügen, die unvermeidlich in allen menschlichen Versammlungen vorkommen, so würde unter solchen Umständen das Eintreten in die Gesellschaft wie der Eintritt Catos in das Theater sein, das heißt, nur um wieder hinauszugehen. Eine solche Verfassung würde dem mächtigen Leviathan eine kürzere Lebensdauer geben als den schwächsten Kreaturen und ihn nicht einmal den Tag seiner Geburt überleben lassen. Das kann man aber nicht annehmen, solange man nicht glaubt, daß vernunftbegabte Wesen nur deshalb Gesellschaften wünschten und begründeten, damit sie wieder aufgelöst würden. Denn wo die Majorität nicht auch die übrigen verpflichten kann, kann die Gesellschaft nicht als ein einziger Körper handeln und wird folglich sofort wieder aufgelöst werden.

Deshalb muß von allen Menschen, die sich aus dem Naturzustand zu einer Gesellschaft vereinigen, auch vorausgesetzt werden, daß sie alle Gewalt, die für das Ziel, um dessentwillen sie sich zu einer Gesellschaft vereinigen, notwendig ist, an die *Mehrheit* der Gesellschaft abtreten, falls man sich nicht ausdrücklich auf eine größere Zahl als die Mehrheit geeinigt hätte. Und das geschieht durch die bloße Übereinkunft, sich zu einer politischen Gesellschaft zu vereinigen, was schon den ganzen Vertrag enthält, der zwischen den Individuen, die in das Staatswesen eintreten oder es begründen, geschlossen wird und notwendig ist.

So ist der Anfang und die tatsächliche Konstituierung einer politischen Gesellschaft nichts anderes als die Übereinkunft einer für die Bildung der Mehrheit fähigen Anzahl freier Menschen, sich zu vereinigen und sich einer solchen Gesellschaft einzugliedern. Und allein nur das ist es, was jeder rechtmäßigen Regierung auf der Welt den Anfang gegeben hat oder geben konnte. [...]

Wenn der Mensch im Naturzustand so frei ist, wie gesagt worden ist, wenn er der absolute Herr seiner eigenen Person und seiner Besitztümer ist, dem Größten gleich und niemandem untertan, warum soll er auf seine Freiheit verzichten? Warum soll er seine Selbständigkeit aufgeben und sich der Herrschaft und dem Zwang einer anderen Gewalt unterwerfen? Die Antwort darauf liegt auf der Hand: Obwohl er nämlich im Naturzustand ein solches Recht hat, so ist doch die Freude an diesem Recht sehr ungewiß, da er fortwährend den Übergriffen anderer ausgesetzt ist. Denn da jeder im gleichen Maße König ist wie er, da alle Menschen gleich sind und der größere Teil von ihnen nicht genau die Billigkeit und Gerechtigkeit beachtet, so ist die Freude an seinem Eigentum, das er in diesem Zustand besitzt, sehr ungewiß und sehr unsicher. Das läßt ihn bereitwillig einen Zustand aufgeben, der bei aller Freiheit voll von Furcht und ständiger Gefahr ist. Und nicht grundlos trachtet er danach und ist dazu bereit, sich mit anderen zu einer Gesellschaft zu verbinden, die bereits vereinigt sind oder doch die Absicht hegen, sich zu vereinigen, zum gegenseitigen Schutz ihres Lebens, ihrer Freiheiten und ihres Vermögens, was ich unter der allgemeinen Bezeichnung Eigentum zusammenfasse.

Das große und hauptsächliche Ziel, weshalb Menschen sich zu einem Staatswesen zusammenschließen und sich unter eine Regierung stellen, ist also die Erhaltung ihres Eigentums. Dazu fehlt es im Naturzustand an vielen Dingen:

Erstens fehlt es an einem feststehenden, geordneten und bekannten Gesetz, das durch allgemeine Zustimmung als die Norm für Recht und Unrecht und als der allgemeine Maßstab zur Entscheidung ihrer Streitigkeiten von ihnen allen angenommen und anerkannt ist. Denn obwohl das Gesetz der Natur für alle vernunftbegabten Wesen klar und verständlich ist, werden die Menschen doch durch ihr eigenes Interesse beeinflußt, und da sie außerdem nicht darüber nachdenken und es folglich auch zu wenig kennen, pflegen sie es nicht als ein Recht anzuerkennen, das in seiner Anwendung auf ihre eigenen Fälle für sie verbindlich wäre.

Zweitens fehlt es im Naturzustand an einem anerkannten und unparteiischen Richter, mit der Autorität, alle Zwistigkeiten nach dem feststehenden Gesetz zu entscheiden. Denn da im Naturzustand jeder gleichzeitig Richter und auch Vollzieher des Gesetzes der Natur ist, die Menschen aber sich selbst gegenüber parteiisch sind, ist es sehr wahrscheinlich, daß in eigener Sache Leidenschaft und Rache sie zu weit fortreißen und ihren Eifer übersteigern, in Sachen anderer Menschen dagegen Nachlässigkeit und Gleichgültigkeit sie zu indifferent machen werden.

Drittens fehlt es im Naturzustand oft an einer Gewalt, dem gerechten Urteil einen Rückhalt zu geben, es zu unterstützen und ihm die gebührende Vollstreckung zu sichern. Menschen, die sich durch irgendeine Ungerechtigkeit gegen das Gesetz vergehen, werden, wenn sie dazu in der Lage sind, selten darauf verzichten, ihr Unrecht mit Gewalt durchzusetzen: Ein solcher Widerstand macht die Bestrafung häufig gefährlich und oftmals für die, die sie durchführen sollen, verderblich.

So sind trotz aller Vorrechte des Naturzustandes die Menschen doch, solange sie ihm verbleiben, in einer schlechten Lage und werden deshalb schnell zur Gesellschaft gezwungen. Und das ist auch die Ursache, daß wir selten eine Anzahl von Menschen finden, die längere Zeit in diesem Zustand zusammenleben. Die Unzuträglichkeiten, denen sie darin ausgesetzt sind durch die unregelmäßige und unbestimmte Ausübung der Macht, die jeder Mensch hat, um die Übertretungen anderer zu bestrafen, veranlassen sie, zu den festen Gesetzen einer Regierung Zuflucht zu nehmen und dort die Erhaltung ihres Eigentums zu suchen. Eben das macht alle Menschen so bereitwillig, auf ihre persönliche Macht der Bestrafung zu verzichten, damit sie allein von denjenigen ausgeübt werde, die unter ihnen dazu bestimmt werden, und zwar nach solchen Regeln, wie sie die Gemeinschaft oder diejenigen, die zu diesem Zweck von ihr ermächtigt werden, vereinbaren. Und hierin sehen wir das ursprüngliche Recht und den Ursprung von beiden, der legislativen und der exekutiven Gewalt wie auch der Regierungen und der Gesellschaften selbst.

Denn im Naturzustand hat der Mensch, abgesehen von der Freiheit unschuldigen Vergnügens, zweierlei Gewalten.

Die erste ist, alles zu tun, was er innerhalb der Grenzen des Gesetzes der Natur für die Erhaltung seiner selbst und der anderen Menschen als richtig ansieht. Durch dieses ihnen allen gemeinsame Gesetz bilden er und alle übrigen Menschen eine einzige Gemeinschaft und formen eine Gesellschaft, die sich deutlich von allen anderen Lebewesen abhebt. Und gäbe es nicht die Verderbtheit und Schlechtigkeit entarteter Menschen, so würde man auch kein Verlangen nach einer anderen Gesellschaft haben; es läge keinerlei Notwendigkeit vor, daß sich die Menschen von dieser großen und natürlichen Gemeinschaft trennen sollten und sich durch positive Vereinbarungen zu kleineren oder Teilgemeinschaften vereinigten.

Die andere Gewalt, die ein Mensch im Naturzustand hat, ist die Gewalt, Verbrechen zu bestrafen, die gegen jenes Gesetz begangen wurden. Diese beiden Gewalten gibt er auf, wenn er sich einer privaten oder, wenn ich es einmal so nennen darf, besonderen politischen Gesellschaft anschließt und sich einem von der übrigen Menschheit gesonderten Staatswesen einverleibt.

Die erste Gewalt, nämlich alles zu tun, was er für die Erhaltung seiner selbst und der übrigen Menschheit als richtig ansieht, gibt er auf, damit sie durch die Gesetze der Gesellschaft so weit geregelt werde, wie es die Erhaltung seiner selbst und der übrigen Glieder dieser Gesellschaft erfordert. Diese Gesetze der Gesellschaft schränken in vieler Hinsicht die Freiheit ein, die er nach dem natürlichen Gesetz hatte.

Die zweite Gewalt, nämlich die Gewalt zu strafen, gibt er vollständig auf und verpflichtet seine natürliche Kraft (die er vorher auf Grund seiner eigenen Autorität nach seinem Gutdünken nur zur Vollstreckung des natürlichen Gesetzes gebrauchen durfte), um die exekutive Gewalt der Gesellschaft zu unterstützen, so wie es das Gesetz verlangt. Er befindet sich jetzt in einem neuen Zustand, der ihm von der Arbeit, Hilfe und Gesellschaft anderer in dieser Gemeinschaft viele Vorteile und auch den Schutz ihrer gesamten Stärke bringen soll. Deshalb muß er aber auch seinerseits so weit auf seine natürliche Freiheit, allein für sich selbst zu sorgen, verzichten, wie es das Wohl, das Gedeihen und die Sicherheit der Gesellschaft erfordert. Das ist nicht nur notwendig, sondern auch gerecht, weil die anderen Glieder der Gesellschaft das gleiche tun.

Mit ihrem Eintritt in die Gesellschaft verzichten nun die Menschen zwar auf die Gleichheit, Freiheit und exekutive Gewalt des Naturzustandes, um sie in die Hände der Gesellschaft zu legen, damit die Legislative so weit darüber verfügen kann, wie es das

Wohl der Gesellschaft erfordert. Doch geschieht das nur mit der Absicht jedes einzelnen, um damit sich selbst, seine Freiheit und sein Eigentum besser zu erhalten (denn man kann von keinem vernünftigen Wesen voraussetzen, daß es seine Lebensbedingungen mit Absicht ändere, um sie zu verschlechtern). Man kann deshalb auch nie annehmen, daß sich die Gewalt der Gesellschaft oder der von ihr eingesetzten Legislative weiter erstrecken soll als auf das gemeinsame Wohl. Sie ist vielmehr verpflichtet, das Eigentum eines jeden dadurch zu sichern, daß sie gegen jene drei erwähnten Mängel Vorsorge trifft, die den Naturzustand so unsicher und unbehaglich machten. Wer immer daher die Legislative oder höchste Gewalt eines Staatswesens besitzt, ist verpflichtet, nach festen, stehenden Gesetzen zu regieren, die dem Volke verkündet und bekanntgemacht wurden, und nicht nach Beschlüssen des Augenblicks; durch unparteiische und aufrechte Richter, die Streitigkeiten nach jenen Gesetzen entscheiden müssen. Weiter ist er verpflichtet, die Macht dieser Gemeinschaft im Innern nur zur Vollziehung dieser Gesetze, nach außen zur Verhütung und Sühne fremden Unrechts und zum Schutz der Gemeinschaft vor Überfällen und Angriffen zu verwenden. Und all dies darf zu keinem anderen Ziel führen als zum Frieden, zur Sicherheit und zum öffentlichen Wohl des Volkes.

Wie schon gezeigt worden ist, besitzt bei der ersten Vereinigung der Menschen zu einer Gesellschaft die Mehrheit naturgemäß die gesamte Gewalt der Gemeinschaft. Sie kann alle diese Gewalt anwenden, um der Gemeinschaft von Zeit zu Zeit Gesetze zu geben und diese Gesetze durch Beamte ihrer eigenen Wahl vollstrecken zu lassen. In diesem Fall ist die Form der Regierung eine vollkommene Demokratie. Oder sie kann die Gewalt der Gesetzgebung in die Hände einiger auserwählter Männer und ihrer Erben oder Nachfolger legen, dann ist sie eine Oligarchie, oder aber in die Hände eines einzigen Mannes, und dann ist sie eine Monarchie. Wird sie ihm und seinen Erben übertragen, dann handelt es sich um eine Erbmonarchie, wenn aber nur auf Lebenszeit, so daß bei seinem Tode die Macht, einen Nachfolger zu ernennen, wieder an die Mehrheit zurückfällt, um eine Wahlmonarchie. Und dementsprechend kann die Gemeinschaft nach Belieben zusammengesetzte und gemischte Regierungsformen bilden. Wenn die Mehrheit die legislative Gewalt zuerst einer oder mehreren Personen nur auf Lebenszeit oder für einen begrenzten Zeitraum überträgt, und die höchste Gewalt danach wieder an sie zurückfällt, so kann die Gemeinschaft sie, sobald das geschehen ist, von neuem übertragen, sie in beliebige Hände legen und so eine neue Regierungsform schaffen. Denn die Form der Regierung hängt davon ab, wie man die höchste Gewalt, nämlich die Legislative, anlegt. Da man es unmöglich begreifen kann, daß eine untergeordnete Gewalt einer höheren Vorschriften machen kann oder irgendeine andere als die höchste Gewalt dazu in der Lage ist, Gesetze zu verabschieden, so bestimmt die Anlage der gesetzgebenden Gewalt auch die Form des Staatswesens. [...]

Das große Ziel, das Menschen, die in eine Gesellschaft eintreten, vor Augen haben, liegt im friedlichen und sicheren Genuß ihres Eigentums, und das große Werkzeug und Mittel dazu sind die Gesetze, die in dieser Gesellschaft erlassen worden sind. *So ist das erste und grundlegende positive Gesetz aller Staaten die Begründung der legislativen Gewalt, so wie das erste und grundlegende natürliche Gesetz, das sogar über der legislativen Gewalt gelten muß, die Erhaltung der Gesellschaft und (soweit es mit dem öffentlichen Wohl vereinbar ist) jeder einzelnen Person in ihr ist.* Diese Legislative ist nicht nur die höchste Gewalt des Staates, sondern sie liegt auch geheiligt und unabänderlich in den Händen, in welche die Gemeinschaft sie einmal gelegt hat. Keine Vorschrift irgendeines anderen Menschen, in welcher Form sie auch verfaßt, von welcher Macht sie auch gestützt sein mag, kann die verpflichtende Kraft eines Gesetzes haben, wenn sie nicht ihre Sanktion von derjenigen Legislative erhält, die das Volk gewählt und ernannt hat. Denn ohne sie könnte das Gesetz nicht haben, was absolut notwendig ist, um es zu einem Gesetz zu machen, nämlich die Zustimmung der Gesellschaft. Niemand kann eine Gewalt haben, der Gesellschaft Gesetze zu geben, es sei denn auf Grund ihrer eigenen Zustimmung und der Autorität, die ihm von ihren Gliedern verliehen wurde. Und deshalb endet aller Gehorsam, den zu erweisen jemand durch die heiligsten Bande verpflichtet sein kann, zuletzt in dieser höchsten Gewalt und ist jenen Gesetzen unterstellt, die diese Gewalt beschließt. Kein Eid, der einer fremden Gewalt geleistet wurde, und auch keinerlei heimische untergeordnete Gewalt können irgendein Glied der Gesellschaft von seinem Gehorsam gegen die Legislative entbinden, wenn sie dem Vertrauensamt gemäß handelt, oder ihn zu einem Gehorsam verpflichten, der den so gegebenen Gesetzen widerspricht oder weiter reicht, als sie es zulassen. Denn es ist lächerlich anzunehmen, jemand könnte verpflichtet sein, letztlich irgendeiner Gewalt in der Gesellschaft zu gehorchen, die nicht die höchste ist.

Obwohl die Legislative – mag sie nun in den Händen eines einzelnen oder bei mehreren liegen, mag sie dauernd oder nur zeitweilig bestehen – die höchste Gewalt in jedem Staate darstellt, so ist sie doch in zweierlei Hinsicht beschränkt:

Sie ist keine absolute, willkürliche Gewalt über Leben und Schicksal des Volkes und kann es auch unmöglich sein. Sie ist nichts als die vereinigte Gewalt aller Glieder der Gesellschaft, die jener Person oder Versammlung übertragen wurde, die der Gesetzgeber ist. Sie kann daher auch nicht größer sein als die Gewalt, die jene Menschen im Naturzustand besaßen, bevor sie in die Gesellschaft eintraten, und auf die sie zugunsten der Gemeinschaft verzichteten. Denn niemand vermag einem anderen eine größere Gewalt zu übertragen, als er selbst besitzt, und niemand hat eine absolute, willkürliche Gewalt über sich selbst oder irgendeinen anderen Menschen, sein eigenes Leben zu vernichten oder einem anderen sein Leben oder sein Eigentum zu nehmen. Ein Mensch kann sich nicht, wie schon bewiesen worden ist, der willkürlichen Gewalt eines anderen unterwerfen. Und da er im Naturzustand keine willkürliche Gewalt über das Leben, die Freiheit oder den Besitz eines anderen hat, sondern nur so viel, wie ihm das Gesetz der Natur zur Erhaltung seiner selbst und der übrigen Menschheit gegeben hat, so ist dies auch alles, was er zugunsten des Staates oder damit zugunsten der legislativen Gewalt aufgibt oder aufgeben kann, so daß die Legislative auch nicht mehr Macht als diese besitzt. In ihren äußersten Grenzen ist ihre Gewalt auf das öffentliche Wohl der Gesellschaft beschränkt. Es ist eine Gewalt, die einzig die Erhaltung zum Ziel hat. Sie kann deshalb niemals das Recht haben, die Untertanen zu vernichten, zu unterjochen oder mit Vorbedacht auszusaugen. Die Verpflichtungen des natürlichen Gesetzes hören nicht etwa in der Gesellschaft auf, sondern werden in vielen Fällen nur enger gezogen. Man hat ihnen durch menschliche Gesetze bekannte Strafen hinzugefügt, um ihre Beachtung zu erzwingen. So steht das Gesetz der Natur als Symbol einer ewigen Regel für alle Menschen, für Gesetzgeber wie auch für alle anderen. Die Vorschriften, die sie für die Handlungen anderer Menschen geben, müssen ebenso wie ihre eigenen Handlungen und die der anderen mit dem Gesetz der Natur, das heißt mit dem Willen Gottes, der in ihnen zum Ausdruck kommt, vereinbar sein; und da das fundamentale Gesetz der Natur die Erhal-

tung der Menschheit ist, kann keine menschliche Zwangsmaß-
nahme gut oder gültig sein, die diesem Gesetz widerspricht.

Außerdem kann sich die Legislative oder höchste Gewalt keine
Macht anmaßen, nach willkürlichen Beschlüssen des Augenblicks zu regieren, sondern sie ist verpflichtet, nach öffentlich
verkündeten, stehenden Gesetzen und durch anerkannte, autori-
sierte Richter für Gerechtigkeit zu sorgen und über das Recht
der Untertanen zu entscheiden. Denn da das Gesetz der Natur ein
ungeschriebenes Gesetz ist und deshalb nur in der Seele der
Menschen zu finden ist, können diejenigen, die es aus Leidenschaft oder Interesse verdrehen oder falsch anwenden, nicht
leicht von ihrem Irrtum überzeugt werden, wenn es keinen fest
eingesetzten Richter gibt. Und so dient es nicht, wie es eigentlich
sollte, die Rechte derjenigen Menschen, die unter ihm leben, zu
bestimmen und ihr Eigentum zu schützen, besonders nicht dort,
wo ein jeder selbst Richter, Ausleger und Vollstrecker ist und das
sogar in eigener Sache, und wo jemand, der das Recht auf seiner
Seite hat, in der Regel nur auf seine eigene persönliche Kraft
angewiesen ist und deshalb nicht genügend Macht hat, sich vor
Schädigungen selbst zu schützen oder Übeltäter zu bestrafen.
Um diese Nachteile, die das Eigentum des Menschen im Naturzustand zerrütten, nun zu vermeiden, verbinden sich die Menschen zu Gesellschaften, damit sie über die vereinigte Stärke der
gesamten Gesellschaft verfügen können, ihr Eigentum zu sichern
und zu verteidigen, und damit es stehende Regeln gebe, die es
begrenzen und durch die jeder erkennen kann, was ihm gehört.
Zu diesem Zweck verzichten die Menschen auf all ihre natürliche
Gewalt und legen sie in die Hände der Gesellschaft, in die sie
eintreten. Und zu diesem Zweck legt die Gemeinschaft die legislative Gewalt auch in solche Hände, die ihr geeignet erscheinen,
im Vertrauen, daß nach festen Gesetzen regiert werde. Denn
sonst würde ihr Friede, ihre Ruhe und ihr Eigentum auch ferner
ebenso unsicher bleiben wie im Naturzustand.

Weder absolute und willkürliche Gewalt noch eine Regierung
ohne feste, stehende Gesetze lassen sich mit den Zielen von
Gesellschaft und Regierung vereinbaren, und die Menschen würden nicht auf die Freiheit des Naturzustandes verzichten und
sich selbst Fesseln anlegen, wenn es nicht darum ginge, ihr Leben, ihre Freiheiten und ihr Vermögen zu erhalten und auf
Grund fester Regeln für Recht und Eigentum ihren Frieden und
ihre Ruhe zu sichern. Man kann nicht annehmen, daß sie die
Absicht haben sollten, selbst wenn sie die Macht dazu hätten,

einem oder mehreren Menschen eine absolute, willkürliche Gewalt über ihre Person und ihre Güter einzuräumen oder der Obrigkeit eine Macht in die Hände zu legen, ihren unumschränkten Willen willkürlich an ihnen zu vollziehen. Das hieße, sich selbst in eine schlimmere Lage begeben als es der Naturzustand war, in dem sie die Freiheit hatten, ihr Recht gegen das Unrecht anderer zu verteidigen, und in dem sich alle unter den gleichen Bedingungen der Macht befanden, dieses Recht zu behaupten, gleichgültig, ob man von einem einzelnen angegriffen wurde oder von mehreren, die sich miteinander vereinigt hatten. Nimmt man dagegen an, sie hätten sich der absoluten, willkürlichen Gewalt und dem Willen eines Gesetzgebers überantwortet, so hätten sie sich selbst entwaffnet und ihn mit Waffen versehen, daß er sie zu seiner Beute machen könnte, sobald er nur will. Wenn jemand der willkürlichen Gewalt eines einzelnen Mannes, der hunderttausend andere beherrscht, ausgesetzt ist, so befindet er sich in einer viel schlechteren Lage als jemand, der sich der willkürlichen Gewalt von hunderttausend einzelnen Menschen gegenübersieht. Denn niemand kann sicher sein, daß der Wille dessen, der eine solche Gewalt besitzt, besser sei als der eines anderen Menschen, während seine Macht dagegen hunderttausendmal größer ist.

Unter welcher Regierungsform ein Staat deshalb auch steht, die herrschende Gewalt sollte nach öffentlich verkündeten und anerkannten Gesetzen regieren und nicht nach Eingebungen des Augenblicks und unbestimmten Beschlüssen. Denn die Menschen würden in einer weitaus schlimmeren Lage sein als im Naturzustand, wenn sie einen oder wenige Männer mit der vereinigten Macht einer Menge ausgerüstet hätten, so daß diese sie zwingen könnten, nach ihrem Belieben den maßlosen und uneingeschränkten Beschlüssen ihrer plötzlichen Eingebung oder ihrem schrankenlosen und bis dahin unbekannten Willen zu gehorchen, ohne daß sie irgendwelche Maßregeln festgesetzt hätten, ihre Handlungen zu leiten und zu rechtfertigen. Denn da alle Gewalt der Regierung einzig zum Wohl der Gesellschaft dienen soll, so sollte sie sich auch nicht nach der Willkür und dem Belieben richten, sondern nach festen und öffentlich bekanntgemachten Gesetzen ausgeübt werden, damit einerseits das Volk seine Pflichten erkennen und innerhalb der Grenzen des Gesetzes ruhig und sicher leben kann, andererseits die Herrscher in Schranken gehalten werden und nicht durch die Gewalt, die sie in ihren Händen haben, in Versuchung geraten, sie zu solchen

Zwecken und durch solche Maßnahmen zu gebrauchen, die das Volk nicht anerkannt hat und nicht bereitwillig zugestehen würde. [...]

Die legislative Gewalt ist die Gewalt, die ein Recht hat zu bestimmen, wie die Macht des Staates zur Erhaltung der Gemeinschaft und ihrer Glieder gebraucht werden soll. Da aber diejenigen Gesetze, die laufend vollzogen werden und deren Kraft ständig dauern soll, in einer kurzen Zeit geschaffen werden können, so ist es auch nicht notwendig, daß sich die Legislative immer im Amte befindet, weil sie nicht ständig beschäftigt ist. Bei der Schwäche der menschlichen Natur, die stets bereit ist, nach der Macht zu greifen, würde es jedoch eine zu große Versuchung sein, wenn dieselben Personen, die die Macht haben, Gesetze zu geben, auch noch die Macht in die Hände bekämen, diese Gesetze zu vollstrecken. Dadurch könnten sie sich selbst von dem Gehorsam gegen die Gesetze, die sie geben, ausschließen und das Gesetz in seiner Gestaltung wie auch in seiner Vollstreckung ihrem eigenen persönlichen Vorteil anpassen. Schließlich würde es dazu kommen, daß sie von den übrigen Gliedern der Gemeinschaft gesonderte Interessen verfolgen würden, die dem Zweck der Gesellschaft und Regierung zuwiderlaufen. Deshalb wird in wohlgeordneten Staaten, in denen das Wohl des Ganzen gebührend berücksichtigt wird, die legislative Gewalt in die Hände mehrerer Personen gelegt, die nach einer ordnungsgemäßen Versammlung selbst oder mit anderen gemeinsam die Macht haben, Gesetze zu geben, die sich aber, sobald dies geschehen ist, wieder trennen und selbst jenen Gesetzen unterworfen sind, die sie geschaffen haben. Dies ist eine neue und starke Verpflichtung für sie, darauf bedacht zu sein, daß sie ihre Gesetze zum öffentlichen Wohl erlassen.

Da aber die Gesetze, die auf einmal und in kurzer Zeit geschaffen werden, eine immerwährende und dauernde Kraft haben und beständig vollstreckt oder befolgt werden sollen, ist es notwendig, daß eine ständige Gewalt vorhanden sei, die auf die Vollziehung der erlassenen und in Kraft bleibenden Gesetze achten soll. Und so geschieht es, daß die legislative und die exekutive Gewalt oftmals getrennt sind. [...]

Obwohl es in einem verfaßten Staat, der auf seiner eigenen Grundlage ruht und der eigenen Natur gemäß handelt, das heißt, zur Erhaltung der Gemeinschaft, nur eine höchste Gewalt geben kann, nämlich die Legislative, der alle übrigen Gewalten untergeordnet sind und auch sein müssen, so ist doch die Legislative nur eine Gewalt, die auf Vertrauen beruht und zu bestimmten Zwekken handelt. Es verbleibt dem Volk dennoch die höchste Gewalt, die Legislative abzuberufen oder zu ändern, wenn es der Ansicht ist, daß die Legislative dem in sie gesetzten Vertrauen zuwiderhandelt. Denn da alle Gewalt, die im Vertrauen auf einen bestimmten Zweck übertragen wird, durch diesen Zweck begrenzt ist, so muß, wenn dieser Zweck vernachlässigt oder ihm entgegen gehandelt wird, dieses Vertrauen notwendigerweise verwirkt sein und die Gewalt in die Hände derjenigen zurückfallen, die sie erteilt haben und die sie nun von neuem vergeben können, wie sie es für ihre Sicherheit und ihren Schutz am besten halten.

Und so behält die Gemeinschaft beständig eine höchste Gewalt für sich, um sich vor den Angriffen und Anschlägen jeder Körperschaft, selbst ihrer Gesetzgeber, zu sichern, so oft diese so töricht oder schlecht sein sollten, Pläne gegen die Freiheiten und Eigentumsrechte der Untertanen zu schmieden und zu verfolgen. Denn da kein Mensch oder keine menschliche Gesellschaft die Macht hat, ihre Erhaltung und folglich auch die Mittel dazu dem absoluten Willen und der willkürlichen Herrschaft eines anderen auszuliefern, so werden sie, sooft sie jemand in einen derartig sklavischen Zustand versetzen will, stets das Recht haben, das zu verteidigen, zu dessen Verzicht sie nicht die Macht haben, und sich von den Menschen zu befreien, die gegen dieses grundlegende, heilige und unabänderliche Gesetz der Selbsterhaltung, um dessentwillen sie in die Gemeinschaft eintraten, verstoßen. In dieser Beziehung kann man also sagen, daß die Gemeinschaft immer die höchste Gewalt darstellt. Das ist aber nicht unter dem Gesichtspunkt einer bestimmten Form der Regierung zu erwägen, denn diese Gewalt des Volkes kann erst dann wirksam werden, wenn die Regierung aufgelöst ist.

Einleitung

DAVID HUME (1711–1776) ist wie kein anderer Philosoph vor ihm zu zeigen bemüht, daß der Bereich möglicher philosophischer Erkenntnis äußerst beschränkt ist. Zu diesem Zweck setzt er immer wieder seinen nüchternen Scharfsinn ein, um die anspruchsvollen philosophischen Theorien anderer Denker als falsch oder doch als nicht erklärungskräftig und damit überflüssig zu erweisen.

In der Staatsphilosophie ist es die Lehre seiner britischen Vorgänger vom Gesellschaftsvertrag, die Hume im einzelnen analysiert und als wertlos verwirft. In einer Betrachtungsweise, die für unrealistische Wunschvorstellungen keinen Raum läßt, nimmt er diese Lehre ohne Umschweife beim Wort: Lassen sich irgendwelche unserer alltäglichen politischen Verpflichtungsurteile tatsächlich durch die Hypothese eines Gesellschaftsvertrages erklären? Sowohl aus einem empirischen wie aus einem logischen Grund glaubt Hume diese Frage verneinen zu müssen.

Der empirische Grund ist der folgende. Es gibt, so argumentiert Hume, keinen einzigen heute bestehenden oder in der Geschichte bekannten Staat, dessen Gründung auf einen Vertragsschluß seiner Bürger zurückginge. Es gibt damit auch keinen staatlichen Machthaber in Geschichte oder Gegenwart, der die Loyalität, den politischen Gehorsam seiner Untertanen unter Berufung auf einen solchen Vertragsschluß verlangen könnte.

Nicht einmal die Anfänge menschlichen Zusammenlebens in einem staatsähnlichen Verbande in grauer Vorzeit darf man sich so vorstellen, daß die Menschen durch einen Vertrag, also durch ein ausdrückliches gegenseitiges Versprechen, eine politische Autorität (etwa einen Stammeshäuptling) eingesetzt hätten. Es war vielmehr die allmähliche Einsicht in die Nützlichkeit einer solchen Autorität, die sie bestimmte, einem Individuum, das sich bei einer besonderen Gelegenheit (etwa im Verteidigungsnotfall) als Anführer bewährt hatte, auch auf Dauer Gefolgschaft zu leisten.

Ließe sich von der *ursprünglichen* Staatsgründung in einem Gebiet also durchaus noch sagen, daß sie zwar nicht auf einer ausdrücklichen Vereinbarung, aber doch auf einer stillschweigenden Zustimmung der Bürger beruht, so trifft selbst das auf die bereits bestehende staatliche Autorität späterer Zeiten schon nicht mehr zu. Denn einerseits ist es gewöhnlich ausgeschlossen, ein politisches System noch nach einigen Generationen auf die ursprüngliche Verfassung des Landes, also auf die Zustimmung der »Gründungsväter« – und nicht vielmehr auf einen von innen oder außen verübten Gewaltakt – zurückzuführen. Und andererseits kann man von einer stillschweigenden Zustimmung der *gegenwärtig* lebenden Generation deshalb sinnvollerweise nicht sprechen, weil die meisten Bürger kaum das Gefühl haben, zur Weiterführung ihres Lebens in ihrem angestammten Vaterland irgendeine Alternative zu besitzen.

Angesichts dieses empirischen Befundes ließe sich ohne Selbstwiderspruch zwar immer noch die *normative Forderung* aufrechterhalten, jede *rechtmäßige,* moralisch zum Gehorsam verpflichtende Regierung müsse in irgendeiner Weise auf einer Vereinbarung der betroffenen Individuen beruhen. Eine derartige Forderung jedoch, derentsprechend es in der Wirklichkeit kaum je eine rechtmäßige Regierung gegeben hat und die damit zu den moralischen Alltagsvorstellungen der Bürger selbst in einem eklatanten Widerspruch steht, ist für Hume ein nicht weiter diskutables Phantasiegebilde.

Aber noch aus einem weiteren Grund, einem Grund logischer Natur, lehnt Hume die philosophische Hypothese vom Gesellschaftsvertrag strikt ab. Er argumentiert wie folgt: Selbst wenn es zuträfe – was in Wirklichkeit nicht zutrifft –, daß der Staat auf einer ausdrücklichen oder stillschweigenden Vereinbarung seiner Bürger beruht, so wäre dieser Umstand doch ganz ungeeignet, unsere Gehorsamspflicht gegenüber dem Staat zu begründen. Denn auf den Begründungsversuch der Gesellschaftsvertragstheorie – »Du mußt dem Staat gehorchen, weil du es deinen Mitbürgern durch den Abschluß eines Gesellschaftsvertrages versprochen hast« – folgt unweigerlich die weitere Frage: »Aber warum muß ich mein gegebenes Versprechen halten?« Und die einzige Antwort, die sich auf *diese* Frage geben läßt, ist ebensogut geeignet, unsere Gehorsamspflicht gegenüber dem Staat *unmittelbar* zu begründen. Mit anderen Worten: Die Hypothese vom Gesellschaftsvertrag verschiebt lediglich das Problem, das sie zu lösen vorgibt. Sie leistet nichts und könnte bestenfalls (sofern zutreffend) als eine überflüssige theoretische Komplizierung angesehen werden.

Wie lautet nun nach Hume jene Antwort, mit der sich unsere Gehorsamspflicht gegenüber dem Staat unmittelbar begründen läßt? Sie lautet etwa so: Das Interesse der Bürger an Frieden und Sicherheit erfordert eine staatlich geregelte Ordnung des Zusammenlebens. Eine solche Ordnung kann aber auf Dauer nur Bestand haben, wenn die Bürger der staatlichen Autorität Gehorsam zollen. Der Staat rechtfertigt sich für Hume somit ausschließlich als Instrument des gemeinsamen Nutzens – wobei der gemeinsame Nutzen mit dem langfristigen Nutzen jedes einzelnen zusammenfällt.

Diese Konzeption von der Funktion des Staates ist der Hobbesschen Auffassung verwandter als der Lockeschen. (Bei seiner Polemik gegen die Gesellschaftsvertragstheorie hat Hume in der Tat vor allem die Lockesche Auffassung im Auge.) Für Lockes Vorstellung von individuellen Freiheitsrechten, die dem Staat vorgegeben und von ihm unter allen Umständen zu respektieren sind, bringt Hume kein Verständnis auf. Wie für Hobbes ist auch für ihn die Frage nach der richtigen Staatsform von sekundärer Bedeutung. Allerdings sind auch die Unterschiede zu Hobbes nicht zu übersehen. Für Hume ist der Mensch nicht, wie für Hobbes, ein ausschließlich egoistisch motiviertes Wesen. Dementsprechend ist Hume nicht mit Hobbes der Meinung, daß lediglich Furcht vor staatlichen Sanktionen den einzelnen dazu bringen kann, seinen Gehorsamsbeitrag zu einem funktionsfähigen Staatswesen zu leisten. Vielmehr wird der einzelne durch die Einsicht in die Gefahren einer Revolution oder auch durch solche Motive wie das bloße Festhalten an überkommenen Traditionen und Gewohnheiten zur Loyalität gegenüber dem jeweiligen, angestammten politischen Herrscher bestimmt werden.

Humes einschneidende Kritik an der Theorie vom Gesellschaftsvertrag konnte nicht verhindern, daß diese Theorie, in ihrer neuzeitlichen Fassung von Denkern wie Hobbes und Locke im siebzehnten Jahrhundert begründet, in der zweiten Hälfte des achtzehnten Jahrhunderts von Rousseau und Kant in abgewandelter Form erneut aufgegriffen wurde. Wenn man bedenkt, daß sie erst in allerjüngster Zeit wieder einmal in den Mittelpunkt des sozial- und staatsphilosophischen Interesses getreten ist, wird man sagen dürfen, daß es im Bereich der Geschichte der Staatsphilosophie kaum ein Thema gibt, von dem der moderne Leser für sein eigenes staatsphilosophisches Denken so viel profitieren kann wie von einem kritischen Vergleich der Gesellschaftsvertragslehren der fünf genannten Klassiker.

MONTESQUIEU (1689–1755) hat in seiner allgemeinen Sichtweise politischer Phänomene mit Hume mehr gemeinsam als mit den übrigen Autoren dieses Kapitels. Auch Montesquieu ist kein Anhänger der Hypothese vom Gesellschaftsvertrag, wenn er sich auch nicht ausdrücklich mit ihr auseinandersetzt. Auch er geht von den tatsächlichen Gegebenheiten des politischen Lebens aus, ohne diese an einem mehr oder minder realitätsfernen Ideal zu messen.

Zwar legt Montesquieu anders als Hume, der in seiner praktischen Philosophie zwischen Seinsgesetzen im Sinne empirischer Regelmäßigkeiten und Sollensgesetzen im Sinne normativer Anordnungen eine strikte Trennung vornimmt, seinem System noch – insoweit antiker und mittelalterlicher Betrachtungsweise folgend – einen Gesetzesbegriff zugrunde, der gewisse aus einer »Natur der Dinge« hervorgehende Beziehungen reflektiert. Mit dieser Konzeption vereinbar (ja geradezu von ihr gefordert) ist für Montesquieu jedoch, daß sich die spezifischen Ausformungen der Gesetze nur durch empirische Zweckmäßigkeitserwägungen erklären und begründen lassen. Er ist der Meinung, daß es »ein sehr großer Zufall« wäre, wenn diejenigen Gesetze, die eigens für ein bestimmtes Volk geschaffen sind, auch einem anderen Volk angemessen wären.

Die besondere Leistung Montesquieus besteht darin, daß er seine ganze Aufmerksamkeit auf die diversen *Anwendungsbedingungen* des überpositiven Vernunftgesetzes, die zu dessen Konkretisierung in dem jeweiligen Staatswesen führen, konzentriert: sie voneinander unterscheidet, unter geeigneten Kategorien ordnet und systematisch auf ihre Wirkung hin untersucht. Mehr Jurist und Soziologe als Philosoph, ist Montesquieu weniger an den fundamentalen Rechtfertigungsfragen gegenüber Staat und Rechtsordnung interessiert als vielmehr daran, welche Faktoren ihre Ausgestaltung im tatsächlichen Leben bereits existierender Gesellschaften bestimmen. Diese Art der Fragestellung läßt ihn – ähnlich wie Machiavelli, dem er freilich an Reichweite und Ausgewogenheit der Untersuchung weit überlegen ist – zu einem der Väter moderner Politikwissenschaft werden.

Faktoren, denen Montesquieu im Rahmen seiner Fragestellung einen besonderen Erklärungswert beimißt, sind etwa diese: Regierungsform und Verfassungsprinzipien des betreffenden Staates; Klima und geographische Lage des betreffenden Landes; Religion und Sitte der betreffenden Bevölkerung. Besondere Berühmtheit haben jene Passagen seines Werkes erlangt, in denen Montesquieu die Beziehungen zwischen dem Wert der politischen Freiheit und den zu seiner Verwirklichung geeigneten Verfassungsprinzipien untersucht. Er tut dies am Modell der zeitgenössischen Verfassung Englands, in der er ein Höchstmaß sinnvoller politischer Freiheit realisiert sieht.

Es sind vor allem drei Eigenschaften, durch die sich das englische Staatswesen zur Zeit Montesquieus auszeichnet: Es ist – in Montesquieus Terminologie – eine Republik aristokratischer Spielart (die Gesetzgebungsgewalt als höchste Staatsgewalt liegt nicht in den Händen eines Monarchen, sondern in den Händen eines Teils des Volkes, nämlich der landbesitzenden Schichten); es ist ein repräsentatives System (die Besitzenden üben ihr Gesetzgebungsrecht nicht direkt, plebiszitär, sondern durch gewählte Vertreter aus); es ist ein System der Gewaltenteilung (das Parlament als Inhaber der Gesetzgebungsgewalt hat nicht auch die ausführende Gewalt sowie die richterliche Gewalt inne). Es ist die dritte Eigenschaft, die für Montesquieu in einem engen Zusammenhang zur Sicherung politischer Freiheit steht.

Montesquieu ist entschieden der Auffassung, daß eine republikanische Regierungsform nicht schon als solche politische Freiheit garantiert. Diese Auffassung wird verständlich, wenn wir uns Montesquieus Begriff der Freiheit vor Augen führen. Er versteht unter Freiheit nämlich nicht im demokratischen Sinn die Mitwirkung an der politischen Willensbildung. Freiheit besteht für ihn vielmehr darin, keiner staatlichen Willkür ausgesetzt zu sein, im Rahmen der bestehenden Gesetze tun zu können, was man will.

Es leuchtet ein, daß diese Art von politischer Freiheit nicht davon abhängt, daß möglichst viele Bürger an der Gesetzgebung beteiligt sind, sondern davon, daß sichergestellt ist, daß die erlassenen Gesetze unter allen Umständen und ohne Ansehen der Person in der Praxis zur Anwendung kommen. Diese Voraussetzung, die wir heute unter den Begriff »Rechtsstaat« fassen, sieht Montesquieu am sichersten in einem Verfassungssystem realisiert, in dem Gesetzeserlaß, Gesetzesvollzug und richterliche Streitentscheidung – legislative, exekutive und judikative Gewalt – getrennten staatlichen Organen anvertraut sind. Und zwar hält Montesquieu in diesem Zusammenhang eine bloße Gewalten*trennung* nicht schon für ausreichend; sondern er entwirft ein kompliziertes System, nach dem die getrennten Organe einander in ihrer Gewaltausübung gegenseitig *kontrollieren*. Inwieweit die Details dieses Systems von den heute existierenden Verfassungssystemen mit Gewaltenteilung abweichen und ob die Geschichte Montesquieus Annahme, daß Trennung und gegenseitige Beschränkung das wirksamste Mittel gegen Ausuferung und Mißbrauch staatlicher Machtausübung sind, bestätigt hat, sind Fragen, über die sich der Leser mit Gewinn Gedanken machen kann.

Mehr als jeder andere Staatsdenker des achtzehnten Jahrhunderts hat Montesquieu dazu beigetragen, jenes unspekulative, empiristische Programm der Begründung politischer Institutionen, für das Hume aus grundsätzlichen Erwägungen argumentiert hatte, tatsächlich in Angriff zu nehmen. Die beiden Denker, denen wir uns nun zuwenden wollen, zeigen keinerlei Neigung, an diesem Programm weiterzuarbeiten. Sie lehnen eine primär »pragmatische« Betrachtungsweise des Staates grundsätzlich ab und nehmen statt dessen jene Fragestellung der Theoretiker des Gesellschaftsvertrages wieder auf, die Hume ein für allemal ad absurdum geführt zu haben glaubte.

JEAN-JACQUES ROUSSEAU (1712–1778) zeichnet, wie Hobbes und Locke, um das Entstehen des Staates einsichtig zu machen, zunächst das Bild eines vorstaatlichen »Naturzustandes«. Allerdings beschreibt er diesen Zustand nicht nur inhaltlich anders als die Genannten. Für ihn steht dieser Zustand zum Zustand einer gerechtfertigten staatlichen Ordnung auch in einer völlig anderen Relation. Und zwar vollzieht sich der Übergang zwischen den beiden Zuständen nicht durch einen mehr oder weniger plötzlichen Entschluß der betreffenden Individuen, sondern in einem langsamen und stufenweisen Prozeß. Das hängt damit zusammen, daß Rousseau, anders als seine Vorgänger, den Menschen als ein Wesen betrachtet, das im Verlauf seiner Geschichte einen profunden Wandel durchmacht.

Nach Rousseaus Auffassung leben die Individuen im Naturzustand nahezu völlig isoliert voneinander. Sie haben noch kein Bedürfnis nach sozialen Beziehungen, und die moralischen Kategorien von »gut« und »böse« sind ihrem Denken fremd. Der Friede, der weitgehend herrscht, beruht nicht auf der allgemeinen Respektierung eines Sittengesetzes, sondern einfach auf der Tatsache, daß die natürlichen Instinkte des Menschen so geartet sind, daß sie zu Konflikten keinen Anlaß geben. Erst nachdem sich die Menschen, durch gewisse natürliche Umweltbedingungen gezwungen, zu sozialen Verbänden zusammengeschlossen und das Privateigentum eingeführt haben, entwickeln sich Eitelkeit, Mißgunst und Besitzstreben unter ihnen und machen die Einsetzung einer friedenstiftenden Autorität, des Staates, notwendig.

Die Segnungen staatlicher Ordnungsgefüge jedoch erweisen sich – so wie sich diese Gefüge in der historischen Wirklichkeit bis hin zur Gegenwart entwickelt haben – als sehr ungleichmäßig verteilt: Die Reichen sind mächtiger, die Armen schwächer geworden; die Ungleichheiten unter den Menschen sind gewachsen und zementiert worden; nur wenige sind in der Lage, ihr eigenes Schicksal politisch zu bestimmen; die große Mehrzahl der Menschen lebt in Unfreiheit und unter weit ungünstigeren Bedingungen als im Naturzustand.

Doch das Rad der Entwicklung läßt sich nicht zurückdrehen. Eine Rückkehr in den Naturzustand ist ausgeschlossen. Sie wäre auch kaum wünschenswert. Denn durch den Übergang vom Leben in der Vereinzelung zum Leben in der Gesellschaft sind im Menschen nicht nur negative, sondern auch positive Einstellungen und Emotionen zur Entstehung und Entfaltung gekommen. Zusammenleben und Kooperation mit seinesgleichen haben im Menschen sowohl spezifisch soziale Bedürfnisse als auch – zu ihrer Harmonisierung – sozialmoralische Vorstellungen und Ideale wachsen lassen. Das bedeutet, daß er die Fähigkeit erlangt hat, an Gesellschaft und Staat ganz bestimmte moralische Anforderungen zu stellen. Mit seiner Lehre vom »Gesellschaftsvertrag« möchte Rousseau jene Staatsform, die als einzige diesen Anforderungen genügt, im einzelnen darstellen.

Moralisch legitimiert und geeignet, dem Individuum anstelle von bloßem Zwang echte Verpflichtungen aufzuerlegen, ist nach Rousseau nur ein Staat, in dem der einzelne seine Freiheit in vollem Umfang bewahrt, in dem er nur seinem eigenen Willen zu gehorchen braucht. Das Programm, einen solchen Staat zu entwerfen, steht im Mittelpunkt der Rousseauschen Staatsphilosophie. Es schon im Ansatz zu verstehen, ist daher äußerst wichtig.

Leider macht uns Rousseau ein solches Verständnis nicht leicht. Auf den ersten Blick muß sein Programm sicherlich paradox erscheinen: Wie kann der Staat die Zwangsgewalt, die ihn auszeichnet, anwenden, ohne daß er je ein Individuum gegen seinen Willen zum Gehorsam zwingt? Man mag – logisch widerspruchsfrei – argumentieren, der Staat dürfe Zwang ausüben, weil alle Individuen in einem Gesellschaftsvertrag einem solchen Zwang ein für allemal zugestimmt hätten (so etwa Locke). Eine solche generelle Zustimmung jedoch würde nichts daran ändern, daß der einzelne im konkreten Fall – sofern seine Absichten denen des Gesetzes entgegenstehen – zum Gehorsam gezwungen wird; sie würde deshalb dem Rousseauschen Programm nicht genügen. Denn Rousseau verlangt ja, daß eine Form staatlicher Herrschaft gefunden wird, in der *jedes Individuum bei jeder Gelegenheit* nur sich selbst gehorcht. Und einer solchen Forderung dürfte, so scheint es, nur ein einziges Verfahren politischer Willensbildung genügen: das der Einstimmigkeit in einer direkten Demokratie. Dieses Verfahren aber könnte der streitentscheidenden und friedenstiftenden Funktion des Staates (an der Rousseau durchaus festhält) offensichtlich in keiner Weise dienen: Bei jeder Meinungs*verschiedenheit* wäre der Staat machtlos, bei jeder Meinungs*übereinstimmung* dagegen ohnehin überflüssig.

Daß diese Argumentation einer reductio ad absurdum dem von Rousseau Gemeinten nicht gerecht wird, steht fest. Es geht schon daraus hervor, daß Rousseau ausdrücklich zwischen dem »allgemeinen Willen«, in dem der freie Wille jedes einzelnen zum Ausdruck kommt, und dem empirisch erfaßbaren »Willen aller« unterscheidet und grundsätzlich nicht ausschließt, daß auch eine bloße Mehrheitsentscheidung den allgemeinen Willen repräsentieren kann. Ich kann hier nur andeuten, in welche Richtung eine Deutung der Rousseauschen Theorie, soll sie adäquat sein, vermutlich zu gehen hat.

Der allgemeine Wille ist für Rousseau nicht etwas, das sich durch bloße Stimmenzählung – gleichgültig, nach welchen zahlenmäßigen Kriterien – definitiv ermitteln ließe. Vielmehr hat man sich den allgemeinen Willen nach Rousseau als ein sehr komplexes Phänomen vorzustellen, in das sowohl Kriterien eines idealen Verfahrens politischer Willensbildung als auch das Element einer sachlich gerechtfertigten Entscheidung eingehen. Diese These bedarf der Erläuterung.

Rousseau ist der Auffassung, daß staatliche Machtausübung auf ganz bestimmte Art zustandekommen muß, um legitimiert zu sein und den Bürger moralisch zum Gehorsam verpflichten zu können: Sie muß auf allgemeinen Gesetzen beruhen, über die sämtliche Individuen nicht nur in direkter Form abgestimmt, sondern zuvor in einer *freien und gleichberechtigten Diskussion* beraten haben. Gerade auf das letztere kommt es an. Denn Rousseau geht davon aus, daß Bürger, die frei von der Furcht vor staatlichen Sanktionen, frei aber auch von ökonomischen Zwängen und der Rücksichtnahme auf Gruppeninteressen vor der Aufgabe stehen, ihre Mitbürger von der Richtigkeit eines bestimmten Gesetzesentwurfs zu überzeugen, automatisch ihre bloß partikularen Eigeninteressen zurückstellen und vom

Standpunkt eines alle gleichermaßen umfassenden, überindividuellen Allgemeininteresses aus argumentieren werden. Und Rousseau geht außerdem davon aus, daß eine unter derartigen, idealen Bedingungen durchgeführte Beratung zwangsläufig zu einem Konsens aller führen muß; denn wie gerechte, am Gemeinwohl orientierte Gesetze beschaffen sind, läßt sich seines Erachtens objektiv beurteilen. Aus alledem ergibt sich, daß der allgemeine Wille gleichzeitig zum einen den freien, unegoistischen und am Sittengesetz orientierten Willen jedes einzelnen repräsentiert und zum anderen die objektiv-sittlich gerechtfertigte Gesetzgebung zum Inhalt hat.

Die Bedenken gegen eine solche Spielart demokratischer Legitimation politischer Machtausübung liegen auf der Hand: Ist die direkte, plebiszitäre Form der Demokratie, für die Rousseau plädiert, – einmal vorausgesetzt, sie sei wünschenswert – in der modernen Massengesellschaft überhaupt praktikabel? (Oder lassen sich vielleicht wesentliche Forderungen der Rousseauschen Theorie ohne Substanzverlust auf ein Modell repräsentativer Demokratie übertragen?) – Doch ganz abgesehen von der Alternative zwischen plebiszitärer und repräsentativer Demokratie: Was geschieht, wenn in einem demokratischen Willensbildungsverfahren à la Rousseau de facto ein allgemeiner Konsens *nicht* zustandekommt? Wird nicht jeder der politischen Kontrahenten den Anspruch erheben, *seine* Auffassung repräsentiere den allgemeinen Willen – was die anderen nur deshalb nicht einsähen, weil sie eben nicht den von der Theorie geforderten überindividuellen Standpunkt einnähmen? Wird diese Entwicklung nicht um so wahrscheinlicher sein, als Rousseau keinerlei inhaltliche Kriterien dafür angibt, ob ein Gesetz dem allgemeinen Willen entspricht? – Würde man aber, um mit diesem Problem fertig zu werden, Rousseaus Theorie dahingehend interpretieren, daß in der politischen Realität unter allen Umständen die Mehrheitsmeinung als Ausdruck des allgemeinen Willens gelten soll – was im Grunde mit dem Geist der Theorie nicht vereinbar ist –, so stellt sich unabweisbar die Frage nach der Notwendigkeit eines Minderheitenschutzes: Muß nicht jedes Verfahren politischer Willensbildung (selbst ein demokratisches Verfahren), soll es als oberstes politisches Verfassungsprinzip akzeptabel sein, durch ein Garantiesystem individueller, die Angehörigen der jeweiligen Minderheit schützender Freiheitsrechte ergänzt werden? Keiner der großen Staatsphilosophen des siebzehnten und achtzehnten Jahrhunderts weiß über diesen Aspekt politischer Freiheit, den die meisten von uns heute als primär betrachten würden, so wenig zu sagen wie Rousseau; und doch führt keiner von ihnen das Wort »Freiheit« häufiger als er im Munde.

IMMANUEL KANT (1724–1804) sucht ähnlich wie Rousseau mit Hilfe des Modells vom Gesellschaftsvertrag zu zeigen, daß Staat und Rechtsordnung im Idealfall als Zusammenschluß freier und gleicher Bürger verstanden werden müssen. Seine Theorie mutet jedoch, obschon eindeutiger und rigoroser, weniger utopisch als die Rousseausche an.

Man kann die kantische Staatsphilosophie kaum verstehen, ohne die Grundzüge seiner Moralphilosophie, insbesondere seine Lehre vom kategorischen Imperativ zu kennen. Der kategorische Imperativ, für Kant oberstes Kriterium moralisch richtigen Handelns, gebietet, stets nur so zu handeln, daß man gleichzeitig wollen kann, alle anderen handelten wie man selbst. Anders ausgedrückt: Eine Handlung ist moralisch falsch, wenn das, was man mit ihr erreicht, nicht auch mit der gleichen Handlung von allen anderen erreicht werden könnte. Das eigene Handeln muß verallgemeinerungsfähig sein.

Nicht verallgemeinerungsfähig in diesem Sinn ist nun aber vor allem eine beliebige Beeinträchtigung fremder Handlungsfreiheit. Ich kann zwar, empirisch gesprochen, meine eigene Freiheit dazu benutzen, einen anderen zu einer bestimmten Handlung zu zwingen. Ich kann aber, logisch gesprochen, nicht wollen, daß alle meinem Beispiel folgten. Denn das würde bedeuten, daß auch ich bei geeigneter Gelegenheit von jemandem gezwungen würde und folglich selbst meine Freiheit verlöre. Jene Freiheit, die Voraussetzung meiner Freiheitsbeeinträchtigung anderer ist, wird also, unter der Bedingung einer Verallgemeinerung meiner Handlung, aufgehoben.

Die Funktion einer Rechtsordnung besteht für Kant nun gerade darin, sicherzustellen, daß jener Teilbereich der Freiheit, der die Freiheit anderer nicht berührt, in dem sich also ohne Widerspruch alle gleichzeitig betätigen können, auch tatsächlich unangetastet bleibt. Zu diesem Zweck bedient sich die Rechtsordnung ihrerseits des *Zwanges,* der jedoch in diesem Fall, da er gerade ein Hindernis der allgemeinen Freiheit beseitigt, als mit dieser vereinbar anzusehen ist.

Da die Rechtsordnung *jede* Freiheitsverletzung verbietet, müssen ihre Sanktionen auch jeden, der ihr nicht gehorcht, in gleicher Weise treffen. Allgemeine Freiheit und allgemeine Gleichheit vor der Autorität des Staates gehören also unmittelbar zusammen. Kants dritte Forderung schließlich, die Forderung nach bürgerlicher Selbständigkeit, betrifft genau jenen Teilaspekt freier Selbstverwirklichung des einzelnen, der als »bürgerliche Freiheit« bei Rousseau im Mittelpunkt des staatsphilosophischen Denkens steht.

Kant legt außerordentlichen Wert auf die Feststellung, daß die drei genannten Forderungen, die jede Rechtsordnung erfüllen sollte, a priori gelten. Das bedeutet, daß sie nicht aus der empirischen Erfahrung ableitbar sind, sondern sich der menschlichen Vernunft als denknotwendig erweisen. Und als denknotwendig erweisen sie sich nach Kants Auffassung eben deshalb, weil sie Anwendungsweisen des kategorischen Imperativs und seiner Forderung nach widerspruchsfreiem Handeln sind. Ob die drei Forderungen – mit all den bemerkenswerten Einschränkungen und Konsequenzen, mit denen sie für Kant verknüpft sind – tatsächlich in diesem Sinne apriorische Gültigkeit beanspruchen können; ja ob das kantische Programm, eine Weise menschlichen Zusammenlebens zu rechtfertigen ohne jede empirisch vermittelte Rücksicht auf das Wohlergehen der betroffenen Individuen, überhaupt sinnvoll verfolgt werden kann, das sind Fragen, die ich abschließend dem kritischen Leser zum Nachdenken empfehlen möchte.

David Hume: Die wertlose Fiktion vom Gesellschaftsvertrag

Keine Partei kann in der heutigen Zeit erfolgreich sein, ohne ihr System politischer und praktischer Grundsätze um ein philosophisches oder spekulatives System zu ergänzen. Das hat dazu geführt, daß sich jedes der beiden Lager, in die die Nation heute zerfällt, eines solchen Systems zur Stützung der eigenen politischen Absichten bedient. In der Regel pflegen die Leute bei ihren Konstruktionen allerdings ziemlich grob zu verfahren. Insbesondere, wenn es sich um die Errichtung theoretischer Systeme handelt, ist deshalb zu erwarten, daß diese ein wenig plump geraten und deutliche Spuren jener Gewaltsamkeit und Eile aufweisen, von denen ihre Errichtung begleitet war. Das gilt natürlich in verstärktem Maße, wenn bei der Systembildung Parteieifer eine Rolle spielt.

Die eine Partei führt die Staatsgewalt auf die Gottheit zurück. Dadurch wird sie mit dem Siegel der Unverletzlichkeit, ja Heiligkeit versehen, so daß es nahezu zum Sakrileg wird, sie auch nur im geringsten anzugreifen, wie tyrannisch sie sich auch gebärden mag. Die andere Partei sucht die Staatsgewalt im vollen Umfang auf die Zustimmung des Volkes zu gründen. Sie beruft sich auf eine Art von ursprünglichem Gesellschaftsvertrag, in dem die Untertanen sich stillschweigend die Befugnis vorbehalten haben, dem Herrscher immer dann Widerstand zu leisten, wenn er die ihm durch den Vertrag freiwillig übertragene und auf die Verfolgung bestimmter Zwecke beschränkte Autorität in ihren Augen mißbrauchen sollte. Das sind die philosophischen Grundpositionen der beiden Parteien sowie die praktischen Konsequenzen, die sie daraus ziehen.

Ich wage zu behaupten, daß beide philosophischen Positionen vertretbar sind – wenn auch nicht so, wie sie den beiden Parteien vorschweben; und daß die praktischen Konsequenzen jeweils vernünftig sind – wenn auch nicht in der zugespitzten Form, für die man den Parteienstreit verantwortlich machen muß.

Wenn man zugesteht, daß es eine allgemeine Vorsehung gibt, und unterstellt, daß alle Vorgänge im Universum nach einem einheitlichen Plan ablaufen und der Verfolgung weiser Zwecke dienen, so kann man auch nicht bestreiten, daß alle Staatsgewalt letztlich von der Gottheit ausgegangen sein muß: Daraus, daß der Mensch ohne den Schutz der Staatsgewalt nicht oder zumindest nicht angenehm und sicher existieren kann, muß man schließen, daß sie mit dem Plan jenes gütigen Wesens, dem es allein um das Wohl all seiner Geschöpfe geht, jedenfalls vereinbar ist; und daraus, daß es zu allen Zeiten und in allen Ländern faktisch eine Staatsgewalt gegeben hat, folgt mit noch größerer Gewißheit, daß sie im Plan jenes unfehlbaren Wesens, das sich niemals irrt, auch wirklich enthalten ist.

Jenes höchste Wesen hat aber nicht jeden einzelnen Souverän durch einen speziellen Akt, etwa in Form eines Wunders, eingesetzt, sondern durch seine universelle, wenn auch verborgene Wirksamkeit. Genau genommen darf deshalb ein Souverän nur mit gleicher Berechtigung wie jede andere Macht oder Gewalt als Vertreter der Gottheit bezeichnet werden. Was auch geschieht, es ist im allgemeinen Plan der Vorsehung enthalten. So gesehen hat ein noch so großer und legitimer Herrscher nicht mehr Anspruch auf Heiligkeit und Unantastbarkeit als irgendein kleiner Verwaltungsbeamter, ja selbst ein Eroberer, ein Räuber oder ein Pirat. Es ist die Weisheit des gleichen göttlichen Planers, die uns einerseits einen Titus oder Trajan bescherte und andererseits –

aus zweifellos ebenso weisen, wenngleich uns unbekannten Absichten – einen Borgia oder Angria. Jede beschränkte Befugnis im Staat entspringt der gleichen Quelle wie die Macht des Souveräns. Ein Polizist handelt nicht weniger im göttlichen Auftrag als ein König und besitzt nicht weniger als dieser unantastbare Rechte.

Zieht man in Betracht, wie sehr sich die Menschen in ihren körperlichen und geistigen Anlagen und Fähigkeiten gleichen, bevor sie durch Erziehung zivilisiert werden, dann muß man notwendig zugestehen, daß nur ihre eigene Zustimmung sie ursprünglich vereinigen und einer Autorität unterstellen konnte. Verfolgt man die Staatsgewalt bis auf ihre ersten Ursprünge in Urwald und Wüste zurück, so erweisen sich die Menschen selbst als Quelle allen Rechts und aller Macht. Im Interesse von Frieden und Ordnung haben sie sich Gesetze gegeben und dadurch freiwillig ihre angeborene Freiheit aufgegeben. Die Bedingungen, unter denen sie dazu bereit waren, waren entweder Inhalt einer ausdrücklichen Vereinbarung, oder aber sie lagen so klar und offen zutage, daß man glauben konnte, auf eine ausdrückliche Vereinbarung verzichten zu dürfen. Wenn nur dieser Tatbestand gemeint sein soll, wenn man vom »ursprünglichen Gesellschaftsvertrag« redet, so kann nicht bestritten werden, daß alle Staatsgewalt aus einem Vertrag hervorgeht und daß die Bildung der ältesten und primitivsten Formen menschlichen Zusammenlebens vorwiegend auf diesem Prinzip beruht.

Vergeblich fragt man allerdings danach, wo unsere Freiheiten verbrieft sind. Die Charta unserer Freiheiten wurde nicht schriftlich fixiert; weder auf Pergament noch auf Baumrinde ist sie zu finden. Diese Charta ging dem Gebrauch der Schrift, ja aller Zivilisation voraus. Für uns ergibt sie sich einfach aus der Natur des Menschen, und zwar aus der zumindest annähernden Gleichheit aller Individuen der menschlichen Gattung.

Die heute vorherrschende Art der Machtausübung ist ausschließlich auf Flotten und Armeen gegründet; sie ist rein politischer Natur und ihre Autorität das Ergebnis etablierter Staatsgewalt. Die natürliche Stärke des einzelnen besteht demgegenüber nur in seiner Körperkraft und seinem Mut – Faktoren, die niemals ausreichen könnten, eine größere Anzahl von Menschen zu beherrschen. Lediglich eine allgemeine Zustimmung, hervorgegangen aus der Einsicht in die Vorzüge von Frieden und Ordnung, kann dies bewirkt haben.

Doch selbst diese Zustimmung kann lange Zeit nur sehr unvollkommen und kaum Grundlage normalen Regierens gewesen sein. Der Häuptling, der vermutlich in Kriegszeiten zu Einfluß gelangte, wird zunächst mehr durch Überredung als durch Weisungen regiert haben. Und solange ihm nicht eine eigene Hausmacht zur Eindämmung von Ungehorsam und Zersplitterung zu Gebote stand, war wohl kaum ein Entwicklungsstand erreicht, den man als Zustand staatlicher Ordnung bezeichnen kann. Es ist offensichtlich, daß ein solcher Zustand nicht durch ein ausdrückliches Übereinkommen oder einen Vertrag mit dem Inhalt allgemeiner Unterwerfung erreicht wurde; denn dies ist eine Idee, die über die Vorstellungskraft von Wilden weit hinausgeht. Die Machtausübung des Häuptlings muß daher zunächst ausschließlich vorübergehender Natur gewesen sein, bestimmt durch die Erfordernisse der jeweiligen Situation. Der spürbare Nutzen seiner Maßnahmen hat diese dann vermutlich von Tag zu Tag häufiger werden lassen und schließlich zu einer gewohnheitsmäßigen (wenn man es so nennen will), freiwilligen und insofern widerruflichen Einwilligung des Volkes geführt.

Aber jenen Philosophen, die sich einer bestimmten Partei verschrieben haben (falls das kein Widerspruch in sich ist!), genügen solche Zugeständnisse nicht. Nach ihrer Meinung erwuchsen nicht nur die frühesten Formen der Staatsgewalt aus der Zustimmung oder besser freiwilligen Einwilligung des Volkes; ihnen zufolge ruht die Staatsgewalt auch heute noch, nachdem sie sich zu voller Reife entwickelt hat, lediglich auf diesem Fundament. Sie verweisen darauf, daß die Menschen gleich geboren werden und deshalb einem Fürsten oder irgendeiner anderen Gewalt nur im Rahmen der Erfüllung eines Versprechens Loyalität schulden. Da niemand die Vorzüge seiner natürlichen Freiheit durch Unterordnung unter einen fremden Willen aufgeben würde, wenn er nicht einen Gegenwert dafür erhielte, müsse man von einem *bedingten* Versprechen ausgehen, das nur so lange gegenüber dem Souverän verpflichtend wirke, wie dieser seinerseits Gerechtigkeit und Schutz als Gegenleistung gewähre. Komme der Souverän seinen Verpflichtungen nicht nach, so breche er die gegenseitige Vereinbarung und befreie dadurch seine Untertanen von jeglicher Pflicht zur Loyalität. Auf dieser Grundlage beruht für jene Philosophen sowohl die Rechtmäßigkeit jeder Staatsgewalt wie auch das Widerstandsrecht des einzelnen Untertanen.

Würden sich diese Theoretiker aber einmal in der Welt umschauen, so würden sie nichts finden, das im geringsten zur

Stützung einer derartig subtilen und ausgeklügelten Konstruktion dienen könnte. Im Gegenteil: Überall finden wir Fürsten, die ihre Untertanen als ihr Eigentum betrachten und ihr Herrschaftsrecht aus Eroberung oder Erbfolge ableiten. Und überall finden wir Untertanen, die ein solches Recht ihrer Fürsten anerkennen: Durch Geburt fühlen sie sich einem bestimmten Fürsten gegenüber in ähnlicher Weise verpflichtet wie gegenüber ihren Eltern. Wo immer die soeben dargestellten Lehren den Leuten nicht eigens eingeimpft wurden, werden diese beiden Arten von Bindungen gleichermaßen als von unserer Zustimmung unabhängig angesehen. Dies gilt für Persien und China wie für Frankreich und Spanien, ja sogar für Holland und England.

Die Menschen gewöhnen sich so sehr an Gehorsam und Unterwerfung, daß die meisten Leute ihren Ursachen genauso wenig nachgehen wie etwa den Ursachen für die Geltung des Gesetzes der Gravitation oder irgendeines anderen universal gültigen Naturgesetzes. Sollten sie die Ursachen doch einmal erforschen wollen, so wird sie die Erkenntnis zufriedenstellen, genau wie ihre Vorfahren seit eh und je gewissen Formen von staatlicher oder elterlicher Gewalt unterworfen zu sein. Diese Erkenntnis wird sie unverzüglich zur Anerkennung ihrer Loyalitätspflicht führen. Wer propagieren würde, daß politische Bindungen ganz und gar auf freiwilliger Zustimmung oder gegenseitigem Versprechen beruhen, der würde im überwiegenden Teil der Welt sehr bald wegen Untergrabung des politischen Gehorsams eingesperrt werden, falls ihn nicht die eigenen Freunde schon vorher wegen der Verbreitung solcher Absurditäten für unzurechnungsfähig hätten erklären lassen. Meines Erachtens ist es merkwürdig, daß ein Akt, den jedermann erst nach Erlangung des selbständigen Gebrauchs seiner Verstandeskräfte vollzogen haben soll (andernfalls würde diesem Akt ja die Verbindlichkeit fehlen) allen Menschen so unbekannt ist, daß kaum irgendwo Spuren der Erinnerung an ihn vorhanden sind.

Aber jener Vertrag, auf den man die Staatsgewalt zurückführen will, wird ja als der *ursprüngliche* Vertrag bezeichnet; man könnte daher zu der Annahme neigen, daß er wegen seines großen Alters in Vergessenheit geraten ist. Wenn hier von jener Übereinkunft die Rede sein soll, durch die sich in der Urzeit Primitive zusammengeschlossen und ihre Kräfte vereinigt haben, so läßt sich nicht leugnen, daß es eine solche Übereinkunft gegeben hat. Aber diese Übereinkunft ist zu alt, und Regierungsform und Herrscher haben seitdem zu oft gewechselt, als daß sie noch irgendeine Verbindlichkeit besitzen könnte. Wenn die Hypothese vom Gesellschaftsvertrag überhaupt etwas leisten soll, müßte man die Behauptung aufstellen, jede einzelne Regierung sei nur insofern rechtmäßig und verpflichte die Untertanen zur Loyalität, als sie in ihrem Ursprung auf Zustimmung und freiwilligem Übereinkommen beruht. Aber abgesehen davon, daß damit unterstellt wird, daß die Zustimmung der Väter auch alle künftigen Generationen bindet – was republikanisch eingestellte Autoren niemals zugeben würden –, gibt es nichts in Geschichte und Gegenwart irgendeines Landes, was diese Behauptung rechtfertigen könnte.

Nahezu jede heutige oder vergangene Staatsgewalt, von der wir Kunde haben, geht letztlich auf illegale Machtergreifung oder Eroberung zurück, ohne für ein faires Übereinkommen oder eine freiwillige Unterwerfung auch nur den Anschein eines Beweises zu bieten. Gelangt ein geschickter und kühner Mann an die Spitze eines Heeres oder einer Partei, so wird es ihm häufig ein Leichtes sein, durch eine Mischung von Gewalt und Irreführung ein Volk, das hundertmal zahlreicher als seine eigentlichen Anhänger ist, unter seine Herrschaft zu bringen. Er unterbricht alle Informationswege, durch die seine Feinde sicheren Aufschluß über ihre Anzahl und Stärke gewinnen könnten, und gibt ihnen keine Gelegenheit, sich gegen ihn zu organisieren. Möglicherweise werden selbst jene, die seine Machtergreifung anfangs unterstützten, schließlich seinen Sturz herbeiwünschen. Doch die Unkenntnis jedes einzelnen über die Ziele aller anderen hält sie in Furcht und führt dazu, daß sich der Herrscher sicher fühlen kann. So manche Staatsgewalt wurde mittels solcher Manipulationen errichtet, und darin besteht der ganze ursprüngliche Gesellschaftsvertrag, dessen sie sich rühmen kann.

Das politische Bild der Erde verändert sich fortwährend. Unbedeutende Königreiche werden zu großen Imperien, große Imperien zu kleinen Königreichen; Kolonien werden gegründet, und Volksstämme verlassen ihren Wohnsitz. Ist in alledem etwas anderes als Willkür und Gewalt zu entdecken? Wo ist die gegenseitige Übereinkunft, wo der freiwillige Zusammenschluß, von denen so viel Aufhebens gemacht wird?

Selbst die relativ reibungslose Art und Weise, auf die eine Nation durch Heirat oder Erbfolge einen neuen Herrscher erhalten kann, ist nicht besonders ehrenvoll für das Volk, über das in diesem Fall nicht anders als über eine Mitgift oder ein Vermächtnis verfügt wird.

Aber auch dort, wo ein Regierungswechsel nicht auf Macht, sondern auf einer Wahlentscheidung beruht, ist es immer noch fraglich, welcher Natur diese so hoch gelobte Wahlentscheidung eigentlich ist. Entweder besteht sie in der Übereinkunft einiger bedeutender Männer, die, ohne Widerspruch zuzulassen, für das Ganze entscheiden, oder sie ist Resultat eines Massenwahns, bei dem die Leute einem Rädelsführer folgen, der vielleicht nicht einmal einem Dutzend von ihnen bekannt ist und seinen Aufstieg ausschließlich ihrer momentanen Laune oder seiner eigenen Skrupellosigkeit verdankt. Sind diese systemlosen Wahlentscheidungen, die außerdem recht selten sind, von so erhabener Autorität, daß nur sie die rechtmäßige Grundlage aller politischen Autorität und Gehorsamspflicht bilden können?

In Wirklichkeit ist nichts schlimmer als eine totale Auflösung der Staatsgewalt, die der Willkür der Menge freien Lauf läßt und durch welche die Festlegung oder Wahl einer neuen Ordnung fast der gesamten Bevölkerung anheimgestellt wird (vom ganzen Volk wird die Entscheidung ja niemals getroffen werden können). Jeder Einsichtige wird in einer solchen Situation wünschen, daß irgendein General an der Spitze eines mächtigen und ihm ergebenen Heeres möglichst rasch die Macht ergreift und dadurch dem Volk den Herrscher gibt, den es sich selbst nicht zu geben vermag. So wenig entspricht die Wirklichkeit jenen philosophischen Spekulationen.[...]

Es nützt auch nichts zu sagen, daß jede Staatsgewalt zunächst einmal – insofern dies die Sachzwänge menschlichen Zusammenlebens erlauben – auf allgemeine Zustimmung gegründet ist oder doch gegründet sein sollte. Dies stützt gerade meine These. Denn ich behaupte ja, daß die realen gesellschaftlichen Bedingungen nicht so sind, daß sie jemals eine allgemeine Zustimmung auch nur dem Schein nach zulassen würden. Vielmehr geht die Etablierung einer neuen Staatsgewalt in aller Regel auf die Auflösung der alten durch Machtergreifung und Eroberung, das heißt aber auf Gewalt zurück. Und in den wenigen Fällen, in denen eine Übereinkunft eine Rolle gespielt haben könnte, kam diese auf so wenig geregelte Weise, in so beschränktem Umfang oder in einer so sehr von Drohungen und Gewalt vergifteten Atmosphäre zustande, daß kaum ein hohes Maß an Verbindlichkeit von ihr ausgehen kann.

Ich will hier keineswegs darauf hinaus, die Zustimmung des Volkes als mögliche Grundlage legitimer Staatsgewalt auszuschließen. Wo sie vorliegt, ist sie sicher die beste und unanfecht-barste Grundlage, die man sich vorstellen kann. Ich behaupte nur, daß es eine solche Zustimmung sehr selten in nennenswer-tem und wohl nie in vollem Umfang gegeben hat, so daß deshalb noch weitere Grundlagen der Staatsgewalt zugelassen werden müssen.

Würden alle Menschen von einem so unbeirrbaren Gerechtig-keitssinn geleitet, daß sie von sich aus das Eigentum anderer uneingeschränkt respektieren würden, so wären sie für alle Zeit vollkommen frei geblieben und ohne Obrigkeit oder eine Form politischer Vereinigung ausgekommen. Aber dies setzt einen Grad an Vollkommenheit voraus, dessen man die menschliche Natur mit Recht für unfähig erachtet. Und wenn andererseits alle Menschen so intelligent wären, stets ihre wirklichen Interessen zu kennen, dann hätten sie sich nur einer solchen Form der Staatsgewalt unterworfen, der jeder einzelne von ihnen nach sorgfältiger Prüfung zugestimmt hätte. Doch auch eine derartige Vollkommenheit ist unvereinbar mit der menschlichen Natur. Vernunft, Geschichte und Lebenserfahrung lehren uns, daß die Gründung politischer Vereinigungen nie in so geordneten Bah-nen verlaufen ist; ja auf die Frage, in welchen Perioden die Mitbestimmung des Volkes in öffentlichen Angelegenheiten die geringste Rolle gespielt hat, müßte man zweifellos die Perioden der Staatsgründung nennen. Während unter einer bestehenden Verfassung häufig auf die Volksmeinung Rücksicht genommen wird, geben in Zeiten von revolutionären Wirren, Eroberungen und öffentlichem Aufruhr gewöhnlich militärische Macht und politisches Geschick den Ausschlag.

Bei der Neubegründung einer Staatsgewalt, gleichgültig mit-tels welcher Methoden, sind die Leute im allgemeinen zunächst mit ihr unzufrieden. Ihr Gehorsam beruht eher auf Furcht oder Zwang als auf Vorstellungen von Loyalität oder moralischer Pflichterfüllung. Und der Herrscher ist wachsam und argwöh-nisch, da er sich gegenüber tatsächlichen oder drohenden Auf-ständen schützen muß. Diese Spannungen pflegen mit der Zeit nachzulassen, und so gewöhnt sich eine Nation allmählich daran, eine Sippe, die ursprünglich für sie aus Aufrührern und Erobe-rern bestand, nunmehr als ihr rechtmäßiges und angestammtes Herrscherhaus zu betrachten. Um diese Einstellung zu begrün-den, greifen die Leute nicht auf die Annahme einer freiwilligen Zustimmung oder eines Versprechens zurück, das von ihnen in dieser Angelegenheit ja auch niemals erwartet oder verlangt wurde. Die ursprüngliche Errichtung der Staatsgewalt beruht auf Gewaltanwendung; sie wird nur zwangsweise akzeptiert. Auch spätere Regierungen stützen sich auf Macht; die Leute haben keine Wahl, sondern sind verpflichtet, Gehorsam zu leisten. Sie gehen nicht davon aus, daß erst ihre Zustimmung dem Herrscher seine Legitimation verleiht. Ihre Zustimmung beruht vielmehr darauf, daß er eine solche Legitimation unabhängig von ihren Wünschen und Neigungen schon durch Tradition erlangt hat.

Es wird zuweilen behauptet, daß jeder, der im Herrschaftsbereich eines Fürsten verbleibt, dadurch dessen Autorität *stillschweigend* zustimmt und ihm Gehorsam gelobt. Dieser Schluß kann aber nur dann gezogen werden, wenn der Betreffende Alternativen sieht, so daß für ihn die Angelegenheit Gegenstand einer freien Entscheidung ist. Glaubt er jedoch (wie es eigentlich auf jedermann zutrifft, der im Herrschaftsbereich einer etablierten Staatsgewalt zur Welt kommt), daß er von Geburt her einem bestimmten Fürsten oder einer bestimmten Staatsgewalt Loyalität schuldet, dann wäre es absurd, hier einen Akt der Zustimmung oder freien Entscheidung zu konstruieren, den er selbst nach Lage der Dinge ausdrücklich in Abrede stellt.

Kann man ernsthaft behaupten, es stünde im Belieben eines armen Bauern oder Handwerkers, seine Heimat zu verlassen, obwohl er weder fremde Sprachen noch fremde Lebensart kennt und überdies vollauf beschäftigt ist, seinen täglichen Lebensunterhalt zu verdienen? Mit gleicher Berechtigung könnte man an der Fiktion festhalten, daß ein Mann, der ein Schiff auf hoher See nicht verläßt, dadurch freiwillig in die Herrschaft des Kapitäns einwilligt, obwohl man ihn im Schlaf an Bord gebracht hat und seine einzige Alternative in einem Sprung ins Meer besteht. [...]

Würde jede Generation der Menschheit geschlossen von der Bühne abtreten, wie es bei Raupen und Schmetterlingen der Fall ist, und geschlossen durch eine neue Generation ersetzt, dann wäre sie jeweils frei, das zu tun, wozu der Mensch freilich in Wirklichkeit niemals genug Vernunft besitzt: Sie könnte sich ohne Rücksicht auf die von ihren Vorfahren begründete Rechtsordnung freiwillig und in allgemeiner Übereinkunft eine eigene Verfassung geben. Aber die menschliche Gesellschaft ist in einem ständigen Fluß begriffen; jeden Augenblick wird ein Mensch geboren und stirbt ein anderer. So ist es zur Aufrechterhaltung einer stabilen Staatsgewalt unerläßlich, daß die Nachkommen sich der bestehenden Verfassung jeweils fügen und nicht allzusehr von jenem Weg abweichen, den ihnen ihre Vorfahren gewiesen haben.

Das schließt nicht aus, daß jede menschliche Institution der Notwendigkeit gewisser Reformen unterliegt; dabei ist es ein großes Glück, wenn ein aufgeklärter Zeitgeist diesen die Richtung der Vernunft, der Freiheit und der Gerechtigkeit weist. Doch der einzelne ist nicht berechtigt, von sich aus gewaltsame Veränderungen vorzunehmen. Solche Veränderungen sind sogar dann gefährlich, wenn sie von der gesetzgebenden Körperschaft angestrebt werden. Regelmäßig werden sie mehr schlechte als gute Folgen haben. Etwaige Gegenbeispiele aus der Geschichte sind nicht als Präzedenzfälle aufzufassen, sondern als Beweis für die These, daß die Wissenschaft von der Politik nur wenige Gesetzmäßigkeiten kennt, die nicht auch Ausnahmen zulassen und von Zeit zu Zeit durch glückliche oder unglückliche Umstände außer Kraft gesetzt werden können. [...]

Mit der Annahme, daß jede legitime Staatsgewalt auf der Zustimmung des Volkes beruht, würden wir diesem gewiß weit mehr Ehre erweisen, als es verdient und von uns überhaupt erwartet. [...]

Will man aber das Prinzip des ursprünglichen Gesellschaftsvertrages oder der allgemeinen Zustimmung des Volkes auf systematischere oder doch philosophischere Art und Weise widerlegen, so dürfte man dieses Ziel mit den folgenden Argumenten erreichen:

Die Gesamtheit der moralischen Pflichten läßt sich in zwei Klassen unterteilen. Der ersten Klasse gehören jene Pflichten an, zu deren Erfüllung der Mensch sich schon durch natürlichen Instinkt oder unmittelbare Neigung motiviert fühlt, unabhängig von jeder Pflichtvorstellung und jeder Rücksichtnahme auf privaten oder öffentlichen Nutzen. Hierher gehören Kindesliebe, Dankbarkeit gegenüber Wohltätern und Mitleid mit Unglücklichen. Wenn man die Vorteile bedenkt, die der Gesellschaft aus derartigen Instinkten erwachsen, erscheint es völlig gerechtfertigt, sie moralisch zu billigen und zu achten. Aber wer selbst von ihnen motiviert wird, fühlt ihre Kraft und ihren Einfluß unabhängig von moralischen Erwägungen.

In die zweite Klasse der moralischen Pflichten fallen jene, die nicht von einem natürlichen Instinkt getragen, sondern allein aus Pflichtgefühl ausgeführt werden. Dieses Pflichtgefühl entsteht aus der Einsicht in die Bedingungen gesellschaftlichen Zusammenlebens und aus der Erkenntnis, daß sich ein solches Zusammenleben nicht aufrechterhalten ließe, wenn nicht bestimmte Pflichten beachtet würden. Auf diese Weise gewinnen Gerechtigkeit (das heißt die Achtung fremden Eigentums) und Treue (das heißt die Einhaltung von Versprechen) ihren Verpflichtungscharakter und ihre Autorität für die Menschen. Da jeder sich selbst der nächste ist, trachtet der einzelne von Natur aus danach, seinen Besitz soweit wie möglich auszudehnen. Allein die Erfahrung, daß Zügellosigkeit auf diesem Gebiet zur völligen Auflösung der gesellschaftlichen Ordnung führen muß, kann ihn zur Mäßigung seiner unmittelbaren Neigungen veranlassen. In diesem Fall verlangt moralische Pflichterfüllung also eine *Kontrolle* ursprünglicher Neigungen und Instinkte – eine Kontrolle durch Reflexion und Beobachtung der mit ihnen verbundenen Konsequenzen.

Mit der politischen und bürgerlichen Loyalität verhält es sich nicht anders als mit den natürlichen Pflichten der Gerechtigkeit und Treue. Unsere ursprünglichen Triebe lassen uns nach unbeschränkter Freiheit beziehungsweise nach Beherrschung unserer Mitmenschen streben. Erst auf Grund von Überlegung fühlen wir uns verpflichtet, diese starken Leidenschaften dem Interesse an Frieden und öffentlicher Ordnung zu opfern. Ein geringes Maß an Erfahrung und Beobachtung genügt, uns davon zu überzeugen, daß keine Gesellschaft ohne die Autorität einer Obrigkeit bestehen kann und daß ein Verfall dieser Autorität unausweichlich ist, falls ihr nicht strikter Gehorsam geleistet wird. Die Verfolgung dieses allgemeinen und offenkundigen Interesses ist die Quelle aller politischen Loyalität und jener moralischen Verpflichtung, die wir ihr beilegen.

Welche Notwendigkeit kann demnach bestehen, die Gehorsamspflicht gegenüber der Obrigkeit auf die Pflicht zur Treue beziehungsweise zur Einhaltung von Versprechen zu gründen? Was leistet die Annahme, es sei erst die Zustimmung jedes einzelnen, die ihn der Staatsgewalt unterwirft, wo doch ersichtlich ist, daß Loyalität und Treue auf genau dem gleichen Fundament ruhen und daß es die gleichen, offensichtlichen Interessen und Sachzwänge des sozialen Lebens sind, aus denen heraus die Menschheit sich diesen Verpflichtungen unterwirft? Es wird behauptet, wir seien deshalb unserem Staatsoberhaupt zum Gehorsam verpflichtet, weil wir ein stillschweigendes Versprechen dieses Inhalts abgegeben hätten. Aber warum sind wir zur Einhaltung unserer Versprechen verpflichtet?

Hier muß man auf die Tatsache zurückgehen, daß Handel und Gewerbe, die doch von so überaus segensreicher Wirkung sind, nicht existieren könnten, wenn die Menschen ihre Vereinbarungen nicht einhielten. In gleicher Weise läßt sich aber geltend machen, daß der Mensch überhaupt als gesellschaftliches Wesen nicht existieren könnte (zumindest nicht in einer zivilisierten Gesellschaft), wenn es nicht – zum Schutz der Schwachen vor den Starken und der Rechtschaffenen vor den Spitzbuben – Gesetz, Obrigkeit und Richter gäbe. Die Loyalitätspflicht gegenüber dem Staat ist von gleicher Art und Verbindlichkeit wie die Pflicht zur Einhaltung von Versprechen. Es führt also zu nichts, die eine Pflicht auf die andere zurückzuführen. Beide folgen aus den gleichen allgemeinen Interessen und Sachzwängen des menschlichen Zusammenlebens.

Wenn ihr mich nach den Gründen fragt, die uns zum Gehorsam gegenüber der Staatsgewalt verpflichten, so antworte ich ohne Zögern: »Weil andernfalls die Gesellschaft nicht bestehen könnte«. Diese Antwort ist für jedermann vollkommen klar und einleuchtend. Eure Antwort hingegen lautet: »Weil wir unser Wort halten müssen«. Aber abgesehen davon, daß niemand diese Antwort ohne philosophische Schulung begreifen oder gar billigen könnte, würdet ihr in einige Verlegenheit geraten, wenn weiter gefragt würde: »Und warum sind wir verpflichtet, unser Wort zu halten?« Auf diese Frage könntet ihr lediglich eine Antwort geben, durch die sich ebensogut und ohne Umweg unsere Loyalitätspflicht gegenüber der Staatsgewalt unmittelbar begründen ließe.

Aber wem sind wir zur Loyalität verpflichtet; wer ist unser rechtmäßiger Herrscher? Diese Frage ist meist besonders schwer zu beantworten und Gegenstand endloser Kontroversen. Ist ein Volk in der glücklichen Lage, sagen zu können: »Unser jetziger Herrscher, der in direkter Linie von Vorfahren abstammt, die uns schon jahrhundertelang regiert haben«, so ist diese Antwort völlig überzeugend, und zwar selbst dann, wenn Historiker bei einer Zurückführung der Erbfolge auf ihren Ursprung herausfinden sollten (was gewöhnlich der Fall ist), daß das Herrscherhaus am Anfang durch Gewalt oder Eroberung an die Macht gelangt ist. Zweifellos stellt die Gerechtigkeit beziehungsweise Respektierung fremden Eigentums eine außerordentlich wichtige Tugend dar. Und doch lehrt uns die Vernunft, daß bei solchen Gütern wie Ländereien oder Häusern das erste Glied in einer langen Besitzkette ein Betrug oder sonst ein Unrecht gewesen sein muß.

Freilich lassen die Bedürfnisse des menschlichen Zusammenlebens eine so genaue Untersuchung weder im privaten noch im öffentlichen Bereich als sinnvoll erscheinen. Wenn man es darauf anlegt, kann man jede Tugend oder moralische Verpflichtung mit Leichtigkeit durch eine falsche Philosophie hinwegdisputieren, indem man sie aus jeder nur möglichen Perspektive und mit äußerster Spitzfindigkeit in Frage stellt. [...]

Unsere allgemeine Verpflichtung gegenüber der Staatsgewalt ist das Ergebnis gesellschaftlicher Interessen und Notwendigkeiten; sie ist außerordentlich stark. Ihre Übertragung hingegen auf diesen oder jenen Herrscher beziehungsweise auf diese oder jene Herrschaftsform ist häufig unsicherer und umstrittener. Wegen der Wirren, die alle Revolutionen und alle Wechsel der Staatsformen mit sich bringen, hat der aktuelle Besitz hier sogar noch eine größere Rechtswirkung als im Fall privaten Eigentums.

In den theoretischen Disziplinen wie Metaphysik, Naturphilosophie oder Astronomie wird die Berufung auf das bloße Faktum einer allgemeinen Überzeugung zu Recht als unangemessen und wenig schlüssig angesehen. In Fragen der Moral und der Gesellschaftskritik dagegen besitzen wir letztlich kein anderes Kriterium, durch das eine Kontroverse jemals entschieden werden könnte. Nichts beweist klarer das Versagen einer moral- oder gesellschaftsphilosophischen Theorie als die Tatsache, daß sie den gemeinsamen Überzeugungen der gesamten Menschheit zu allen Zeiten und bei allen Völkern widerspricht.

Das Dogma, wonach sich jede rechtmäßige Staatsgewalt auf einen ursprünglichen Gesellschaftsvertrag beziehungsweise auf die Zustimmung des Volkes gründet, ist offensichtlich eine solche Theorie. Ihr herausragender Vertreter hat tatsächlich verkündet, die absolute Monarchie sei unvereinbar mit der Idee einer bürgerlichen Gesellschaft und insofern überhaupt nicht als Regierungsform anzusehen; und ohne die Zustimmung des Bürgers oder seiner Repräsentanten könne die Regierung keinerlei Steuern oder sonstige Abgaben erheben. Die Überzeugungskraft einer solchen sozialphilosophischen Argumentation, die überall

– abgesehen von unserem eigenen Königreich – in einem so krassen Widerspruch zur menschlichen Praxis steht, ist leicht zu ermessen.

Montesquieu: Teilung der Staatsgewalt als Garantie politischer Freiheit

Gesetze im weitesten Sinne des Wortes sind Beziehungen, die sich aus der Natur der Dinge mit Notwendigkeit ergeben. In diesem Sinne haben alle Wesen ihre Gesetze: die Gottheit und die körperliche Welt, höhere geistige Wesen, Tiere und Menschen haben ihre eigenen Gesetze.

Es ist völlig unsinnig, zu behaupten, ein blindes Schicksal habe alles hervorgebracht, was wir in der Welt sehen. Denn was wäre unsinniger als ein blindes Schicksal, das vernunftbegabte Wesen hervorgebracht hätte?

Es gibt also eine ursprüngliche Vernunft, und Gesetze sind die Beziehungen, die zwischen ihr und den verschiedenen Wesen bestehen, sowie die Beziehungen dieser Wesen untereinander.

Gott steht zum Weltall als Schöpfer und als Erhalter in Beziehung; die Gesetze, nach denen er geschaffen hat, sind dieselben, nach denen er erhält. Er handelt nach diesen Regeln, weil er sie kennt; er kennt sie, weil er sie gemacht hat, und hat sie gemacht, weil sie seiner Weisheit und seiner Macht entsprechen.

Da die Welt, geformt aus der Bewegung der Materie und ohne eigene Vernunft, wie man sieht, immer fortbesteht, müssen ihre Bewegungen unveränderlichen Gesetzen gehorchen; und wenn man sich eine andere Welt als diese hier vorstellen könnte, so müßte auch diese feste Regeln haben, sonst würde sie zugrunde gehen.

Die Schöpfung, als freie Tat betrachtet, setzt also ebenso unveränderliche Gesetze voraus wie der Zufall der Atheisten. Es wäre sinnlos, zu behaupten, daß der Schöpfer auch ohne diese Regeln die Welt regieren könnte, da die Welt ohne sie nicht bestehen könnte.

Diese Regeln sind unveränderlich festgelegt. Bei zwei bewegten Körpern bestimmen Masse und Geschwindigkeit den Beginn, die Zu- oder Abnahme und das Ende aller Bewegungen. Jede Verschiedenheit ist *Gleichförmigkeit,* jeder Wechsel *Beständigkeit.*

Die vernunftbegabten Einzelwesen können Gesetze haben, die sie selbst geschaffen haben, aber sie haben auch solche, die sie nicht selbst gemacht haben. Sie waren möglich, ehe es vernunftbegabte Wesen gab; zwischen ihnen gab es mögliche Beziehungen und mithin auch mögliche Gesetze. Noch ehe Gesetze geschaffen wurden, gab es mögliche Rechtsbeziehungen. Zu behaupten, daß es kein Recht oder Unrecht gebe als das, was die positiven Gesetze befehlen oder verbieten, heißt soviel wie behaupten, ehe man den ersten Kreis gezogen habe, seien die Radien nicht gleich gewesen.

Man muß also zugeben, daß es Grundsätze der Billigkeit gibt, die älter sind als die positiven Gesetze, die sie begründeten: so zum Beispiel, daß es gerecht ist, wenn es menschliche Gesellschaften gibt, sich nach ihren Gesetzen zu richten, oder daß vernünftige Wesen, die von einem anderen eine Wohltat empfangen haben, ihm dafür dankbar sein müssen; oder: wenn ein vernünftiges Wesen ein anderes geschaffen hat, daß dann das Geschöpf in der ursprünglichen Abhängigkeit verbleiben muß; oder daß ein vernünftiges Wesen, das einem anderen ein Übel zufügt, es verdient, dasselbe Übel zu erleiden usw.

Aber die vernunftbegabte Welt wird lange nicht so gut regiert, wie die physische. Denn obgleich auch sie Gesetze hat, die ihrer Natur nach unveränderlich sind, so gehorcht sie ihnen nicht immer so wie die physische Welt den ihrigen.

Das liegt daran, daß die vernünftigen Einzelwesen von Natur aus beschränkt und damit dem Irrtum unterworfen sind. Andererseits entspricht es ihrer Natur, daß sie aus eigenem Entschluß handeln. Daher befolgen sie ihre Urgesetze nicht immer, und selbst die nicht stets, die sie sich selbst gegeben haben. [...]

Als physisches Wesen wird der Mensch wie die anderen Geschöpfe von unabänderlichen Gesetzen beherrscht; als vernunftbegabtes Wesen aber verletzt er ohne Unterlaß die Gesetze, die Gott ihm gegeben hat, und ändert die, welche er sich selbst gegeben hat. Er muß sich selbst leiten, und doch ist er ein beschränktes Wesen und wie alle irdischen Vernunftwesen der Unwissenheit und dem Irrtum ausgesetzt. Die schwachen Kenntnisse, die er besitzt, verliert er gar noch. Als fühlendes Geschöpf unterliegt er tausend Leidenschaften. Ein solches Wesen konnte jederzeit seinen Schöpfer vergessen: aber Gott hat es durch die Gesetze der Religion zu sich zurückgerufen; ein solches Wesen konnte auch sich selbst jederzeit vergessen: die Philosophen haben es durch die Sittengesetze gewarnt; geschaffen zum Leben in der Gemeinschaft, konnte es doch die Mitmenschen vergessen: die Gesetzgeber haben es durch staatliche und bürgerliche Gesetze zu seinen Pflichten zurückgeführt. [...]

Das Gesetz, ganz allgemein, ist die menschliche Vernunft, sofern sie alle Völker der Erde beherrscht; und die Staats- und Zivilgesetze jedes Volkes sollen nur die einzelnen Anwendungsfälle dieser menschlichen Vernunft sein.

Sie müssen dem Volk, für das sie geschaffen sind, so genau angepaßt sein, daß es ein sehr großer Zufall wäre, wenn sie auch einem anderen Volke angemessen wären.

Sie müssen der Natur und dem Prinzip der bestehenden oder erst zu errichtenden Regierungsform entsprechen, mögen sie nun die Regierung prägen, wie die Staatsgesetze, oder aufrechterhalten, wie die bürgerlichen Gesetze.

Sie müssen weiter der Natur des Landes entsprechen, seinem kalten, heißen oder gemäßigten Klima, der Beschaffenheit des Bodens, seiner Lage und Größe, der Lebensweise der Völker, ob Ackerbauer, Jäger oder Hirten: sie müssen dem Grad von Freiheit entsprechen, der sich mit der Verfassung verträgt; der Religion der Bewohner, ihren Neigungen, ihrem Reichtum, ihrer Zahl, ihrem Handel, ihren Sitten und Gebräuchen. Schließlich stehen sie in Beziehungen zueinander: zu ihrem Entstehungsgrund, dem Willen des Gesetzgebers und der Ordnung der Dinge, für die sie bestimmt sind. Von allen diesen Gesichtspunkten aus muß man sie betrachten.

Dies soll die Aufgabe des vorliegenden Werkes sein. Alle diese Beziehungen will ich untersuchen: sie alle zusammen bilden den »Geist der Gesetze«. [...]

Wenn in einer Republik das ganze Volk die höchste Gewalt innehat, so ist sie eine *Demokratie*. Ist dagegen die oberste Gewalt in den Händen nur eines Teiles des Volkes, so nennen wir das eine *Aristokratie*.

In der Demokratie ist das Volk in gewisser Hinsicht der Monarch, in anderer Hinsicht Untertan.

Monarch kann es nur durch seine Abstimmungen sein, die seine Willensäußerungen sind. Der Wille des Herrschers ist der Herrscher selbst. Daher sind in dieser Regierungsform die das Stimmrecht regelnden Gesetze von grundlegender Bedeutung. Hier ist es genau so wichtig, zu bestimmen, wie, durch wen, für wen und worüber abgestimmt werden soll, wie in einer Monarchie, zu wissen, wer der Monarch ist und wie er regieren soll. [...]

Das Volk ist bewundernswert geschickt für die Auswahl derer, denen es einen Teil seiner Macht anvertrauen soll. Es braucht sich nur durch Dinge bestimmen zu lassen, die es wissen muß, und durch solche Tatsachen, die ins Auge fallen. Es weiß sehr gut, daß ein Mann häufig im Kriege gewesen ist und die und die Erfolge errungen hat: es kann also sehr gut einen General erwählen. Oder es weiß, daß ein Richter fleißig ist, daß viele Leute befriedigt seinen Gerichtshof verlassen und man ihm nie Bestechlichkeit vorwerfen konnte: das wären Gründe, um ihn zum Prätor zu wählen. Oder es ist von der Pracht und dem Reichtum eines Bürgers geblendet: das genügt, um ihn zum Ädilen zu wählen. Über alle diese Dinge kann es sich auf öffentlichem Markt besser unterrichten als ein Monarch in seinem Schloß. Wird es aber auch ein Staatsgeschäft leiten, Ort, Zeit und richtige Gelegenheit nutzbringend wahrnehmen können? Nein, das wird es nicht verstehen.

Könnte man an der natürlichen Fähigkeit des Volkes, Verdienste zu unterscheiden, zweifeln, so brauchte man nur einen Blick auf die dauernde Folge erstaunlicher Wahlen zu werfen, die die Athener und Römer vornahmen und die man doch wohl nicht nur dem Zufall zuschreiben kann.

Obwohl in Rom das Volk bekanntlich das Recht besaß, Plebejer in die höchsten Staatsstellen zu erheben, konnte es sich dazu nicht entschließen. Und obgleich man in Athen auf Grund eines Gesetzes des Aristides die Beamten aus allen Volksklassen nehmen konnte, kam es, wie Xenophon berichtet, niemals vor, daß das niedere Volk solche Stellen beanspruchte, von denen das Wohl und der Ruhm des Staates abhingen.

So wie die meisten Bürger zwar fähig genug sind, zu wählen, aber nicht, gewählt zu werden, genau so besitzt zwar das Volk die Fähigkeit, sich über die Verwaltung anderer Rechenschaft ablegen zu lassen, ist aber nicht selbst zur Führung einer Verwaltung geeignet.

Geschäfte müssen in Gang bleiben und müssen nicht zu langsam und nicht zu schnell, sondern in einer gewissen Stetigkeit betrieben werden. Das Volk aber ist immer zu rasch oder zu langsam. Bald wirft es mit hunderttausend Armen alles durcheinander, bald kriecht es mit hunderttausend Füßen dahin wie Raupen. [...]

Kein Wort hat verschiedenartigere Bedeutungen erlangt, keines die Geister auf mannigfaltigere Weise berührt als das der *Freiheit*. Die einen haben sich seiner bedient, um mit Leichtigkeit den abzusetzen, dem sie eine tyrannische Gewalt gegeben hatten; die anderen, um den wählen zu können, dem sie gehorchen sollten; wieder andere um des Rechtes willen, bewaffnet zu sein und Gewältigkeit verüben zu können; andere schließlich wegen des Vorrechtes, nur von einem Manne der eigenen Nation oder durch eigene Gesetze regiert zu werden. Ein bestimmtes Volk hat lange Zeit unter Freiheit das Recht verstanden, einen langen Bart zu tragen. Man hat das Wort mit einer Regierungsform verbunden und die übrigen davon ausgeschlossen. Die die republikanische Regierungsweise schätzen gelernt hatten, haben es in diese Regierungsweise gelegt; die sich der monarchischen Regierungsweise erfreut hatten, haben es mit ihr verbunden. Kurzum jeder hat die Regierungsweise, die seinen Gewohnheiten und Neigungen entsprach, *Freiheit* genannt; und da man in einer Republik die Instrumente der Übel, deren man sich beklagt, nicht immer und nicht auf eine so gegenwärtige Art vor Augen hat, da hier sogar die Gesetze mehr, die Vollstrecker des Gesetzes weniger zu sprechen scheinen, so gibt man der Freiheit gemeinhin ihren Ort in den Republiken und hat sie von den Monarchien ausgeschlossen. Da schließlich das Volk in den Republiken nahezu alles tun kann, was es will, hat man die Freiheit in diese Regierungsarten verlegt und die Macht des Volkes mit der Freiheit des Volkes verwechselt.

In der Tat scheint das Volk in den Demokratien zu tun, was es will. Aber die politische Freiheit besteht nicht darin, zu tun was man will. In einem Staat, das heißt in einer Gesellschaft, in der es Gesetze gibt, kann die Freiheit nur darin bestehen, das tun zu können, was man wollen darf, und nicht gezwungen zu sein, zu tun, was man nicht wollen darf.

Man muß sich gegenwärtig halten, was Unabhängigkeit und was Freiheit ist. Freiheit ist das Recht, alles zu tun, was die Gesetze erlauben. Wenn ein Bürger tun könnte, was die Gesetze verbieten, so hätte er keine Freiheit mehr, weil die anderen ebenfalls diese Macht hätten.

Demokratie und Aristokratie sind ihrer Natur nach keineswegs freiheitliche Staaten. Politische Freiheit findet sich nur in gemäßigten Regierungsformen. Aber sie ist nicht immer in den gemäßigten Staaten vorhanden. Sie findet sich dort nur dann, wenn man die Macht nicht mißbraucht; aber es ist eine ewige

Erfahrung, daß jeder, der Macht hat, ihrem Mißbrauch geneigt ist: er geht so weit, bis er auf Schranken stößt. So unwahrscheinlich es klingt: selbst die Tugend bedarf der Begrenzung.

Um den Mißbrauch der Macht zu verhindern, muß vermöge einer Ordnung der Dinge die Macht der Macht Schranken setzen. Eine Verfassung kann so gestaltet sein, daß niemand gezwungen ist, Dinge zu tun, zu denen das Gesetz ihn nicht verpflichtet, und Dinge nicht zu tun, die das Gesetz ihm erlaubt.

Obgleich alle Staaten gemeinhin einen gleichen Zweck haben, nämlich den, sich zu behaupten, so hat doch jeder Staat einen, der ihm eigentümlich ist. Die Vergrößerung war der Zweck Roms, der Krieg der Spartas, die Religion der Gegenstand der Gesetze Judas, der Handel der Zweck von Marseille, die öffentliche Ruhe der Gegenstand der Gesetze Chinas, die Schiffahrt der Gesetze der Rhoder; die natürliche Freiheit ist Zweck der Ordnung der Wilden; im allgemeinen sind die Vergnügungen des Fürsten der Zweck despotischer Staaten, sein und des Staates Ruhm Zweck der Monarchien; die Unabhängigkeit jedes Privatmannes ist Zweck der Gesetze Polens und daraus entspringt die Unterdrückung aller.

Es gibt auch eine Nation in der Welt, die als unmittelbaren Zweck ihrer Verfassung die politische Freiheit hat. Wir werden nunmehr die Grundsätze untersuchen, auf welche sie die Freiheit stützt. Sind sie gut, so wird die Freiheit darin wie in einem Spiegel erscheinen.

Es bedarf keiner sonderlichen Mühe, um die politische Freiheit in der Verfassung zu entdecken. Wenn man sie dort sehen kann, wo sie ist, wenn man sie dort gefunden hat, wozu sie noch weiter suchen?

In jedem Staat gibt es drei Arten von Gewalt: *die gesetzgebende Gewalt, die vollziehende Gewalt in Ansehung der Angelegenheiten, die vom Völkerrechte abhängen, und die vollziehende Gewalt hinsichtlich der Angelegenheiten, die vom bürgerlichen Recht abhängen.*

Vermöge der ersten gibt der Fürst oder Magistrat Gesetze auf Zeit oder für immer, verbessert er die bestehenden oder hebt sie auf. Vermöge der zweiten schließt er Frieden oder führt Krieg, schickt oder empfängt Gesandtschaften, befestigt die Sicherheit, kommt Invasionen zuvor. Vermöge der dritten straft er Verbrechen oder spricht das Urteil in Streitigkeiten der Privatpersonen. Ich werde diese letzte die *richterliche Gewalt* und die andere schlechthin die *vollziehende Gewalt* des Staates nennen.

Die politische Freiheit des Bürgers ist jene Ruhe des Gemüts, die aus dem Vertrauen erwächst, das ein jeder zu seiner Sicherheit hat. Damit man diese Freiheit hat, muß die Regierung so eingerichtet sein, daß ein Bürger den anderen nicht zu fürchten braucht.

Wenn in derselben Person oder der gleichen obrigkeitlichen Körperschaft die gesetzgebende Gewalt mit der vollziehenden vereinigt ist, gibt es keine Freiheit; denn es steht zu befürchten, daß derselbe Monarch oder derselbe Senat tyrannische Gesetze macht, um sie tyrannisch zu vollziehen.

Es gibt ferner keine Freiheit, wenn die richterliche Gewalt nicht von der gesetzgebenden und vollziehenden getrennt ist. Ist sie mit der gesetzgebenden Gewalt verbunden, so wäre die Macht über Leben und Freiheit der Bürger willkürlich, weil der Richter Gesetzgeber wäre. Wäre sie mit der vollziehenden Gewalt verknüpft, so würde der Richter die Macht eines Unterdrückers haben.

Alles wäre verloren, wenn derselbe Mensch oder die gleiche Körperschaft der Großen, des Adels oder des Volkes diese drei Gewalten ausüben würde: die Macht, Gesetze zu geben, die öffentlichen Beschlüsse zu vollstrecken und die Verbrechen oder die Streitsachen der einzelnen zu richten. [...]

Die richterliche Gewalt darf nicht an einen dauernden Senat gegeben, sondern muß von Personen ausgeübt werden, die zu bestimmten Zeiten des Jahres in gesetzlich vorgeschriebener Weise aus der Mitte des Volkes entnommen werden, um einen Gerichtshof zu bilden, der nur so lange besteht, wie die Notwendigkeit es erfordert.

Auf diese Weise wird die unter den Menschen so schreckliche richterliche Gewalt, losgelöst von der Bindung an einen bestimmten Stand oder einen bestimmten Beruf, sozusagen unsichtbar und zu einem Nichts. Man hat nicht ständig Richter vor Augen und man fürchtet das Amt, aber nicht die Beamten.

Es ist sogar notwendig, daß bei großen Anklagen der Verbrecher, gemeinschaftlich mit dem Gesetz, sich Richter wählen, oder daß er wenigstens eine so große Zahl zurückweisen kann, daß die verbleibenden als von ihm gewählt gelten können. Die beiden anderen Gewalten können eher an obrigkeitliche Ämter oder dauernde Körperschaften vergeben werden, weil sich ihre Ausübung nicht gegen irgendeinen Einzelnen richtet; denn die eine ist lediglich der allgemeine Wille des Staates, die andere nur die Vollstreckung dieses allgemeinen Willens.

Aber wenn die Gerichtshöfe nicht fest bestimmt sein sollen, so sollen es die Urteilssprüche in solchem Maße sein, daß sie niemals etwas anderes sind als eine genaue Formulierung des Gesetzes. Wären sie nur eine besondere Meinung des Richters, so würde man in der Gesellschaft leben, ohne genau die Verbindlichkeiten zu kennen, die man in ihr eingeht.

Es ist sogar notwendig, daß die Richter dem gleichen Stande angehören wie der Angeklagte, oder seinesgleichen sind, damit er sich nicht einbilden kann, er sei in die Hände von Leuten gefallen, die geneigt sind, ihm Gewalt anzutun.

Wenn die gesetzgebende Gewalt der vollziehenden das Recht überläßt, Bürger in Haft zu nehmen, die für gute Führung Bürgschaft zu stellen fähig sind, dann gibt es keine Freiheit mehr; es sei denn, daß sie festgenommen werden, um ohne Verzug auf eine Anklage zu antworten, welche nach dem Gesetz das Leben fordert. In diesem Falle sind sie wirklich frei, weil sie nur der Macht des Gesetzes unterworfen sind.

Wenn sich aber die gesetzgebende Gewalt in Gefahr glaubt durch irgendwelche geheime Verschwörung gegen den Staat oder durch eine Verständigung mit den äußeren Feinden, so könnte sie für eine kurze und fest bemessene Zeit der vollziehenden Gewalt erlauben, verdächtige Bürger festzunehmen, welche ihre Freiheit auf Zeit verlieren würden, um sie auf die Dauer zu erhalten.

Und das ist das einzige, vor der Vernunft bestehende Mittel, um die tyrannische Verwaltung der Ephoren und die nicht minder despotischen Staatsinquisitoren in Venedig zu ersetzen.

Da in einem freien Staate jeder, dem man einen freien Willen zuerkennt, durch sich selbst regiert sein sollte, so müßte das Volk als Ganzes die gesetzgebende Gewalt haben. Das aber ist in den großen Staaten unmöglich, in den kleinen mit vielen Mißhelligkeiten verbunden. Deshalb ist es nötig, daß das Volk durch seine Repräsentanten das tun läßt, was es nicht selbst tun kann.

Man kennt viel besser die Bedürfnisse der eigenen Stadt als die der anderen Städte, und man urteilt besser über die Fähigkeit der Nachbarn als über die der sonstigen Staatsgenossen. Es ist darum nicht erforderlich, daß die Mitglieder der gesetzgebenden Körperschaft gemeinhin aus dem ganzen Volke entnommen werden; aber es ist angebracht, daß die Bewohner jedes Hauptorts sich einen Repräsentanten wählen.

Der große Vorteil der Repräsentanten besteht darin, daß sie fähig sind, die Angelegenheiten zu verhandeln. Das Volk ist dazu keinesfalls geschickt. Das macht einen der großen Nachteile der Demokratie aus.

Es ist nicht nötig, daß die Repräsentanten, die von ihren Wählern eine allgemeine Anweisung erhalten haben, noch eine besondere für jede Angelegenheit bekommen, wie das im deutschen Reichstag üblich ist. Gewiß würde auf diese Weise das Wort der Abgeordneten in höherem Grade der Ausdruck der Stimme der Nation sein. Aber das würde in nicht endende Verzögerungen hineinführen, würde jeden Abgeordneten zum Herrn aller übrigen machen, und in den dringendsten Angelegenheiten könnte die ganze Kraft der Nation durch eine Laune gehemmt sein.

Wenn die Abgeordneten, wie Sidney treffend bemerkt, eine Vertretung des Volkes darstellen, wie in Holland, müssen sie ihren Auftraggebern Rechenschaft ablegen. Anders, wenn sie durch die Marktflecken entsandt werden, wie in England.

Alle Bürger in den verschiedenen Bezirken müssen das Recht haben, ihre Stimme bei der Wahl des Repräsentanten abzugeben, mit Ausnahme derer, die in einem solchen Zustand der Niedrigkeit leben, daß ihnen die allgemeine Anschauung keinen eigenen Willen zuerkennt.

Die Mehrzahl der alten Republiken hatte einen großen Fehler; das Volk hatte nämlich das Recht, aktive Entschließungen zu fassen, die eine Durchführung erfordern, etwas, wozu es ganz und gar unfähig ist. Es soll in die Regierungssphäre nur hineingelassen werden, um die Abgeordneten zu wählen, was seinen Fähigkeiten durchaus entspricht. Zwar gibt es wenige, die den genauen Grad der Fähigkeiten der Menschen kennen; trotzdem ist jeder in der Lage, im allgemeinen zu wissen, ob derjenige, dem er seine Stimme gibt, aufgeklärter ist als die meisten übrigen.

Der repräsentative Körper soll nicht gewählt werden, damit er einen unmittelbar wirksamen Beschluß fasse, wozu er nicht geeignet ist, sondern um Gesetze zu machen und darauf zu achten, daß die von ihm gemachten Gesetze wohl ausgeführt werden. Dazu ist er sehr geeignet, das kann niemand besser als er.

Zu allen Zeiten gibt es im Staate Leute, die durch Geburt, Reichtum oder Ehrenstellungen ausgezeichnet sind. Würden sie mit der Masse des Volkes vermischt und hätten sie nur eine Stimme wie alle übrigen, so würde die gemeine Freiheit ihnen Sklaverei bedeuten. Sie hätten an ihrer Verteidigung kein Interesse, weil die meisten Entschließungen sich gegen sie richten würden. Ihr Anteil an der Gesetzgebung muß also den übrigen

Vorteilen angepaßt sein, die sie im Staate genießen. Das wird der Fall sein, wenn sie eine eigene Körperschaft bilden, die berechtigt ist, die Unternehmungen des Volkes anzuhalten, wie das Volk das Recht hat, den ihrigen Einhalt zu gebieten.

So wird die gesetzgebende Gewalt sowohl der Körperschaft des Adels wie der gewählten Körperschaft, welche das Volk repräsentiert, anvertraut sein. Beide werden ihre Versammlungen und Beratungen getrennt führen, mit gesonderten Ansichten und Interessen.

Von den drei Gewalten, die wir erörtert haben, ist die richterliche in gewisser Weise gar nicht vorhanden. Es bleiben also nur zwei übrig. Diese bedürfen einer ordnenden Macht, um sie zu mäßigen. Der aus dem Adel zusammengesetzte Teil des gesetzgebenden Körpers ist sehr geeignet, diese Wirkung hervorzubringen.

Die Körperschaft des Adels muß erblich sein. Sie ist es erstlich durch ihre Natur; sodann muß sie ein großes Interesse daran haben, ihre Vorrechte zu erhalten, die an sich verhaßt sind und in einem freien Staat immer in Gefahr sein müssen.

Aber eine erbliche Gewalt kann sich verleitet sehen, ihre besonderen Interessen zu verfogen und die des Volkes zu vergessen. Deshalb sollte sie in den Angelegenheiten, in denen ein starkes Interesse an der Bestechung obwaltet, wie in den Gesetzen, welche die Steuererhebung betreffen, an der Gesetzgebung teilnehmen lediglich mit dem Vetorecht, nicht aber mit dem Beschlußrecht.

Ich nenne *Beschlußrecht* das Recht, selbst zu verordnen oder das zu verbessern, was von einem anderen verordnet worden ist. Ich nenne *Vetorecht* das Recht, eine von einem Dritten gefaßte Entschließung nichtig zu machen. Das war die Macht der römischen Tribunen. Und obgleich derjenige, der das Vetorecht hat, auch die Befugnis der Billigung haben kann, ist diese Billigung doch nichts anderes als die Erklärung, daß er von dem Vetorecht keinen Gebrauch mache. Sie entfließt aus diesem Recht.

Die vollziehende Gewalt muß in den Händen eines Monarchen liegen. Denn dieser Teil der Regierung, der fast immer der augenblicklichen Handlung bedarf, ist besser durch einen als durch mehrere verwaltet, während das, was von der gesetzgebenden Gewalt abhängt, häufig besser durch mehrere als durch einen einzelnen angeordnet wird.

Gäbe es keinen Monarchen und wäre die vollziehende Gewalt einer bestimmten Zahl von Personen anvertraut, die der gesetzgebenden Körperschaft entnommen wären, so gäbe es keine Freiheit mehr. Denn die beiden Gewalten wären vereinigt, die gleichen Personen hätten manchmal nach ihrem Willen sogar dauernd Anteil an der einen wie der anderen.

Würde die gesetzgebende Körperschaft während eines beträchtlichen Zeitraumes nicht versammelt, so gäbe es keine Freiheit mehr. Denn dann würde eines von beiden geschehen: entweder würde es keine Gesetzesbeschlüsse mehr geben und der Staat fiele in Anarchie, oder diese Beschlüsse würden von der vollziehenden Gewalt gefaßt, die damit eine unbeschränkte würde.

Es wäre unzweckmäßig, wenn die gesetzgebende Körperschaft ständig versammelt wäre. Das wäre nicht nur unbequem für die Repräsentanten, sondern würde auch die vollziehende Gewalt zu sehr in Anspruch nehmen, die weniger an die Vollziehung denken als darauf bedacht sein würde, ihre Vorrechte und das ihr zur Vollziehung anvertraute Recht zu verteidigen.

Wenn die gesetzgebende Körperschaft ständig versammelt wäre, so könnte es geschehen, daß man nichts weiter täte als neue Deputierte an die Stelle der alten, verstorbenen zu setzen. Wäre in diesem Falle die gesetzgebende Körperschaft einmal korrumpiert, so würde das Übel unheilbar sein. Wenn dagegen mehrere gesetzgebende Körperschaften einander ablösen, so wird das Volk, das von der augenblicklichen gesetzgebenden Körperschaft eine schlechte Meinung hat, vernünftigerweise seine Hoffnungen auf diejenige setzen, die nachher kommen wird. Wenn es aber immer die gleiche Körperschaft bliebe, so würde das Volk, nachdem es sie als korrupt erkannt hat, nichts mehr von ihren Gesetzen erwarten, es würde wütend werden oder der Indolenz anheimfallen.

Die gesetzgebende Körperschaft darf sich nicht selbst versammeln. Denn man erkennt einer Körperschaft einen Willen nur dann zu, wenn sie versammelt ist; und wenn sie sich nicht vollzählig versammeln würde, so ließe sich nicht sagen, welcher Teil nun wirklich die gesetzgebende Körperschaft wäre, derjenige, der versammelt wäre, oder derjenige, der es nicht wäre. Hätte sie das Recht, sich zu vertagen, so könnte es geschehen, daß sie sich niemals vertagen würde. Das wäre dann gefahrvoll, wenn sie die vollziehende Gewalt antasten wollte. Schließlich gibt es Zeiten, die sich besser, andere, die sich weniger gut für die Versammlung der gesetzgebenden Körperschaft eignen. Deshalb muß die vollziehende Gewalt die Zeit der Abhaltung und die Dauer der Versammlung nach den Umständen, die sie kennt, bestimmen.

Hat die vollziehende Gewalt nicht das Recht, den Unternehmungen der gesetzgeberischen Körperschaft Einhalt zu tun, so wird diese despotisch sein. Denn da sie sich alle erdenkliche Macht zusprechen kann, wird sie die übrigen Gewalten vernichten.

Andererseits bedarf es jedoch nicht der entsprechenden Möglichkeit für die gesetzgebende Gewalt, der vollziehenden Gewalt Einhalt zu gebieten. Da die Vollziehung ihre natürlichen Grenzen hat, ist es unzweckmäßig, sie zu beschränken, ganz abgesehen davon, daß die vollziehende Gewalt sich fast immer in augenblicklichen Angelegenheiten betätigt. Die Macht der römischen Tribunen war insofern schädlich, als sie nicht nur die Gesetzgebung, sondern auch die Vollziehung anhielt. Daraus gingen große Mißhelligkeiten hervor.

Wenn aber in einem freien Staat die gesetzgebende Gewalt nicht das Recht haben soll, die vollziehende Gewalt anzuhalten, hat sie das Recht und muß sie die Möglichkeit haben, nachzuprüfen, wie die von ihr erlassenen Gesetze ausgeführt worden sind. Das ist der Vorzug dieser Regierung vor der Kretas und Spartas, wo die Kosmen und Ephoren keinerlei Rechenschaft über ihre Verwaltung ablegten.

Aber welcher Art diese Nachprüfung auch sei, die gesetzgebende Körperschaft darf nicht das Recht haben, über die Person und demgemäß auch über das Verhalten dessen, der die vollziehende Funktion wahrnimmt, richterlich zu urteilen. Seine Person muß unantastbar sein, da es für den Staat notwendig ist, daß die gesetzgebende Körperschaft nicht tyrannisch wird. In dem Augenblick, wo der Träger der Vollziehung angeklagt oder verurteilt würde, gäbe es keine Freiheit mehr.

Dann wäre der Staat keine Monarchie mehr, sondern eine unfreie Republik. Aber der Träger der Vollziehung kann nichts schlecht vollziehen ohne schlechte Ratgeber, die die Gesetze als Minister hassen, obgleich sie ihnen als Menschen zugute kommen. Diese können zur Untersuchung gezogen und bestraft werden. Das ist der Vorteil dieser Regierung vor der von Knidos, wo das Gesetz es nicht gestattete, die Amymonen vor Gericht zu stellen, selbst nicht nach Beendigung ihrer Verwaltung. So konnte sich das Volk niemals für die Ungerechtigkeiten Genugtuung verschaffen, die man ihm angetan hatte.

Obgleich im allgemeinen die richterliche Gewalt mit keinem

Teil der Gesetzgebung verbunden werden darf, so erleidet dieser Grundsatz im Interesse dessen, der gerichtet werden soll, drei Ausnahmen.

Die Großen sind immer dem Neid ausgesetzt. Und würden sie vom Volk gerichtet, so würden sie Gefahr laufen, nicht das Vorrecht zu genießen, das auch der geringste der Bürger im freien Staate hat: von seinesgleichen gerichtet zu werden. Der Adel muß deshalb nicht vor die gewöhnlichen Gerichte, sondern vor den Teil der gesetzgebenden Körperschaft gezogen werden, der aus Adligen besteht.

Es könnte sein, daß das Gesetz, das klarsichtig und blind zugleich ist, in bestimmten Fällen zu streng wäre. Aber die Richter sind, wie wir gezeigt haben, nur der Mund, der die Worte des Gesetzes ausspricht, willenlose Wesen, die weder seine Schärfe, noch seine Strenge zu mildern vermögen. Der Teil der gesetzgebenden Körperschaft, den wir soeben aus anderem Anlaß als ein notwendiges Gericht bezeichneten, ist es auch hier. Seinem höchsten Ansehen geziemt es, das Gesetz im Interesse des Gesetzes selbst zu mäßigen, indem er mildere Urteilssprüche fällt als dieses.

Es könnte ferner vorkommen, daß der eine oder andere Bürger die Rechte des Volkes bei der Wahrnehmung öffentlicher Angelegenheiten verletzt und Verbrechen begeht, welche die bestehenden Behörden nicht bestrafen könnten oder wollten. Grundsätzlich kann die gesetzgebende Gewalt nicht richten. Sie kann es um so weniger in diesem besonderen Falle, wo sie die interessierte Partei repräsentiert, nämlich das Volk. Sie kann also lediglich Anklägerin sein. Aber vor wem wird sie die Anklage erheben? Soll sie sich vor den ordentlichen Gerichten erniedrigen, die ihr im Range nachstehen und überdies aus Personen gebildet sind, die, da sie Volk sind wie sie selbst, durch das Ansehen eines so gewichtigen Anklägers beeinflußt würden? Nein; um die Würde des Volkes und die Sicherheit des Einzelnen zu wahren, ist es nötig, daß der vom Volk gebildete Teil der gesetzgebenden Körperschaft vor dem des Adels Anklage erhebt, denn dieser hat weder die gleichen Interessen noch die gleichen Leidenschaften wie jener.

Das ist der Vorzug, den diese Regierung vor den meisten alten Republiken hat, wo es den Mißbrauch gab, daß das Volk zugleich Richter und Ankläger war.

Die vollziehende Gewalt soll, wie wir dargelegt haben, mit dem Vetorecht an der Gesetzgebung teilhaben. Ohne diese Befugnis wäre sie bald ihrer Vorrechte beraubt. Nimmt aber die gesetzgebende Gewalt an der Vollziehung teil, so wird die vollziehende Gewalt ebenso verloren sein.

Nähme der Monarch an der Gesetzgebung mit dem Beschlußrecht teil, so gäbe es keine Freiheit mehr. Aber da er gleichwohl an der Gesetzgebung teilhaben muß, um sich verteidigen zu können, muß er mit dem Vetorecht beteiligt sein.

Wenn die Regierung in Rom sich änderte, so hatte das darin seinen Grund, daß der Senat und die obrigkeitlichen Ämter je einen Teil der vollziehenden Gewalt innehatten, nicht aber wie das Volk das Vetorecht hatten.

Dies ist die verfassungsmäßige Grundordnung der Regierung, von der wir handeln: die gesetzgebende Körperschaft aus zwei Teilen zusammengesetzt, deren jeder den anderen durch ein wechselseitiges Vetorecht bindet. Beide sind gebunden durch die vollziehende Gewalt, die es ihrerseits wieder durch die Gesetzgebung ist. [...]

Es ist nicht meine Absicht, die übrigen Regierungen dadurch herabzusetzen, noch zu behaupten, daß diese höchste politische Freiheit diejenigen kränken müsse, die nur eine gemäßigte Freiheit besitzen. Wie könnte auch gerade ich dergleichen behaupten, der ich glaube, daß selbst ein Zuviel an Vernunft nicht immer wünschenswert ist und daß die Menschen sich besser dem Maßvollen als den Extremen anpassen.

Jean-Jacques Rousseau: Die Realisierung des allgemeinen Willens durch Demokratie

Die Philosophen, welche die Grundlagen der Gesellschaft untersuchten, haben alle die Notwendigkeit verspürt, bis auf den Naturzustand zurückzugreifen, aber keiner von ihnen ist dazu gelangt. Die einen haben nicht gezögert, dem Menschen in diesem Zustand den Begriff von Recht und Unrecht zuzusprechen, doch ohne den Nachweis dafür zu erbringen, daß er diesen Begriff haben mußte, ja nicht einmal dafür, daß dieser ihm nützlich war. Andere haben von dem Naturrecht gesprochen, das jeder auf Erhaltung dessen, was ihm zugehört, hat, ohne zu erklären, was sie unter »zugehören« verstehen. Andere wieder, die zuerst dem Stärksten die Herrschaft über den Schwächsten gaben, haben alsbald die Regierung entstehen lassen, ohne an die Zeit zu denken, die verfließen mußte, bevor der Sinn der Worte Herrschaft und Regierung vorhanden sein konnte. Endlich haben alle, die unaufhörlich von Bedürfnis, Begierde, Unterdrückung, Wünschen und Ehrgeiz sprechen, die Begriffe, die sie in der Gesellschaft aufgenommen haben, auf den Naturzustand übertragen. Sie sprachen vom Wilden und zeichneten den Zivilisierten. [...]

Da die Menschen im Naturzustand untereinander weder irgendeine Art sozialer Beziehung noch bewußter Verpflichtungen besaßen, ist es zunächst einmal offensichtlich, daß sie weder gut noch schlecht zu sein vermochten und weder Tugenden noch Laster besaßen, es sei denn, man nimmt diese Worte in einem physischen Sinn und nennt diejenigen Eigenschaften des Individuums, die seiner Selbsterhaltung schaden können, Laster, und diejenigen Eigenschaften, die dazu verhelfen können, Tugenden. In diesem Fall müßte man den am tugendhaftesten nennen, der am wenigsten den einfachen Antrieben der Natur widersteht. Indessen ist es zweckmäßig, uns des Urteils, das wir über eine solche Situation fällen könnten, zu enthalten, ohne uns von dem gewöhnlichen Sinn des Wortes zu entfernen, und unseren Vorurteilen zu mißtrauen, bis wir mit der Waage in der Hand geprüft haben, ob es mehr Tugenden als Laster unter den zivilisierten Menschen gibt und ob ihre Tugenden mehr Vorteile als ihre Laster Nachteile bringen. Ferner, ob der Fortschritt ihres Wissens eine genügende Entschädigung für die Übel ist, die sie sich gegenseitig in dem Maß antun, in dem sie sich über das Gute, das sie einander erweisen sollten, einander belehren. Desgleichen ob sie nicht, alles in allem genommen, in einer glücklicheren Lage wären, wenn sie weder Übel zu fürchten noch Gutes von jemand zu erhoffen hätten, als wenn sie sich einer allgemeinen Abhängigkeit unterwerfen und sich alles von denen zu empfangen verpflichten, die sich zu keiner Gegengabe verpflichten.

Schließen wir vor allem nicht mit Hobbes, der Mensch sei von Natur böse, weil er keine Vorstellung von Güte hat, er sei lasterhaft, weil er die Tugend nicht kennt, er werde stets seinesgleichen die Dienste verweigern, die er ihnen nicht zu schulden glaubt. Auch nicht, daß er, vermöge des Rechts, das er sich mit gutem Grund über die von ihm benötigten Sachen zuschreibt, sich törichterweise einbildet, er sei der alleinige Besitzer des ganzen Weltalls. Hobbes hat sehr richtig den Fehler aller modernen Definitionen des Naturrechts gesehen, aber die aus seiner eigenen abgeleiteten Folgerungen zeigen, daß er sie in einem nicht weniger falschen Sinn nimmt. Beim Nachdenken über die von ihm zugrundegelegten Prinzipien mußte dieser Autor sagen, daß der Naturzustand, in dem ja die Sorge um unsere Erhaltung am wenigsten der anderer nachteilig ist, deshalb der am meisten dem Frieden eigentümliche Zustand war und am meisten dem Menschengeschlecht entsprach. Er sagt genau das Gegenteil, weil er unzweckmäßigerweise zu der Sorge um die Erhaltung des Wilden das Bedürfnis nach Befriedigung einer Menge von Leidenschaften hinzugenommen hat, die das Werk der Gesellschaft sind und erst Gesetze zu ihrer Bekämpfung nötig machten. Der Böse, sagt er, ist ein kräftiges Kind. Es bleibt festzustellen, ob der Wilde ein kräftiges Kind ist. Was würde daraus folgen, wenn man es zugäbe? Wenn dieser Mensch im Zustand der Stärke ebenso von den anderen abhängig wäre wie im Zustand der Schwäche, gäbe es keine Art Ausschreitungen, zu der er sich nicht hinreißen ließe. Er würde seine Mutter schlagen, wenn sie ihm nicht rechtzeitig die Brust gäbe, er würde einen seiner jüngeren Brüder erwürgen, wenn er von ihm belästigt würde, er würde dem anderen ins Bein beißen, wenn er von ihm verletzt oder geärgert würde. Aber das sind zwei widersprechende Behauptungen, der Mensch sei im Naturzustand sowohl kräftig als auch abhängig. Der Mensch ist schwach, wenn er abhängig ist, und frei, bevor er kräftig sein kann. Hobbes hat nicht gesehen, daß dieselbe Ursache, welche die Wilden am Gebrauch ihres Verstandes hindert, den unsere Rechtsgelehrten annehmen, sie zu gleicher Zeit am Mißbrauch ihrer Fähigkeiten hindert, den er selbst annimmt. Auf diese Weise kann man sagen, daß sie gerade deswegen nicht böse sind, weil sie nicht wissen, was gut sein heißt. Denn weder der Fortschritt ihrer Erkenntnisse noch der Zaum des Gesetzes, vielmehr die Unberührtheit von den Leidenschaften und die Unkenntnis des Lasters verhindern sie, böse zu sein. [...]

Es ist gewiß, daß das Mitleid ein natürliches Gefühl ist, das in jedem Individuum die Gewalt der Eigenliebe mäßigt und zur wechselseitigen Erhaltung der gesamten Gattung beiträgt. Gerade das Mitleid bringt uns dazu, ohne Nachdenken denen zur Hilfe zu kommen, die wir leiden sehen. Gerade das Mitleid nimmt im Naturzustand die Stelle der Gesetze, der Sitten und der Tugend ein, doch mit dem Vorteil, daß keiner versucht ist, nicht auf seine sanfte Stimme zu hören. Gerade das Mitleid hält den robusten Wilden ab, einem schwachen Kind oder einem gebrechlichen Greis die mühsam erworbene Nahrung zu rauben, wenn er selbst die seine woanders zu finden hoffen kann. Gerade das Mitleid gibt allen Menschen an Stelle der erhabenen Maxime der vernünftigen Gerechtigkeit: »Was du nicht willst, daß man dir tu', das füg' auch keinem andern zu«, jene andere Maxime der natürlichen Güte ein, die weniger vollkommen, aber vielleicht nützlicher als die vorige ist: »Sorge für dein Wohl mit so wenig Schaden wie möglich für den anderen.« Mit anderen Worten: Gerade in diesem natürlichen Gefühl, mehr als in spitzfindigen Argumenten, muß man die Ursache des Widerwillens suchen, den jeder Mensch, sogar unabhängig von den Maximen der Erziehung, gegen das Übeltun hegt. Obgleich es Sokrates und den Köpfen seiner Art zustehen möge, die Tugend durch Vernunft zu erlangen, wäre die Menschheit schon lange nicht mehr, wenn ihre Erhaltung nur von den Überlegungen der einzelnen abgehangen hätte, aus denen sie sich zusammensetzt.

Mit so wenig regen Leidenschaften und einem so heilsamen Zaum waren die Menschen mehr wild als böse und mehr auf den Schutz vor ihnen drohendem Übel bedacht als zur Verübung an anderen versucht und daher keinem bedrohlichen Streit unterworfen. Da sie untereinander keinerlei Verkehr hatten, kannten sie infolgedessen weder Eitelkeit, noch Rücksicht, noch Ansehen, noch Verachtung. Sie hatten nicht den geringsten Begriff von Dein und Mein, noch irgendeine wirkliche Idee von Gerechtigkeit. Sie betrachteten die Gewalttaten, die sie ertragen konnten, als ein leicht zu behebendes Übel und nicht als eine Beleidigung, die man rächen muß. Sie dachten selbst nicht an Rache, wenn nicht vielleicht unwillkürlich und auf der Stelle, wie etwa ein Hund den Stein beißt, den man nach ihm wirft. [...]

Ohne Fertigkeit, ohne Sprache, ohne Wohnstätte, ohne Feindschaft und ohne Freundschaft, ohne jedes Verlangen nach seinesgleichen wie ohne jeden Trieb, ihm zu schaden, ohne vielleicht jemals jemand darunter als Individuum wiederzuerkennen, irrt der Wilde in den Wäldern umher. Daraus schließen wir, daß er, beinahe leidenschaftslos und sich selbst genügend, nur die in diesem Zustand eigentümlichen Gefühle und Einsichten hatte. Er fühlte nur seine wirklichen Bedürfnisse und beachtete bloß, was er für sich von Interesse glaubte. Seine Intelligenz macht genau so wenige Fortschritte wie seine Eitelkeit. Machte er durch Zufall eine Erfindung, so konnte er sie umso weniger mitteilen, als er noch nicht einmal seine Kinder kannte. Die Kunst verging mit ihrem Erfinder. Es gab weder Erziehung noch Fortschritt. Mehr und mehr Generationen folgten ungenutzt aufeinander. Da jede von demselben Punkt ausging, verflossen die Jahrhunderte ganz in der Rohheit der ersten Zeiten. Die Gattung war schon gealtert, doch der Mensch blieb noch immer ein Kind.

Ich habe mich solange über die Annahme dieser primitiven Bedingungen verbreitet, weil ich alte Irrtümer und eingewurzelte Vorurteile zu zerstören hatte. Deshalb glaubte ich, bis zur Wurzel graben und anhand des Bildes des wirklichen Naturzustandes zeigen zu müssen, daß die Ungleichheit, selbst die natürliche, in diesem Zustand nicht entfernt so viel Gewicht und Einfluß hat, wie unsere Schriftsteller vorgeben. [...]

Der Mensch wird frei geboren, und überall ist er in Ketten. Mancher hält sich für den Herrn seiner Mitmenschen und ist trotzdem mehr Sklave als sie. Wie hat sich diese Umwandlung zugetragen? Ich weiß es nicht. Was kann ihr Rechtmäßigkeit verleihen? Diese Frage glaube ich beantworten zu können.

Würde ich nur auf die Gewalt und die Wirkungen, die sie hervorbringt, Rücksicht nehmen, so würde ich sagen: Solange ein Volk gezwungen wird zu gehorchen, so tut es wohl, wenn es gehorcht; sobald es sein Joch abzuschütteln imstande ist, so tut es noch besser, wenn es dasselbe von sich wirft, denn sobald es seine Freiheit durch dasselbe Recht wiedererlangt, das sie ihm geraubt hat, so ist es entweder befugt, sie wieder zurückzunehmen, oder man hat sie ihm unbefugt entrissen. Allein die gesellschaftliche Ordnung ist ein geheiligtes Recht, das die Grundlage aller übrigen bildet. Dieses Recht entspringt jedoch keineswegs aus der Natur; es beruht folglich auf Verträgen. Deshalb kommt es darauf an, die Beschaffenheit dieser Verträge kennenzulernen. Ehe ich dazu komme, ist es meine Pflicht, die eben gestellten Behauptungen zu begründen. [...]

Der Stärkste ist nie stark genug, um immerdar Herr zu bleiben, wenn er seine Stärke nicht in Recht und den Gehorsam nicht in Pflicht verwandelt. Daher entspringt das Recht des Stärksten, ein Recht, das scheinbar ironisch aufgefaßt und in der Tat doch als Prinzip anerkannt wird. Aber wird man uns dieses Wort denn nie erklären? Die Stärke ist ein physisches Vermögen; ich begreife nicht, welche sittliche Verpflichtung aus ihren Wirkungen hervorgehen kann. Der Stärke nachgeben ist eine Handlung der

Notwendigkeit, nicht des Willens, höchstens eine Handlung der Klugheit. In welchem Sinne kann es eine Pflicht werden?

Lassen wir dieses angebliche Recht einen Augenblick gelten. Nach meiner Überzeugung ergibt sich daraus nur ein unlöslicher Wirrwarr von Begriffen, denn sobald die Stärke das Recht verleiht, so wird die Wirkung mit der Ursache verwechselt; jede Stärke, welche die erste übersteigt, ist die Erbin ihres Rechtes. Sobald man ungestraft nicht zu gehorchen braucht, besitzt man das Recht dazu, und da der Stärkste immer recht hat, handelt es sich nur darum, es so einzurichten, daß man der Stärkste ist. Was bedeutet nun aber ein Recht, das mit dem Aufhören der Stärke ungültig wird? Muß man aus Zwang gehorchen, so braucht man nicht aus Pflicht zu gehorchen, und wird man nicht mehr zum Gehorsam gezwungen, so ist man dazu auch nicht mehr verpflichtet. Man sieht also, daß das Wörtlein ›Recht‹ der Stärke nichts verleiht; es ist hier vollkommen bedeutungslos.

Gehorcht den Gewalthabern! Wenn dies bedeuten soll: gebt der Stärke, der Gewalt nach, so ist das Gebot gut, aber überflüssig; ich bürge dafür, daß es nie übertreten werden wird. Ich gebe zu, daß jede Gewalt von Gott kommt; aber auch jede Krankheit kommt von ihm; heißt das etwa, deshalb sei es verboten, den Arzt zu rufen? Wenn mich ein Räuber im Waldesdickicht überfällt, so muß ich mich der Gewalt fügen und ihm meine Börse geben; verpflichtet mich aber wohl mein Gewissen, sie zu geben, wenn ich imstande wäre, sie ihm vorzuenthalten? Die Pistole, die er mir vorhält, ist ja am Ende doch immer eine Gewalt.

Gestehen wir also, daß Stärke kein Recht gewährt und daß man nur verpflichtet ist, der rechtmäßigen Gewalt Gehorsam zu leisten. So taucht meine erste Frage immer wieder von neuem auf. [...]

Man wird sagen, daß der Gewaltherrscher seinen Untertanen die bürgerliche Ruhe sichere; es mag sein, aber was gewinnen sie dabei, wenn die Kriege, in die sein Ehrgeiz sie verwickelt, wenn seine unersättliche Habgier, wenn die Bedrückungen seiner Minister sie mehr belasten, als ihre Zwistigkeiten es vermöchten? Was gewinnen sie dabei, wenn diese Reihe selbst ein Glied in der langen Kette ihres Elends ist? Im Kerker lebt man auch ruhig; genügt das, um sich darin wohl zu fühlen? Die in der Höhle des Zyklopen eingesperrten Griechen lebten, bis die Reihe verschlungen zu werden an sie kam, ebenfalls in tiefster Ruhe. [...]

Auf seine Freiheit zu verzichten heißt auf seine Menschheit, die Menschenrechte, ja selbst auf seine Pflichten zu verzichten. Wer auf alles verzichtet, für den ist keine Entschädigung möglich. Eine solche Entsagung ist mit der Natur des Menschen unvereinbar, und man entzieht, wenn man seinem Willen alle Freiheit nimmt, seinen Handlungen allen sittlichen Wert. Kurz, es ist ein nichtiger und mit sich selbst in Widerspruch stehender Vertrag, auf der einen Seite eine unumschränkte Macht und auf der andern einen schrankenlosen Gehorsam festzusetzen. Ist es nicht klar, daß man gegen den, von welchem man das Recht hat, alles zu verlangen, zu nichts verpflichtet ist? Zieht diese einzige Bedingung ohne Entschädigung, ohne Gegenleistung nicht die Nichtigkeit des Übereinkommens nach sich? Denn welches Recht könnte mein Sklave gegen mich geltend machen, da alles, was er besitzt, mir gehört, und dadurch, daß sein Recht das meinige ist, dieses mein Recht wider mich selbst ein Wort ist, das keinen Sinn hat. [...]

Selbst wenn man dieses schreckliche Recht, alles zu töten, als richtig gelten ließe, behaupte ich trotzdem, daß ein im Kriege zum Sklaven gemachter Mensch oder ein unterjochtes Volk gegen seinen Herrn keine andere Verpflichtung hat, als ihm so lange zu gehorchen, wie er dazu gezwungen ist. Da der Sieger für sein Leben einen entsprechenden Ersatz annahm, hat er es ihm nicht geschenkt; anstatt ihn ohne einen Gewinn für sich zu töten, hat er ihn in einer Weise unschädlich gemacht, die ihm Nutzen brachte. Also weit davon entfernt, über ihn ein mit der Gewalt verbundenes Recht gewonnen zu haben, besteht der Kriegszustand zwischen ihnen nach wie vor fort, selbst ihr Verhältnis ist eine Wirkung desselben, und die Ausübung des Kriegsrechts setzt keinen Friedensvertrag voraus. Sie haben ein Übereinkommen getroffen, das mag sein; aber statt dem Kriegsstand ein Ende zu machen, setzt dieses Übereinkommen gerade die Fortdauer desselben voraus.

Von welchem Gesichtspunkt man deshalb auch die Dinge betrachten möge, so ist das Recht der Sklaverei immer nichtig, nicht allein weil es ungesetzmäßig, sondern auch weil es sinnlos und bedeutungslos ist. Die Worte ›Sklave‹ und ›Recht‹ stehen im Widerspruch; sie heben sich gegenseitig auf. Ob sich dieser Redensweise ein Mensch zu einem anderen oder zu einem ganzen Volk bedient, so wird es stets gleich unsinnig sein zu sagen: »Ich schließe mit dir eine Übereinkunft, die dir allen Nachteil und mir allen Vorteil bringt, eine Übereinkunft, die ich halten werde, solange es mir gefällt, und die du halten mußt, solange es mir gefällt.« [...]

Wie findet man eine Gesellschaftsform, die mit der ganzen gemeinsamen Kraft die Person und das Vermögen jedes Gesellschaftsmitgliedes verteidigt und schützt, und kraft deren jeder einzelne, obgleich er sich mit allen vereint, gleichwohl nur sich selbst gehorcht und frei bleibt wie vorher? Dies ist die Hauptfrage, deren Lösung der Gesellschaftsvertrag gibt.

Die Klauseln dieses Vertrages sind durch die Natur der Verhandlung so bestimmt, daß die geringste Abänderung sie nichtig und wirkungslos machen müßte. Die Folge davon ist, daß sie, wenn sie auch vielleicht nie ausdrücklich ausgesprochen wären, doch überall gleich, überall stillschweigend angenommen und anerkannt sind, bis nach Verletzung des Gesellschaftsvertrages jeder in seine ursprünglichen Rechte zurücktritt und seine natürliche Freiheit zurückerhält, während er zugleich die auf Übereinkommen beruhende Freiheit, für die er auf jene verzichtete, verliert.

Alle diese Klauseln lassen sich, wenn man sie richtig auffaßt, auf eine einzige zurückführen, nämlich auf das gänzliche Aufgehen jedes Gesellschaftsmitgliedes mit allen seinen Rechten in der Gesamtheit, denn indem sich jeder ganz hingibt, so ist das Verhältnis zunächst für alle gleich, und weil das Verhältnis für alle gleich ist, so hat niemand ein Interesse daran, es den anderen drückend zu machen.

Da ferner dieses Aufgehen ohne allen Vorbehalt geschieht, so ist die Verbindung so vollkommen, wie sie nur sein kann, und kein Gesellschaftsgenosse hat irgend etwas Weiteres zu beanspruchen, denn wenn den einzelnen irgendwelche Rechte blieben, so würde in Ermangelung eines gemeinsamen Oberherrn, der zwischen ihnen und dem Gemeinwesen entscheiden könnte, jeder, der in irgendeinem Punkte sein eigener Richter ist, auch bald verlangen, es in allen zu sein; der Naturzustand würde fortdauern, und die gesellschaftliche Vereinigung tyrannisierend oder zwecklos sein.

Während sich endlich jeder allen übergibt, übergibt er sich niemandem, und da man über jeden Gesellschaftsgenossen das nämliche Recht erwirbt, das man ihm über sich gewährt, so gewinnt man für alles, was man verliert, Ersatz und mehr Kraft, das zu bewahren, was man hat.

Scheidet man also vom Gesellschaftsvertrag alles aus, was nicht zu seinem Wesen gehört, so wird man sich überzeugen, daß er sich in folgende Worte zusammenfassen läßt: *Jeder von uns stellt gemeinschaftlich seine Person und seine ganze Kraft unter die oberste Leitung des allgemeinen Willens, und wir nehmen jedes Mitglied als untrennbaren Teil des Ganzen auf.*

An die Stelle der einzelnen Person jedes Vertragsschließenden setzt solcher Gesellschaftsvertrag sofort einen geistigen Gesamtkörper, dessen Mitglieder aus sämtlichen Stimmabgebenden bestehen, und der durch ebendiesen Akt seine Einheit, sein gemeinsames Ich, sein Leben und seinen Willen erhält. Diese öffentliche Person, die sich auf solche Weise aus der Vereinigung aller übrigen bildet, wurde ehemals Stadt genannt und heißt jetzt Republik oder Staatskörper. Im passiven Zustand wird er von seinen Mitgliedern Staat, im aktiven Zustand Oberhaupt, im Vergleich mit anderen seiner Art Macht genannt. Die Gesellschaftsgenossen führen als Gesamtheit den Namen Volk und nennen sich einzeln als Teilhaber der höchsten Gewalt Staatsbürger und im Hinblick auf den Gehorsam, den sie den Staatsgesetzen schuldig sind, Untertanen. Aber diese Ausdrücke gehen oft ineinander über und werden miteinander verwechselt; es genügt, sie unterscheiden zu können, wenn sie in ihrer eigentlichen Bedeutung gebraucht werden.

Aus jener Formel erkennt man, daß der Gesellschaftsvertrag eine gegenseitige Verpflichtung zwischen dem Gemeinwesen und den einzelnen in sich schließt und daß sich jeder einzelne, da er gleichsam mit sich selbst einen Vertrag abschließt, doppelt verpflichtet sieht, und zwar als Glied des Staatsoberhauptes gegen die einzelnen und als Glied des Staates gegen das Staatsoberhaupt. Hier darf man jedoch den Grundsatz des bürgerlichen Rechts, daß niemand an gegen sich selbst eingegangene Verpflichtungen gebunden sei, nicht in Anwendung bringen, denn es ist ein großer Unterschied zwischen einer Verpflichtung gegen sich selbst und einer Verpflichtung gegen ein Ganzes, von dem man einen Teil bildet.

Man muß ferner beachten, daß der öffentliche Beschluß, der allen Untertanen Verpflichtungen gegen das Staatsoberhaupt aufzuerlegen vermag, und zwar infolge des doppelten Verhältnisses, unter welchem jeder von ihnen betrachtet werden muß, aus entgegengesetztem Grund das Staatsoberhaupt nicht gegen sich selbst verpflichten kann und daß es folglich gegen die Natur des Staatskörpers ist, wenn sich das Staatsoberhaupt ein Gesetz auferlegt, das es nicht brechen kann. Da es sich immer nur in einem und demselben Verhältnis betrachten kann, so befindet es sich dann in dem Fall eines Privatmannes, der mit sich selber einen Vertrag abschließt; hieraus geht klar hervor, daß es für den Volkskörper keinerlei Art eines bindenden Grundgesetzes gibt noch geben kann; nicht einmal der Gesellschaftsvertrag reicht dazu aus. Das soll jedoch nicht heißen, daß sich dieser Körper nicht in allen Stücken, durch die jener Vertrag nicht verletzt wird, gegen einen andern verbindlich machen könne; denn dem Fremden gegenüber wird er wieder ein einfaches, einzelnes Wesen.

Da aber der Staatskörper oder das Staatsoberhaupt sein Dasein nur aus der Heiligkeit des Vertrages schöpft, kann es sich gegen einen andern nie selbst zu etwas verpflichten, was eine Zuwiderhandlung gegen diesen Urvertrag hervorbringen würde, wie etwa zur Veräußerung eines Teils seiner selbst oder zur Unterwerfung unter ein anderes Oberhaupt. Die Verletzung des Vertrages, durch den es sein Dasein erhält, würde seine Selbstvernichtung sein, und ein Nichts kann nichts schaffen.

Sobald die Menge auf solche Weise zu einem Körper vereinigt ist, kann man keines seiner Glieder verletzen, ohne den Körper anzugreifen, und noch weniger den Körper verletzen, ohne daß die Glieder darunter leiden. So verbinden Pflicht und Interesse beide vertragschließenden Teile in gleicher Weise, sich gegenseitig Beistand zu leisten, und in dieser doppelten Beziehung müssen die nämlichen Menschen darauf bedacht sein, alle daraus hervorgehenden Vorteile zu vereinigen.

Das Staatsoberhaupt nun, das nur aus den einzelnen, aus denen es besteht, gebildet wird, hat und kann kein dem ihrigen zuwiderlaufendes Interesse haben; folglich bedarf die oberherrliche Macht den Untertanen gegenüber keiner Bürgschaft, da ja der Körper unmöglich den Willen haben könnte, allen seinen Gliedern zu schaden; und wir werden später sehen, daß er einem einzelnen nicht schaden kann. Schon durch sein bloßes Dasein ist das Staatsoberhaupt stets, was es sein soll.

Anders jedoch ist die Stellung der Untertanen dem Staatsoberhaupt gegenüber, das trotz des gemeinschaftlichen Interesses keine Bürgschaft für ihre Verpflichtungen besitzen würde, wenn es nicht Mittel fände, sich ihrer Treue zu versichern.

In der Tat kann jeder einzelne als Mensch einen besonderen Willen haben, der dem allgemeinen Willen, den er als Staatsbürger hat, zuwiderläuft oder mit dem er doch nicht überall in

Einklang steht. Sein besonderes Interesse kann ganz andere Anforderungen an ihn stellen als das gemeinsame Interesse; sein selbständiges und von Natur unabhängiges Dasein kann ihm das, was er dem Gemeinwesen schuldig ist, als eine freiwillige Beisteuer erscheinen lassen, deren Verlust den anderen einen geringeren Schaden bereiten würde, als ihm die Last der Abtragung verursacht. Das Individuum würde die moralische Person, die den Staat ausmacht, nur als eine Idee auffassen können, weil sie eben kein Mensch ist, und die Rechte des Staatsbürgers genießen, ohne die Pflichten des Untertans erfüllen zu wollen, eine Ungerechtigkeit, deren Umsichgreifen den Untergang des Staatskörpers herbeiführen würde.

Damit demnach der Gesellschaftsvertrag keine leere Form sei, enthält er stillschweigend folgende Verpflichtung, die allein den übrigen Kraft gewähren kann; sie besteht darin, daß jeder, der dem allgemeinen Willen den Gehorsam verweigert, von dem ganzen Körper dazu gezwungen werden soll; das hat keine andere Bedeutung als daß man ihn zwingen werde, frei zu sein. Denn die persönliche Freiheit ist die Bedingung, die jedem Bürger dadurch, daß sie ihn dem Vaterland einverleibt, Schutz gegen jede persönliche Abhängigkeit verleiht, eine Bedingung, die die Stärke und Beweglichkeit der Staatsmaschine ausmacht und den bürgerlichen Verpflichtungen, die ohne sie sinnlos, tyrannisch und den ausgedehntesten Mißbräuchen ausgesetzt wären, Rechtmäßigkeit gibt.

Der Übergang aus dem Naturzustand in den bürgerlichen bringt in dem Menschen eine sehr bemerkbare Veränderung hervor, indem in seinem Verhalten die Gerechtigkeit an die Stelle des Instinktes tritt und sich in seinen Handlungen der sittliche Sinn zeigt, der ihnen vorher fehlte. Erst in dieser Zeit verdrängt die Stimme der Pflicht den physischen Antrieb und das Recht die Begierde, so daß sich der Mensch, der bis dahin lediglich auf sich selbst Rücksicht genommen hatte, gezwungen sieht, nach anderen Grundsätzen zu handeln, und seine Vernunft um Rat fragt, bevor er auf seine Neigungen hört. Obgleich er in diesem Zustand mehrere Vorteile, die ihm die Natur gewährt, aufgibt, so erhält er dafür doch so bedeutende andere Vorteile. Seine Fähigkeiten üben und entwickeln sich, seine Ideen erweitern, seine Gesinnungen veredeln, seine ganze Seele erhebt sich in solchem Grad, daß er, wenn ihn die Mißbräuche seiner neuen Lage nicht oft noch unter die, aus der er hervorgegangen, erniedrigte, unaufhörlich den glücklichen Augenblick segnen müßte, der ihn dem

Naturzustand auf ewig entriß und aus einem ungesitteten und beschränkten Tier ein einsichtsvolles Wesen, einen Menschen machte.

Führen wir die ganze Vergleichung beider Zustände auf einige Punkte zurück, bei denen die Unterschiede am klarsten hervortreten. Der Verlust, den der Mensch durch den Gesellschaftsvertrag erleidet, besteht in dem Aufgeben seiner natürlichen Freiheit und des unbeschränkten Rechts auf alles, was ihn reizt und was er erreichen kann. Sein Gewinn äußert sich in der bürgerlichen Freiheit und in dem Eigentumsrecht auf alles, was er besitzt. Um sich bei dem Abwägen der Vorteile beider Zustände keinem Irrtum hinzugeben, muß man die natürliche Freiheit, die nur in den Kräften des einzelnen ihre Schranken findet, von der durch den allgemeinen Willen beschränkten, bürgerlichen Freiheit genau unterscheiden und in gleicher Weise den Besitz, der nur die Wirkung der Stärke oder das Recht des ersten Besitzergreifers ist, von dem Eigentum, das nur auf einen sicheren Rechtsanspruch gegründet werden kann.

Nach dem Gesagten würde man noch zu den Vorteilen des Staatsbürgertums die sittliche Freiheit hinzufügen können, die allein den Menschen erst in Wahrheit zum Herrn über sich selbst macht; denn der Trieb der bloßen Begierde ist Sklaverei, und der Gehorsam gegen das Gesetz, das man sich selber vorgeschrieben hat, ist Freiheit.[...]

Der Grundvertrag hebt nicht etwa die natürliche Gleichheit auf, sondern setzt im Gegenteil an die Stelle der physischen Ungleichheit, die die Natur unter den Menschen hätte hervorrufen können, eine sittliche und gesetzliche Gleichheit, so daß die Menschen, wenn sie auch an körperlicher und geistiger Kraft ungleich sein können, durch Übereinkunft und Recht alle gleich werden. Unter schlechten Regierungen ist diese Gleichheit nur scheinbar und trügerisch; sie dient nur dazu, den Armen in seinem Elend und den Reichen in seinem widerrechtlich erlangten Besitz zu erhalten. In Wahrheit sind die Gesetze immer nur für diejenigen wohltätig, die etwas besitzen, und den Besitzlosen schädlich, woraus folgt, daß den Menschen der gesellschaftliche Zustand nur so lange vorteilhaft ist, als jeder etwas und keiner zuviel hat.

Die erste und wichtigste Schlußfolge aus den bis jetzt aufgestellten Grundsätzen ist die, daß der allgemeine Wille allein die Kräfte des Staates dem Zweck seiner Einrichtung gemäß, der in dem Gemeinwohl besteht, leiten kann; denn wenn der Gegensatz der Privatinteressen die Errichtung der Gesellschaften nötig gemacht hat, so hat sie doch erst die Übereinstimmung der gleichen Interessen ermöglicht. Das Gemeinsame in diesen verschiedenen Interessen bildet das gesellschaftliche Band; und gäbe es nicht irgendeinen Punkt, in dem alle Interessen übereinstimmen, so könnte keine Gesellschaft bestehen. Einzig und allein nach diesem gemeinsamen Interesse muß die Gesellschaft regiert werden.

Ich behaupte also, daß die Staatshoheit, die nichts anderes als die Ausübung des allgemeinen Willens ist, nie veräußert werden kann und sich das Staatsoberhaupt als ein kollektives Wesen nur durch sich selbst darstellen läßt. Die Macht kann wohl übertragen werden, aber nicht der Wille.

Ist es in der Tat auch nicht unmöglich, daß der Wille eines einzelnen in irgendeinem Punkt mit dem allgemeinen Willen übereinstimme, so ist es wenigstens unmöglich, daß diese Übereinstimmung von Dauer und Bestand sein könnte, denn seiner Natur nach strebt der Wille des einzelnen nach Vorzügen, der allgemeine dagegen nach Gleichheit. Noch unmöglicher ist es, einen Bürgen für diese Übereinstimmung zu haben, sollte sie sogar wirklich von steter Dauer sein; letzteres wäre keine Wirkung der Kunst, sondern des Zufalles. Das Staatsoberhaupt kann wohl sagen: »Ich will jetzt, was dieser oder jener Mensch will oder doch zu wollen versichert«, aber es kann nicht sagen: »Ich werde auch morgen wollen, was dieser Mensch will«, da es sinnlos ist, daß sich der Wille schon für die Zukunft fesselt, und es nicht in der Gewalt irgendeines Willens steht, in etwas einzustimmen, was dem Wohl des wollenden Wesens widerspricht. Wenn deshalb ein Volk verspricht, bedingungslos zu gehorchen, so löst es sich durch ein solches Versprechen selbst auf und verliert seine Eigenschaft als Volk; sobald ein Herr da ist, gibt es kein Staatsoberhaupt mehr, und von dem Augenblick an ist der Staatskörper vernichtet.

Das soll nicht heißen, daß die Befehle der Führer nicht für die allgemeine Willensmeinung gelten können, solange das Staatsoberhaupt, das die Freiheit besitzt, sich zu widersetzen, davon keinen Gebrauch macht. In einem solchen Fall muß man aus dem allgemeinen Schweigen auf die Einwilligung des Volkes schließen. Dies bedarf einer ausführlicheren Erklärung.

Derselbe Grund, aus dem die Staatshoheit unveräußerlich ist, spricht auch für die Unteilbarkeit, denn der Wille ist allgemein, oder er ist es nicht; er ist der Ausfluß der Gesamtheit des Volkes oder nur eines seiner Teile. Im ersten Fall ist der Ausdruck dieses Willens ein Akt der Staatshoheit und hat Gesetzeskraft; im zweiten ist er nur Privatwille oder ein obrigkeitlicher Akt; er kann höchstens als eine Verordnung gelten. Die Allgemeinheit des Willens verlangt nicht immer Einstimmigkeit, dagegen ist die Zählung sämtlicher Stimmen notwendig; jede förmliche Ausschließung hebt die Allgemeinheit auf.

Da aber unsere Staatsmänner die Staatshoheit nicht in ihrem Prinzip zerteilen können, so zerteilen sie sie wenigstens in bezug auf ihren Gegenstand; sie teilen sie in Kraft und Willen, in gesetzgebende und vollziehende Gewalt, in Berechtigung zu Auflagen, zur Rechtspflege und zum Krieg, in innere Verwaltung und das Amt für die auswärtigen Angelegenheiten; bald lassen sie alle diese Teile ineinander übergehen, und bald sondern sie sie voneinander. Sie machen aus dem Staatsoberhaupt ein phantastisches und zusammengestückeltes Wesen; es ist, als ob sie den Menschen aus mehreren Körpern zusammensetzten, von denen der eine nur Augen, der andere nur Arme, der dritte nur Füße und sonst weiter nichts hätte. Die Gaukler in Japan sollen vor den Augen der Zuschauer ein Kind zerstückeln, und nachdem sie darauf alle seine Glieder nacheinander in die Luft geworfen haben, lassen sie das Kind wieder lebendig und mit heilen Gliedern herabfallen. Der Art sind ungefähr die Taschenspielerstreiche unserer Staatsmänner; nachdem sie den Gesellschaftskörper durch eine Gaukelei, die sich denen auf dem Jahrmarkte zur Seite stellen kann, zerlegt haben, setzen sie, man weiß nicht wie, die Stücke wieder zusammen.

Dieser Irrtum hat sich nur aus den ungenauen Vorstellungen von der staatshoheitlichen Gewalt bilden können, indem man Dinge, die nur Ausflüsse dieser Gewalt waren, für Teile derselben hielt. So hat man beispielsweise Kriegserklärungen und Friedensabschlüsse für Akte der Staatshoheit angesehen, was sie keineswegs sind, da keiner dieser Akte ein Gesetz, sondern jeder lediglich eine Anwendung des Gesetzes, ein besonderer Akt ist, der die gesetzlichen Bestimmungen zur Geltung bringt, wie man klar einsehen wird, sobald der mit dem Wort Gesetz verbundene Begriff festgestellt ist.

Bei einer ähnlichen Prüfung der übrigen Einteilungen würde man finden, daß man sich jedesmal irrt, wenn man die Staatshoheit geteilt zu sehen glaubt, und daß die Rechte, die man für Teile dieser Staatshoheit hält, ihr sämtlich untergeordnet sind und stets einen höchsten Willen voraussetzen, der nur durch diese Rechte zur Ausführung gelangt. [...]

Aus dem Vorhergehenden ergibt sich, daß der allgemeine Wille beständig der richtige ist und immer auf das allgemeine Beste abzielt; daraus folgt jedoch nicht, daß Volksbeschlüsse immer gleich richtig sind. Man will stets sein Bestes, sieht jedoch nicht immer ein, worin es besteht. Das Volk läßt sich nie bestechen, wohl aber oft hinters Licht führen, und nur dann scheint es Böses zu wollen.

Oft ist ein großer Unterschied zwischen dem Willen aller und dem allgemeinen Willen; letzterer geht nur auf das allgemeine Beste aus, ersterer auf das Privatinteresse und ist nur eine Summe einzelner Willensmeinungen. Zieht man nun von diesen Willensmeinungen das Mehr und Minder, das sich gegenseitig aufhebt, ab, so bleibt als Differenzsumme der allgemeine Wille übrig.

Hätten bei der Beschlußfassung eines hinlänglich unterrichteten Volkes die Staatsbürger keine feste Verbindung untereinander, so würde aus der großen Anzahl kleiner Differenzen stets der allgemeine Wille hervorgehen, und der Beschluß wäre immer gut. Wenn sich indessen Parteien, wenn sich kleine Genossenschaften zum Nachteil der großen bilden, so wird der Wille jeder dieser Gesellschaften in Beziehung auf ihre Mitglieder ein allgemeiner und dem Staat gegenüber ein einzelner; man kann dann sagen, daß nicht mehr so viele Stimmberechtigte wie Menschen vorhanden sind, sondern nur so viele, wie es Vereinigungen gibt. Die Differenzen werden weniger zahlreich und führen zu einem weniger allgemeinen Ergebnis. Wenn endlich eine dieser Vereinigungen so groß ist, daß sie über alle anderen das Übergewicht davonträgt, so ist das Ergebnis nicht mehr eine Summe kleiner Differenzen, sondern eine einzige Differenz; dann gibt es keinen allgemeinen Willen mehr, und die Ansicht, die den Sieg davonträgt, ist trotzdem nur eine Privatansicht.

Um eine klare Darlegung des allgemeinen Willens zu erhalten, ist es deshalb von Wichtigkeit, daß es im Staat möglichst keine besonderen Gesellschaften geben und jeder Staatsbürger nur für seine eigene Überzeugung eintreten soll. Deshalb war die auf diesem Grundsatz beruhende Einrichtung des großen Lykurg so einzig in ihrer Art und so erhaben. Gibt es nun solche besonderen Gesellschaften, so muß man ihre Anzahl vermehren und ihrer Ungleichheit vorbeugen, wie Solon, Numa und Servius Tullius taten. Diese Vorsichtsmaßregeln können es einzig und allein bewirken, daß der allgemeine Wille immer klar ersichtlich ist, und das Volk sich nicht irrt.

Wenn der Staat oder das Gemeinwesen nur eine moralische Person ist, deren Leben in der Verbindung ihrer Glieder besteht, und wenn seine wichtigste Sorge auf seine eigene Erhaltung gerichtet ist, so hat er eine allgemeine und zwingende Kraft nötig, um jeden Teil auf die dem Ganzen zweckmäßigste Weise zu bewegen und nutzbar zu machen. Wie die Natur jeden Menschen mit einer unumschränkten Macht über alle seine Glieder ausstattet, so stattet auch der Gesellschaftsvertrag den Staatskörper mit einer unumschränkten Macht über all die seinigen aus, und ebendiese vom allgemeinen Willen geleitete Macht wird, wie bereits erwähnt, Staatshoheit genannt.

Außer der Person des Staates haben wir jedoch auch die einzelnen Personen, die jene bilden und deren Leben und Freiheit naturgemäß von ihr unabhängig sind, zu betrachten. Es gilt also, die gegenseitigen Rechte der Staatsbürger und des Staatsoberhauptes sowie die Pflichten, welche erstere in ihrer Eigenschaft als Untertanen zu erfüllen haben, von dem natürlichen Recht, dessen sie als Menschen genießen müssen, genau zu unterscheiden.

Man gesteht zu, daß durch den Gesellschaftsvertrag jeder von seiner Macht, seinem Vermögen und seiner Freiheit nur den Teil veräußert, den das Gemeinwesen nötig hat; aber man muß auch zugestehen, daß das Staatsoberhaupt allein die Notwendigkeit des abzutretenden Teils bestimmen darf.

Alle Dienste, die der Staatsbürger dem Staat zu leisten vermag, ist er ihm schuldig, sobald das Staatsoberhaupt sie verlangt; dagegen kann das Staatsoberhaupt von seiner Seite aus die Untertanen mit keiner dem Gemeinwesen unnützen Fessel belasten, ja, es kann es nicht einmal wollen, denn nach dem Gesetz der Vernunft geschieht ebensowenig wie nach dem Gesetz der Natur etwas ohne Ursache. [...]

Man muß verstehen, daß weniger die Anzahl der Stimmen den Willen verallgemeinert als vielmehr das allgemeine Interesse, das sie vereinigt, denn bei dieser Einrichtung unterwirft sich ein jeder den Bedingungen, die er den anderen auferlegt. Es herrscht ein bewundernswerter Einklang des Interesses und der Gerechtigkeit, der den gemeinsamen Beschlüssen einen Charakter der Billigkeit verleiht, die bei der Erörterung jeder Privatangelegenheit sichtlich verlorengeht, weil kein gemeinschaftliches Interesse vorhanden ist, das die Anschauung des Richters mit der der Partei in Einklang und Übereinstimmung bringt.

Von welcher Seite aus man auch auf das Prinzip zurückgehen mag, stets gelangt man zu dem Schluß, daß der Gesellschaftsvertrag unter den Staatsbürgern eine derartige Gleichheit herstellt, daß sich alle auf dieselben Bedingungen hin verpflichten und alle dieselben Rechte genießen müssen. Der Natur des Vertrages gemäß verpflichtet oder begünstigt jede Handlung der Staatshoheit, das heißt, jede authentische Handlung des allgemeinen Willens, alle Staatsbürger in gleicher Weise, so daß das Staatsoberhaupt lediglich den Körper der Nation kennt und von allen, die ihn bilden, keinen unterscheidet. Was ist denn nun eigentlich eine Handlung der Staatshoheit? Nicht eine Übereinkunft des Höheren mit dem Niederen, sondern eine Übereinkunft des Körpers mit jedem seiner Glieder; sie ist rechtmäßig, weil sie den Gesellschaftsvertrag zur Grundlage hat; sie ist billig, weil alle gleichen Anteil daran haben; sie ist nützlich, weil sie nur auf das allgemeine Beste ausgehen kann; und sie ist auch dauerhaft, da die Staatskraft und die oberste Gewalt für sie eintreten. Solange die Untertanen nur den in solcher Übereinkunft angenommenen Gesetzen unterworfen sind, gehorchen sie niemand als ihrem eigenen Willen; und die Frage aufstellen, bis wohin sich die gegenseitigen Rechte des Staatsoberhauptes und der Staatsbürger erstrecken, heißt nichts anderes als fragen, bis wie weit sich letztere gegen sich selbst, jeder gegen alle und alle gegen jeden verpflichten können.

Hieraus ist ersichtlich, daß die oberherrliche Gewalt, so unumschränkt heilig und unverletzlich sie auch ist, die Grenzen der allgemeinen Übereinkunft weder überschreitet noch überschreiten kann und daß jeder Mensch über den ihm durch diese Übereinkünfte gebliebenen Teil seiner Güter und seiner Freiheit unbehindert verfügen kann, so daß dem Staatsoberhaupt nie das Recht zusteht, einen Untertan stärker als den andern zu belasten, weil dies zu einer Privatangelegenheit wird, deren Entscheidung nicht in seiner Macht liegt.

Bei Annahme dieser Unterscheidungen ist die Behauptung einer wirklichen Entsagung von seiten der einzelnen im Gesellschaftsvertrag so falsch, daß sich vielmehr eine wesentliche Verbesserung ihrer Lage gegen früher als Folge dieses Vertrages nachweisen läßt. Anstatt einer Veräußerung haben sie nur einen vorteilhaften Tausch gemacht, indem sie für eine unsichere und ungewisse Lebensweise eine bessere und gesichertere, für die natürliche Unabhängigkeit Freiheit, für die Macht, andern zu schaden, ihre eigene Sicherheit und für ihre Kraft, die andere zu überwinden vermochte, ein Recht eintauschten, das die gesellschaftliche Verbindung unbesiegbar macht. Sogar ihr Leben, das sie nun dem Staat geweiht haben, wird von demselben beständig geschützt, und was tun sie, wenn sie es zu seiner Verteidigung der Gefahr aussetzen, anderes, als daß sie ihm das von ihm Erhaltene zurückerstatten? Würden sie nicht im Naturzustand dasselbe weit häufiger und mit weit größerer Gefahr tun müssen, wenn sie das zum Lebensunterhalt Nötige unter unvermeidlichen Kämpfen mit Lebensgefahr vereidigten? Im Notfall müssen allerdings alle für das Vaterland kämpfen, aber niemand braucht auch für sich selbst zu kämpfen. Haben wir also nicht noch Gewinn dabei, wenn wir uns für das, was unsere Sicherheit bildet, einem Teil der Gefahren aussetzen, denen wir uns, sobald uns jene Sicherheit genommen wäre, doch aussetzen müßten?

Man fragt, wie die einzelnen, die doch kein Recht besitzen, über ihr eigenes Leben zu verfügen, dieses nämliche Recht, das ihnen nicht zusteht, auf das Staatsoberhaupt übertragen können? Die Lösung dieser Frage scheint nur deshalb schwierig, weil sie schlecht gestellt ist. Jeder Mensch ist berechtigt, sein eigenes Leben zu wagen, um es zu erhalten. Hat man je einen Menschen, der sich zum Fenster hinausstürzt, um sich aus einer Feuersbrunst zu retten, eines Selbstmordes schuldig erklärt? Hat man dieses Verbrechen je einem Menschen zur Last gelegt, der im Sturm umkam, obgleich er beim Einschiffen mit der Gefahr eines solchen bekannt war?

Der Gesellschaftsvertrag bezweckt die Erhaltung der Gesellschafter. Wer den Zweck will, ist auch mit den Mitteln einverstanden, und diese Mittel lassen sich von einigen Gefahren, ja sogar von einigen Verlusten gar nicht trennen. Wer sein Leben auf Kosten anderer erhalten will, muß es, sobald es nötig ist, auch für sie hingeben. Der Staatsbürger ist deshalb auch nicht länger Richter über die Gefahr, der er sich auf Verlangen des Gesetzes aussetzen soll; und wenn der Fürst ihm gesagt hat: »Dein Tod ist für den Staat erforderlich«, so muß er sterben, da er nur auf diese Bedingung bisher in Sicherheit gelebt hat, und sein Leben nicht mehr ausschließlich eine Wohltat der Natur, sondern ein ihm bedingungsweise bewilligtes Geschenk des Staates ist.

Die über die Verbrecher verhängte Todesstrafe kann so ziemlich aus demselben Blickwinkel betrachtet werden. Um nicht das Schlachtopfer eines Mörders zu werden, gibt man seine Einwilligung dazu, selbst zu sterben, wenn man ein solcher werden sollte. Anstatt bei diesem Vertrag über sein Leben zu verfügen, geht man nur darauf aus, es zu schützen; jedenfalls läßt es sich nicht annehmen, daß irgendeiner der Vertragsabschließenden im voraus daran gedacht habe, sich hängen zu lassen. [...]

Wenn ich sage, daß der Gegenstand der Gesetze immer allgemein ist, so meine ich damit, daß das Gesetz die Untertanen insgesamt und die Handlungen an sich ins Auge faßt, dagegen nie einen Menschen als einzelnen und ebensowenig eine besondere Handlung. Demnach kann das Gesetz wohl bestimmen, daß es Privilegien geben soll, kann sie aber niemandem namentlich verleihen. Das Gesetz kann mehrere Staatsbürgerklassen schaffen und sogar die Eigenschaften angeben, die diesen Klassen Rechte geben werden, kann aber nicht die Aufnahme dieses oder jenes in eine derselben verfügen. Es kann eine königliche Regierung und eine erbliche Thronfolge einführen, aber es kann weder einen König erwählen noch eine königliche Familie ernennen. Mit einem Worte: Jedes mit einem Einzelwesen vorzunehmende Geschäft ist der gesetzgebenden Gewalt entzogen.

Auf Grund dieser Vorstellung sieht man sofort, daß man nicht mehr danach fragen darf, wem die Gesetzgebung gebührt, da die Gesetze Akte des allgemeinen Willens sind; auch nicht, ob der Fürst über den Gesetzen steht, da er ein Glied des Staates ist; ebensowenig ob das Gesetz ungerecht sein kann, da niemand gegen sich selbst ungerecht ist; und ebenfalls nicht, wie man frei und doch zugleich den Gesetzen unterworfen sein kann, da letztere nur Verzeichnisse unserer eigenen Willensmeinungen sind.

Ferner ist es begreiflich: Da das Gesetz die Gesamtheit des Willens mit der des Gegenstandes verbindet, so ist der eigenmächtige Befehl irgendeines Menschen, wer er auch immer sein möge, niemals ein Gesetz; sogar was das Staatsoberhaupt über einen einzelnen Gegenstand verordnet, ist durchaus nicht ein Gesetz, sondern eine Verordnung, nicht ein Hoheits-, sondern ein Verwaltungsakt.

Republik nenne ich deshalb jeden von Gesetzen regierten Staat, möge die Form der Verwaltung auch sein, welche sie wolle, denn nur in diesem Fall gebietet das Staatsinteresse und gilt jede Angelegenheit als Staatsangelegenheit. Jede rechtmäßige Regierung ist republikanisch.

Die Gesetze sind eigentlich nur die Bedingungen der bürgerlichen Gesellschaft. Das Volk, das Gesetzen unterworfen ist, muß auch ihr Urheber sein; nur denen, die sich verbinden, liegt es ob, die Bedingungen der Vereinigung zu regeln. Aber wie sollen sie sie regeln? Etwa auf Grund einer gemeinschaftlichen Übereinstimmung infolge einer plötzlichen Begeisterung? Besitzt der politische Körper ein Organ, um seine Willensmeinungen auszusprechen? Wer wird ihn mit der nötigen Voraussicht ausrüsten, um die Beschlüsse im voraus zu fassen und bekanntzumachen, oder wie wird er sie, sobald es erforderlich wird, aussprechen? Wie sollte eine blinde Menge, die oft nicht weiß, was sie will, weil sie selten weiß, was ihr heilsam ist, imstande sein, ein so großes, so schweres Unternehmen wie ein System der Gesetzgebung ist, von sich aus auszuführen? Von sich aus will das Volk immer das Gute, aber es erkennt dasselbe nicht immer von sich aus. Der allgemeine Wille ist stets richtig, allein das Urteil, welches ihn leitet, ist nicht immer erleuchtet. Man muß ihn die Gegenstände so sehen lassen, wie sie sind, bisweilen so, wie sie ihm erscheinen sollen; man muß ihm den rechten Weg, den er sucht, weisen, ihn vor der Verführung durch den Willen einzelner hüten, ihm die Orte und Zeiten näher vor Augen stellen und den Reiz der gegenwärtigen und sichtbaren Vorteile durch die Gefahr der entfernten und verborgenen Übel ausgleichen. Die einzelnen sehen das Gute, das sie verwerfen; der Staat will das Gute, das er nicht sieht. Alle bedürfen der Führer in gleicher Weise; erstere muß man zwingen, ihren Willen der Vernunft anzupassen, letzteren muß man zur Erkenntnis dessen bringen, was er will. Dann geht im Gesellschaftskörper aus der allgemeinen Einsicht die Vereinigung des Urteils und des Willens hervor, und das Ergebnis davon ist das genaue Zusammenwirken der einzelnen Teile und schließlich die höchste Kraft des Ganzen. Hieraus ergibt sich die Notwendigkeit eines Gesetzgebers. […]

Der Gesetzgeber ist in jeder Beziehung ein außerordentlicher Mann im Staat. Wenn er es schon durch seinen Geist sein muß, so ist er es nicht weniger durch sein Amt. Es ist kein obrigkeitliches und auch kein mit der Oberherrlichkeit zusammenhängendes. Dieses Amt, das das Gemeinwesen organisiert, ist selbst kein Bestandteil der Verfassung. Es ist eine besondere und erhabenere Tätigkeit, die mit der menschlichen Herrschaft nichts gemein hat; denn wenn der Beherrscher der Menschen nicht zugleich der der Gesetze sein darf, so darf der Beherrscher der Gesetze ebensowenig der der Menschen sein, sonst würden diese Gesetze als Werkzeuge seiner Leidenschaften oft nur seine Ungerechtigkeiten fortpflanzen; nie könnte er vermeiden, daß Privatzwecke die Heiligkeit seines Werkes trübten. [...]

Der Abfasser der Gesetze hat demnach keine gesetzgebende Berechtigung oder sollte sie doch nicht haben, und das Volk kann, selbst wenn es wollte, auf dieses nicht übertragbare Recht auf keinen Fall verzichten, weil nach dem Urvertrag nur der allgemeine Wille die einzelnen verpflichtet und es sich erst nach der freien Abstimmung des Volkes mit Sicherheit bestimmen läßt, ob der Wille des einzelnen mit dem allgemeinen in Einklang ist. Obgleich ich dies bereits gesagt habe, ist es doch zweckmäßig, es zu wiederholen.

Demzufolge findet man in dem Werk der Gesetzgebung zwei scheinbar unvereinbare Dinge vereint; ein die menschliche Kraft übersteigendes Unternehmen, und zu seiner Ausführung eine Macht, die gleich Null ist.

Hierzu tritt noch eine andere Schwierigkeit, die ebenfalls Beachtung verdient. Die Weisen, die sich dem Volk gegenüber ihrer eigenen Sprache statt der seinigen bedienen wollen, würden unfähig sein, sich ihm verständlich zu machen. Tausenderlei Begriffe lassen sich aber nie in die Sprache des Volkes übertragen. Allzu allgemeine Gesichtspunkte und allzu entfernte Ziele übersteigen in gleicher Weise seine Fassungskraft. Da jedem einzelnen nur der auf sein Privatinteresse abzielende Regierungsplan zusagt, so sieht er sehr schwer ein, welche Vorteile er aus den durch gute Gesetze ihm auferlegten beständigen Beraubungen gewinnen soll. Damit ein im Entstehen begriffenes Volk Gefallen an den gesunden Grundsätzen der Staatskunst finden und die Grundregeln des Staatsrechtes befolgen könnte, wäre es nötig, daß die Wirkung zur Ursache würde, daß der gesellschaftliche Geist, der das Werk der Verfassung sein soll, selbst den Vorsitz in der Verfassung führen sollte, und daß die Menschen schon vor dem Bestehen der Gesetze das wären, was sie erst durch dieselben werden sollen. Da nun also der Gesetzgeber weder Gewalt anwenden noch mit Urteilskraft rechnen kann, so muß er notwendigerweise zur Autorität einer anderen Ordnung, die ohne Zwang hinzureißen und ohne zu überzeugen doch zu überreden vermag, seine Zuflucht nehmen.

Das war es, was die Väter der Nationen zu allen Zeiten zwang, zur Vermittlung des Himmels Zuflucht zu nehmen und die Götter aus eigener Klugheit zu ehren, damit die Menschen, die sowohl den Gesetzen des Staates wie denen der Natur unterworfen sind und dieselbe Macht in der Bildung des Menschen wie in der des Staates anerkennen, freiwillig gehorchen und das Joch des Staatsglückes gelehrig tragen möchten.

Diese höhere Einsicht, die sich über den Gesichtskreis der gewöhnlichen Menschen erhebt, ist es, deren Entscheidungen der Gesetzgeber den Unsterblichen in den Mund legt, um solche, die sich durch menschliche Klugheit nicht erschüttern ließen, durch das göttliche Ansehen mit fortzureißen. Allein es ist nicht jedermanns Sache, die Götter reden zu lassen oder Glauben zu finden, wenn er sich für ihren Dolmetscher ausgibt. Die erhabene Seele des Gesetzgebers ist das einzige Wunder, das seine Sendung beweisen muß. Jeder kann Gebote auf steinerne Tafeln eingraben oder ein Orakel erkaufen oder einen geheimen Umgang mit irgendeiner Gottheit vorgeben oder einen Vogel abrichten, ihm etwas in das Ohr zu zwitschern, oder andere plumpe Mittel zur Täuschung des Volkes erfinden. Wer sich nur auf dergleichen versteht, kann aus Zufall wohl einen Haufen Narren um sich sammeln, wird aber nie ein Reich gründen, und sein abenteuerliches Werk wird mit ihm bald zugrunde gehen. Nichtige Gaukeleien bilden kein haltbares Band, nur die Klugheit macht es dauerhaft. Das jüdische Gesetz, das noch immer besteht, wie der Islam, der seit zehn Jahrhunderten die halbe Welt regiert, geben noch heutzutage die Größe ihrer Stifter zu erkennen, und während philosophischer Stolz oder blinder Parteigeist in ihnen nur glückliche Betrüger erblickt, bewundert der wahre Staatsmann in ihren Verfassungen den großen und gewaltigen Geist, der dauerhafte Einrichtungen ins Leben ruft.

Man braucht aus allem diesem noch nicht mit Warburton zu schließen, daß bei uns Politik und Religion einen gemeinsamen Zweck haben, sondern nur, daß beim Entstehen der Völker die eine der anderen als Werkzeug dient. [...]

Bei der Untersuchung, worin denn eigentlich das höchste Wohl aller, das der Zweck eines jeden Systems der Gesetzgebung sein soll, besteht, wird man finden, daß es auf zwei Hauptgegenstände hinausläuft, Freiheit und Gleichheit. Freiheit, weil jede Abhängigkeit des einzelnen eine ebenso große Kraft dem Staatskörper entzieht, Gleichheit, weil die Freiheit ohne sie nicht bestehen kann.

Ich habe bereits auseinandergesetzt, was bürgerliche Freiheit ist; was nun die Gleichheit anlangt, so ist unter diesem Wort nicht zu verstehen, daß alle eine durchaus gleich große Kraft und einen genau ebenso großen Reichtum besitzen, sondern daß die Gewalt jede Gewalttätigkeit ausschließt und sich nur kraft der Gesetze und der Stellung im Staat äußern darf, daß ferner kein Staatsbürger so reich sein darf, um sich einen andern kaufen zu können, noch so arm, um sich verkaufen zu müssen. Dies setzt auf seiten der Großen Mäßigung des Vermögens und des Ansehns, und auf seiten der Kleinen Mäßigung des Geizes und der Habsucht voraus.

Diese Gleichheit halten nun einige für eine politische Träumerei, die nicht in der Praxis existieren könne. Wenn jedoch der Mißbrauch unvermeidlich ist, folgt daraus, daß man ihn nicht wenigstens einschränken muß? Weil der Lauf der Dinge stets auf die Zerstörung der Gleichheit ausgeht, deshalb muß gerade die Kraft der Gesetzgebung stets auf ihre Erhaltung ausgehen. [...]

Solange mehrere vereinigte Menschen sich als einen einzigen Körper betrachten, haben sie nur einen einzigen Willen, der die gemeinsame Erhaltung und die allgemeine Wohlfahrt zum Gegenstand hat. Dann sind alle Triebfedern des Staates kräftig und einfach und seine Grundsätze klar und deutlich; er hat keine verwickelten, einander widersprechenden Interessen; das Gemeinwohl tritt überall sichtbar hervor, und es bedarf nur gesunder Vernunft, um es wahrzunehmen. Friede, Einigkeit und Gleichheit sind Feindinnen politischer Spitzfindigkeiten. Aufrichtige und einfache Menschen sind gerade ihrer Einfachheit wegen schwer hinter das Licht zu führen; für Betrügereien und bestechende Vorspiegelungen sind sie nicht empfänglich; sie sind nicht einmal fein genug, um sich überlisten zu lassen. Wenn man sieht, wie bei dem glücklichsten Volk auf Erden Scharen von Landleuten die Staatsangelegenheiten unter einer Eiche entscheiden und dabei stets mit großer Weisheit zu Werke gehen, kann man sich dann wohl erwehren, die Spitzfindigkeiten anderer Völker zu verachten, die sich mit einer solchen Fülle von Kunst und Geheimnistuerei berühmt und elend machen? [...]

Es gibt nur ein einziges Gesetz, das seiner Natur nach eine einstimmige Genehmigung verlangt, den Gesellschaftsvertrag; denn die staatsbürgerliche Vereinigung ist die freiwilligste Handlung von der Welt. Da jeder Mensch von Geburt frei und sein eigener Herr ist, so kann ihn sich niemand, unter welchem Vorwand es auch sein möge, ohne seine Einwilligung unterwerfen. Bestimmen, daß der Sohn eines Sklaven als Sklave geboren werde, heißt bestimmen, daß er nicht als Mensch geboren werde.

Wenn demnach bei Gründung des Gesellschaftsvertrages einige Widerspruch erheben, so macht ihre Meinung ihn nicht ungültig, sondern schließt die Gegner nur von ihm aus; sie gelten unter den Staatsbürgern als Fremde. Ist der Staat gegründet, so bedeutet ihr Bleiben Zustimmung; das Staatsgebiet bewohnen, heißt sich der Oberherrlichkeit unterwerfen.

Außer diesem grundlegenden Vertrag ist Stimmenmehrheit für alle übrigen verbindlich; dies ist eine unmittelbare Folge des Vertrages selbst. Man wird jedoch die Frage aufwerfen: Wie kann der Mensch frei sein und doch gezwungen, sich Willensmeinungen zu fügen, die nicht die seinigen sind? Wie können die Opponenten frei und zugleich Gesetzen unterworfen sein, denen sie nicht zugestimmt haben?

Ich antworte darauf, daß die Frage schlecht gestellt ist. Der Staatsbürger gibt zu allen Gesetzen seine Einwilligung, sogar zu denen, die wider seinen Willen gefaßt werden, ja er nimmt auch die an, die ihn strafen, falls er es wagen sollte, eines derselben zu übertreten. Der beständig in Kraft bleibende Wille aller Staatsglieder ist der allgemeine Wille; durch ihn sind sie erst Staatsbürger und frei. Bei einem Gesetzesvorschlag in der Volksversammlung fragt man sie nicht eigentlich, ob sie dem Vorschlag zustimmen oder ihn verwerfen, sondern ob er dem allgemeinen Willen entspricht oder nicht, der ihr eigener Wille ist, und aus der Stimmenzahl ergibt sich die Bekundung des allgemeinen Willens. Wenn mithin meine Ansicht der entgegengesetzten unterliegt, so beweist dies nichts anderes, als daß ich mich geirrt hatte und daß das, was ich für den allgemeinen Willen hielt, es nicht war. Hätte meine Einzelstimme die Oberhand gewonnen, so hätte ich etwas ganz anderes getan als ich tun wollte; gerade dann wäre ich nicht frei gewesen.

Dies setzt freilich voraus, daß die Stimmenmehrheit noch alle Kennzeichen des allgemeinen Willens an sich trägt. Sind diese im Schwinden begriffen, so gibt es keine Freiheit mehr, welche Partei man auch ergreife.

Immanuel Kant: Die Rechtsordnung als denknotwendige Bedingung allgemeiner Freiheit und Gleichheit

Was ist Recht? Diese Frage möchte wohl den Rechtsgelehrten, wenn er nicht in Tautologie verfallen, oder, statt einer allgemeinen Auflösung, auf das, was in irgend einem Lande die Gesetze zu irgendeiner Zeit wollen, verweisen will, eben so in Verlegenheit setzen, als die berufene Aufforderung: Was ist Wahrheit? den Logiker. Was Rechtens sei (quid sit iuris), das ist, was die Gesetze an einem gewissen Ort und zu einer gewissen Zeit sagen oder gesagt haben, kann er noch wohl angeben; aber, ob das, was sie wollten, auch recht sei, und das allgemeine Kriterium, woran man überhaupt Recht sowohl als Unrecht (iustum et iniustum) erkennen könne, bleibt ihm wohl verborgen, wenn er nicht eine Zeitlang jene empirischen Prinzipien verläßt, die Quellen jener Urteile in der bloßen Vernunft sucht (wiewohl ihm dazu jene Gesetze vortrefflich zum Leitfaden dienen können), um zu einer möglichen positiven Gesetzgebung die Grundlage zu errichten. Eine bloß empirische Rechtslehre ist (wie der hölzerne Kopf in Phädrus' Fabel) ein Kopf, der schön sein mag, nur schade! daß er kein Gehirn hat.

Der Begriff des Rechts, sofern er sich auf eine ihm korrespondierende Verbindlichkeit bezieht (das ist der moralische Begriff desselben), betrifft erstlich nur das äußere, und zwar praktische Verhältnis einer Person gegen eine andere, sofern ihre Handlungen als Facta aufeinander (unmittelbar, oder mittelbar) Einfluß haben können. Aber zweitens bedeutet er nicht das Verhältnis der Willkür auf den Wunsch (folglich auch auf das bloße Bedürfnis) des anderen, wie etwa in den Handlungen der Wohltätigkeit oder Hartherzigkeit, sondern lediglich auf die Willkür des anderen. Drittens in diesem wechselseitigen Verhältnis der Willkür kommt auch gar nicht die Materie der Willkür, das ist der Zweck, den ein jeder mit dem Objekt, was er will, zur Absicht hat, in Betrachtung, zum Beispiel es wird nicht gefragt, ob jemand bei der Ware, die er zu seinem eigenen Handel von mir kauft, auch seinen Vorteil finden möge, oder nicht, sondern nur nach der Form im Verhältnis der beiderseitigen Willkür, sofern sie bloß als frei betrachtet wird, und ob durch die Handlung eines von beiden sich mit der Freiheit des andern nach einem allgemeinen Gesetze zusammen vereinigen lasse.

Das Recht ist also der Inbegriff der Bedingungen, unter denen die Willkür des einen mit der Willkür des andern nach einem allgemeinen Gesetze der Freiheit zusammen vereinigt werden kann.

Das allgemeine Prinzip des Rechts lautet so: »Eine jede Handlung ist recht, die oder nach deren Maxime die Freiheit der Willkür eines jeden mit jedermanns Freiheit nach einem allgemeinen Gesetze zusammen bestehen kann.«

Wenn also meine Handlung, oder überhaupt mein Zustand, mit der Freiheit von jedermann nach einem allgemeinen Gesetze zusammen bestehen kann, so tut der mir Unrecht, der mich daran hindert; denn dieses Hindernis (dieser Widerstand) kann mit der Freiheit nach allgemeinen Gesetzen nicht bestehen.

Es folgt hieraus auch: daß nicht verlangt werden kann, daß dieses Prinzip aller Maximen selbst wiederum meine Maxime sei, das ist, daß ich es mir zur Maxime meiner Handlung mache; denn ein jeder kann frei sein, obgleich seine Freiheit mir gänzlich indifferent wäre, oder ich im Herzen derselben gerne Abbruch tun möchte, wenn ich nur durch meine äußere Handlung ihr nicht Eintrag tue. Das Rechthandeln mir zur Maxime zu machen, ist eine Forderung, die die Ethik an mich tut.

Also ist das allgemeine Rechtsgesetz: handle äußerlich so, daß der freie Gebrauch deiner Willkür mit der Freiheit von jedermann nach einem allgemeinen Gesetze zusammen bestehen könne, zwar ein Gesetz, welches mir eine Verbindlichkeit auferlegt, aber ganz und gar nicht erwartet, noch weniger fordert, daß ich, ganz um dieser Verbindlichkeit willen, meine Freiheit auf jene Bedingungen selbst einschränken solle, sondern die Vernunft sagt nur, daß sie in ihrer Idee darauf eingeschränkt sei und von andern auch tätlich eingeschränkt werden dürfe; und dieses sagt sie als ein Postulat, welches gar keines Beweises weiter fähig ist. – Wenn die Absicht nicht ist, Tugend zu lehren, sondern nur was recht sei vorzutragen, so darf und soll man selbst nicht jenes Rechtsgesetz als Triebfeder der Handlung vorstellig machen.

Das Recht ist mit der Befugnis zu zwingen verbunden. Denn der Widerstand, der dem Hindernisse einer Wirkung entgegengesetzt wird, ist eine Beförderung dieser Wirkung und stimmt mit ihr zusammen. Nun ist alles, was unrecht ist, ein Hindernis der Freiheit nach allgemeinen Gesetzen; der Zwang aber ist ein Hindernis oder Widerstand, der der Freiheit geschieht. Folglich: wenn ein gewisser Gebrauch der Freiheit selbst ein Hindernis der Freiheit nach allgemeinen Gesetzen (das ist unrecht) ist, so ist der Zwang, der diesem entgegengesetzt wird, als Verhinderung eines Hindernisses der Freiheit mit der Freiheit nach allgemeinen Gesetzen zusammen stimmend, das ist recht: mithin ist mit dem Rechte zugleich eine Befugnis, den, der ihm Abbruch tut, zu zwingen, nach dem Satze des Widerspruchs verknüpft. [...]

Wir teilen die Rechte allgemein unter zweierlei Gesichtspunkten ein:

1. Die Rechte, als systematische Lehren, in das Naturrecht, das auf lauter Prinzipien a priori beruht, und das positive (statutarische) Recht, was aus dem Willen eines Gesetzgebers hervorgeht.

2. Die Rechte, als (moralische) Vermögen, andere zu verpflichten, das ist, als einen gesetzlichen Grund zu den letzteren (titulum), in das angeborne und erworbene Recht, deren ersteres dasjenige Recht ist, welches, unabhängig von allem rechtlichen Akt, jedermann von Natur zukommt; das zweite das, wozu ein solcher Akt erfordert wird.

Das angeborne Mein und Dein kann auch das innere (meum vel tuum internum) genannt werden; denn das äußere muß jederzeit erworben werden.

Das angeborne Recht ist nur ein einziges: Freiheit (Unabhängigkeit von eines anderen nötigender Willkür), sofern sie mit jedes anderen Freiheit nach einem allgemeinen Gesetz zusammen bestehen kann, ist dieses einzige, ursprüngliche, jedem Menschen, kraft seiner Menschheit, zustehende Recht. – Die angeborne Gleichheit, das ist die Unabhängigkeit, nicht zu mehrerem von anderen verbunden zu werden, als wozu man sie wechselseitig auch verbinden kann; mithin die Qualität des Menschen, sein eigener Herr (sui iuris) zu sein, imgleichen die eines unbescholtenen Menschen (iusti), weil er, vor allem rechtlichen Akt, keinem Unrecht getan hat; endlich auch die Befugnis, das gegen andere zu tun, was an sich ihnen das Ihre nicht schmälert, wenn sie sich dessen nur nicht annehmen wollen; dergleichen ist, ihnen bloß seine Gedanken mitzuteilen, ihnen etwas zu erzählen oder zu versprechen, es sei wahr und aufrichtig, oder unwahr und unaufrichtig (veriloquium aut falsiloquium), weil es bloß auf ihnen beruht, ob sie ihm glauben wollen oder nicht; – alle diese Befugnisse liegen schon im Prinzip der angebornen Freiheit, und sind wirklich von ihr nicht (als Glieder der Einteilung unter einem höheren Rechtsbegriff) unterschieden. [...]

Unter allen Verträgen, wodurch eine Menge von Menschen sich zu einer Gesellschaft verbindet (pactum sociale), ist der Vertrag der Errichtung einer bürgerlichen Verfassung unter ihnen (pactum unionis civilis) von so eigentümlicher Art, daß, ob er zwar in Ansehung der Ausführung vieles mit jedem anderen (der eben sowohl auf irgendeinen beliebigen gemeinschaftlich zu befördernden Zweck gerichtet ist) gemein hat, er sich doch im Prinzip seiner Stiftung (constitutionis civilis) von allen anderen wesentlich unterscheidet. Verbindung vieler zu irgendeinem (gemeinsamen) Zwecke (den alle haben) ist in allen Gesellschaftsverträgen anzutreffen; aber Verbindung derselben, die an sich selbst Zweck ist (den ein jeder haben soll), mithin die in einem jeden äußeren Verhältnisse der Menschen überhaupt, welche nicht umhin können, in wechselseitigen Einfluß aufeinander zu geraten, unbedingte und erste Pflicht ist: eine solche ist nur in einer Gesellschaft, sofern sie sich im bürgerlichen Zustande befindet, das ist, ein gemeines Wesen ausmacht, anzutreffen. Der Zweck nun, der in solchem äußern Verhältnis an sich selbst Pflicht und selbst die oberste formale Bedingung (conditio sine qua non) aller übrigen äußeren Pflicht ist, ist das Recht der Menschen unter öffentlichen Zwangsgesetzen, durch welche jedem das Seine bestimmt und gegen jedes anderen Eingriff gesichert werden kann.

Der Begriff aber eines äußeren Rechts überhaupt geht gänzlich aus dem Begriffe der Freiheit im äußeren Verhältnisse der Menschen zu einander hervor; und hat gar nichts mit dem Zwecke, den alle Menschen natürlicher Weise haben (der Absicht auf Glückseligkeit), und der Vorschrift der Mittel, dazu zu gelangen, zu tun: so daß auch daher dieser letztere sich in jenes Gesetze schlechterdings nicht, als Bestimmungsgrund derselben, mischen muß. Recht ist die Einschränkung der Freiheit eines jeden auf die Bedingung ihrer Zusammenstimmung mit der Freiheit von jedermann, insofern diese nach einem allgemeinen Gesetze möglich ist; und das öffentliche Recht ist der Inbegriff der äußeren Gesetze, welche eine solche durchgängige Zusammenstimmung möglich machen. Da nun jede Einschränkung der Freiheit durch die Willkür eines anderen Zwang heißt: so folgt, daß die bürgerliche Verfassung ein Verhältnis freier Menschen ist, die (unbeschadet ihrer Freiheit im Ganzen ihrer Verbindung mit anderen) doch unter Zwangsgesetzen stehen: weil die Vernunft selbst es so will, und zwar die reine a priori gesetzgebende Vernunft, die auf keinen empirischen Zweck (dergleichen alle unter dem allgemeinen Namen Glückseligkeit begriffen werden) Rücksicht nimmt; als in Ansehung dessen, und worin ihn ein jeder setzen will, die Menschen gar verschieden denken, so daß ihr Wille unter kein gemeinschaftliches Prinzip, folglich auch unter kein äußeres, mit jedermanns Freiheit zusammenstimmendes, Gesetz gebracht werden kann.

Der bürgerliche Zustand also, bloß als rechtlicher Zustand betrachtet, ist auf folgende Prinzipien a priori gegründet:
1. Die Freiheit jedes Gliedes der Sozietät, als Menschen.
2. Die Gleichheit desselben mit jedem anderen, als Untertan.

3. Die Selbständigkeit jedes Gliedes eines gemeinen Wesens, als Bürgers.

Diese Prinzipien sind nicht sowohl Gesetze, die der schon errichtete Staat gibt, sondern nach denen allein eine Staatserrichtung, reinen Vernunftprinzipien des äußeren Menschenrechts überhaupt gemäß, möglich ist. Also:

1. Die Freiheit als Mensch, deren Prinzip für die Konstitution eines gemeinen Wesens ich in der Formel ausdrücke: Niemand kann mich zwingen, auf seine Art (wie er sich das Wohlsein anderer Menschen denkt) glücklich zu sein, sondern ein jeder darf seine Glückseligkeit auf dem Wege suchen, welcher ihm selbst gut dünkt, wenn er nur der Freiheit anderer, einem ähnlichen Zwecke nachzustreben, die mit der Freiheit von jedermann nach einem möglichen allgemeinen Gesetze zusammen bestehen kann (das ist diesem Rechte des andern), nicht Abbruch tut. – Eine Regierung, die auf dem Prinzip des Wohlwollens gegen das Volk als eines Vaters gegen seine Kinder errichtet wäre, das ist eine väterliche Regierung (imperium paternale), wo also die Untertanen als unmündige Kinder, die nicht unterscheiden können, was ihnen wahrhaftig nützlich oder schädlich ist, sich bloß passiv zu verhalten genötigt sind, um, wie sie glücklich sein sollen, bloß von dem Urteile des Staatsoberhaupts, und, daß dieser es auch wolle, bloß von seiner Gütigkeit zu erwarten: ist der größte denkbare Despotismus (Verfassung, die alle Freiheit der Untertanen, die alsdann gar keine Rechte haben, aufhebt). Nicht eine väterliche, sondern eine vaterländische Regierung (imperium, non paternale, sed patrioticum) ist diejenige, welche allein für Menschen, die der Rechte fähig sind, zugleich in Beziehung auf das Wohlwollen des Beherrschers, gedacht werden kann. Patriotisch ist nämlich die Denkungsart, da ein jeder im Staat (das Oberhaupt desselben nicht ausgenommen) das gemeine Wesen als den mütterlichen Schoß, oder das Land als den väterlichen Boden, aus und auf dem er selbst entsprungen, und welchen er auch so als ein teures Unterpfand hinterlassen muß, betrachtet, nur um die Rechte desselben durch Gesetze des gemeinsamen Willens zu schützen, nicht aber es seinem unbedingten Belieben zum Gebrauch zu unterwerfen sich für befugt hält. – Dieses Recht der Freiheit kömmt ihm, dem Gliede des gemeinen Wesens, als Mensch zu, sofern dieser nämlich ein Wesen ist, das überhaupt der Rechte fähig ist.

2. Die Gleichheit als Untertan, deren Formel so lauten kann: Ein jedes Glied des gemeinen Wesens hat gegen jedes andere

Zwangsrechte, wovon nur das Oberhaupt desselben ausgenommen ist (darum weil er von jenem kein Glied, sondern der Schöpfer oder Erhalter desselben ist); welcher allein die Befugnis hat zu zwingen, ohne selbst einem Zwangsgesetze unterworfen zu sein. Es ist aber alles, was unter Gesetzen steht, in einem Staate Untertan, mithin dem Zwangsrechte, gleich allen andern Mitgliedern des gemeinen Wesens, unterworfen; einen einzigen (physische oder moralische Person), das Staatsoberhaupt, durch das aller rechtliche Zwang allein ausgeübt werden kann, ausgenommen. Denn, könnte dieser auch gezwungen werden, so wäre er nicht das Staatsoberhaupt, und die Reihe der Unterordnung ginge aufwärts ins Unendliche. Wären aber ihrer zwei (zwangsfreie Personen): so würde keiner derselben unter Zwangsgesetzen stehen und einer dem andern kein Unrecht tun können: welches unmöglich ist.

Diese durchgängige Gleichheit der Menschen in einem Staat, als Untertanen desselben, besteht aber ganz wohl mit der größten Ungleichheit der Menge und den Graden ihres Besitztums nach, es sei an körperlicher oder Geistesüberlegenheit über andere, oder an Glücksgütern außer ihnen und an Rechten überhaupt (deren es viele geben kann) respektiv auf andere; so daß des einen Wohlfahrt sehr vom Willen des anderen abhängt (des Armen vom Reichen), daß der eine gehorsam sein muß (wie das Kind den Eltern, oder das Weib dem Mann) und der andere ihm befiehlt, daß der eine dient (als Taglöhner) der andere lohnt usw. Aber dem Rechte nach (welches als der Ausspruch des allgemeinen Willens nur ein einziges sein kann, und welches die Form Rechtens, nicht die Materie oder das Objekt, worin ich ein Recht habe, betrifft) sind sie dennoch, als Untertanen, alle einander gleich; weil keiner irgend jemanden anders zwingen kann, als durch das öffentliche Gesetz (und den Vollzieher desselben, das Staatsoberhaupt), durch dieses aber auch jeder andere ihm in gleichem Maße widersteht, niemand aber diese Befugnis zu zwingen (mithin ein Recht gegen andere zu haben) anders als durch sein eigenes Verbrechen verlieren, und es auch von selbst nicht aufgeben, das ist durch einen Vertrag, mithin durch eine rechtliche Handlung, machen kann, daß er keine Rechte, sondern bloß Pflichten habe: weil er dadurch sich selbst des Rechts, einen Kontrakt zu machen, berauben, mithin dieser sich selbst aufheben würde.

Aus dieser Idee der Gleichheit der Menschen im gemeinen Wesen als Untertanen geht nun auch die Formel hervor: Jedes

Glied desselben muß zu jeder Stufe eines Standes in demselben (die einem Untertan zukommen kann) gelangen dürfen, wozu ihn sein Talent, sein Fleiß und sein Glück hinbringen können; und es dürfen ihm seine Mituntertanen durch ein erbliches Prärogativ (als Privilegiaten für einen gewissen Stand) nicht im Wege stehen, um ihn und seine Nachkommen unter demselben ewig niederzuhalten.

Denn, da alles Recht bloß in der Einschränkung der Freiheit jedes anderen auf die Bedingung besteht, daß sie mit der meinigen nach einem allgemeinen Gesetze zusammen bestehen könne, und das öffentliche Recht (in einem gemeinen Wesen) bloß der Zustand einer wirklichen, diesem Prinzip gemäßen und mit Macht verbundenen Gesetzgebung ist, vermöge welcher sich alle zu einem Volk Gehörige, als Untertanen, in einem rechtlichen Zustand (status iuridicus) überhaupt, nämlich der Gleichheit der Wirkung und Gegenwirkung einer dem allgemeinen Freiheitsgesetze gemäß einander einschränkenden Willkür (welcher der bürgerliche Zustand heißt) befinden: so ist das angeborne Recht eines jeden in diesem Zustande (das ist vor aller rechtlichen Tat desselben) in Ansehung der Befugnis, jeden andern zu zwingen, damit er immer innerhalb den Grenzen der Einstimmung des Gebrauchs seiner Freiheit mit der meinigen bleibe, durchgängig gleich. Da nun Geburt keine Tat desjenigen ist, der geboren wird, mithin diesem dadurch keine Ungleichheit des rechtlichen Zustandes und keine Unterwerfung unter Zwangsgesetze, als bloß diejenige, die ihm als Untertan der alleinigen obersten gesetzgebenden Macht mit allen anderen gemein ist, zugezogen wird: so kann es kein angebornes Vorrecht eines Gliedes des gemeinen Wesens, als Mituntertans, vor dem anderen geben; und niemand kann das Vorrecht des Standes, den er im gemeinen Wesen innehat, an seine Nachkommen vererben, mithin gleichsam als zum Herrenstande durch Geburt qualifiziert, diese auch nicht zwangsmäßig abhalten, zu den höheren Stufen der Unterordnung (des Superior und Inferior, von denen aber keiner Imperans, der andere Subiectus ist) durch eigenes Verdienst zu gelangen. Alles andere mag er vererben, was Sache ist (nicht Persönlichkeit betrifft) und als Eigentum erworben und auch von ihm veräußert werden kann, und so in einer Reihe von Nachkommen eine beträchtliche Ungleichheit in Vermögensumständen unter den Gliedern eines gemeinen Wesens (des Söldners und Mieters, des Gutseigentümers und der ackerbauenden Knechte usw.) hervorbringen; nur nicht verhindern, daß diese, wenn ihr Talent, ihr

Fleiß und ihr Glück es ihnen möglich macht, sich nicht zu gleichen Umständen zu erheben befugt wären. Denn sonst würde er zwingen dürfen, ohne durch anderer Gegenwirkung wiederum gezwungen werden zu können, und über die Stufe eines Mituntertans hinausgehen.

Aus dieser Gleichheit kann auch kein Mensch, der in einem rechtlichen Zustande eines gemeinen Wesens lebt, anders als durch sein eigenes Verbrechen, niemals aber weder durch Vertrag oder durch Kriegsgewalt (occupatio bellica) fallen; denn er kann durch keine rechtliche Tat (weder seine eigene, noch die eines anderen) aufhören, Eigner seiner selbst zu sein, und in die Klasse des Hausviehes eintreten, das man zu allen Diensten braucht, wie man will, und es auch darin ohne seine Einwilligung erhält, so lange man will, wenn gleich mit der Einschränkung (welche auch wohl, wie bei den Indiern, bisweilen durch die Religion sanktioniert wird), es nicht zu verkrüppeln oder zu töten. Man kann ihn in jedem Zustande für glücklich annehmen, wenn er sich nur bewußt ist, daß es nur an ihm selbst (seinem Vermögen, oder ernstlichen Willen) oder an Umständen, die er keinem anderen Schuld geben kann, aber nicht an dem unwiderstehlichen Willen anderer liege, daß er nicht zu gleicher Stufe mit anderen hinaufsteigt, die, als seine Mituntertanen, hierin, was das Recht betrifft, vor ihm nichts voraus haben.

3. Die Selbständigkeit (sibisufficientia) eines Gliedes des gemeinen Wesens als Bürgers, das ist als Mitgesetzgebers. In dem Punkte der Gesetzgebung selbst sind alle, die unter schon vorhandenen öffentlichen Gesetzen frei und gleich sind, doch nicht, was das Recht betrifft, diese Gesetze zu geben, alle für gleich zu achten. Diejenigen, welche dieses Rechts nicht fähig sind, sind gleichwohl, als Glieder des gemeinen Wesens, der Befolgung dieser Gesetze unterworfen, und dadurch des Schutzes nach denselben teilhaftig; nur nicht als Bürger, sondern als Schutzgenossen. – Alles Recht hängt nämlich von Gesetzen ab. Ein öffentliches Gesetz aber, welches für alle das, was ihnen rechtlich erlaubt oder unerlaubt sein soll, bestimmt, ist der Actus eines öffentlichen Willens, von dem alles Recht ausgeht, und der also selbst niemand muß Unrecht tun können. Hiezu aber ist kein anderer Wille, als der des gesamten Volks (da alle über alle, mithin ein jeder über sich selbst beschließt), möglich: denn nur sich selbst kann niemand unrecht tun. Ist es aber ein anderer, so kann der bloße Wille eines von ihm Verschiedenen über ihn nichts beschließen, was nicht unrecht sein könnte; folglich würde sein

Gesetz noch ein anderes Gesetz erfordern, welches seine Gesetzgebung einschränkte, mithin kann kein besonderer Wille für ein gemeines Wesen gesetzgebend sein. (Eigentlich kommen, um diesen Begriff auszumachen, die Begriffe der äußeren Freiheit, Gleichheit, und Einheit des Willens aller zusammen, zu welcher letzteren, da Stimmgebung erfordert wird, wenn beide erstere zusammen genommen werden, Selbständigkeit die Bedingung ist.) Man nennt dieses Grundgesetz, das nur aus dem allgemeinen (vereinigten) Volkswillen entspringen kann, den ursprünglichen Vertrag.

Derjenige nun, welcher das Stimmrecht in dieser Gesetzgebung hat, heißt ein Bürger (citoyen, das ist Staatsbürger, nicht Stadtbürger, bourgeois). Die dazu erforderliche Qualität ist, außer der natürlichen (daß es kein Kind, kein Weib sei), die einzige: daß er sein eigener Herr (sui iuris) sei, mithin irgendein Eigentum habe (wozu auch jede Kunst, Handwerk, oder schöne Kunst, oder Wissenschaft gezählt werden kann), welches ihn ernährt; das ist, daß er, in den Fällen, wo er von andern erwerben muß, um zu leben, nur durch Veräußerung dessen was sein ist erwerbe, nicht durch Bewilligung, die er anderen gibt, von seinen Kräften Gebrauch zu machen, folglich daß er niemanden als dem gemeinen Wesen im eigentlichen Sinne des Worts diene.

Hier sind nun Kunstverwandte und große (oder kleine) Gutseigentümer alle einander gleich, nämlich jeder nur zu einer Stimme berechtigt. Denn, was die letztern betrifft, ohne einmal die Frage in Anschlag zu bringen: wie es doch mit Recht zugegangen sein mag, daß jemand mehr Land zu eigen bekommen hat, als er mit seinen Händen selbst benutzen konnte (denn die Erwerbung durch Kriegsbemächtigung ist keine erste Erwerbung); und wie es zuging, daß viele Menschen, die sonst insgesamt einen beständigen Besitzstand hätten erwerben können, dadurch dahin gebracht sind, jenem bloß zu dienen, um leben zu können? so würde es schon wider den vorigen Grundsatz der Gleichheit streiten, wenn ein Gesetz sie mit dem Vorrecht des Standes privilegierte, daß ihre Nachkommen entweder immer große Gutseigentümer (der Lehne) bleiben sollten, ohne daß sie verkauft oder durch Vererbung geteilt und also mehreren im Volk zu Nutze kommen dürften, oder, auch selbst bei diesen Teilungen, niemand als der zu einer gewissen willkürlich dazu angeordneten Menschenklasse Gehörige davon etwas erwerben könnte. Der große Gutsbesitzer vernichtet nämlich so viel kleinere Eigentümer mit ihren Stimmen, als seinen Platz einnehmen könnten; stimmt also nicht in ihrem Namen, und hat mithin nur Eine Stimme.

Da es also bloß von dem Vermögen, dem Fleiß und dem Glück jedes Gliedes des gemeinen Wesens abhängend gelassen werden muß, daß jeder einmal einen Teil davon und alle das Ganze erwerben, dieser Unterschied aber bei der allgemeinen Gesetzgebung nicht in Anschlag gebracht werden kann: so muß nach den Köpfen derer, die im Besitzstand sind, nicht nach der Größe der Besitzungen, die Zahl der Stimmfähigen zur Gesetzgebung beurteilt werden.

Es müssen aber auch alle, die dieses Stimmrecht haben, zu diesem Gesetz der öffentlichen Gerechtigkeit zusammenstimmen; denn sonst würde zwischen denen, die dazu nicht übereinstimmen, und den ersteren ein Rechtstreit sein, der selbst noch eines höheren Rechtsprinzips bedürfte, um entschieden zu werden. Wenn also das erstere von einem ganzen Volk nicht erwartet werden darf, mithin nur eine Mehrheit der Stimmen, und zwar nicht der Stimmenden unmittelbar (in einem großen Volke), sondern nur der dazu Delegierten, als Repräsentanten des Volks, dasjenige ist, was allein man als erreichbar voraussehen kann: so wird doch selbst der Grundsatz, sich diese Mehrheit genügen zu lassen, als mit allgemeiner Zusammenstimmung, also durch einen Kontrakt, angenommen, der oberste Grund der Errichtung einer bürgerlichen Verfassung sein müssen.

Hier ist nun ein ursprünglicher Kontrakt, auf den allein eine bürgerliche, mithin durchgängig rechtliche Verfassung unter Menschen gegründet und ein gemeines Wesen errichtet werden kann. – Allein dieser Vertrag (contractus originarius oder pactum sociale genannt), als Koalition jedes besondern und Privatwillens in einem Volk zu einem gemeinschaftlichen und öffentlichen Willen (zum Behuf einer bloß rechtlichen Gesetzgebung), ist keineswegs als ein Faktum vorauszusetzen nötig (ja als ein solches gar nicht möglich); gleichsam als ob allererst aus der Geschichte vorher bewiesen werden müßte, daß ein Volk, in dessen Rechte und Verbindlichkeiten wir als Nachkommen getreten sind, einmal wirklich einen solchen Actus verrichtet, und eine sichere Nachricht oder ein Instrument davon uns, mündlich oder schriftlich, hinterlassen haben müsse, um sich an eine schon bestehende bürgerliche Verfassung für gebunden zu achten. Sondern es ist eine bloße Idee der Vernunft, die aber ihre unbezweifelte (praktische) Realität hat: nämlich jeden Gesetzgeber zu verbinden, daß er seine Gesetze so gebe, als sie aus dem vereinigten Willen eines ganzen Volks haben entspringen können, und jeden Untertan, sofern er Bürger sein will, so anzusehen, als ob er zu einem solchen Willen mit zusammen gestimmet habe. Denn das ist der Probierstein der Rechtmäßigkeit eines jeden öffentlichen Gesetzes. Ist nämlich dieses so beschaffen, daß ein ganzes Volk unmöglich dazu seine Einstimmung geben könnte (wie zum Beispiel, daß eine gewisse Klasse von Untertanen erblich den Vorzug des Herrenstandes haben sollten), so ist es nicht gerecht; ist es aber nur möglich, daß ein Volk dazu zusammen stimme, so ist es Pflicht, das Gesetz für gerecht zu halten: gesetzt auch, daß das Volk jetzt in einer solchen Lage, oder Stimmung seiner Denkungsart wäre, daß es, wenn es darum befragt würde, wahrscheinlicherweise seine Beistimmung verweigern würde.

Aber diese Einschränkung gilt offenbar nur für das Urteil des Gesetzgebers, nicht des Untertans. Wenn also ein Volk unter einer gewissen jetzt wirklichen Gesetzgebung seine Glückseligkeit einzubüßen mit größter Wahrscheinlichkeit urteilen sollte: was ist für dasselbe zu tun? soll es sich nicht widersetzen? Die Antwort kann nur sein: es ist für dasselbe nichts zu tun, als zu gehorchen. Denn die Rede ist hier nicht von Glückseligkeit, die aus einer Stiftung oder Verwaltung des gemeinen Wesens für den Untertan zu erwarten steht; sondern allererst bloß vom Rechte, das dadurch einem jeden gesichert werden soll: welches das oberste Prinzip ist, von welchem alle Maximen, die ein gemeines Wesen betreffen, ausgehen müssen, und das durch kein anderes eingeschränkt wird. In Ansehung der ersteren (der Glückseligkeit) kann gar kein allgemein gültiger Grundsatz für Gesetze gegeben werden. Denn, sowohl die Zeitumstände, als auch der sehr einander widerstreitende und dabei immer veränderliche Wahn, worin jemand seine Glückseligkeit setzt (worin er sie aber setzen soll, kann ihm niemand vorschreiben), macht alle feste Grundsätze unmöglich, und zum Prinzip der Gesetzgebung für sich allein untauglich. Der Satz: Salus publica suprema civitatis lex est, bleibt in seinem unverminderten Wert und Ansehen; aber das öffentliche Heil, welches zuerst in Betrachtung zu ziehen steht, ist gerade diejenige gesetzliche Verfassung, die jedem seine Freiheit durch Gesetze sichert: wobei es ihm unbenommen bleibt, seine Glückseligkeit auf jedem Wege, welcher ihm der beste dünkt, zu suchen, wenn er nur nicht jener allgemeinen gesetzmäßigen Freiheit, mithin dem Rechte anderer Mituntertanen, Abbruch tut.

Wenn die oberste Macht Gesetze gibt, die zunächst auf die

Glückseligkeit (die Wohlhabenheit der Bürger, die Bevölkerung und dergleichen) gerichtet sind: so geschieht dieses nicht als Zweck der Errichtung einer bürgerlichen Verfassung, sondern bloß als Mittel, den rechtlichen Zustand vornehmlich gegen äußere Feinde des Volks zu sichern. Hierüber muß das Staatsoberhaupt befugt sein, selbst und allein zu urteilen, ob dergleichen zum Flor des gemeinen Wesens gehöre, welcher erforderlich ist, um seine Stärke und Festigkeit so wohl innerlich, als wider äußere Feinde, zu sichern; so aber das Volk nicht gleichsam wider seinen Willen glücklich zu machen, sondern nur zu machen, daß es als gemeines Wesen existiere. In dieser Beurteilung, ob jene Maßregel klüglich genommen sei oder nicht, kann nun zwar der Gesetzgeber irren, aber nicht in der, da er sich selbst fragt, ob das Gesetz auch mit dem Rechtsprinzip zusammen stimme oder nicht; denn da hat er jene Idee des ursprünglichen Vertrags zum unfehlbaren Richtmaße, und zwar a priori, bei der Hand (und darf nicht, wie beim Glückseligkeitsprinzip, auf Erfahrungen harren, die ihn von der Tauglichkeit seiner Mittel allererst belehren müssen). Denn wenn es sich nur nicht widerspricht, daß ein ganzes Volk zu einem solchen Gesetze zusammen stimme, es mag ihm auch so sauer ankommen wie es wolle: so ist es dem Rechte gemäß. Ist aber ein öffentliches Gesetz diesem gemäß, folglich in Rücksicht auf das Recht untadelig (irreprehensibel): so ist damit auch die Befugnis zu zwingen, und auf der anderen Seite das Verbot, sich dem Willen des Gesetzgebers ja nicht tätlich zu widersetzen, verbunden: das heißt, die Macht im Staate, die dem Gesetze Effekt gibt, ist auch unwiderstehlich (irresistibel), und es existiert kein rechtlich bestehendes gemeines Wesen ohne eine solche Gewalt, die allen innern Widerstand niederschlägt, weil dieser einer Maxime gemäß geschehen würde, die, allgemein gemacht, alle bürgerliche Verfassung zernichten und den Zustand, worin allein Menschen im Besitz der Rechte überhaupt sein können, vertilgen würde.

Hieraus folgt: daß alle Widersetzlichkeit gegen die oberste gesetzgebende Macht, alle Aufwiegelung, um Unzufriedenheit der Untertanen tätlich werden zu lassen, aller Aufstand, der in Rebellion ausbricht, das höchste und strafbarste Verbrechen im gemeinen Wesen ist; weil es dessen Grundfeste zerstört. Und dieses Verbot ist unbedingt, so daß, es mag auch jene Macht oder ihr Agent, das Staatsoberhaupt, sogar den ursprünglichen Vertrag verletzt und sich dadurch des Rechts, Gesetzgeber zu sein, nach dem Begriff des Untertans, verlustig gemacht haben, indem sie die Regierung bevollmächtigt, durchaus gewalttätig (tyrannisch) zu verfahren, dennoch dem Untertan kein Widerstand, als Gegengewalt, erlaubt bleibt. Der Grund davon ist: weil bei einer schon subsistierenden bürgerlichen Verfassung das Volk kein zu Recht beständiges Urteil mehr hat, zu bestimmen: wie jene solle verwaltet werden. Denn man setze: es habe ein solches, und zwar dem Urteile des wirklichen Staatsoberhaupts zuwider: wer soll entscheiden, auf wessen Seite das Recht sei? Keiner von beiden kann es, als Richter in seiner eigenen Sache, tun. Also müßte es noch ein Oberhaupt über dem Oberhaupte geben, welches zwischen diesem und dem Volk entschiede; welches sich widerspricht.

Auch kann nicht etwa ein Notrecht (ius in casu neccessitatis), welches ohnehin, als ein vermeintes Recht, in der höchsten (physischen) Not Unrecht zu tun, ein Unding ist, hier eintreten, und zur Hebung des die Eigenmacht des Volkes einschränkenden Schlagbaums den Schlüssel hergeben. Denn das Oberhaupt des Staats kann eben so wohl sein hartes Verfahren gegen die Untertanen durch ihre Widerspenstigkeit, als diese ihren Aufruhr durch Klage über ihr ungebührliches Leiden gegen ihn zu rechtfertigen meinen; und wer soll hier nun entscheiden? Wer sich im Besitz der obersten öffentlichen Rechtspflege befindet, und das ist gerade das Staatsoberhaupt, dieses kann es allein tun; und niemand im gemeinen Wesen kann also ein Recht haben, ihm diesen Besitz streitig zu machen.

Gleichwohl finde ich achtungswürdige Männer, welche diese Befugnis des Untertans zur Gegengewalt gegen seinen Obern unter gewissen Umständen behaupten, unter denen ich hier nur den in seinen Lehren des Naturrechts sehr behutsamen, bestimmten und bescheidenen Achenwall anführen will. Er sagt: »Wenn die Gefahr, die dem gemeinen Wesen aus längerer Duldung der Ungerechtigkeit des Oberhaupts droht, größer ist, als von Ergreifung der Waffen gegen ihn besorgt werden kann: alsdann könne das Volk jenem widerstehen, zum Behuf dieses Rechts von seinem Unterwerfungsvertrag abgehen, und ihn als Tyrannen entthronen.« Und er schließt darauf: »Es kehre das Volk auf solche Art (beziehungsweise auf seinen vorigen Oberherrn) in den Naturzustand zurück.«

Ich glaube gern, daß weder Achenwall, noch irgendeiner der wackeren Männer, die hierüber mit ihm einstimmig vernünftelt haben, je in irgendeinem vorkommenden Fall zu so gefährlichen Unternehmungen ihren Rat oder Beistimmung würden gegeben haben; auch ist kaum zu bezweifeln, daß, wenn jene Empörungen, wodurch die Schweiz, die Vereinigten Niederlande, oder auch Großbritannien ihre jetzige für so glücklich gepriesene Verfassung errungen haben, mißlungen wären, die Leser der Geschichte derselben in der Hinrichtung ihrer jetzt so erhobenen Urheber nichts als verdiente Strafe großer Staatsverbrecher sehen würden. Denn der Ausgang mischt sich gewöhnlich in unsere Beurteilung der Rechtsgründe, ob zwar jener ungewiß war, diese aber gewiß sind. Es ist aber klar, daß, was die letzteren betrifft, – wenn man auch einräumt, daß durch eine solche Empörung dem Landesherrn (der etwa eine joyeuse entrée, als einen wirklichen zum Grunde liegenden Vertrag mit dem Volk, verletzt hätte) kein Unrecht geschähe, – das Volk doch durch diese Art, ihr Recht zu suchen, im höchsten Grade Unrecht getan habe; weil dieselbe (zur Maxime angenommen) alle rechtliche Verfassung unsicher macht, und den Zustand einer völligen Gesetzlosigkeit (status naturalis), wo alles Recht aufhört, wenigstens Effekt zu haben, einführt.

Nur will ich, bei diesem Hange so vieler wohldenkenden Verfasser, dem Volk (zu seinem eigenen Verderben) das Wort zu reden, bemerken: daß dazu teils die gewöhnliche Täuschung, wenn vom Prinzip des Rechts die Rede ist, das Prinzip der Glückseligkeit ihren Urteilen unterzuschieben, die Ursache sei; teils auch, wo kein Instrument eines wirklich dem gemeinen Wesen vorgelegten, vom Oberhaupt desselben akzeptierten und von beiden sanktionierten, Vertrags anzutreffen ist, sie die Idee von einem ursprünglichen Vertrag, die immer in der Vernunft zum Grunde liegt, als etwas, welches wirklich geschehen sein müsse, annahmen, und so dem Volke immer die Befugnis zu erhalten meinten, davon bei einer groben, aber von ihm selbst dafür beurteilten Verletzung nach seinem Gutdünken abzugehen.

Man sieht hier offenbar, was das Prinzip der Glückseligkeit (welche eigentlich gar keines bestimmten Prinzips fähig ist) auch im Staatsrecht für Böses anrichtet, so wie es solches in der Moral tut, auch selbst bei der besten Meinung, die der Lehrer desselben beabsichtigt. Der Souverän will das Volk nach seinen Begriffen glücklich machen, und wird Despot; das Volk will sich den allgemeinen menschlichen Anspruch auf eigene Glückseligkeit nicht nehmen lassen, und wird Rebell. Wenn man zu allererst gefragt hätte, was Rechtens ist (wo die Prinzipien a priori feststehen, und kein Empiriker darin pfuschen kann): so würde die Idee des Sozialkontrakts in ihrem unbestreitbaren Ansehen bleiben: aber nicht als Faktum (wie Danton will, ohne welches er alle in der wirklich existierenden bürgerlichen Verfassung befindlichen Rechte und alles Eigentum für null und nichtig erklärt), sondern nur als Vernunftprinzip der Beurteilung aller öffentlichen rechtlichen Verfassung überhaupt. Und man würde einsehen: daß, ehe der allgemeine Wille da ist, das Volk gar kein Zwangsrecht gegen seinen Gebieter besitze, weil es nur durch diesen rechtlich zwingen kann; ist jener aber da, eben sowohl kein von ihm gegen diesen auszuübender Zwang stattfinde, weil es alsdann selbst der oberste Gebieter wäre; mithin dem Volk gegen das Staatsoberhaupt nie ein Zwangsrecht (Widersetzlichkeit in Worten oder Werken) zukomme.

Wir sehen auch diese Theorie in der Praxis hinreichend bestätigt. In der Verfassung von Großbritannien, wo das Volk mit seiner Konstitution so groß tut, als ob sie das Muster für alle Welt wäre, finden wir doch, daß sie von der Befugnis, die dem Volk, im Fall der Monarch den Kontrakt von 1688 übertreten sollte, zusteht, ganz still schweigt; mithin sich gegen ihn, wenn er sie verletzen wollte, weil kein Gesetz hierüber da ist, in Geheim Rebellion vorbehält. Denn daß die Konstitution auf diesen Fall ein Gesetz enthalte, welches die subsistierende Verfassung, von der alle besondern Gesetze ausgehen (gesetzt auch der Kontrakt sei verletzt), umzustürzen berechtigte: ist ein klarer Widerspruch; weil sie alsdann auch eine öffentlich konstituierte Gegenmacht enthalten müßte, mithin noch ein zweites Staatsoberhaupt, welches die Volksrechte gegen das erstere beschützte, sein müßte, dann aber auch ein drittes, welches zwischen beiden, auf wessen Seite das Recht sei, entschiede. – Auch haben jene Volksleiter (oder, wenn man will, Vormünder), besorgt wegen einer solchen Anklage, wenn ihr Unternehmen etwa fehlschlüge, dem von ihnen weggeschreckten Monarchen lieber eine freiwillige Verlassung der Regierung angedichtet, als sich das Recht der Absetzung desselben angemaßt, wodurch sie die Verfassung in offenbaren Widerspruch mit sich selbst würden versetzt haben.

Wenn man mir nun bei diesen Behauptungen den Vorwurf gewiß nicht machen wird, daß ich durch diese Unverletzbarkeit den Monarchen zu viel schmeichele: so wird man mir hoffentlich auch denjenigen ersparen, daß ich dem Volk zu Gunsten zu viel behaupte, wenn ich sage, daß dieses gleichfalls seine unverlierbaren Rechte gegen das Staatsoberhaupt habe, obgleich diese keine Zwangsrechte sein können.

Hobbes ist der entgegengesetzten Meinung. Nach ihm ist das Staatsoberhaupt durch Vertrag dem Volk zu nichts verbunden, und kann dem Bürger nicht Unrecht tun (es mag über ihn verfügen, was es wolle). – Dieser Satz würde ganz richtig sein, wenn man unter Unrecht diejenige Läsion versteht, welche dem Beleidigten ein Zwangsrecht gegen denjenigen einräumt, der ihm Unrecht tut; aber, so im allgemeinen, ist der Satz erschrecklich.

Der nicht-widerspenstige Untertan muß annehmen können, sein Oberherr wolle ihm nicht Unrecht tun. Mithin, da jeder Mensch doch seine unverlierbaren Rechte hat, die er nicht einmal aufgeben kann, wenn er auch wollte, und über die er selbst zu urteilen befugt ist; das Unrecht aber, welches ihm seiner Meinung nach widerfährt, nach jener Voraussetzung nur aus Irrtum oder Unkunde gewisser Folgen aus Gesetzen der obersten Macht geschieht: so muß dem Staatsbürger, und zwar mit Vergünstigung des Oberherrn selbst, die Befugnis zustehen, seine Meinung über das, was von den Verfügungen desselben ihm ein Unrecht gegen das gemeine Wesen zu sein scheint, öffentlich bekannt zu machen. Denn, daß das Oberhaupt auch nicht einmal irren, oder einer Sache unkundig sein könne, anzunehmen, würde es als mit himmlischen Eingebungen begnadigt und über die Menschheit erhaben vorstellen.

Also ist die Freiheit der Feder – in den Schranken der Hochachtung und Liebe für die Verfassung worin man lebt, durch die liberale Denkungsart der Untertanen, die jene noch dazu selbst einflößt, gehalten (und dahin beschränken sich auch die Federn einander von selbst, damit sie nicht ihre Freiheit verlieren) – das einzige Palladium der Volksrechte. Denn diese Freiheit ihm auch absprechen zu wollen, ist nicht allein so viel, als ihm allen Anspruch auf Recht in Ansehung des obersten Befehlshabers (nach Hobbes) nehmen, sondern auch dem letzteren, dessen Wille bloß dadurch, daß er den allgemeinen Volkswillen repräsentiert, Untertanen als Bürgern Befehle gibt, alle Kenntnis von dem entziehen, was, wenn er es wüßte, er selbst abändern würde, und ihn mit sich selbst in Widerspruch setzen. Dem Oberhaupte aber Besorgnis einzuflößen: daß durch Selbst- und Lautdenken Unruhen im Staate erregt werden dürften, heißt so viel, als ihm Mißtrauen gegen seine eigene Macht, oder auch Haß gegen sein Volk erwecken.

Das allgemeine Prinzip aber, wonach ein Volk seine Rechte negativ, das ist bloß zu beurteilen hat, was von der höchsten Gesetzgebung als mit ihrem besten Willen nicht verordnet anzusehen sein möchte, ist in dem Satz enthalten: Was ein Volk über sich selbst nicht beschließen kann, das kann der Gesetzgeber auch nicht über das Volk beschließen.

Wenn also zum Beispiel die Frage ist: Ob ein Gesetz, das eine gewisse einmal angeordnete kirchliche Verfassung für beständig fortdauernd anbeföhle, als von dem eigentlichen Willen des Gesetzgebers (seiner Absicht) ausgehend angesehen werden könne? so frage man sich zuerst: Ob ein Volk es sich selbst zum Gesetz machen dürfe, daß gewisse einmal angenommene Glaubenssätze und Formen der äußern Religion für immer bleiben sollen; also ob es sich selbst in seiner Nachkommenschaft hindern dürfe, in Religionseinsichten weiter fortzuschreiten, oder etwaige alte Irrtümer abzuändern? Da wird nun klar, daß ein ursprünglicher Kontrakt des Volks, welcher dieses zum Gesetz machte, an sich selbst null und nichtig sein würde: weil er wider die Bestimmung und Zwecke der Menschheit streitet; mithin ein darnach gegebenes Gesetz nicht als der eigentliche Wille des Monarchen, dem also Gegenvorstellungen gemacht werden können, anzusehen ist. – In allen Fällen aber, wenn etwas gleichwohl doch von der obersten Gesetzgebung so verfügt wäre, können zwar allgemeine und öffentliche Urteile darüber gefällt, nie aber wörtlicher oder tätlicher Widerstand dagegen aufgeboten werden.

Es muß in jedem gemeinen Wesen ein Gehorsam, unter dem Mechanismus der Staatsverfassung nach Zwangsgesetzen (die aufs Ganze gehen), aber zugleich ein Geist der Freiheit sein, da jeder, in dem was allgemeine Menschenpflicht betrifft, durch Vernunft überzeugt zu sein verlangt, daß dieser Zwang rechtmäßig sei, damit er nicht mit sich selbst in Widerspruch gerate. Der erstere, ohne den letzteren, ist die veranlassende Ursache aller geheimen Gesellschaften. Denn es ist ein Naturberuf der Menschheit, sich, vornehmlich in dem, was den Menschen überhaupt angeht, einander mitzuteilen; jene Gesellschaften also würden wegfallen, wenn diese Freiheit begünstigt wird. – Und wodurch anders können auch der Regierung die Kenntnisse kommen, die ihre eigene wesentliche Absicht befördern, als daß sie den in seinem Ursprung und in seinen Wirkungen so achtungswürdigen Geist der Freiheit sich äußern läßt?

Einleitung

GEORG WILHELM FRIEDRICH HEGEL (1770–1831) entwickelt
eine Sichtweise von der allgemeinen Funktion der Staatsphilosophie, die sich von der Sichtweise aller anderen in diesem Buch
vertretenen Klassiker deutlich unterscheidet und mit der auch
meine Bemerkungen in der Einführung nicht vereinbar sind.
Diese Sichtweise ist vor allem dadurch charakterisiert, daß Hegel
es nicht für eine sinnvolle Aufgabe der Staatsphilosophie hält,
den Staat vom normativen Standpunkt aus in Frage zu stellen.
Weder die Frage, ob und in welcher Weise eine staatliche Ordnung sich überhaupt rechtfertigen läßt, noch die weitere Frage,
welche Strukturen eine staatliche Ordnung im Idealfall besitzen
sollte, hält Hegel für philosophisch legitim.

Was diesen negativen Aspekt seiner Lehre angeht, so könnte
man noch meinen, daß Hegels staatsphilosophische Grundein-
stellung gewisse Parallelen zu den Einstellungen von Machiavelli
oder Hume aufweist, die ja ebenfalls gegenüber einer philosophischen Grundlegung des Staates skeptisch sind. Diese Parallelen
verschwinden jedoch völlig, wenn wir uns Hegels Gründe für
seine Einstellung vor Augen führen. Während nämlich Machiavelli in einem gewissermaßen positivistischen Geist sich auf eine
Beschreibung der nackten Tatsachen des politischen Lebens beschränkt (oder zumindest diesen Anspruch erhebt) und Hume
der utilitaristischen Auffassung ist, daß auf der Basis des normativen Grundprinzips weitestgehender allgemeiner Interessenbefriedigung alle weiteren Fragen nach der gerechtfertigten Sozial-
ordnung der Empirie zu überlassen seien, ist Hegel in seiner
ablehnenden Haltung gegenüber einer Konzeption philosophischer Staatsideale von Gründen bestimmt, die mit Erwägungen
positivistischer oder utilitaristischer Natur nichts zu tun haben.

Und zwar ist Hegel der Überzeugung, daß eine normativ-kri-
tische Infragestellung des Staates deshalb überflüssig, ja geradezu
lächerlich ist, weil das sittliche Ideal des Staates in der jeweiligen
historischen Realität immer schon als Faktum vor uns steht. Das
Seinsollende und das Seiende, das Vernünftige und das Wirkliche
fallen zusammen. Daß wir in der Wirklichkeit recht unterschiedliche, ja in ihren Grundprinzipien einander widersprechende

Formen des Staates vorfinden, ist kein Einwand gegen diese Auffassung. Denn sie geht davon aus, daß das Ideal nicht etwa zu jedem beliebigen Zeitpunkt der Geschichte vollkommen verwirklicht ist, sondern daß es sich erst *im Verlauf* der Geschichte auf dialektische Weise zunehmend entfaltet. Das jeweils Wirkliche ist also nicht das schlechthin, sondern das relativ zum Stand der historischen Entwicklung Vernünftige.

Aber, so wird man fragen, kann Hegel diese Lehre wirklich mit allen Konsequenzen intendiert haben? Verkörpert etwa ein Terrorstaat wie der Stalins oder Hitlers Vernunft und Sittlichkeit – selbst von der Entwicklungsstufe aus betrachtet, welche die politische Vernunft ihrer Zeit erreicht hatte? Mit anderen Worten: War es für die Zeitgenossen dieser Diktatoren philosophisch illegitim, die betreffenden Staaten zu kritisieren? – Eine eindeutige Antwort auf derartige Fragen läßt sich aus Hegels Schriften nicht entnehmen. Zwar enthalten sie Anzeichen dafür, daß er seine These von der historischen Deckung von Sein und Sollen in einem eingeschränkten Sinn verstanden wissen will. So läßt er gelegentlich durchblicken, daß Faktoren wie Willkür, Zufall und Irrtum der Verwirklichung der Staatsidee in der Geschichte Abbruch tun können. Und daß sein Denken prinzipiell für eine normative Kritik an historischen Formen des Staates Raum läßt, könnte man auch daraus abzuleiten versuchen, daß Hegel generell die Aufgabe der Philosophie nicht etwa in einer empirischen Bestandsaufnahme der geschichtlichen Wirklichkeit sieht, sondern in dem Versuch, unter Absehen von dem Zufälligen, bloß äußerlich Notwendigen das *Wesen* des jeweiligen Gegenstandes zu erfassen. Trotz allem bleibt festzuhalten, daß der Denker keinerlei brauchbare Kriterien für eine normative Beurteilung des Staates aufstellt und immer wieder jene Philosophen tadelt, die sich in diesem Punkte einer geringeren Zurückhaltung befleißigen.

Irritierend wirken kann auch Hegels Auffassung vom Verhältnis zwischen Staat und Individuum. Während er nämlich jene Aspekte einer politischen Ordnung, die mit den Rechten und Interessen des Individuums zu tun haben, ausschließlich unter dem Stichwort »bürgerliche Gesellschaft« abhandelt, hat der Staat für ihn eine völlig andere Dimension. Er erscheint Hegel als die höchste Form der Sittlichkeit, als etwas Göttliches, dem gegenüber das Individuum ohne eigenständigen Wert ist. Alles, was das Individuum ist, verdankt es dem Staat; es handelt moralisch, wenn es sein subjektives Wünschen und Meinen hintansetzt und jene Rolle spielt, die ihm in der allumfassenden, organischen Ordnung des Staates zugedacht ist.

Auch diesen Aspekt der Hegelschen Staatsphilosophie darf man nicht so verstehen, als ob er unter allen Umständen totalitäre, das Individuum unterdrückende Konsequenzen einschlösse. Es wäre ja denkbar, daß der staatliche Organismus die höheren Weihen der Hegelschen Metaphysik nur unter der Bedingung erhalten soll, daß seine einzelnen Glieder de facto immerhin ein gewisses Maß an Individualität auszeichnet. Doch auch das Gegenteil wird durch die Hegelsche Position nicht ausgeschlossen. Leider macht sich auch in diesem Punkt wieder der Widerwille des Denkers bemerkbar, irgendwelche Gesichtspunkte inhaltlicher Art anzugeben, an denen sich die jeweilige Verwirklichung von Vernunft, Sittlichkeit, objektivem Geist, Gott usw. in der Geschichte messen ließe.

Wie schon aus den bisherigen Ausführungen hervorgeht, hängt Hegels Sicht des Staates mit seiner Sicht der Geschichte eng zusammen: Erst in einem historischen Entwicklungsprozeß ist es dem Staat gegeben, seine Idee voll zu entfalten und der göttlichen Vernunft auf Erden Gestalt zu verleihen.

Es ist wichtig, sich die geschichtsphilosophischen Voraussetzungen dieser Konzeption klarzumachen. Hegel ist der Überzeugung, daß die menschliche Geschichte mehr ist als eine Kette von Zufällen, als ein Kreislauf derselben immer wiederkehrenden Leidenschaften und Leiden menschlicher Individuen. Für ihn ist sie ein sinnvoller Prozeß, in dem jedes individuelle Opfer, jeder Krieg notwendige Bedingung zur Verwirklichung eines höheren Zieles ist. Das Ziel ist die Selbstentfaltung und Selbstverwirklichung des Geistes.

Diese Auffassung von dem vernünftigen, zielgerichteten Verlauf der Geschichte findet eine Parallele in der Staats- und Geschichtsphilosophie Augustins. Auch für Augustin erhalten die einzelnen historischen Ereignisse, die den in sie verwickelten Individuen oft als sinnlos erscheinen müssen, im Rahmen einer umfassenden Betrachtung der Geschichte als ganzer Sinn und Bedeutung. Allerdings ist für Augustin der Sinngeber nicht wie für Hegel ein Geist, der zwar als »göttlich« bezeichnet wird, sich jedoch in nichts weiter als dem diesseitigen Menschen und seinen Kulturleistungen manifestiert, sondern ein welttranszendenter Schöpfergott. Und das Ziel der Geschichte liegt nicht in der Geschichte selbst, sondern im Jenseits. Dementsprechend läßt Augustin keinen Zweifel daran, daß nur ein durch Offenbarung erleuchteter religiöser Glaube den Sinn der Geschichte zu erfassen vermag; für die natürliche Vernunft, mag sie noch so große philosophische Anstrengungen unternehmen, gibt es zu einem Sinnverständnis der Geschichte keinen Zugang.

Ob die Philosophie sich nicht tatsächlich übernimmt, wenn sie wie bei Hegel ohne Zuhilfenahme spezifisch theologischer Prämissen die gesamte Geschichte von einem letzten Ziel her zu verstehen sucht, bleibt eine ernste Frage.

KARL MARX (1818–1883) und FRIEDRICH ENGELS (1820–1895) sind nicht weniger als Hegel überzeugt, daß die menschliche Geschichte in einem notwendigen Prozeß einem letzten Ziel zusteuert. Allerdings gibt ihre Geschichtsphilosophie im Unterschied zu derjenigen Hegels das christliche Erbe auch terminologisch preis und kehrt überdies den metaphysischen Idealismus Hegels in einen metaphysischen Materialismus um. Anstelle des »göttlichen Geistes« sind es nun die materiellen Produktionsverhältnisse, die den Verlauf der Geschichte bestimmen. Und Ziel der Geschichte ist nicht mehr die volle Selbstverwirklichung dieses Geistes im Staat, sondern die Aufhebung des Privateigentums in einer klassen- und staatslosen Gesellschaft.

Geistige und kulturelle Phänomene haben für Marx und Engels keine selbständige Bedeutung, sie reflektieren lediglich den jeweiligen Stand der sie bedingenden ökonomischen Verhältnisse. Das trifft auch auf den Staat zu, dessen Abhängigkeit von den Produktionsverhältnissen darin besteht, daß er mit seinem Zwangsapparat der jeweils wirtschaftlich herrschenden Klasse dient. So ist es der formale Rechtsstaat à la Kant, der dem mit der Französischen Revolution an die Macht gekommenen Bürgertum als geeignetes Instrument zur Unterdrückung der lohnabhängigen Arbeiterklasse zur Verfügung steht. Denn dadurch, daß die Rechtsordnung eine unbeschränkte individuelle Vertragsfreiheit postuliert und durchsetzt, ermöglicht sie dem wirtschaftlich Stärkeren, dem wirtschaftlich Schwächeren seine Bedingungen nach Belieben zu diktieren.

Das kapitalistische Wirtschaftssystem des Industriezeitalters ist für Marx und Engels dadurch charakterisiert, daß eine kleine Minderheit der Bevölkerung, die Kapitalisten, die Produktionsmittel besitzt, während die große Mehrheit, die Arbeiter, als Mittel zum Überleben lediglich über ihre Arbeitskraft verfügt. Diese Arbeitskraft ist für den Unternehmer nichts weiter als eine Ware unter anderen, die zur Produktion dessen, was er verkaufen möchte, erforderlich ist (etwa neben den nötigen Rohstoffen und Maschinen). Alle diese Waren muß er, zu einem ihrem Wert entsprechenden Preis, auf dem Markt erwerben. Dabei gilt für Marx und Engels das allgemeine Gesetz, daß sich der Tauschwert einer Ware stets danach bemißt, wieviel normale Arbeitsstunden zu ihrer Produktion (genauer: zu sämtlichen Produktionsschritten, angefangen von der Erstbearbeitung der zugrundeliegenden natürlichen Rohstoffe) erforderlich sind. Eine Ware ist um so wertvoller, je mehr Arbeitszeit in ihr steckt. (Zu den notorischen Problemen dieser Art der Wertbestimmung gehört es, daß die Natur keineswegs sämtliche Rohstoffe in gleichermaßen unbeschränkter Menge zur Verfügung stellt, daß also der Marktwert einer Ware auch von ihrer *natur*bedingten, durch den Markt unbeeinflußbaren Häufigkeit abhängen kann!)

Auf der Basis dieser Werttheorie ergibt sich nun als Wert der »Ware Arbeitskraft« jene Arbeitszeit, die zu ihrer *Erzeugung* erforderlich ist, das heißt die das Subjekt der Arbeitskraft funktionsfähig erhält. Mit anderen Worten: Der Wert der Arbeitskraft ist identisch mit dem Warenwert der zum Lebensunterhalt eines Arbeiters notwendigen Aufwendungen (wie Wohnung, Verpflegung usw.). Er ist keineswegs identisch mit der von diesem Arbeiter selbst geleisteten Arbeitszeit. Ja, es zeigt sich, daß ein Arbeiter de facto fähig ist, eine größere Arbeitsleistung zu erbringen (länger arbeiten kann), als zur Bestreitung seines Existenzminimums (also zur Realisierung des Wertes seiner Arbeitskraft) nötig ist.

Genau darauf beruht der Profit des Unternehmers. Denn da der von ihm gezahlte Lohn dem Wert der Arbeits*kraft* entspricht, der Wert des fertigen Produktes aber – der Ausgangsdefinition entsprechend – von der im Produktionsprozeß tatsächlich aufgewendeten Arbeits*zeit* abhängt, hat die Produktion zu einem »Mehrwert« geführt; und diesen Mehrwert behält er. Daß die menschliche Arbeitskraft mehr Wert erzeugt, als sie besitzt (als zu ihrer eigenen Erzeugung erforderlich ist), kommt also, anstatt dem Subjekt dieser Arbeitskraft, allein dem Kapitalisten als dem Eigentümer der Produktionsmittel zugute. Dieser Raub des vom lohnabhängigen Arbeiter geschaffenen Mehrwerts durch den Kapitalisten läßt sich durch keine soziale Reform beseitigen; er ist die notwendige Begleiterscheinung des Privateigentums an Produktionsmitteln.

Die bürgerlich-kapitalistische Gesellschaft repräsentiert für Marx und Engels die letzte Stufe in der Geschichte der Klassenkämpfe. Ihre revolutionäre Auflösung wird zur klassenlosen Gesellschaft des Kommunismus führen. Daß die Geschichte gerade an diesem Punkt der Entwicklung auf ihr Endziel hinsteuert, läßt sich aus der Natur des Kapitalismus zwingend ableiten. Und zwar sind es vor allem drei Gründe ökonomischer Natur, die diese Ableitung zulassen. Erstens wird sich im Laufe der Entwicklung des Kapitalismus das Kapital in immer weniger Händen konzentrieren. Die kleineren und mittleren Unternehmen werden von den Großunternehmen aufgesogen werden und ihre Inhaber in das Proletariat absinken. Das zahlenmäßige Übergewicht der Arbeiterklasse wird daher immer mehr zunehmen. Zweitens wird das kapitalistische System, bedingt durch seinen Mangel an rationaler Steuerung, von periodisch wiederkehrenden Wirtschaftskrisen heimgesucht werden, die immer größere Ausmaße annehmen und schließlich zu seinem Zusammenbruch führen müssen. Und drittens wird das mit dem Anwachsen der Arbeiterklasse und der zunehmenden Rationalisierung der Betriebe verbundene Überangebot an Arbeitskräften zu einer immer größeren Verelendung der Arbeiter (zumindest relativ zu den Kapitalisten) führen. Die Folge wird sein, daß die Arbeiter sich ihrer Lage zunehmend bewußt werden und jene letzte Revolution der Geschichte, bei der sie ohnehin nichts mehr zu verlieren haben, in die Wege leiten werden.

Mit der Aufhebung des Privateigentums, dem wesentlichen Resultat der Revolution, verliert auch der Staat, dessen einzige Funktion der Schutz dieses Eigentums war, seine Existenzberechtigung. Allerdings vollzieht sich der Übergang vom kapitalistischen Klassenstaat zur staatslosen kommunistischen Gesellschaft in Stufen. Auf der ersten Stufe der revolutionären Entwicklung übernimmt die Arbeiterklasse die Staatsgewalt (»Diktatur des Proletariats«) und benutzt sie, um die Enteignung und Ausrottung der Kapitalisten durchzusetzen. Erst nachdem dieses Ziel und mit ihm die klassenlose Gesellschaft voll verwirklicht ist, besteht für den Zwangsapparat des Staates keine Verwendung mehr. Eine freie Assoziation aller Individuen – der Produzenten – leitet jetzt den Produktionsprozeß.

Mit dem Privateigentum sind Arbeitsteilung und Leistungsprinzip verschwunden. Das bedeutet, daß der einzelne die Arbeit nicht mehr als Fron, sondern als freigewählten Akt schöpferischer Selbstverwirklichung empfindet. Jeder arbeitet gemäß seinen Fähigkeiten; und alle seine Bedürfnisse befriedigt die Gesellschaft.

Marx und Engels sagen kaum etwas darüber, wie diese Zukunftsvision einer repressionsfreien, kommunistischen Gesellschaft auf dem Boden einer nüchternen Einschätzung der Natur des Menschen sowie der ihm zur Verfügung stehenden Naturschätze und technischen Möglichkeiten realisierbar sein wird. Jedenfalls muß man feststellen, daß es in jenen heutigen Gesellschaftsordnungen, die den Anspruch erheben, die marxistische Revolution durchgeführt zu haben, weder für ein Absterben des Staates noch für jene ideale Lebensweise irgendwelche Anzeichen gibt, die es dem einzelnen ermöglicht, nach Belieben »morgens zu jagen, nachmittags zu fischen, abends Viehzucht zu treiben, nach dem Essen zu kritisieren«.

JOHN STUART MILL (1806–1873) ist nicht der Auffassung von Marx und Engels, daß jegliche Art von Unfreiheit in der Gesellschaft eine notwendige Konsequenz kapitalistischer Produktionsverhältnisse ist. Er betrachtet es vielmehr ganz unabhängig von den wirtschaftlichen Machtverhältnissen als eine der permanenten Gefahren im Leben jeder sozialen Gruppe, daß die Mehrheit ihre Überzeugungen und Ideale in mehr oder weniger allen Bereichen der Minderheit aufdrängt.

Diese Gefahr ist in einem demokratisch regierten Staatswesen nicht etwa, wie uns Rousseau glauben machen will, per se eliminiert, sondern in gewisser Hinsicht besonders groß. Denn in keiner anderen Staatsform spielt die die Mehrheitsüberzeugungen repräsentierende »öffentliche Meinung« eine derartig bestimmende Rolle. Mills Theorie der Freiheit des Individuums hat deshalb auch dort, wo sich in den vergangenen einhundert Jahren eine Form der Demokratie entwickelt hat, ihre Aktualität nicht eingebüßt. Es ist Marx und Engels zwar zuzugestehen, daß »bürgerliche« Freiheiten wie die Freiheit der Meinungsäußerung für diejenigen praktisch wertlos sind, die (wie viele Industriearbeiter im neunzehnten Jahrhundert) Tag und Nacht um ihre nackte Existenz kämpfen müssen – daß also insofern die Verhinderung wirtschaftlicher Ausbeutung das vorrangige Problem ist. Es ist jedoch ein Fehlschluß, hieraus zu folgern, daß die Lösung dieses Problems – wie immer sie im einzelnen aussehen mag – die Lösung aller sonstigen politischen und sozialen Probleme automatisch zur Folge hat.

Mill formuliert die Frage nach der Freiheit des Individuums ausdrücklich als *normatives* Problem: Unter welchen Voraussetzungen ist die Gesellschaft berechtigt, die Freiheit des Individuums einzuschränken? Und aus welchen allgemeineren sozialphilosophischen Prinzipien lassen sich diese Voraussetzungen ableiten?

Mill schreibt eingängiger und formuliert verständlicher als die meisten anderen der in diesem Buch vertretenen Philosophen. Der Leser wird kaum Schwierigkeiten haben, seine Thesen und Argumente in das eigene Denken zu übersetzen. Um so größere Aufmerksamkeit sollte er deshalb darauf verwenden, sich die rechtspolitischen Konsequenzen der Millschen Position genau zu überlegen und sich mit dieser Position im Lichte ihrer Konsequenzen kritisch auseinanderzusetzen. Folgende Stichworte mögen ihm hierzu als aktueller Anhaltspunkt dienen: Abtreibung; Euthanasie; Selbstmord; Gefälligkeitssterilisation; Rauschgiftkonsum; Rauschgifthandel; Anschnallpflicht; Inzest; Homosexualität.

Der Leser frage sich auch, ob er mit den *Begründungen,* die Mill im einzelnen für seine Auffassungen gibt, übereinzustimmen vermag. Es läßt sich ja im Prinzip mit sehr unterschiedlichen Argumenten für die Freiheit des Individuums zur Gestaltung seines Privatlebens plädieren. Man denke etwa an die naturrechtliche Argumentation Lockes oder an die a priori deduzierende Betrachtungsweise Kants. Heute würden viele Intellektuelle, ausgehend von einem allgemeinen Wertskeptizismus, argumentieren, man dürfe schon deshalb anderen keine Vorschriften zur eigenen Lebensführung machen, weil niemand objektiv wissen könne, worin das gute Leben des Menschen überhaupt besteht. Oder man würde geltend machen, die Menschen seien so unterschiedlich veranlagt, daß das gute Leben für X und das gute Leben für Y ganz verschieden aussähen, so daß sich keinerlei *allgemeine* Normen finden ließen.

Mill macht sich die Lehren Lockes und Kants gar nicht und die letztgenannten Argumente allenfalls in abgeschwächter Form zu eigen. Für ihn steht vielmehr ein ganz anderer Gesichtspunkt im Vordergrund. Es ist der Gesichtspunkt einer utilitaristischen Ethik: Soziale Handlungen oder Institutionen sind allein in dem Maße gerechtfertigt, in dem sie das Glück aller von der Handlung oder Institution Betroffenen mehren beziehungsweise ihr Unglück mindern.

Dieses Utilitarismusprinzip, das wir schon bei Hume kennenlernten, das seine klassische Formulierung und Verteidigung jedoch erst in den moralphilosophischen Schriften Mills findet, ist leider in der deutschen Diskussion in zweierlei Hinsicht immer wieder mißverstanden worden. Das Prinzip besagt nicht, gerechtfertigt sei, was dem *Handelnden* nützlich ist; es zählt der Nutzen für alle von der Handlung Betroffenen. Und das Prinzip besagt auch nicht, gerechtfertigt sei, was *beliebige Zwecksetzungen* der Betroffenen fördert; es zählen die Handlungskonsequenzen für Glück, Zufriedenheit und langfristige Interessenbefriedigung der Betroffenen. (Insofern reicht eine bloße Bezugnahme auf die normale Bedeutung von »Utilitarismus« beziehungsweise »Nützlichkeit« zur Charakterisierung der Theorie nicht aus.)

Mill ist der Auffassung, daß es allein utilitaristische Gründe sind, welche die persönliche Handlungs- und Meinungsfreiheit des Individuums in einem akzeptablen Ausmaß rechtfertigen. Dabei macht er nicht nur geltend, daß Freiheit dem Glück des Handelnden selbst dienlich ist. Er legt vielmehr – in Konsequenz seines utilitaristischen Ansatzes – großen Wert auf die Feststellung, daß die Freiheit des einzelnen gerade auch der Gesellschaft als ganzer auf lange Sicht zugute kommt.

Mills Argumentation in diesem Zusammenhang liegt ein recht optimistisches Bild von der Aufgeklärtheit und Rationalität des Menschen (zumindest des modernen Menschen) zugrunde – ein Bild, an dessen Richtigkeit man auf der Basis der Erfahrungen unseres Jahrhunderts durchaus zweifeln kann. Jedenfalls hilft ein solcher Zweifel dem Leser herauszufinden, ob er sich mit einer bloß utilitaristischen Rechtfertigung der Freiheit zufriedenzugeben vermag: Dürfte man den Menschen in einer weitgehend unaufgeklärten Gesellschaft tatsächlich, wie Mill annehmen muß, zu seinem Glück zwingen? Oder zeigt diese Hypothese vielmehr, daß Freiheit ein Wert ist, der mit den empirischen Bedingungen eines glücklichen Lebens prinzipiell nicht auf einer Stufe steht?

Georg Wilhelm Friedrich Hegel: Der geschichtliche Staat als Verkörperung der sittlichen Vernunft.

Die Schwierigkeit kommt von der Seite, daß der Mensch denkt und im Denken seine Freiheit und den Grund der Sittlichkeit sucht. Dieses Recht, so hoch, so göttlich es ist, wird aber in Unrecht verkehrt, wenn nur dies für Denken gilt und das Denken nur dann sich frei weiß, insofern es vom Allgemein-Anerkannten und Gültigen abweiche und sich etwas Besonderes zu erfinden gewußt habe.

Am festesten konnte in unserer Zeit die Vorstellung, als ob die Freiheit des Denkens und des Geistes überhaupt sich nur durch die Abweichung, ja Feindschaft gegen das öffentlich Anerkannte beweise, in Beziehung auf den Staat eingewurzelt sein, und hiernach absonderlich eine Philosophie über den Staat wesentlich die Aufgabe zu haben scheinen, auch eine Theorie und eben eine neue und besondere zu erfinden und zu geben. Wenn man diese Vorstellung und das ihr gemäße Treiben sieht, so sollte man meinen, als ob noch kein Staat und Staatsverfassung in der Welt gewesen, noch gegenwärtig vorhanden sei, sondern als ob man jetzt – und dies Jetzt dauert immer fort – ganz von vorne anzufangen, und die sittliche Welt nur auf ein solches jetziges Ausdenken und Ergründen und Begründen gewartet habe. Von der Natur gibt man zu, daß die Philosophie sie zu erkennen habe, wie sie ist, daß der Stein der Weisen irgendwo, aber in der Natur selbst verborgen liege, daß sie in sich vernünftig sei und das Wissen diese in ihr gegenwärtige, wirkliche Vernunft, nicht die auf der Oberfläche sich zeigenden Gestaltungen und Zufälligkeiten, sondern ihre ewige Harmonie, aber als ihr immanentes Gesetz und Wesen zu erforschen und begreifend zu fassen habe. Die sittliche Welt dagegen, der Staat, sie, die Vernunft, wie sie sich im Elemente des Selbstbewußtseins verwirklicht, soll nicht des Glücks genießen, daß es die Vernunft ist, welche in der Tat in diesem Elemente sich zur Kraft und Gewalt gebracht habe, darin behaupte und inwohne. Das geistige Universum soll vielmehr dem Zufall und der Willkür preisgegeben, es soll gottverlassen sein, so daß nach diesem Atheismus der sittlichen Welt das Wahre sich außer ihr befinde, und zugleich, weil doch auch Vernunft darin sein soll, das Wahre nur ein Problema sei. Hierin aber liege die Berechtigung, ja die Verpflichtung für jedes Denken, auch seinen Anlauf zu nehmen, doch nicht um den Stein der Weisen zu *suchen,* denn durch das Philosophieren unserer Zeit ist das Suchen erspart und jeder gewiß, so wie er steht und geht, diesen Stein in seiner Gewalt zu haben. Nun geschieht es freilich, daß diejenigen, welche in dieser Wirklichkeit des Staats leben und ihr Wissen und Wollen darin befriedigt finden, – und deren sind viele, ja mehr als es meinen und wissen, denn im Grunde sind es alle, – daß also wenigstens diejenigen, welche mit Bewußtsein ihre Befriedigung im Staate haben, jener Anläufe und Versicherungen lachen und sie für ein bald lustigeres oder ernsteres, ergötzliches oder gefährliches, leeres Spiel nehmen. […]

Es ist als ein Glück für die Wissenschaft zu achten, – in der Tat ist es, wie bemerkt, die Notwendigkeit der Sache, – daß jenes Philosophieren, das sich als eine Schulweisheit in sich fortspinnen mochte, sich in näheres Verhältnis mit der Wirklichkeit gesetzt hat, in welcher es mit den Grundsätzen der Rechte und der Pflichten ernst ist, und welche im Tage des Bewußtseins derselben lebt, und daß es somit zum öffentlichen Bruche gekommen ist. Es ist eben diese Stellung der Philosophie zur Wirklichkeit, welche die Mißverständnisse betreffen, und ich kehre hiermit zu dem zurück, was ich vorhin bemerkt habe, daß die Philosophie, weil sie das Ergründen des Vernünftigen ist, eben damit das Erfassen des Gegenwärtigen und Wirklichen, nicht das Aufstellen eines Jenseitigen, ist, das Gott weiß wo sein sollte, – oder von dem man in der Tat wohl zu sagen weiß, wo es ist, nämlich in dem Irrtum eines einseitigen, leeren Räsonnierens. […]

Was vernünftig ist, das ist wirklich; und was wirklich ist, das ist vernünftig. In dieser Überzeugung steht jedes unbefangene Bewußtsein, wie die Philosophie, und hiervon geht diese ebenso in Betrachtung des geistigen Universums aus, als des natürlichen. Wenn die Reflexion, das Gefühl oder welche Gestalt das subjektive Bewußtsein habe, die Gegenwart für ein Eitles ansieht, über sie hinaus ist und es besser weiß, so befindet es sich im Eiteln, und weil es Wirklichkeit nur in der Gegenwart hat, ist es so selbst nur Eitelkeit. Wenn umgekehrt die *Idee* für das gilt, was nur so eine Idee, eine Vorstellung in einem Meinen ist, so gewährt hingegen die Philosophie die Einsicht, daß nichts wirklich ist als die Idee. Darauf kommt es dann an, in dem Scheine des Zeitlichen und Vorübergehenden die Substanz, die immanent, und das Ewige, das gegenwärtig ist, zu erkennen. Denn das Vernünftige, was synonym ist mit der Idee, indem es in seiner Wirklichkeit zugleich in die äußere Existenz tritt, tritt in einem unendlichen Reichtum von Formen, Erscheinungen und Gestaltungen hervor, und umzieht seinen Kern mit der bunten Rinde, in welcher das Bewußtsein zunächst haust, welche der Begriff erst durchdringt, um den inneren Puls zu finden und ihn ebenso in den äußeren Gestaltungen noch schlagend zu fühlen. Die unendlich mannigfaltigen Verhältnisse aber, die sich in dieser Äußerlichkeit, durch das Scheinen des Wesens in sie, bilden, dieses unendliche Material und seine Regulierung, ist nicht Gegenstand der Philosophie. Sie mischte sich damit in Dinge, die sie nicht angehen; guten Rat darüber zu erteilen, kann sie sich ersparen. […]

So soll denn diese Abhandlung, insofern sie die Staatswissenschaft enthält, nichts anderes sein als der Versuch, den *Staat als ein in sich Vernünftiges zu begreifen* und *darzustellen*. Als philosophische Schrift muß sie am entferntesten davon sein, einen *Staat, wie er sein soll,* konstruieren zu sollen; die Belehrung, die in ihr liegen kann, kann nicht darauf gehen, den Staat zu belehren, wie er sein soll, sondern vielmehr, wie er, das sittliche Universum, erkannt werden soll. Hic Rhodus, hic salta. (Hier ist Rhodus, hier springe.)

Das, was ist, zu begreifen, ist die Aufgabe der Philosophie, denn das, was ist, ist die Vernunft. Was das Individuum betrifft, so ist ohnehin jedes ein Sohn seiner Zeit; so ist auch die Philosophie, ihre Zeit in Gedanken erfaßt. Es ist ebenso töricht zu wähnen, irgendeine Philosophie gehe über ihre gegenwärtige Welt hinaus, als, ein Individuum überspringe seine Zeit, springe über Rhodus hinaus. Geht seine Theorie in der Tat drüber hinaus, baut es sich eine Welt, wie sie sein soll, so existiert sie wohl, aber nur in seinem Meinen, – einem weichen Elemente, dem sich alles Beliebige einbilden läßt. [...]

Die konkrete Person, welche sich als besondere Zweck ist, als ein Ganzes von Bedürfnissen und eine Vermischung von Naturnotwendigkeit und Willkür, ist das eine Prinzip der bürgerlichen Gesellschaft, – aber die besondere Person als wesentlich in Beziehung auf andere solche Besonderheit, so daß jede durch die andere und zugleich schlechthin nur als durch die Form der Allgemeinheit, das andere Prinzip, vermittelt sich geltend macht und befriedigt.

Der selbstsüchtige Zweck in seiner Verwirklichung, so durch die Allgemeinheit bedingt, begründet ein System allseitiger Abhängigkeit, daß die Subsistenz und das Wohl des Einzelnen und sein rechtliches Dasein in die Subsistenz, das Wohl und Recht aller verflochten, darauf gegründet und nur in diesem Zusammenhange wirklich und gesichert ist. – Man kann dies System zunächst als den äußeren Staat, – Not- und Verstandesstaat ansehen. [...]

Die bürgerliche Gesellschaft enthält die drei Momente:
1. Die Vermittelung des Bedürfnisses und die Befriedigung des Einzelnen durch seine Arbeit und durch die Arbeit und Befriedigung der Bedürfnisse aller Übrigen, – das System der Bedürfnisse.

2. Die Wirklichkeit des darin enthaltenen Allgemeinen der Freiheit, der Schutz des Eigentums durch die Rechtspflege.

3. Die Vorsorge gegen die in jenen Systemen zurückbleibende Zufälligkeit und die Besorgung des besonderen Interesses als eines Gemeinsamen, durch die Polizei und Korporation. [...]

Der Staat ist die Wirklichkeit der sittlichen Idee, – der sittliche Geist als der offenbare, sich selbst deutliche, substantielle Wille, der sich denkt und weiß und das, was er weiß und insofern er es weiß, vollführt. An der Sitte hat er seine unmittelbare, und an dem Selbstbewußtsein des Einzelnen, dem Wissen und Tätigkeit desselben seine vermittelte Existenz, sowie dieses durch die Gesinnung in ihm, als seinem Wesen, Zweck und Produkte seiner Tätigkeit, seine substantielle Freiheit hat. [...]

Der Staat ist als die Wirklichkeit des substantiellen Willens, die er in dem zu seiner Allgemeinheit erhobenen besonderen Selbstbewußtsein hat, das an und für sich Vernünftige. Diese substantielle Einheit ist absoluter unbewegter Selbstzweck, in welchem die Freiheit zu ihrem höchsten Recht kommt, sowie dieser Endzweck das höchste Recht gegen die Einzelnen hat, deren höchste Pflicht es ist, Mitglieder des Staats zu sein.

Wenn der Staat mit der bürgerlichen Gesellschaft verwechselt und seine Bestimmung in die Sicherheit und den Schutz des Eigentums und der persönlichen Freiheit gesetzt wird, so ist das Interesse des Einzelnen als solcher der letzte Zweck, zu welchem sie vereinigt sind, und es folgt hieraus ebenso, daß es etwas Beliebiges ist, Mitglied des Staates zu sein. – Er hat aber ein ganz anderes Verhältnis zum Individuum; indem er objektiver Geist ist, so hat das Individuum selbst nur Objektivität, Wahrheit und Sittlichkeit, als es ein Glied desselben ist. Die Vereinigung als solche ist selbst der wahrhafte Inhalt und Zweck, und die Bestimmung der Individuen ist, ein allgemeines Leben zu führen; ihre weitere besondere Befriedigung, Tätigkeit, Weise des Verhaltens hat dies Substantielle und Allgemeingültige zu seinem Ausgangspunkte und Resultate. – Die Vernünftigkeit besteht, abstrakt betrachtet, überhaupt in der sich durchdringenden Einheit der Allgemeinheit und der Einzelnheit, und hier konkret dem Inhalte nach in der Einheit der objektiven Freiheit, das ist des allgemeinen substantiellen Willens, und der subjektiven Freiheit als des individuellen Wissens und seines besondere Zwecke suchenden Willens – und deswegen der Form nach in einem nach gedachten, das heißt allgemeinen Gesetzen und Grundsätzen sich bestimmenden Handeln. – Diese Idee ist das an und für sich ewige und notwendige Sein des Geistes. – Welches nun aber der historische Ursprung des Staates überhaupt, oder vielmehr jedes besonderen Staates, seiner Rechte und Bestimmungen sei oder gewesen sei, ob er zuerst aus patriarchalischen Verhältnissen, aus Furcht oder Zutrauen, aus der Korporation usf. hervorgegangen, und wie sich das, worauf sich solche Rechte gründen, im Bewußtsein als göttliches, positives Recht oder Vertrag, Gewohnheit und so fort gefaßt und befestigt habe, geht die Idee des Staates selbst nicht an, sondern ist in Rücksicht auf das wissenschaftliche Erkennen, von dem hier allein die Rede ist, als die Erscheinung eine historische Sache; in Rücksicht auf die Autorität eines wirklichen Staates, insofern sie sich auf Gründe einläßt, sind diese aus den Formen des in ihm gültigen Rechts genommen. – Die philosophische Betrachtung hat es nur mit dem Inwendigen von allem diesem, dem gedachten Begriffe zu tun. In Ansehung des Aufsuchens dieses Begriffes hat Rousseau das Verdienst gehabt, ein Prinzip, das nicht nur seiner Form nach (wie etwa der Sozialitätstrieb, die göttliche Autorität), sondern dem Inhalte nach Gedanke ist, und zwar das Denken selbst ist, nämlich den Willen als Prinzip des Staats aufgestellt zu haben. Allein indem er den Willen nur in bestimmter Form des einzelnen Willens (wie nachher auch Fichte) und den allgemeinen Willen nicht als das an und für sich Vernünftige des Willens, sondern nur als das Gemeinschaftliche, das aus diesem Willen als bewußtem hervorgehe, faßte: so wird die Vereinigung der Einzelnen im Staat zu einem Vertrag, der somit ihre Willkür, Meinung und beliebige, ausdrückliche Einwilligung zur Grundlage hat, und es folgen die weiteren bloß verständigen, das an und für sich seiende Göttliche und dessen absolute Autorität und Majestät zerstörenden Konsequenzen. Zur Gewalt gediehen, haben diese Abstraktionen deswegen wohl einerseits das, seit wir vom Menschengeschlechte wissen, erste ungeheure Schauspiel hervorgebracht, die Verfassung eines großen wirklichen Staates mit Umsturz alles Bestehenden und Gegebenen, nun ganz von vorne und vom Gedanken anzufangen und ihr bloß das vermeinte Vernünftige zur Basis geben zu wollen, andererseits, weil es nur ideenlose Abstraktionen sind, haben sie den Versuch zur fürchterlichsten und grellsten Begebenheit gemacht. – Gegen das Prinzip des einzelnen Willens ist an den Grundbegriff zu erinnern, daß der objektive Wille das an sich in seinem Begriffe Vernünftige ist, ob es von einzelnen erkannt und von ihrem Belieben gewollt werde oder nicht: – daß das Entgegengesetzte, das Wissen und Wollen, die Subjektivität der Freiheit, die in jenem Prinzip allein festgehalten ist, nur das eine, darum einseitige Moment der Idee des vernünftigen Willens enthält, der dies nur dadurch ist, daß er ebenso an sich, als daß er für sich ist. – Das andere Gegenteil von dem Gedanken, den Staat in der Erkenntnis als ein für sich Vernünftiges zu fassen, ist, die Äußerlichkeit der Erscheinung, der Zufälligkeit der Not, der Schutzbedürftigkeit, der Stärke, des Reichtums usf. nicht als Momente der historischen Entwickelung, sondern für die Substanz des Staates zu nehmen. Es ist hier gleichfalls die Einzelnheit der Individuen, welche das Prinzip des Erkennens ausmacht, jedoch nicht einmal der Gedanke dieser Einzelnheit, sondern im Gegenteil die empirischen Einzelnheiten nach ihren zufälligen Eigenschaften, Kraft und Schwäche, Reichtum und Armut usf. [...]

Im Staat allein hat der Mensch vernünftige Existenz. Alle Erziehung geht dahin, daß das Individuum nicht ein Subjektives bleibe, sondern sich im Staate objektiv werde. Wohl kann ein Individuum den Staat zu seinem Mittel machen, um dies und jenes zu erreichen. Das Wahrhafte aber ist, daß jeder die Sache selbst wolle und das Unwesentliche abgestreift habe. Alles, was der Mensch ist, verdankt er dem Staat; er hat nur darin sein Wesen. Allen Wert, den der Mensch hat, alle geistige Wirklichkeit, hat er allein durch den Staat. Denn seine geistige Wirklichkeit ist, daß ihm als Wissenden sein Wesen, das Vernünftige gegenständlich sei, daß es objektives, unmittelbares Dasein für ihn habe; so nur ist er Bewußtsein, so nur ist er in der Sitte, dem Rechtlichen und sittlichen Staatsleben. Denn das Wahre ist die Einheit des allgemeinen und subjektiven Willens; und das Allgemeine ist im Staate in den Gesetzen, in allgemeinen und vernünftigen Bestimmungen.

Der subjektive Wille, die Leidenschaft ist das Betätigende, Verwirklichende; die Idee ist das Innere: der Staat ist das vorhandene, wirklich sittliche Leben. Denn er ist die Einheit des allgemeinen, wesentlichen Wollens und des subjektiven, und das ist die Sittlichkeit. Das Individuum, das in dieser Einheit lebt, hat ein sittliches Leben, hat einen Wert, der allein in dieser Substantialität besteht. Antigone beim Sophokles sagt: die göttlichen Gebote sind nicht von gestern, noch von heute, nein, sie leben ohne Ende, und niemand wüßte zu sagen, von wannen sie kamen. Die Gesetze der Sittlichkeit sind nicht zufällig, sondern das

Vernünftige selbst. Daß nun das Substanzielle im wirklichen Tun der Menschen und in ihrer Gesinnung gelte, vorhanden sei und sich selbst erhalte, das ist der Zweck des Staates. Es ist das absolute Interesse der Vernunft, daß dieses sittliche Ganze vorhanden sei; und in diesem Interesse der Vernunft liegt das Recht und Verdienst der Heroen zur Stiftung der Staaten, sie seien auch noch so unausgebildet gewesen. Der Staat ist nicht um der Bürger willen da; man könnte sagen, er ist der Zweck, und sie sind seine Werkzeuge. Indes ist dies Verhältnis von Zweck und Mittel überhaupt hier nicht passend. Denn der Staat ist nicht das Abstrakte, das den Bürgern gegenübersteht; sondern sie sind Momente wie im organischen Leben, wo kein Glied Zweck, keines Mittel ist. Das Göttliche des Staats ist die Idee, wie sie auf Erden vorhanden ist. [...]

Die wesentliche Bestimmung der Staatsverfassung bei der Mannigfaltigkeit der Seiten des Staatslebens spricht sich in dem Satze aus, daß der beste Staat der sei, in dem die größte Freiheit herrscht. Hier aber erhebt sich die Frage, worin die Freiheit ihre Realität habe. Man stellt sich die Freiheit so vor, daß der subjektive Wille aller Einzelnen an den wichtigsten Staatsangelegenheiten teilnehme. Der subjektive Wille wird hier als das Letzte, Entscheidende betrachtet. Die Natur des Staates aber ist die Einheit des objektiven und des allgemeinen Willens; der subjektive Wille ist dahin erhoben, daß er seiner Besonderheit entsagt.

Wenn man sich einen Staat vorstellt, so setzt man leicht einerseits die Regierung, andererseits das Volk, jene die konzentrierte Tätigkeit des Allgemeinen, dieses die vielen einzelnen subjektiven Willen. Man trennt dabei Volk und Regierung. Man glaubt eine gute Staatsverfassung da zu sehen, wo beide gegeneinander gesichert sind, einerseits die Regierung in ihrer Wirksamkeit des Allgemeinen, andererseits das Volk in seinem subjektiven Willen; beide sollen sich dann gegenseitig beschränken. Diese Form hat wohl in der Geschichte ihren Platz; aber im Begriffe des Staats ist dieser Gegensatz aufgehoben. Es liegt etwas Boshaftes in der Entgegensetzung von Volk und Regierung, ein Kunstgriff des bösen Willens, als ob das Volk, getrennt von der Regierung, das Ganze wäre. Solange davon die Rede ist, läßt sich nicht sagen, daß der Staat, der Einheit des allgemeinen und besonderen Willens ist, schon vorhanden sei. Es handelt sich da noch um Schaffung der Existenz des Staats. Der vernünftige Begriff des Staates hat solchen abstrakten Gegensatz hinter sich; die aber, die davon als von einem notwendigen Gegensatze sprechen, wissen gar nichts von der Natur des Staats. Der Staat hat diese Einheit zu seiner Grundlage; sie ist sein Sein, seine Substanz. [...]

Ich will über den vorläufigen Begriff der Philosophie der Weltgeschichte zunächst dies bemerken, daß, wie ich gesagt, man in erster Linie der Philosophie den Vorwurf macht, daß sie mit Gedanken an die Geschichte gehe und diese nach Gedanken betrachte. Der einzige Gedanke, den sie mitbringt, ist aber der einfache Gedanke der Vernunft, daß die Vernunft die Welt beherrscht, daß es also auch in der Weltgeschichte vernünftig zugegangen ist. Diese Überzeugung und Einsicht ist eine Voraussetzung in Ansehung der Geschichte als solcher überhaupt. In der Philosophie selbst ist dies keine Voraussetzung; in ihr wird es durch die spekulative Erkenntnis erwiesen, daß die Vernunft, – bei diesem Ausdrucke können wir hier stehen bleiben, ohne die Beziehung und das Verhältnis zu Gott näher zu erörtern, – die Substanz, wie die unendliche Macht, sich selbst der unendliche Stoff alles natürlichen und geistigen Lebens, wie die unendliche Form, die Betätigung dieses ihres Inhaltes ist; – die Substanz, das, wodurch und worin alle Wirklichkeit ihr Sein und Bestehen hat, – die unendliche Macht, daß die Vernunft nicht so unmächtig ist, um es nur bis zum Ideal, bis zum Sollen zu bringen und nur außerhalb der Wirklichkeit, wer weiß wo, wohl nur als etwas Besonderes in den Köpfen einiger Menschen vorhanden zu sein, – der unendliche Inhalt, alle Wesenheit und Wahrheit, und ihr selbst ihr Stoff, den sie ihrer Tätigkeit zu verarbeiten gibt. Sie bedarf nicht wie endliches Tun der Bedingungen äußerlichen Materials, gegebener Mittel, aus denen sie Nahrung und Gegenstände ihrer Tätigkeit empfinge; sie zehrt aus sich und ist sich selbst das Material, das sie verarbeitet. Wie sie sich nur ihre eigene Voraussetzung, ihr Zweck der absolute Endzweck ist, so ist sie selbst dessen Betätigung und Hervorbringung aus dem Innern in die Erscheinung nicht nur des natürlichen Universums, sondern auch des geistigen, – in der Weltgeschichte. Daß nun solche Idee das Wahre, das Ewige, das schlechthin Mächtige ist, daß sich in der Welt offenbart und nichts in ihr sich offenbart als sie, ihre Herrlichkeit und Ehre, dies ist es, was, wie gesagt, in der Philosophie bewiesen und hier so als bewiesen vorausgesetzt wird.

Die philosophische Betrachtung hat keine andere Absicht, als das Zufällige zu entfernen. Zufälligkeit ist dasselbe wie äußerliche Notwendigkeit, das heißt eine Notwendigkeit, die auf Ursachen zurückgeht, die selbst nur äußerliche Umstände sind. Wir müssen in der Geschichte einen allgemeinen Zweck aufsuchen, den Endzweck der Welt, nicht einen besondern des subjektiven Geistes oder des Gemüts, ihn müssen wir durch die Vernunft erfassen, die keinen besondern endlichen Zweck zu ihrem Interesse machen kann, sondern nur den absoluten. Dieser ist ein Inhalt, der Zeugnis von sich selber gibt und in sich selbst trägt und in dem alles, was der Mensch zu seinem Interesse machen kann, seinen Halt hat. Das Vernünftige ist das an und für sich Seiende, wodurch alles seinen Wert hat. Es gibt sich verschiedene Gestalten; in keiner ist es deutlicher Zweck als in der, wie der Geist sich in den vielförmigen Gestalten, die wir Völker nennen, selbst expliziert und manifestiert. Den Glauben und Gedanken muß man zur Geschichte bringen, daß die Welt des Wollens nicht dem Zufall anheimgegeben ist. Daß in den Begebenheiten der Völker ein letzter Zweck das Herrschende, daß Vernunft in der Weltgeschichte ist, – nicht die Vernunft eines besondern Subjekts, sondern die göttliche, absolute Vernunft, – ist eine Wahrheit, die wir voraussetzen; ihr Beweis ist die Abhandlung der Weltgeschichte selbst: sie ist das Bild und die Tat der Vernunft. [...]

Geht man nur mit Subjektivität an die Welt, dann wird man es so finden, wie man selbst beschaffen ist, man wird überall alles besser wissen, sehen, wie es habe gemacht werden müssen, wie es hätte gehen sollen. Der große Inhalt der Weltgeschichte ist aber vernünftig und muß vernünftig sein; ein göttlicher Wille herrscht mächtig in der Welt und ist nicht so ohnmächtig, um nicht den großen Inhalt zu bestimmen. Dieses Substanzielle zu erkennen, muß unser Zweck sein; und das zu erkennen muß man das Bewußtsein der Vernunft mitbringen, keine physischen Augen, keinen endlichen Verstand, sondern das Auge des Begriffs, der Vernunft, das die Oberfläche durchdringt und sich durch die Mannigfaltigkeit des bunten Gewühls der Begebenheiten hindurchringt. [...]

Der Gesichtspunkt der philosophischen Weltgeschichte ist nicht einer von vielen allgemeinen Gesichtspunkten, abstrakt herausgehoben, so daß von den andern abgesehen würde. Ihr geistiges Prinzip ist die Totalität aller Gesichtspunkte. Sie betrachtet das konkrete, geistige Prinzip der Völker und seine Geschichte und beschäftigt sich nicht mit einzelnen Situationen, sondern mit einem allgemeinen Gedanken, der sich durch das Ganze hindurchzieht. Dies Allgemeine gehört nicht der zufälligen Erscheinung an; die Menge der Besonderheiten ist hier in eins zu fassen. Die Geschichte hat vor sich den konkretesten Gegenstand, der alle verschiedenen Seiten der Existenz in sich zusammenfaßt; ihr Individuum ist der Weltgeist.

Indem also die Philosophie sich mit der Geschichte beschäftigt, macht sie sich das zum Gegenstande, was der konkrete Gegenstand in seiner konkreten Gestalt ist, und betrachtet seine notwendige Entwickelung. Darum sind für sie das Erste nicht die Schicksale, Leidenschaften, die Energie der Völker, neben denen sich dann die Begebenheiten hervordrängen. Sondern der Geist der Begebenheiten, der sie hervortreibt, ist das Erste; er ist der Merkur, der Führer der Völker. Das Allgemeine, das die philosophische Weltgeschichte zum Gegenstande hat, ist demnach nicht als eine Seite, sie sei noch so wichtig, zu fassen, neben der auf der andern Seite andere Bestimmungen vorhanden wären. Sondern dies Allgemeine ist das unendlich Konkrete, das alles in sich faßt, das überall gegenwärtig ist, weil der Geist ewig bei sich ist, für das keine Vergangenheit ist, das immer dasselbe, in seiner Kraft und Gewalt bleibt. [...]

Die Volksgeister sind die Glieder in dem Prozesse, daß der Geist zur freien Erkenntnis seiner selbst komme. Die Völker aber sind Existenzen für sich, – wir haben es hier nicht mit dem Geiste an sich zu tun –, als solche haben sie ein natürliches Dasein. Sie sind Nationen, und insofern ist ihr Prinzip ein natürliches; und weil die Prinzipien unterschieden sind, so sind auch die Völker natürlich unterschieden. Jedes hat sein eigenes Prinzip, dem es als seinem Zwecke nachstrebt; hat es diesen Zweck erreicht, dann hat es nichts mehr in der Welt zu tun.

Der Geist eines Volkes ist also zu betrachten als die Entwickelung des Prinzips, das in die Form eines dunkeln Triebes eingehüllt ist, der sich herausarbeitet, sich objektiv zu machen strebt. Ein solcher Volksgeist ist ein bestimmter Geist, ein konkretes Ganzes; er muß in seiner Bestimmtheit erkannt werden. Weil er Geist ist, läßt er sich nur geistig, durch den Gedanken fassen, und wir sind es, die den Gedanken erfassen; ein Weiteres ist dann, daß auch der Volksgeist selbst sich denkend erfaßt. Wir haben also den bestimmten Begriff, das Prinzip dieses Geistes zu betrachten. Dies Prinzip ist in sich sehr reich und entfaltet sich mannigfach; denn der Geist ist lebendig und wirkend, und es ist ihm um das Produkt seiner selbst zu tun. Er allein ist es, der in allen Taten und Richtungen des Volkes sich hervortreibt, der sich zu seiner Verwirklichung, zum Selbstgenusse und Selbsterfassen bringt. Seine Entfaltung sind Religion, Wissenschaft, Künste, Schicksale, Begebenheiten. Dieses, nicht die Naturbestimmtheit des Volkes (wie die Ableitung des Wortes natio von nasci nahelegen könnte) geben dem Volke seinen Charakter.

In seinem Wirken weiß der Volksgeist zunächst nur von den Zwecken seiner bestimmten Wirklichkeit, noch nicht von sich selber. Er selbst hat aber den Trieb, seine Gedanken zu fassen. Seine höchste Tätigkeit ist Denken, und so ist er in seiner höchsten Wirkung tätig, sich selbst zu fassen. Es ist das Höchste für den Geist, sich zu wissen, sich nicht nur zur Anschauung, sondern auch zum Gedanken seiner selbst zu bringen. Dies muß und wird er auch vollbringen; aber diese Vollbringung ist zugleich sein Untergang und dieser das Hervortreten einer andern Stufe, eines andern Geistes. Der einzelne Volksgeist vollbringt sich, indem er den Übergang zu dem Prinzip eines andern Volkes macht, und so ergibt sich ein Fortgehen, Entstehen, Ablösen der Prinzipien der Völker. Worin der Zusammenhang dieser Bewegung bestehe, das aufzuzeigen, ist die Aufgabe der philosophischen Weltgeschichte. [...]

Die Weltgeschichte ist die Darstellung des göttlichen, absoluten Prozesses des Geistes in seinen höchsten Gestalten, dieses Stufenganges, wodurch er seine Wahrheit, das Selbstbewußtsein über sich erlangt. Die Gestaltungen dieser Stufen sind die welthistorischen Volksgeister, die Bestimmtheiten ihres sittlichen Lebens, ihrer Verfassung, ihrer Kunst, Religion und Wissenschaft. Diese Stufen zu realisieren, ist der unendliche Trieb des Weltgeistes, sein unwiderstehlicher Drang; denn diese Gliederung, sowie ihre Verwirklichung ist sein Begriff. – Die Weltgeschichte zeigt nur, wie der Geist allmählich zum Bewußtsein und zum Wollen der Wahrheit kommt; es dämmert in ihm, er findet Hauptpunkte, am Ende gelangt er zum vollen Bewußtsein. Über den Endzweck dieses Fortschreitens haben wir uns oben erklärt. Die Prinzipien der Volksgeister in einer notwendigen Stufenfolge sind selbst nur Momente des einen allgemeinen Geistes, der durch sie in der Geschichte sich zu einer sich erfassenden Totalität erhebt und abschließt. –

Dieser Anschauung eines Prozesses, durch den der Geist in der Geschichte sein Ziel verwirklicht, steht eine sehr verbreitete Vorstellung entgegen von dem, was das Ideal sei und welches

Verhältnis es zur Wirklichkeit habe. Es ist nämlich nichts häufiger und geläufiger als die Klage zu hören, daß die Ideale in der Wirklichkeit nicht realisiert werden könnten, – es seien Ideale der Phantasie oder der Vernunft, was immer den Anspruch macht, – besonders daß die Ideale der Jugend von der kalten Wirklichkeit zu Träumen heruntergesetzt würden. Diese Ideale, welche an der Klippe der harten Wirklichkeit auf der Lebensfahrt scheiternd zugrunde gehen, können zunächst nur subjektive sein und der sich für das Höchste und Klügste haltenden Individualität des einzelnen angehören. Die gehören eigentlich nicht hierher. Denn was das Individuum für sich in seiner Einzelheit sich ausspinnt, kann für die allgemeine Wirklichkeit nicht Gesetz sein, ebenso wie das Weltgesetz nicht für die einzelnen Individuen allein ist, die dabei sehr zu kurz kommen können. Es kann allerdings geschehen, daß dergleichen nicht realisiert wird. Das Individuum macht sich oft seine Vorstellungen von sich selbst, von hohen Absichten, herrlichen Taten, die es ausführen wolle, von der Wichtigkeit, die es selbst habe, die es berechtigt sei in Anspruch zu nehmen, die zum Heile der Welt diene. Was solche Vorstellungen betrifft, so müssen sie an ihren Ort gestellt bleiben. Man kann sich viel von sich träumen, was nichts als übertriebene Vorstellungen vom eigenen Werte sind. Es kann auch sein, daß dem Individuum Unrecht geschieht; aber das geht die Weltgeschichte nichts an, der die Individuen als Mittel in ihrem Fortschreiten dienen.

Aber man versteht unter den Idealen auch Ideale der Vernunft, die Ideen vom Guten, Wahren, von dem Besten in der Welt, die wahre Anforderung ihrer Befriedigung haben; daß diese nicht eintrete, sieht man als objektives Unrecht an. Dichter wie Schiller haben ihre Trauer darüber empfindsam und rührend dargestellt. Sagen wir nun dagegen, die allgemeine Vernunft vollführe sich, so ist es um das empirisch Einzelne freilich nicht zu tun; denn das kann besser und schlechter sein, weil hier der Zufall, die Besonderheit ihr ungeheures Recht auszuüben vom Begriffe die Macht erhält. Man kann sich allerdings in Rücksicht auf besondere Dinge vorstellen, daß manches in der Welt unrecht sei. So wäre denn an den Einzelheiten der Erscheinung vieles zu tadeln. Aber um das empirisch Besondere ist es hier nicht zu tun; das ist dem Zufall anheimgegeben, und darauf kommt es nicht an. [...]

Der Wert der Individuen beruht darauf, daß sie gemäß seien dem Geiste des Volks, daß sie Repräsentanten desselben seien und sich einem Stande der Geschäfte des Ganzen zugeteilt haben. Und es gehört zur Freiheit im Staate, daß dies von der Willkür des Individuums abhängt und daß nicht kastenweise Verteilung bestimmt, welchem Geschäfte es sich widmen will. Die Moralität des Individuums besteht dann darin, daß es die Pflichten seines Standes erfüllt; und dies ist etwas leicht zu Wissendes: welches die Pflichten seien, ist durch den Stand bestimmt. Das Substanzielle solchen Verhältnisses, das Vernünftige ist bekannt; es ist in dem ausgesprochen, was eben die Pflicht genannt wird. Das, was Pflicht sei, zu untersuchen, ist unnütze Grübelei; in dem Hange, das Moralische als etwas Schweres anzusehen, ist eher die Sucht zu erkennen, sich von seinen Pflichten loszumachen. Jedes Individuum hat seinen Stand, es weiß, was rechtliche, ehrliche Handlungsweise überhaupt ist. Für die gewöhnlichen Privatverhältnisse, wenn man es da für so schwierig erklärt, das Rechte und Gute zu wählen, und wenn man für eine vorzügliche Moralität hält, darin viele Schwierigkeiten zu finden und Skrupel zu machen, so ist dies vielmehr dem üblen oder bösen Willen zuzuschreiben, der Ausflüchte gegen seine Pflichten sucht, die zu erkennen eben nicht schwer ist, oder wenigstens für ein Müßiggehen des reflektierenden Gemüts zu halten, dem ein kleinlicher Wille nicht viel zu tun gibt, und das sich also sonst in sich zu tun macht und sich in der moralischen Wohlgefälligkeit ergeht.

Die Natur eines Verhältnisses, worin das Moralische bestimmend ist, liegt in dem, was Substanzielles ist und was die Pflicht angibt. So ergibt die Natur des Verhältnisses von Kindern zu Eltern einfach die Pflicht, sich ihm gemäß zu betragen. Oder im rechtlichen Verhältnis; ich bin jemandem Geld schuldig: dem Rechte nach muß ich nach der Natur der Sache handeln und das Geld zurückerstatten. Hier ist nichts Schweres. Den Boden der Pflicht bildet das bürgerliche Leben: die Individuen haben ihren angewiesenen Beruf, und also auch ihre angewiesene Pflicht; und ihre Moralität besteht darin, sich dieser gemäß zu betragen. [...]

Die welthistorischen Menschen sollen das Begreifen der Philosophie nicht haben; denn sie sind praktisch. Sie wissen aber und wollen ihr Werk, weil es an der Zeit ist. Es ist das, was im Innern schon vorhanden ist. Ihre Sache war es, dies Allgemeine, die notwendige, höchste Stufe ihrer Welt, zu wissen, diese sich zum Zwecke zu machen und ihre Energie in sie zu legen. Sie haben das Allgemeine, das sie vollbracht haben, aus sich selbst geschöpft; es ist aber nicht von ihnen erfunden worden, sondern es ist ewig vorhanden und wird durch sie gesetzt und mit ihnen geehrt. Weil sie es aus dem Innern schöpfen, aus einer Quelle, die vorher noch nicht vorhanden war, scheinen sie es bloß aus sich selbst zu schöpfen; und die neuen Weltverhältnisse, die Taten, die sie hervorbringen, erscheinen als ihre Hervorbringungen, ihr Interesse und ihr Werk. Aber sie haben das Recht auf ihrer Seite, denn sie sind die Einsichtigen: sie wissen, was die Wahrheit ihrer Welt, ihrer Zeit, was der Begriff ist, das nächste hervorgehende Allgemeine, und die andern, wie gesagt, sammeln sich um ihr Panier, weil sie aussprechen, was an der Zeit ist. Sie sind in ihrer Welt die Einsichtsvollsten und wissen am besten, um was es zu tun ist; und was sie tun, ist das Rechte. Die Andern müssen ihnen gehorchen, weil sie das fühlen. Ihre Reden, ihre Handlungen sind das Beste, was gesagt, getan werden konnte.

So sind die geschichtlich großen Individuen nur an ihrer Stelle zu verstehen; und nur das ist das Bewunderungswürdige an ihnen, daß sie sich zu Organen dieses substanziellen Geistes herausgebildet haben. Dies ist das wahre Verhältnis des Individuums zu seiner allgemeinen Substanz. Sie ist es, von der alles ausgeht, der einzige Zweck, die einzige Macht, das, was in ihnen eine Befriedigung sucht, sich vollführt. Ebendadurch haben sie Gewalt in der Welt, und nur indem sie diese sind, die den Zweck haben, der dem Zwecke des an und für sich seienden Geistes angemessen ist, so ist das absolute Recht auf ihrer Seite, aber ein Recht ganz eigentümlicher Art.

Der Zustand der Welt ist noch nicht gewußt; der Zweck ist, ihn hervorzubringen. Dies ist das Ziel der welthistorischen Menschen, und darin finden sie ihre Befriedigung. Sie sind sich der Ohnmacht dessen bewußt, was gegenwärtig noch ist, noch gleißt, aber die Wirklichkeit zu sein nur scheint. Der Geist, der sich im Innern fortgebildet hat, der Welt entwachsen, im Begriff ist, darüber hinauszugehen, sein Bewußtsein von sich darin nicht mehr befriedigt findet, hat durch diese Art von Unzufriedenheit das noch nicht gefunden, was er will, – dies ist noch nicht affirmativ vorhanden; – er steht deswegen auf der negativen Seite.

Die welthistorischen Individuen sind es, die den Menschen erst gesagt haben, was sie wollen. Zu wissen, was man will, ist schwer; man kann in der Tat etwas wollen und man steht doch auf dem negativen Standpunkt, ist nicht zufrieden; das Bewußtsein des Affirmativen kann sehr wohl mangeln. Jene Individuen aber wußten es auch so, daß dies selbst, was sie wollten, das

Affirmative sei. Zunächst befriedigen diese Individuen sich; sie handeln gar nicht, um andere zu befriedigen. Wenn sie das wollten, dann hätten sie viel zu tun; denn die andern wissen nicht, was die Zeit will, nicht was sie selbst wollen. Aber jenen welthistorischen Individuen zu widerstreben, ist ein ohnmächtiges Unterfangen. Sie sind unwiderstehlich getrieben, ihr Werk zu vollbringen. Das ist dann das Richtige.

Karl Marx und Friedrich Engels: Von der kapitalistischen zur kommunistischen Gesellschaft

Meine Untersuchung mündete in dem Ergebnis, daß Rechtsverhältnisse wie Staatsformen weder aus sich selbst zu begreifen sind noch aus der sogenannten allgemeinen Entwicklung des menschlichen Geistes, sondern vielmehr in den materiellen Lebensverhältnissen wurzeln, deren Gesamtheit Hegel, nach dem Vorgang der Engländer und Franzosen des 18. Jahrhunderts, unter dem Namen »bürgerliche Gesellschaft« zusammenfaßt, daß aber die Anatomie der bürgerlichen Gesellschaft in der politischen Ökonomie zu suchen sei. Die Erforschung der letztern, die ich in Paris begann, setzte ich fort zu Brüssel, wohin ich infolge eines Ausweisungsbefehls des Herrn Guizot übergewandert war. Das allgemeine Resultat, das sich mir ergab und, einmal gewonnen, meinen Studien zum Leitfaden diente, kann kurz so formuliert werden: In der gesellschaftlichen Produktion ihres Lebens gehen die Menschen bestimmte, notwendige, von ihrem Willen unabhängige Verhältnisse ein, Produktionsverhältnisse, die einer bestimmten Entwicklungsstufe ihrer materiellen Produktivkräfte entsprechen. Die Gesamtheit dieser Produktionsverhältnisse bildet die ökonomische Struktur der Gesellschaft, die reale Basis, worauf sich ein juristischer und politischer Überbau erhebt, und welcher bestimmte gesellschaftliche Bewußtseinsformen entsprechen.

Die Produktionsweise des materiellen Lebens bedingt den sozialen, politischen und geistigen Lebensprozeß überhaupt. Es ist nicht das Bewußtsein der Menschen, das ihr Sein, sondern umgekehrt ihr gesellschaftliches Sein, das ihr Bewußtsein bestimmt. Auf einer gewissen Stufe ihrer Entwicklung geraten die materiellen Produktivkräfte der Gesellschaft in Widerspruch mit den vorhandenen Produktionsverhältnissen oder, was nur ein juristischer Ausdruck dafür ist, mit den Eigentumsverhältnissen, innerhalb deren sie sich bisher bewegt hatten. Aus Entwicklungsformen der Produktivkräfte schlagen diese Verhältnisse in Fesseln derselben um. Es tritt dann eine Epoche sozialer Revolution ein. Mit der Veränderung der ökonomischen Grundlage wälzt sich der ganze ungeheure Überbau langsamer oder rascher um. In der Betrachtung solcher Umwälzungen muß man stets unterscheiden zwischen der materiellen, naturwissenschaftlich treu zu konstatierenden Umwälzung in den ökonomischen Produktionsbedingungen und den juristischen, politischen, religiösen, künstlerischen oder philosophischen, kurz, ideologischen Formen, worin sich die Menschen dieses Konflikts bewußt werden und ihn ausfechten.

Sowenig man das, was ein Individuum ist, nach dem beurteilt, was es sich selbst dünkt, ebensowenig kann man eine solche Umwälzungsepoche aus ihrem Bewußtsein beurteilen, sondern muß vielmehr dies Bewußtsein aus den Widersprüchen des materiellen Lebens, aus dem vorhandenen Konflikt zwischen gesellschaftlichen Produktivkräften und Produktionsverhältnissen erklären. Eine Gesellschaftsformation geht nie unter, bevor alle Produktivkräfte entwickelt sind, für die sie weit genug ist, und neue höhere Produktionsverhältnisse treten nie an die Stelle, bevor die materiellen Existenzbedingungen derselben im Schoß der alten Gesellschaft selbst ausgebrütet worden sind. Daher stellt sich die Menschheit immer nur Aufgaben, die sie lösen kann, denn genauer betrachtet wird sich stets finden, daß die Aufgabe selbst nur entspringt, wo die materiellen Bedingungen ihrer Lösung schon vorhanden oder wenigstens im Prozeß ihres Werdens begriffen sind.

In großen Umrissen können asiatische, antike, feudale und modern bürgerliche Produktionsweisen als progressive Epochen der ökonomischen Gesellschaftsformation bezeichnet werden. Die bürgerlichen Produktionsverhältnisse sind die letzte antagonistische Form des gesellschaftlichen Produktionsprozesses, antagonistisch nicht im Sinn von individuellem Antagonismus, sondern eines aus den gesellschaftlichen Lebensbedingungen der Individuen hervorwachsenden Antagonismus, aber die im Schoß der bürgerlichen Gesellschaft sich entwickelnden Produktivkräfte schaffen zugleich die materiellen Bedingungen zur Lösung dieses Antagonismus. Mit dieser Gesellschaftsformation schließt daher die Vorgeschichte der menschlichen Gesellschaft ab. [...]

Mit der Teilung der Arbeit, in welcher alle diese Widersprüche gegeben sind und welche ihrerseits wieder auf der naturwüchsigen Teilung der Arbeit in der Familie und der Trennung der Gesellschaft in einzelne, einander entgegengesetzte Familien beruht, ist zu gleicher Zeit auch die *Ver*teilung, und zwar die *ungleiche,* sowohl quantitative wie qualitative Verteilung der Arbeit und ihrer Produkte gegeben, also das Eigentum, das in der Familie, wo die Frau und die Kinder die Sklaven des Mannes sind, schon seinen Keim, seine erste Form hat. Die freilich noch sehr rohe, latente Sklaverei in der Familie ist das erste Eigentum, das übrigens hier schon vollkommen der Definition der modernen Ökonomen entspricht, nach der es die Verfügung über fremde Arbeitskraft ist. Übrigens sind Teilung der Arbeit und Privateigentum identische Ausdrücke – in dem Einen wird in Beziehung auf die Tätigkeit dasselbe ausgesagt, was in dem Andern in bezug auf das Produkt der Tätigkeit ausgesagt wird.

Ferner ist mit der Teilung der Arbeit zugleich der Widerspruch zwischen dem Interesse des einzelnen Individuums oder der einzelnen Familie und dem gemeinschaftlichen Interesse aller Individuen, die miteinander verkehren, gegeben; und zwar existiert dies gemeinschaftliche Interesse nicht bloß in der Vorstellung, als ›Allgemeines‹, sondern zuerst in der Wirklichkeit als gegenseitige Abhängigkeit der Individuen, unter denen die Arbeit geteilt ist. Und endlich bietet uns die Teilung der Arbeit gleich das erste Beispiel davon dar, daß, solange die Menschen sich in der naturwüchsigen Gesellschaft befinden, solange also die Spaltung zwischen dem besondern und gemeinsamen Interesse existiert, solange die Tätigkeit also nicht freiwillig, sondern naturwüchsig geteilt ist, die eigne Tat des Menschen ihm zu einer fremden, gegenüberstehenden Macht wird, die ihn unterjocht, statt daß er sie beherrscht.

Sowie nämlich die Arbeit verteilt zu werden anfängt, hat jeder einen bestimmten ausschließlichen Kreis der Tätigkeit, der ihm aufgedrängt wird, aus dem er nicht heraus kann; er ist Jäger, Fischer oder Hirt oder kritischer Kritiker und muß es bleiben, wenn er nicht die Mittel zum Leben verlieren will – während in der kommunistischen Gesellschaft, wo jeder nicht einen ausschließlichen Kreis der Tätigkeit hat, sondern sich in jedem beliebigen Zweige ausbilden kann, die Gesellschaft die allgemeine Produktion regelt und mir eben dadurch möglich macht, heute dies, morgen jenes zu tun, morgens zu jagen, nachmittags zu fischen, abends Viehzucht zu treiben, nach dem Essen zu kritisieren, wie ich gerade Lust habe, ohne je Jäger, Fischer, Hirt oder Kritiker zu werden. [...]

Bevor wir den Wert der Arbeit bestimmen, könnten wir fragen, woher die sonderbare Erscheinung kommt, daß wir auf dem Markt eine Gruppe Käufer finden, die Besitzer von Boden, Maschinerie, Rohstoff und Lebensmitteln sind, die alle, abgesehn von Boden in seinem rohen Zustand, *Produkte der Arbeit* sind, und auf der andern Seite eine Gruppe Verkäufer, die nichts zu verkaufen haben außer ihre Arbeitskraft, ihre werktätigen Arme und Hirne. Daß die eine Gruppe ständig kauft, um Profit zu machen und sich zu bereichern, während die andre ständig verkauft, um ihren Lebensunterhalt zu verdienen?

Die Untersuchung dieser Frage wäre eine Untersuchung über das, was die Ökonomen »*Vorgängige oder ursprüngliche Akkumulation*« nennen, was aber *ursprüngliche Expropriation* genannt werden sollte. Wir würden finden, daß diese sogenannte *ursprüngliche Akkumulation* nichts andres bedeutet als eine Reihe historischer Prozesse, die in einer *Auflösung der ursprünglichen Einheit* zwischen dem Arbeitenden und seinen Arbeitsmitteln resultieren. Solch eine Untersuchung fällt jedoch außerhalb des Rahmens meines jetzigen Themas. Sobald einmal die *Trennung* zwischen dem Mann der Arbeit und den Mitteln der Arbeit vollzogen, wird sich dieser Zustand erhalten und auf ständig wachsender Stufenleiter reproduzieren, bis eine neue und gründliche Umwälzung der Produktionsweise ihn wieder umstürzt und die ursprüngliche Einheit in neuer historischer Form wiederherstellt.

Was ist nun also der *Wert der Arbeitskraft*? – Wie der jeder andern Ware ist der Wert bestimmt durch das zu ihrer Produktion notwendige Arbeitsquantum. Die Arbeitskraft eines Menschen existiert nur in seiner lebendigen Leiblichkeit. Eine gewisse Menge Lebensmittel muß ein Mensch konsumieren, um aufzuwachsen und sich am Leben zu erhalten. Der Mensch unterliegt jedoch, wie die Maschine, der Abnutzung und muß durch einen andern Menschen ersetzt werden. Außer der zu *seiner eignen* Erhaltung erheischten Lebensmittel bedarf er einer andern Lebensmittelmenge, um eine gewisse Zahl Kinder aufzuziehn, die ihn auf dem Arbeitsmarkt zu ersetzen und das Geschlecht der Arbeiter zu verewigen haben. Mehr noch, um seine Arbeitskraft zu entwickeln und ein gegebnes Geschick zu erwerben, muß eine weitere Menge von Werten verausgabt werden.

Für unsern Zweck genügt es, nur *Durchschnitts*arbeit in Betracht zu ziehn, deren Erziehungs- und Ausbildungskosten verschwindend geringe Größen sind. Dennoch muß ich diese Gelegenheit zu der Feststellung benutzen, daß, genauso wie die Produktionskosten für Arbeitskräfte verschiedner Qualität nun einmal verschieden sind, auch die Werte der in verschiednen Geschäftszweigen beschäftigten Arbeitskräfte verschieden sein müssen.

Der Ruf nach *Gleichheit* der *Löhne* beruht daher auf einem Irrtum, ist ein unerfüllbarer *törichter* Wunsch. Er ist die Frucht jenes falschen und platten Radikalismus, der die Voraussetzungen annimmt, die Schlußfolgerungen aber umgehn möchte. Auf Basis des Lohnsystems wird der Wert der Arbeitskraft in derselben Weise festgesetzt wie der jeder andern Ware; und da verschiedne Arten Arbeitskraft verschiedne Werte haben oder verschiedne Arbeitsquanta zu ihrer Produktion erheischen, so *müssen* sie auf dem Arbeitsmarkt verschiedne Preise erzielen. Nach *gleicher oder gar gerechter Entlohnung* auf Basis des Lohnsystems rufen, ist dasselbe, wie auf Basis der Sklaverei nach *Freiheit* zu rufen. Was ihr für recht oder gerecht erachtet, steht nicht in Frage. Die Frage ist: Was ist bei einem gegebenen Produktionssystem notwendig und unvermeidlich?

Nach dem Dargelegten dürfte es klar sein, daß der *Wert der Arbeitskraft* bestimmt ist durch den *Wert der Lebensmittel,* die zur Produktion, Entwicklung, Erhaltung und Verewigung der Arbeitskraft erheischt sind.

Unterstellt nun, daß die Produktion der Durchschnittsmenge täglicher Lebensmittel für einen Arbeitenden *6 Stunden Durchschnittsarbeit* erheischt. Unterstellt überdies auch, 6 Stunden Durchschnittsarbeit seien in einem Goldquantum gleich 3 sh. vergegenständlicht. Dann wären 3 sh. der *Preis* oder Geldausdruck des *Tageswerts* der *Arbeitskraft* jenes Mannes. Arbeitete er täglich 6 Stunden, so würde er täglich einen Wert produzieren, der ausreicht, um die Durchschnittsmenge seiner täglichen Lebensmittel zu kaufen oder sich selbst als Arbeitenden am Leben zu erhalten.

Aber unser Mann ist ein Lohnarbeiter. Er muß daher seine Arbeitskraft einem Kapitalisten verkaufen. Verkauft er sie zu 3 sh. per Tag oder 18 sh. die Woche, so verkauft er sie zu ihrem Wert. Unterstellt, er sei ein Spinner. Wenn er 6 Stunden täglich arbeitet, wird er der Baumwolle einen Wert von 3 sh. täglich zusetzen. Dieser von ihm täglich zugesetzte Wert wäre exakt ein Äquivalent für den Arbeitslohn oder Preis seiner Arbeitskraft, den er täglich empfängt. Aber in diesem Fall käme dem Kapitalisten *keinerlei Mehrwert* oder *Mehrprodukt* zu. Hier kommen wir also an den springenden Punkt.

Durch Kauf der Arbeitskraft des Arbeiters und Bezahlung ihres Werts hat der Kapitalist, wie jeder andre Käufer, das Recht erworben, die gekaufte Ware zu konsumieren oder zu nutzen. Man konsumiert oder nutzt die Arbeitskraft eines Mannes, indem man ihn arbeiten läßt, wie man eine Maschine konsumiert oder nutzt, indem man sie laufen läßt. Durch Bezahlung des Tages- oder Wochenwerts der Arbeitskraft des Arbeiters hat der Kapitalist daher das Recht erworben, diese Arbeitskraft während *des ganzen Tags oder der ganzen Woche* zu nutzen oder arbeiten zu lassen. Der Arbeitstag oder die Arbeitswoche hat natürlich bestimmte Grenzen, die wir aber erst später betrachten werden.

Für den Augenblick möchte ich eure Aufmerksamkeit auf einen entscheidenden Punkt lenken.

Der *Wert* der Arbeitskraft ist bestimmt durch das zu ihrer Erhaltung oder Reproduktion notwendige Arbeitsquantum, aber die *Nutzung* dieser Arbeitskraft ist nur begrenzt durch die aktiven Energien und die Körperkraft des Arbeiters. Der Tages- oder Wochen*wert* der Arbeitskraft ist durchaus verschieden von der täglichen oder wöchentlichen *Betätigung* dieser Kraft, genauso wie das Futter, dessen ein Pferd bedarf, durchaus verschieden ist von der Zeit, die es den Reiter tragen kann. Das Arbeitsquantum, wodurch der *Wert* der Arbeitskraft des Arbeiters begrenzt ist, bildet keineswegs eine Grenze für das Arbeitsquantum, das seine Arbeitskraft zu verrichten vermag.

Nehmen wir das Beispiel unsres Spinners. Wir haben gesehn, daß er, um seine Arbeitskraft täglich zu reproduzieren, täglich einen Wert von 3 sh. reproduzieren muß, was er dadurch tut, daß er täglich 6 Stunden arbeitet. Dies hindert ihn jedoch nicht, 10 oder 12 oder mehr Stunden am Tag arbeiten zu können. Durch die Bezahlung des Tages- oder Wochen*werts* der Arbeitskraft des Spinners hat nun aber der Kapitalist das Recht erworben, diese Arbeitskraft während *des ganzen Tags oder der ganzen Woche* zu nutzen. Er wird ihn daher zwingen, sage 12 Stunden täglich zu arbeiten. *Über* die zum Ersatz seines Arbeitslohns oder des Werts seiner Arbeitskraft erheischten 6 Stunden *hinaus* wird er daher noch *6 Stunden* zu arbeiten haben, die ich Stunden der *Mehrarbeit* nennen will, welche Mehrarbeit sich vergegenständlichen wird in einem *Mehrwert* und einem *Mehrprodukt*. Wenn unser Spinner zum Beispiel durch seine täglich sechsstündige Arbeit der Baumwolle einen Wert von 3 sh. zusetzt, einen Wert, der exakt ein Äquivalent für seinen Arbeitslohn bildet, so wird er der Baumwolle in 12 Stunden einen Wert von 6 sh. zusetzen und *ein entsprechendes Mehr an Garn* produzieren. Da er seine Arbeitskraft dem Kapitalisten verkauft hat, so gehört der ganze von ihm geschaffne Wert oder sein ganzes Produkt dem Kapitalisten, dem zeitweiligen Eigentümer seiner Arbeitskraft. Indem der Kapitalist 3 sh. vorschießt, realisiert er also einen Wert von 6 sh., weil ihm für den von ihm vorgeschossenen Wert, worin 6 Arbeitsstunden kristallisiert sind, ein Wert zurückerstattet wird, worin 12 Arbeitsstunden kristallisiert sind. Durch tägliche Wiederholung desselben Prozesses wird der Kapitalist täglich 3 sh. vorschießen und täglich 6 sh. einstecken, wovon eine Hälfte wieder auf Zahlung des Arbeitslohns geht und die andre Hälfte den *Mehrwert* bildet, für den der Kapitalist kein Äquivalent zahlt.

Es ist *diese Art Austausch zwischen Kapital und Arbeit,* worauf die kapitalistische Produktionsweise oder das Lohnsystem beruht und die ständig in der Reproduktion des Arbeiters als Arbeiter und des Kapitalisten als Kapitalist resultieren muß.

Die Rate des Mehrwerts wird, wenn alle andern Umstände gleichbleiben, abhängen von der Proportion zwischen dem zur Reproduktion des Werts der Arbeitskraft notwendigen Teil des Arbeitstags und der für den Kapitalisten verrichteten *Mehrarbeitszeit* oder *Mehrarbeit*. Sie wird daher abhängen von dem *Verhältnis, worin der Arbeitstag über die Zeitspanne hinaus verlängert ist,* in der der Arbeiter durch seine Arbeit nur den Wert seiner Arbeitskraft reproduzieren oder seinen Arbeitslohn ersetzen würde. [...]

Die Geschichte aller bisherigen Gesellschaft ist die Geschichte von Klassenkämpfen.

Freier und Sklave, Patrizier und Plebejer, Baron und Leibeigener, Zunftbürger und Gesell, kurz, Unterdrücker und Unterdrückte standen in stetem Gegensatz zueinander, führten einen ununterbrochenen, bald versteckten, bald offenen Kampf, einen Kampf, der jedesmal mit einer revolutionären Umgestaltung der ganzen Gesellschaft endete oder mit dem gemeinsamen Untergang der kämpfenden Klasse.

In den früheren Epochen der Geschichte finden wir fast überall eine vollständige Gliederung der Gesellschaft in verschiedene Stände, eine mannigfaltige Abstufung der gesellschaftlichen Stellungen. Im alten Rom haben wir Patrizier, Ritter, Plebejer, Sklaven; im Mittelalter Feudalherren, Vasallen, Zunftbürger, Gesellen, Leibeigene, und noch dazu in fast jeder dieser Klassen wieder besondere Abstufungen.

Die aus dem Untergange der feudalen Gesellschaft hervorgegangene moderne bürgerliche Gesellschaft hat die Klassengegensätze nicht aufgehoben. Sie hat nur neue Klassen, neue Bedingungen der Unterdrückung, neue Gestaltungen des Kampfes an die Stelle der alten gesetzt.

Unsere Epoche, die Epoche der Bourgeoisie, zeichnet sich jedoch dadurch aus, daß sie die Klassengegensätze vereinfacht hat. Die ganze Gesellschaft spaltet sich mehr und mehr in zwei große feindliche Lager, in zwei große, einander direkt gegenüberstehende Klassen: Bourgeoisie und Proletariat. [...]

Die moderne Staatsgewalt ist nur ein Ausschuß, der die gemeinschaftlichen Geschäfte der ganzen Bourgeoisklasse verwaltet.

Die Bourgeoisie hat in der Geschichte eine höchst revolutionäre Rolle gespielt.

Die Bourgeoisie, wo sie zur Herrschaft gekommen, hat alle feudalen, patriarchalischen, idyllischen Verhältnisse zerstört. Sie hat die buntscheckigen Feudalbande, die den Menschen an seinen natürlichen Vorgesetzten knüpften, unbarmherzig zerrissen und kein anderes Band zwischen Mensch und Mensch übriggelassen, als das nackte Interesse, als die gefühllose ›bare Zahlung‹. Sie hat die heiligen Schauer der frommen Schwärmerei, der ritterlichen Begeisterung, der spießbürgerlichen Wehmut in dem eiskalten Wasser egoistischer Berechnung ertränkt. Sie hat die persönliche Würde in den Tauschwert aufgelöst und an die Stelle der zahllosen verbrieften und wohlerworbenen Freiheiten die *eine* gewissenlose Handelsfreiheit gesetzt. Sie hat, mit einem Wort, an die Stelle der mit religiösen und politischen Illusionen verhüllten Ausbeutung die offene, unverschämte, direkte, dürre Ausbeutung gesetzt.

Die Bourgeoisie hat alle bisher ehrwürdigen und mit frommer Scheu betrachteten Tätigkeiten ihres Heiligenscheins entkleidet. Sie hat den Arzt, den Juristen, den Pfaffen, den Poeten, den Mann der Wissenschaft in ihre bezahlten Lohnarbeiter verwandelt.

Die Bourgeoisie hat dem Familienverhältnis seinen rührend-sentimentalen Schleier abgerissen und es auf ein reines Geldverhältnis zurückgeführt.

Die Bourgeoisie hat enthüllt, wie die brutale Kraftäußerung, die die Reaktion so sehr am Mittelalter bewundert, in der trägsten Bärenhäuterei ihre passende Ergänzung fand. Erst sie hat bewiesen, was die Tätigkeit der Menschen zustande bringen kann. Sie hat ganz andere Wunderwerke vollbracht als ägyptische Pyramiden, römische Wasserleitungen und gotische Kathedralen, sie hat ganz andere Züge ausgeführt als Völkerwanderungen und Kreuzzüge.

Die Bourgeoisie kann nicht existieren, ohne die Produktionsinstrumente, also die Produktionsverhältnisse, also sämtliche gesellschaftlichen Verhältnisse fortwährend zu revolutionieren. Unveränderte Beibehaltung der alten Produktionsweise war dagegen die erste Existenzbedingung aller früheren industriellen Klassen. Die fortwährende Umwälzung der Produktion, die ununterbrochene Erschütterung aller gesellschaftlichen Zustände, die ewige Unsicherheit und Bewegung zeichnet die Bourgeoisepoche vor allen früheren aus. Alle festen eingerosteten Verhältnisse mit ihrem Gefolge von altehrwürdigen Vorstellungen und Anschauungen werden aufgelöst, alle neugebildeten veralten, ehe sie verknöchern können. Alles Ständische und Stehende verdampft, alles Heilige wird entweiht, und die Menschen sind endlich gezwungen, ihre Lebensstellung, ihre gegenseitigen Beziehungen mit nüchternen Augen anzusehen.

Das Bedürfnis nach einem stets ausgedehnteren Absatz für ihre Produkte jagt die Bourgeoisie über die ganze Erdkugel. Überall muß sie sich einnisten, überall anbauen, überall Verbindungen herstellen. [...]

Die bürgerlichen Produktions- und Verkehrsverhältnisse, die bürgerlichen Eigentumsverhältnisse, die moderne bürgerliche Gesellschaft, die so gewaltige Produktions- und Verkehrsmittel hervorgezaubert hat, gleicht dem Hexenmeister, der die unterirdischen Gewalten nicht mehr zu beherrschen vermag, die er heraufbeschwor. Seit Dezennien ist die Geschichte der Industrie und des Handels nur noch die Geschichte der Empörung der modernen Produktivkräfte gegen die modernen Produktionsverhältnisse, gegen die Eigentumsverhältnisse, welche die Lebensbedingungen der Bourgeoisie und ihrer Herrschaft sind. Es genügt, die Handelskrisen zu nennen, welche in ihrer periodischen Wiederkehr immer drohender die Existenz der ganzen bürgerlichen Gesellschaft in Frage stellen. In den Handelskrisen wird ein großer Teil nicht nur der erzeugten Produkte, sondern sogar der bereits geschaffenen Produktivkräfte regelmäßig vernichtet. In den Krisen bricht eine gesellschaftliche Epidemie aus, welche allen früheren Epochen als ein Widersinn erschienen wäre – die Epidemie der Überproduktion.

Die Gesellschaft findet sich plötzlich in einen Zustand momentaner Barbarei zurückversetzt; eine Hungersnot, ein allgemeiner Vernichtungskrieg scheinen ihr alle Lebensmittel abgeschnitten zu haben; die Industrie, der Handel scheinen vernichtet, und warum? Weil sie zuviel Zivilisation, zuviel Lebensmittel, zuviel Industrie, zuviel Handel besitzt. Die Produktivkräfte, die ihr zur Verfügung stehen, dienen nicht mehr zur Beförderung der bürgerlichen Zivilisation und der bürgerlichen Eigentumsverhältnisse; im Gegenteil, sie sind zu gewaltig für diese Verhältnisse geworden, sie werden von ihnen gehemmt; und sobald sie dies Hemmnis überwinden, bringen sie die ganze bürgerliche Gesellschaft in Unordnung, gefährden sie die Existenz des bürgerlichen Eigentums. Die bürgerlichen Verhältnisse sind zu eng geworden, um den von ihnen erzeugten Reichtum zu fassen. – Wodurch überwindet die Bourgeoisie die Krisen? Einerseits durch die erzwungene Vernichtung einer Masse von Produktivkräften; anderseits durch die Eroberung neuer Märkte und die gründlichere Ausbeutung der alten Märkte. Wodurch also? Dadurch, daß sie allseitigere und gewaltigere Krisen vorbereitet und die Mittel, den Krisen vorzubeugen, vermindert.

Die Waffen, womit die Bourgeoisie den Feudalismus zu Boden geschlagen hat, richten sich jetzt gegen die Bourgeoisie selbst.

Aber die Bourgeoisie hat nicht nur die Waffen geschmiedet, die ihr den Tod bringen; sie hat auch die Männer gezeugt, die diese Waffen führen werden – die modernen Arbeiter, die *Proletarier*. In demselben Maße, worin sich die Bourgeoisie, das heißt das Kapital, entwickelt, in demselben Maße entwickelt sich das Proletariat, die Klasse der modernen Arbeiter, die nur so lange leben, als sie Arbeit finden, und die nur so lange Arbeit finden, als ihre Arbeit das Kapital vermehrt. Diese Arbeiter, die sich stückweis verkaufen müssen, sind eine Ware wie jeder andere Handelsartikel und daher gleichmäßig allen Wechselfällen der Konkurrenz, allen Schwankungen des Marktes ausgesetzt.

Die Arbeit der Proletarier hat durch die Ausdehnung der Maschinerie und die Teilung der Arbeit allen selbständigen Charakter und damit allen Reiz für den Arbeiter verloren. Er wird ein bloßes Zubehör der Maschine, von dem nur der einfachste, eintönigste, am leichtesten erlernbare Handgriff verlangt wird. Die Kosten, die der Arbeiter verursacht, beschränken sich daher fast nur auf die Lebensmittel, die er zu seinem Unterhalt und zur Fortpflanzung seiner Rasse bedarf. Der Preis einer Ware, also auch der Arbeit, ist aber gleich ihren Produktionskosten. In demselben Maße, in dem die Widerwärtigkeit der Arbeit wächst, nimmt daher der Lohn ab. Noch mehr, in demselben Maße, wie Maschinerie und Teilung der Arbeit zunehmen, in demselben Maße nimmt auch die Masse der Arbeit zu, sei es durch Vermehrung der Arbeitsstunden, sei es durch Vermehrung der in einer gegebenen Zeit geforderten Arbeit, beschleunigten Lauf der Maschinen usw. [...]

Die bisherigen kleinen Mittelstände, die kleinen Industriellen, Kaufleute und Rentiers, die Handwerker und Bauern, alle diese Klassen fallen ins Proletariat hinab, teils dadurch, daß ihr kleines Kapital für den Betrieb der großen Industrie nicht ausreicht und der Konkurrenz mit den größeren Kapitalisten erliegt, teils dadurch, daß ihre Geschicklichkeit von neuen Produktionsweisen entwertet wird. So rekrutiert sich das Proletariat aus allen Klassen der Bevölkerung. [...]

In Zeiten endlich, wo der Klassenkampf sich der Entscheidung nähert, nimmt der Auflösungsprozeß innerhalb der herrschenden Klasse, innerhalb der ganzen alten Gesellschaft, einen so heftigen, so grellen Charakter an, daß ein kleiner Teil der herrschenden Klasse sich von ihr lossagt und sich der revolutionären Klasse anschließt, der Klasse, welche die Zukunft in ihren Händen trägt. Wie daher früher ein Teil des Adels zur Bourgeoisie überging, so geht jetzt ein Teil der Bourgeoisie zum Proletariat über, und namentlich ein Teil der Bourgeoisideologen, welche zum theoretischen Verständnis der ganzen geschichtlichen Bewegung sich hinaufgearbeitet haben.

Von allen Klassen, welche heutzutage der Bourgeoisie gegenüberstehen, ist nur das Proletariat eine wirklich revolutionäre Klasse. Die übrigen Klassen verkommen und gehen unter mit der großen Industrie, das Proletariat ist ihr eigenstes Produkt.

Die Mittelstände, der kleine Industrielle, der kleine Kaufmann, der Handwerker, der Bauer, sie alle bekämpfen die Bourgeoisie, um ihre Existenz als Mittelstände vor dem Untergang zu sichern. Sie sind also nicht revolutionär, sondern konservativ. Noch mehr, sie sind reaktionär, denn sie suchen das Rad der

Geschichte zurückzudrehen. Sind sie revolutionär, so sind sie es im Hinblick auf den ihnen bevorstehenden Übergang ins Proletariat, so verteidigen sie nicht ihre gegenwärtigen, sondern ihre zukünftigen Interessen, so verlassen sie ihren eigenen Standpunkt, um sich auf den des Proletariats zu stellen. [...]

Alle bisherigen Bewegungen waren Bewegungen von Minoritäten oder im Interesse von Minoritäten. Die proletarische Bewegung ist die selbständige Bewegung der ungeheuren Mehrzahl im Interesse der ungeheuren Mehrzahl. Das Proletariat, die unterste Schicht der jetzigen Gesellschaft, kann sich nicht erheben, nicht aufrichten, ohne daß der ganze Überbau der Schichten, die die offizielle Gesellschaft bilden, in die Luft gesprengt wird.

Obgleich nicht dem Inhalt, ist der Form nach der Kampf des Proletariats gegen die Bourgeoisie zunächst ein nationaler. Das Proletariat eines jeden Landes muß natürlich zuerst mit seiner eigenen Bourgeoisie fertig werden.

Indem wir die allgemeinsten Phasen der Entwicklung des Proletariats zeichneten, verfolgten wir den mehr oder minder versteckten Bürgerkrieg innerhalb der bestehenden Gesellschaft bis zu dem Punkt, wo er in eine offene Revolution ausbricht und durch den gewaltsamen Sturz der Bourgeoisie das Proletariat seine Herrschaft begründet.

Alle bisherige Gesellschaft beruhte, wie wir gesehen haben, auf dem Gegensatz unterdrückender und unterdrückter Klassen. Um aber eine Klasse unterdrücken zu können, müssen ihre Bedingungen gesichert sein, innerhalb derer sie wenigstens ihre knechtische Existenz fristen kann. Der Leibeigene hat sich zum Mitglied der Kommune in der Leibeigenschaft herangearbeitet, wie der Kleinbürger zum Bourgeois unter dem Joch des feudalistischen Absolutismus. Der moderne Arbeiter dagegen, statt sich mit dem Fortschritt der Industrie zu heben, sinkt immer tiefer unter die Bedingungen seiner eigenen Klasse herab. Der Arbeiter wird zum Pauper, und der Pauperismus entwickelt sich noch rascher als Bevölkerung und Reichtum. Es tritt hiermit offen hervor, daß die Bourgeoisie unfähig ist, noch länger die herrschende Klasse der Gesellschaft zu bleiben und die Lebensbedingungen ihrer Klasse der Gesellschaft als regelndes Gesetz aufzuzwingen. Sie ist unfähig zu herrschen, weil sie unfähig ist, ihrem Sklaven die Existenz selbst innerhalb seiner Sklaverei zu sichern, weil sie gezwungen ist, ihn in eine Lage herabsinken zu lassen, wo sie ihn ernähren muß, statt von ihm ernährt zu werden. Die

Gesellschaft kann nicht mehr unter ihr leben, das heißt, ihr Leben ist nicht mehr verträglich mit der Gesellschaft.

Die wesentlichste Bedingung für die Existenz und für die Herrschaft der Bourgeoisklasse ist die Anhäufung des Reichtums in den Händen von Privaten, die Bildung und Vermehrung des Kapitals; die Bedingung des Kapitals ist die Lohnarbeit. Die Lohnarbeit beruht ausschließlich auf der Konkurrenz der Arbeiter unter sich. Der Fortschritt der Industrie, dessen willenloser und widerstandsloser Träger die Bourgeoisie ist, setzt an die Stelle der Isolierung der Arbeiter durch die Konkurrenz ihre revolutionäre Vereinigung durch die Assoziation. Mit der Entwicklung der großen Industrie wird also unter den Füßen der Bourgeoisie die Grundlage selbst weggezogen, worauf sie produziert und die Produkte sich aneignet. Sie produziert vor allem ihre eigenen Totengräber. Ihr Untergang und der Sieg des Proletariats sind gleich unvermeidlich. [...]

Die theoretischen Sätze der Kommunisten beruhen keineswegs auf Ideen, auf Prinzipien, die von diesem oder jenem Weltverbesserer erfunden oder entdeckt sind. Sie sind nur allgemeine Ausdrücke tatsächlicher Verhältnisse eines existierenden Klassenkampfes, einer unter unsern Augen vor sich gehenden geschichtlichen Bewegung. Die Abschaffung bisheriger Eigentumsverhältnisse ist nichts den Kommunismus eigentümlich Bezeichnendes.

Alle Eigentumsverhältnisse waren einem beständigen geschichtlichen Wechsel, einer beständigen geschichtlichen Veränderung unterworfen. Die Französische Revolution zum Beispiel schaffte das Feudaleigentum zugunsten des bürgerlichen ab. Was den Kommunismus auszeichnet, ist nicht die Abschaffung des Eigentums überhaupt, sondern die Abschaffung des bürgerlichen Eigentums. Aber das moderne bürgerliche Privateigentum ist der letzte und vollendetste Ausdruck der Erzeugung und Aneignung der Produkte, die auf Klassengegensätzen, die auf der Ausbeutung der einen durch die andern beruhen. In diesem Sinn können die Kommunisten ihre Theorie in dem einen Ausdruck: Aufhebung des Privateigentums, zusammenfassen.

Man hat uns Kommunisten vorgeworfen, wir wollten das persönlich erworbene, selbsterarbeitete Eigentum abschaffen; das Eigentum, welches die Grundlage aller persönlichen Freiheit, Tätigkeit und Selbständigkeit bilde. Erarbeitetes, erworbenes, selbstverdientes Eigentum! Sprecht ihr von dem kleinbürgerlichen, kleinbäuerlichen Eigentum, welches dem bürgerlichen Eigentum vorherging? Wir brauchen es nicht abzuschaffen, die Entwicklung der Industrie hat es abgeschafft und schafft es täglich ab.

Oder sprecht ihr vom modernen bürgerlichen Privateigentum? Schafft aber die Lohnarbeit, die Arbeit des Proletariers ihm Eigentum? Keineswegs. Sie schafft das Kapital, das heißt das Eigentum, welches die Lohnarbeit ausbeutet, welches sich nur unter der Bedingung vermehren kann, daß es neue Lohnarbeit erzeugt, um sie von neuem auszubeuten. Das Eigentum in seiner heutigen Gestalt bewegt sich in dem Gegensatz von Kapital und Lohnarbeit. Betrachten wir die beiden Seiten dieses Gegensatzes. Kapitalist sein, heißt nicht nur eine rein persönliche, sondern eine gesellschaftliche Stellung in der Produktion einnehmen. Das Kapital ist ein gemeinschaftliches Produkt und kann nur durch eine gemeinsame Tätigkeit vieler Mitglieder, ja in letzter Instanz nur durch die gemeinsame Tätigkeit aller Mitglieder der Gesellschaft in Bewegung gesetzt werden.

Das Kapital ist also keine persönliche, es ist eine gesellschaftliche Macht. Wenn also das Kapital in gemeinschaftliches, allen Mitgliedern der Gesellschaft angehöriges Eigentum verwandelt wird, so verwandelt sich nicht persönliches Eigentum in gesellschaftliches. Nur der gesellschaftliche Charakter des Eigentums verwandelt sich. Es verliert seinen Klassencharakter.

Kommen wir zur Lohnarbeit. Der Durchschnittspreis der Lohnarbeit ist das Minimum des Arbeitslohnes, das heißt die Summe der Lebensmittel, die notwendig sind, um den Arbeiter als Arbeiter am Leben zu erhalten. Was also der Lohnarbeiter durch seine Tätigkeit sich aneignet, reicht bloß dazu hin, um sein nacktes Leben wieder zu erzeugen. Wir wollen diese persönliche Aneignung der Arbeitsprodukte zur Wiedererzeugung des unmittelbaren Lebens keineswegs abschaffen, eine Aneignung, die keinen Reinertrag übrigläßt, der Macht über fremde Arbeit geben könnte. Wir wollen nur den elenden Charakter dieser Aneignung aufheben, worin der Arbeiter nur lebt, um das Kapital zu vermehren, nur so weit lebt, wie es das Interesse der herrschenden Klasse erheischt.

In der bürgerlichen Gesellschaft ist die lebendige Arbeit nur ein Mittel, die aufgehäufte Arbeit zu vermehren. In der kommunistischen Gesellschaft ist die aufgehäufte Arbeit nur ein Mittel, um den Lebensprozeß der Arbeiter zu erweitern, zu bereichern, zu befördern. In der bürgerlichen Gesellschaft herrscht also die

Vergangenheit über die Gegenwart, in der kommunistischen die Gegenwart über die Vergangenheit. In der bürgerlichen Gesellschaft ist das Kapital selbständig und persönlich, während das tätige Individuum unselbständig und unpersönlich ist. Und die Aufhebung dieses Verhältnisses nennt die Bourgeoisie Aufhebung der Persönlichkeit und Freiheit! Und mit Recht. Es handelt sich allerdings um die Aufhebung der Bourgeois-Persönlichkeit, -Selbständigkeit und -Freiheit.

Unter Freiheit versteht man innerhalb der jetzigen bürgerlichen Produktionsverhältnisse den freien Handel, den freien Kauf und Verkauf. Fällt aber der Schacher, so fällt auch der freie Schacher. Die Redensarten vom freien Schacher, wie alle übrigen Freiheitsbravaden unserer Bourgeoisie, haben überhaupt nur einen Sinn gegenüber dem gebundenen Schacher, gegenüber dem geknechteten Bürger des Mittelalters, nicht aber gegenüber der kommunistischen Aufhebung des Schachers, der bürgerlichen Produktionsverhältnisse und der Bourgeoisie selbst.

Ihr entsetzt euch darüber, daß wir das Privateigentum aufheben wollen. Aber in eurer bestehenden Gesellschaft ist das Privateigentum für neun Zehntel ihrer Mitglieder aufgehoben; es existiert gerade dadurch, daß es für neun Zehntel nicht existiert. Ihr werft uns also vor, daß wir ein Eigentum aufheben wollen, welches die Eigentumslosigkeit der ungeheuren Mehrzahl der Gesellschaft als notwendige Bedingung voraussetzt. Ihr werft uns mit einem Wort vor, daß wir euer Eigentum aufheben wollen. Allerdings, das wollen wir.

Von dem Augenblick an, wo die Arbeit nicht mehr in Kapital, Geld, Grundrente, kurz, in eine monopolisierbare gesellschaftliche Macht verwandelt werden kann, das heißt von dem Augenblick, wo das persönliche Eigentum nicht mehr in bürgerliches umschlagen kann, von dem Augenblick an erklärt ihr, die Person sei aufgehoben. Ihr gesteht also, daß ihr unter der Person niemanden anders versteht als den Bourgeois, den bürgerlichen Eigentümer. Und diese Person soll allerdings aufgehoben werden.

Der Kommunismus nimmt keinem die Macht, sich gesellschaftliche Produkte anzueignen, er nimmt nur die Macht, sich durch diese Aneignung fremde Arbeit zu unterjochen.

Man hat eingewendet, mit der Aufhebung des Privateigentums werde alle Tätigkeit aufhören und eine allgemeine Faulheit einreißen. Hiernach müßte die bürgerliche Gesellschaft längst an der Trägheit zugrunde gegangen sein; denn die in ihr arbeiten, erwerben nicht, und die in ihr erwerben, arbeiten nicht. Das ganze Bedenken läuft auf die Tautologie hinaus, daß es keine Lohnarbeit mehr gibt, sobald es kein Kapital mehr gibt.

Alle Einwürfe, die gegen die kommunistische Aneignungs- und Produktionsweise der materiellen Produkte gerichtet werden, sind ebenso auf die Aneignung und Produktion der geistigen Produkte ausgedehnt worden. Wie für den Bourgeois das Aufhören des Klasseneigentums das Aufhören der Produktion selbst ist, so ist für ihn das Aufhören der Klassenbildung identisch mit dem Aufhören der Bildung überhaupt. Die Bildung, deren Verlust er bedauert, ist für die enorme Mehrzahl die Heranbildung zur Maschine.

Aber streitet nicht mit uns, indem ihr an euren bürgerlichen Vorstellungen von Freiheit, Bildung, Recht usw. die Abschaffung des bürgerlichen Eigentums meßt. Eure Ideen selbst sind Erzeugnisse der bürgerlichen Produktions- und Eigentumsverhältnisse wie euer Recht nur der zum Gesetz erhobene Wille eurer Klasse ist, ein Wille, dessen Inhalt gegeben ist in den materiellen Lebensbedingungen eurer Klasse. Die interessierte Vorstellung, worin ihr eure Produktions- und Eigentumsverhältnisse aus geschichtlichen, in dem Lauf der Produktion vorübergehenden Verhältnissen in ewige Natur- und Vernunftgesetze verwandelt, teilt ihr mit allen untergegangenen herrschenden Klassen. Was ihr für das antike Eigentum begreift, was ihr für das feudale Eigentum begreift, dürft ihr nicht mehr begreifen für das bürgerliche Eigentum. [...]

Die Anklagen gegen den Kommunismus, die von religiösen, philosophischen und ideologischen Gesichtspunkten überhaupt erhoben werden, verdienen keine ausführlichere Erörterung. Bedarf es tiefer Einsicht, um zu begreifen, daß mit den Lebensverhältnissen der Menschen, mit ihren gesellschaftlichen Beziehungen, mit ihrem gesellschaftlichen Dasein, auch ihre Vorstellungen, Anschauungen und Begriffe, mit einem Worte auch ihr Bewußtsein sich ändert? Was beweist die Geschichte der Ideen anders, als daß die geistige Produktion sich mit der materiellen umgestaltet? Die herrschenden Ideen einer Zeit waren stets nur die Ideen der herrschenden Klasse.

Man spricht von Ideen, welche eine ganze Gesellschaft revolutionieren; man spricht damit nur die Tatsache aus, daß sich innerhalb der alten Gesellschaft die Elemente einer neuen gebildet haben, daß mit der Auflösung der alten Lebensverhältnisse die Auflösung der alten Ideen gleichen Schritt hält.

Als die alte Welt im Untergehen begriffen war, wurden die alten Religionen von der christlichen Religion besiegt. Als die christlichen Ideen im 18. Jahrhundert den Aufklärungsideen unterlagen, rang die feudale Gesellschaft ihren Todeskampf mit der damals revolutionären Bourgeoisie. Die Ideen der Gewissens- und Religionsfreiheit sprachen nur die Herrschaft der freien Konkurrenz auf dem Gebiete des Gewissens aus. [...]

Sind im Laufe der Entwicklung die Klassenunterschiede verschwunden und ist alle Produktion in den Händen der assoziierten Individuen konzentriert, so verliert die öffentliche Gewalt den politischen Charakter. Die politische Gewalt im eigentlichen Sinn ist die organisierte Gewalt einer Klasse zur Unterdrückung einer andern. Wenn das Proletariat im Kampfe gegen die Bourgeoisie sich notwendig zur Klasse vereint, durch eine Revolution sich zur herrschenden Klasse macht und als herrschende Klasse gewaltsam die alten Produktionsverhältnisse aufhebt, so hebt es mit diesen Produktionsverhältnissen die Existenzbedingungen des Klassengegensatzes, der Klassen überhaupt, und damit seine eigene Herrschaft als Klasse auf.

An die Stelle der alten bürgerlichen Gesellschaft mit ihren Klassen und Klassengegensätzen tritt eine Assoziation, worin die freie Entwicklung eines jeden die Bedingung für die freie Entwicklung aller ist. [...]

Innerhalb der genossenschaftlichen, auf Gemeingut an den Produktionsmitteln gegründeten Gesellschaft tauschen die Produzenten ihre Produkte nicht aus; ebensowenig erscheint hier die auf Produkte verwandte Arbeit *als Wert* dieser Produkte, als eine von ihnen besessene sachliche Eigenschaft, da jetzt, im Gegensatz zur kapitalistischen Gesellschaft, die individuellen Arbeiten nicht mehr auf einem Umweg, sondern unmittelbar als Bestandteile der Gesamtarbeit existieren. Das Wort ›Arbeitsertrag‹, auch heutzutage wegen seiner Zweideutigkeit verwerflich, verliert so allen Sinn.

Womit wir es hier zu tun haben, ist eine kommunistische Gesellschaft, nicht wie sie sich auf ihrer eignen Grundlage *entwickelt* hat, sondern umgekehrt, wie sie eben aus der kapitalistischen Gesellschaft *hervorgeht,* also in jeder Beziehung, ökonomisch, sittlich, geistig, noch behaftet ist mit den Muttermalen der alten Gesellschaft, aus deren Schoß sie herkommt. Demgemäß erhält der einzelne Produzent – nach den Abzügen – exakt zurück, was er ihr gibt. Was er ihr gegeben hat, ist sein individuelles

Arbeitsquantum. Zum Beispiel: Der gesellschaftliche Arbeitstag besteht aus der Summe der individuellen Arbeitsstunden. Die individuelle Arbeitszeit des einzelnen Produzenten ist der von ihm gelieferte Teil des gesellschaftlichen Arbeitstags, sein Anteil daran. Es erhält von der Gesellschaft einen Schein, daß er soundso viel Arbeit geliefert (nach Abzug seiner Arbeit für die gemeinschaftlichen Fonds), und zieht mit diesem Schein aus dem gesellschaftlichen Vorrat von Konsumtionsmitteln soviel heraus, als gleich viel Arbeit kostet. Dasselbe Quantum Arbeit, das er der Gesellschaft in einer Form gegeben hat, erhält er in der andern zurück.

Es herrscht hier offenbar dasselbe Prinzip, das den Warenaustausch regelt, soweit er Austausch Gleichwertiger ist. Inhalt und Form sind verändert, weil unter den veränderten Umständen niemand etwas geben kann außer seiner Arbeit und weil andrerseits nichts in das Eigentum der einzelnen übergehn kann außer individuellen Konsumtionsmitteln. Was aber die Verteilung der letzteren unter die einzelnen Produzenten betrifft, herrscht dasselbe Prinzip wie beim Austausch von Warenäquivalenten, es wird gleich viel Arbeit in einer Form gegen gleich viel Arbeit in einer andern ausgetauscht.

Das *gleiche Recht* ist hier daher immer noch – dem Prinzip nach – das *bürgerliche Recht,* obgleich Prinzip und Praxis sich nicht mehr in den Haaren liegen, während der Austausch von Äquivalenten beim Warenaustausch nur *im Durchschnitt,* nicht für den einzelnen Fall existiert.

Trotz dieses Fortschritts ist dieses *gleiche Recht* stets noch mit einer bürgerlichen Schranke behaftet. Das Recht der Produzenten ist ihren Arbeitslieferungen *proportionell;* Die Gleichheit besteht darin, daß an *gleichem Maßstab,* der Arbeit, gemessen wird. Der eine ist physisch oder geistig dem andern überlegen, liefert also in derselben Zeit mehr Arbeit oder kann während mehr Zeit arbeiten; und die Arbeit, um als Maß zu dienen, muß der Ausdehnung oder der Intensität nach bestimmt werden, sonst hörte sie auf, Maßstab zu sein. Dies *gleiche* Recht ist ungleiches Recht für ungleiche Arbeit. Es erkennt keine Klassenunterschiede an, weil jeder nur Arbeiter ist wie der andre; aber es erkennt stillschweigend die ungleiche individuelle Begabung und daher Leistungsfähigkeit der Arbeiter als natürliche Privilegien an. *Es ist daher ein Recht der Ungleichheit, seinem Inhalt nach, wie alles Recht.* Das Recht kann seiner Natur nach nur in Anwendung von gleichem Maßstab bestehn; aber die ungleichen Individuen (und sie wären nicht verschiedne Individuen, wenn sie nicht ungleiche wären) sind nur an gleichem Maßstab meßbar, soweit man sie unter einen gleichen Gesichtspunkt bringt, sie nur von einer *bestimmten* Seite faßt, zum Beispiel im gegebnen Fall sie *nur als Arbeiter* betrachtet und weiter nichts in ihnen sieht, von allem andern absieht. Ferner: Ein Arbeiter ist verheiratet, der andre nicht; einer hat mehr Kinder als der andre etc. etc. Bei gleicher Arbeitsleistung und daher gleichem Anteil an dem gesellschaftlichen Konsumtionsfonds erhält also der eine faktisch mehr als der andre, ist der eine reicher als der andre etc. Um alle diese Mißstände zu vermeiden, müßte das Recht, statt gleich, vielmehr ungleich sein.

Aber diese Mißstände sind unvermeidbar in der ersten Phase der kommunistischen Gesellschaft, wie sie eben aus der kapitalistischen Gesellschaft nach langen Geburtswehen hervorgegangen ist. Das Recht kann nie höher sein als die ökonomische Gestaltung und dadurch bedingte Kulturentwicklung der Gesellschaft.

In einer höheren Phase der kommunistischen Gesellschaft, nachdem die knechtende Unterordnung der Individuen unter die Teilung der Arbeit, damit auch der Gegensatz geistiger und körperlicher Arbeit verschwunden ist; nachdem die Arbeit nicht nur Mittel zum Leben, sondern selbst das erste Lebensbedürfnis geworden; nachdem mit der allseitigen Entwicklung der Individuen auch ihre Produktivkräfte gewachsen und alle Springquellen des genossenschaftlichen Reichtums voller fließen – erst dann kann der enge bürgerliche Rechtshorizont ganz überschritten werden und die Gesellschaft auf ihre Fahne schreiben: Jeder nach seinen Fähigkeiten, jedem nach seinen Bedürfnissen! [...]

Die ›heutige Gesellschaft‹ ist die kapitalistische Gesellschaft, die in allen Kulturländern existiert, mehr oder weniger frei von mittelaltrigem Beisatz, mehr oder weniger durch die besondre geschichtliche Entwicklung jedes Landes modifiziert, mehr oder weniger entwickelt. Dagegen der ›heutige Staat‹ wechselt mit der Landesgrenze. Er ist ein andrer im preußisch-deutschen Reich als in der Schweiz, ein andrer in England als in den Vereinigten Staaten. ›*Der* heutige Staat‹ ist also eine Fiktion.

Jedoch haben die verschiednen Staaten der verschiednen Kulturländer, trotz ihrer bunten Formverschiedenheit, alle das gemein, daß sie auf dem Boden der modernen bürgerlichen Gesellschaft stehn, nur einer mehr oder minder kapitalistisch entwickelten. Sie haben daher auch gewisse wesentliche Charaktere gemein. In diesem Sinn kann man von ›heutigem Staatswesen‹ sprechen, im Gegensatz zur Zukunft, worin seine jetzige Wurzel, die bürgerliche Gesellschaft, abgestorben ist.

Es fragt sich dann: Welche Umwandlung wird das Staatswesen in einer kommunistischen Gesellschaft untergehn? In andern Worten, welche gesellschaftliche Funktionen bleiben dort übrig, die jetzigen Staatsfunktionen analog sind? Diese Frage ist nur wissenschaftlich zu beantworten, und man kommt dem Problem durch tausendfache Zusammensetzung des Worts Volk mit dem Wort Staat auch nicht um einen Flohsprung näher.

Zwischen der kapitalistischen und der kommunistischen Gesellschaft liegt die Periode der revolutionären Umwandlung der einen in die andre. Der entspricht auch eine politische Übergangsperiode, deren Staat nichts andres sein kann als *die revolutionäre Diktatur des Proletariats*. [...]

Indem die kapitalistische Produktionsweise mehr und mehr die große Mehrzahl der Bevölkerung in Proletarier verwandelt, schafft sie die Macht, die diese Umwälzung, bei Strafe des Untergangs, zu vollziehn genötigt ist. Indem sie mehr und mehr auf Verwandlung der großen vergesellschafteten Produktionsmittel in Staatseigentum drängt, zeigt sie selbst den Weg an zur Vollziehung der Umwälzung.

Das Proletariat ergreift die Staatsgewalt und verwandelt die Produktionsmittel zunächst in Staatseigentum. Aber damit hebt es sich selbst als Proletariat, damit hebt es alle Klassenunterschiede und Klassengegensätze auf und damit auch den Staat als Staat.

Die bisherige, sich in Klassengegensätzen bewegende Gesellschaft hatte den Staat nötig, das heißt eine Organisation der jedesmaligen ausbeutenden Klasse zur Aufrechterhaltung ihrer äußern Produktionsbedingungen, also namentlich zur gewaltsamen Niederhaltung der ausgebeuteten Klasse in den durch die bestehende Produktionsweise gegebnen Bedingungen der Unterdrückung (Sklaverei, Leibeigenschaft oder Hörigkeit, Lohnarbeit). Der Staat war der offizielle Repräsentant der ganzen Gesellschaft, ihre Zusammenfassung in einer sichtbaren Körperschaft, aber er war dies nur, insofern er der Staat derjenigen Klasse war, welche selbst für ihre Zeit die ganze Gesellschaft vertrat: im Altertum Staat der sklavenhaltenden Staatsbürger, im Mittelalter des Feudaladels, in unsrer Zeit der Bourgeoisie. Indem er endlich tatsächlich Repräsentant der ganzen Gesellschaft wird, macht er sich selbst überflüssig.

Sobald es keine Gesellschaftsklasse mehr in der Unterdrückung zu halten gibt, sobald mit der Klassenherrschaft und dem in der bisherigen Anarchie der Produktion begründeten Kampf ums Einzeldasein auch die daraus entspringenden Kollisionen und Exzesse beseitigt sind, gibt es nichts mehr zu reprimieren, das eine besondre Repressionsgewalt, einen Staat, nötig machte. Der erste Akt, worin der Staat wirklich als Repräsentant der ganzen Gesellschaft auftritt – die Besitzergreifung der Produktionsmittel im Namen der Gesellschaft –, ist zugleich sein letzter selbständiger Akt als Staat.

Das Eingreifen einer Staatsgewalt in gesellschaftliche Verhältnisse wird auf einem Gebiete nach dem andern überflüssig und schläft dann von selbst ein. An die Stelle der Regierung über Personen tritt die Verwaltung von Sachen und die Leitung von Produktionsprozessen.

Der Staat wird nicht ›abgeschafft‹, *er stirbt ab*. Hieran ist die Phrase vom ›freien Volksstaat‹ zu messen, also sowohl nach ihrer zeitweiligen agitatorischen Berechtigung wie nach ihrer endgültigen wissenschaftlichen Unzulänglichkeit; hieran ebenfalls die Forderung der sogenannten Anarchisten, der Staat solle von heute auf morgen abgeschafft werden.

John Stuart Mill: Plädoyer für die Freiheit des Individuums

Die Absicht dieses Essays ist es, ein sehr einfaches Prinzip geltend zu machen, nach dem das Maß von Zwang und Kontrolle im Verhältnis zwischen der Gesellschaft und dem Individuum bestimmt werden sollte, ob die angewandten Mittel physische Gewalt in der Form gesetzlicher Strafen oder der moralische Zwang der Öffentlichen Meinung sind. Dieses Prinzip lautet: Der einzige Zweck, der die Menschen, individuell oder kollektiv, berechtigt, in die Handlungsfreiheit eines der ihren einzugreifen, ist Selbstschutz. Die einzige Absicht, um deretwillen Macht rechtmäßig über irgendein Mitglied einer zivilisierten Gemeinschaft gegen seinen Willen ausgeübt werden kann, ist die, eine Schädigung anderer zu verhindern. Sein eigenes physisches oder moralisches Wohl ist kein ausreichender Grund. Er kann nicht rechtmäßig gezwungen werden, etwas zu tun oder zu unterlassen, weil es für ihn besser wäre, so zu handeln, weil es ihn glücklicher machen würde, weil so zu handeln nach der Meinung anderer klug oder sogar richtig wäre. Das sind gute Gründe, ihm Vorstellungen zu machen oder ihm vernünftig zuzureden oder ihn zu überreden oder ihn dringend zu bitten, nicht aber, ihn zu zwingen oder ihm Schaden zuzufügen, falls er sich anders verhält. Um das zu rechtfertigen, muß angenommen werden, daß das Verhalten, von dem man ihn abschrecken möchte, einem anderen schaden würde. Der einzige Teil seines Verhaltens, für den ein Mensch der Gesellschaft verantwortlich ist, ist der, der andere berührt. In dem Teil, der nur ihn selbst berührt, ist seine Unabhängigkeit im rechtlichen Sinne absolut. Über sich selbst, über seinen eigenen Körper und Geist, ist das Individuum souverän.

Es ist vielleicht kaum notwendig, zu sagen, daß diese Doktrin nur für menschliche Wesen in der Reife ihrer Fähigkeiten gilt. Wir sprechen nicht von Kindern oder von jungen Leuten unterhalb des Alters, das vom Gesetz als das der männlichen oder weiblichen Volljährigkeit festgesetzt wird. Diejenigen, die noch der Fürsorge anderer bedürfen, müssen vor ihren eigenen Handlungen ebenso wie vor Schaden von außen geschützt werden. Aus demselben Grunde können wir hier jene rückständigen gesellschaftlichen Zustände außer Betracht lassen, in denen die menschliche Gattung selbst als noch unmündig angesehen werden kann. Die anfänglichen Schwierigkeiten auf dem Wege selbständigen Fortschritts sind so groß, daß es selten eine Wahl zwischen den Mitteln zu ihrer Überwindung gibt; und ein vom Geiste der Vervollkommnung erfüllter Herrscher ist berechtigt, sich jedes Mittels zu bedienen, mit dessen Hilfe sich etwas erreichen läßt, was anderenfalls vielleicht unerreichbar wäre. Despotismus ist eine legitime Regierungsform im Umgang mit Barbaren, sofern er ihre Förderung im Sinn hat und die Mittel durch die tatsächliche Erreichung des Ziels gerechtfertigt werden.

Das Prinzip der Freiheit läßt sich nicht anwenden auf irgendeinen Zustand vor der Zeit, da die Menschheit der Vervollkommnung durch Diskussion in Freiheit und Gleichheit fähig geworden ist. Bis dahin gibt es für sie nur den unbedingten Gehorsam gegenüber einem Akbar oder einem Karl dem Großen, wenn sie das Glück hat, einen solchen zu finden. Sobald aber die Menschheit die Fähigkeit erlangt hat, sich zu ihrer eigenen Vervollkommnung von Überzeugung oder Überredung leiten zu lassen (eine Periode, die alle Nationen, mit denen wir uns hier beschäftigen müssen, seit langem erreicht haben), ist Zwang, in direkter Form oder in der von Bußen und Strafen für ein Zuwiderhandeln, als Mittel zu ihrem eigenen Wohl nicht länger zulässig, und gerechtfertigt nur zum Schutze anderer.

Es ist angebracht, festzustellen, daß ich auf jeden Vorteil verzichte, der meiner Argumentation aus der Idee eines von allen Nützlichkeits-Erwägungen unabhängigen abstrakten Rechts erwachsen könnte. Ich betrachte Nützlichkeit als das letzte Kriterium in allen ethischen Fragen; aber es muß Nützlichkeit im weitesten Sinne sein, gegründet auf die dauernden Interessen des Menschen als eines fortschreitenden Wesens. Diese Interessen, so behaupte ich, rechtfertigen die Unterwerfung der individuellen Spontaneität unter äußere Kontrolle nur hinsichtlich derjenigen Handlungen eines Menschen, die die Interessen anderer Leute berühren. Wenn jemand durch eine Tat andere schädigt, so ist das ein prima-facie-Fall, ihn zu bestrafen, durch das Gesetz oder, wo gesetzliche Strafen nicht angebracht sind, durch allgemeine Mißbilligung.

Auch gibt es viele positive Handlungen zum Wohle anderer, zu denen ein Mensch rechtmäßig gezwungen werden kann: zu einer Zeugenaussage vor Gericht, zur Leistung seines angemessenen Beitrags zur Landesverteidigung oder zu irgendeinem anderen Werk, das im Interesse der Gesellschaft notwendig ist, deren Schutzes er sich erfreut; außerdem zu gewissen Handlungen der persönlichen Wohltätigkeit, wie die Rettung des Lebens eines Mitmenschen oder das Eingreifen zum Schutze Wehrloser vor Mißhandlung, – Dinge, für deren Unterlassung er von der Gesellschaft zur Rechenschaft gezogen werden kann, wenn immer es offensichtlich seine Pflicht wäre, sie zu tun. Ein Mensch kann andere nicht nur durch sein Handeln schädigen, sondern auch durch sein Nicht-Handeln, und in beiden Fällen ist er ihnen billigerweise für den Schaden verantwortlich. Der letztgenannte Fall verlangt indes eine sehr viel vorsichtigere Ausübung von Zwang als der frühere. Jemanden dafür, daß er anderen Schaden zufügt, verantwortlich zu machen, ist die Regel, ihn dafür, daß er Schaden nicht verhindert, zur Verantwortung zu ziehen im Vergleich damit die Ausnahme. Doch gibt es viele Fälle, die eindeutig und gewichtig genug sind, diese Ausnahme zu rechtfertigen.

In allen Dingen, die die äußeren Beziehungen des einzelnen betreffen, ist er de jure denen Verantwortung schuldig, deren Interessen berührt werden, und wenn nötig auch der Gesellschaft als ihrem Schutzherrn. Es gibt oft gute Gründe, ihm diese Verantwortung nicht aufzubürden, aber diese Gründe müssen dann auf besonderen, an den einzelnen Fall gebundenen Zweckmäßigkeits-Erwägungen beruhen. Entweder, weil es ein Fall ist, in dem er aufs Ganze gesehen wahrscheinlich besser handelt, wenn er seinem eigenen Ermessen überlassen bleibt, als wenn die Gesellschaft ihn in irgendeiner in ihrer Macht liegenden Form kontrolliert. Oder weil der Versuch, eine Kontrolle auszuüben, andere Übel schaffen würde, größer als die, die er verhindern würde. Wenn Gründe wie diese die Erzwingung der Verantwortlichkeit ausschließen, dann sollte das Gewissen des Handelnden selbst den vakanten Richterstuhl einnehmen und diejenigen Interessen anderer schützen, die des äußeren Schutzes entbehren; dabei in der Beurteilung seiner selbst um so strenger, weil der Fall sich nicht dazu eignet, dem Urteil der Mitmenschen unterworfen zu werden.

Doch es gibt eine Sphäre des Handelns, an der die Gesellschaft, im Unterschied zum Individuum, wenn überhaupt ein Interesse, dann nur ein indirektes hat: sie umfaßt den gesamten Teil des Lebens und Verhaltens eines Menschen, der nur ihn selbst betrifft, oder, wenn er auch andere betrifft, so nur mit ihrer freien, freiwilligen und nicht erschlichenen Zustimmung und Teilnahme. Wenn ich sage, nur ihn selbst, so meine ich, direkt und in erster Instanz: denn was immer ihn selbst berührt, das kann andere *durch* ihn berühren, und der Einwand, der sich auf diese Möglichkeit stützen kann, wird im folgenden erörtert werden. Dies ist denn also die eigentliche Region menschlicher Freiheit. Sie umfaßt erstens den inneren Bereich des Bewußtseins, Gewissensfreiheit im umfassendsten Sinne fordernd, Freiheit des Denkens und Fühlens, absolute Freiheit der Meinung und des Empfindens in bezug auf alle praktischen oder spekulativen, wissenschaftlichen, moralischen oder theologischen Gegenstände. Es mag scheinen, als fiele die Freiheit der Äußerung und Veröffentlichung von Meinungen unter ein anderes Prinzip, da sie zu dem Teil des Verhaltens eines Individuums gehört, der andere Menschen berührt; aber, fast so wichtig wie die Freiheit des Denkens selbst und in großem Maße auf denselben Gründen beruhend, ist sie praktisch von ihr nicht zu trennen.

Das Prinzip verlangt zweitens Freiheit der Neigung und der Beschäftigung, die Freiheit, unserem Leben einen unserem eigenen Charakter gemäßen Rahmen zu geben, die Freiheit, so zu handeln, wie es uns gefällt, welche Konsequenzen daraus auch folgen mögen: ohne Behinderung von seiten unserer Mitmenschen, solange unser Tun ihnen nicht schadet, selbst wenn sie unser Verhalten als töricht, verkehrt oder unrecht betrachten.

Drittens folgt aus dieser Freiheit jedes Individuums die Freiheit, in denselben Grenzen, des Zusammenschlusses von Individuen; die Freiheit, sich für irgendeine Sache zu vereinigen, die nicht eine Schädigung anderer einschließt, unter der Voraussetzung, daß die sich vereinigenden Personen volljährig und nicht gezwungen noch getäuscht worden sind. [...]

Wenn das Urteil irgendeines Menschen wirklich Vertrauen verdient – wie ist es dazu gekommen? Dadurch, daß er seinen Geist offen gehalten hat für Kritik an seinen Meinungen und an seinem Verhalten. Daß es seine Gewohnheit war, allem Gehör zu schenken, was gegen ihn gesagt werden konnte, davon zu profitieren, soweit es richtig war, und sich selbst wie bei Gelegenheit auch anderen die Falschheit dessen, was falsch war, klarzumachen. Daß er gemerkt hat, daß der einzige Weg, auf dem ein menschliches Wesen eine gewisse Annäherung an die vollständige Kenntnis einer Sache zu erreichen vermag, der ist, anzuhören, was von Leuten mit ganz verschiedenen Meinungen über sie gesagt werden kann, und alle erdenklichen Gesichtspunkte zu studieren, unter denen die Sache sich irgend betrachten läßt. Kein weiser Mann hat seine Weisheit jemals auf andere Weise erworben als auf diese; und es liegt nicht in der Natur des menschlichen Geistes, auf irgendeine andere Art klug zu werden.

Die ständige Gewohnheit der Korrektur und Vervollständigung der eigenen Meinung durch ihren kritischen Vergleich mit den Meinungen anderer ist – weit davon entfernt, Zweifel und Hemmungen bei ihrer Übertragung in die Praxis hervorzurufen, – die einzige feste Grundlage für ein Vertrauen auf sie. Denn wenn ein Mensch all das kennt, was, wenigstens offensichtlich, gegen ihn gesagt werden kann, und wenn er seinen Standpunkt gegen alle Kritiker vertreten hat – wenn er weiß, daß er nach Einwänden und Schwierigkeiten gesucht hat, statt ihnen aus dem Wege zu gehen, und daß er kein Licht ausgesperrt hat, das von irgendeiner Seite auf die Sache geworfen werden kann –: dann hat er ein Recht, sein eigenes Urteil für besser als das irgendeines anderen oder einer Mehrzahl von Menschen zu halten, die nicht durch einen ähnlichen Prozeß hindurchgegangen sind. [...]

Diejenigen, in deren Augen Zurückhaltung auf seiten der Ketzer kein Übel ist, sollten zunächst bedenken, daß es in ihrer Konsequenz niemals irgendeine faire und eingehende Diskussion ketzerischer Meinungen gibt; und daß solche dieser Meinungen, die in einer derartigen Diskussion nicht bestehen könnten, nicht verschwinden, obwohl ihre Ausbreitung verhindert werden mag. Doch es sind nicht die ketzerischen Geister, die am meisten entarten infolge des Bannes, der auf jeder Untersuchung liegt, die nicht zu orthodoxen Schlüssen führt. Der größte Schaden wird denen zugefügt, die keine Ketzer sind und deren ganze geistige Entwicklung gehemmt und deren Vernunft eingeschüchtert wird durch die Angst vor Ketzerei. Wer kann ermessen, was die Welt an der Vielzahl vielversprechender Intelligenzen verliert, die mit einem furchtsamen Charakter verbunden sind und es nicht wagen, irgendeinem kühnen, kräftigen, unabhängigen Gedankengang zu folgen, in der Furcht, er würde sie zu etwas führen, was als irreligiös oder unmoralisch gilt? Unter ihnen können wir gelegentlich einen Mann von tiefer Gewissenhaftigkeit und subtilem, gebildetem Verstande sehen, der ein Leben mit der Beschwichtigung einer Intelligenz verbringt, die er nicht zum Schweigen bringen kann, und der die Quellen seines Scharfsinns in dem Versuch erschöpft, die Eingebungen seines Gewissens und seiner Vernunft mit Rechtgläubigkeit zu versöhnen, wobei er am Ende vielleicht doch keinen Erfolg hat.

Niemand kann ein großer Denker sein, der nicht erkennt, daß es seine erste Pflicht als Denker ist, seiner Vernunft zu folgen, zu welchen Schlüssen immer sie ihn führen mag. Die Wahrheit gewinnt sogar mehr durch die Irrtümer eines Menschen, der mit gebührendem Eifer und entsprechender Vorbereitung für sich selbst denkt, als durch die richtigen Meinungen derer, die diese nur darum vertreten, weil sie sich selbst das Denken nicht erlauben. Nicht allein oder vornehmlich um der Hervorbringung großer Denker willen ist Freiheit des Denkens erforderlich. Im Gegenteil, sie ist ebenso unerläßlich und sogar noch unerläßlicher, um durchschnittlichen menschlichen Wesen die Erreichung des geistigen Formats zu ermöglichen, dessen sie fähig sind. Es hat große individuelle Denker in einer allgemeinen Atmosphäre geistiger Sklaverei gegeben und mag sie wieder geben. Niemals aber hat es in dieser Atmosphäre ein geistig aktives Volk gegeben und wird ein solches in ihr niemals geben. [...]

In welchem Ausmaß Lehren, die ihrem eigentlichen Wesen nach fähig sind, auf den Geist den tiefsten Eindruck zu machen, als toter Glaube in ihm bleiben können, ohne jemals von der Vorstellung, vom Gefühl oder vom Verstande erfaßt worden zu sein, das wird exemplifiziert durch die Art und Weise, in der die

Mehrheit der Gläubigen an den Lehren des Christentums festhält. Unter Christentum verstehe ich hier das, was von allen Kirchen und Sekten dafür gehalten wird, die im Neuen Testament enthaltenen Maximen und Vorschriften. Diese gelten allen bekennenden Christen als heilig und werden von ihnen als Gesetze anerkannt. Doch man geht kaum zu weit, wenn man sagt, daß nicht einer von tausend Christen sein persönliches Verhalten an diesen Gesetzen orientiert oder prüft. Der Maßstab, an dem er es orientiert, ist die Sitte seiner Nation, seiner Klasse oder seines religiösen Bekenntnisses. Er hat somit auf der einen Seite eine Sammlung von ethischen Maximen, von denen er glaubt, sie seien ihm durch eine unfehlbare Weisheit als Regeln für sein Handeln gewährt worden; und auf der anderen Seite eine Reihe von Alltags-Urteilen und -Praktiken, die bis zu einem gewissen Grade mit einigen jener Maximen übereinstimmen, mit anderen in nicht so großem Maße, zu einigen in direktem Gegensatz stehen, und im ganzen einen Kompromiß zwischen dem christlichen Glauben und den Interessen des weltlichen Lebens darstellen. Dem ersten dieser Maßstäbe huldigt er, dem anderen gehört seine wirkliche Ergebenheit. [...]

Dies sind die Gründe, die gebieten, daß menschliche Wesen frei sein sollten, Meinungen zu bilden und ihre Meinungen rückhaltlos auszusprechen; und dies die verderblichen Konsequenzen für die geistige und damit für die moralische Natur des Menschen, wenn diese Freiheit weder gewährt noch, dem Verbot zum Trotz, geltend gemacht wird. Wir wollen nun prüfen, ob dieselben Gründe nicht verlangen, daß Menschen frei sein sollten, nach ihren Meinungen zu handeln, sie in ihrem Leben ohne Behinderung seitens ihrer Mitmenschen, weder physische noch moralische, zu verwirklichen, solange es sich um ihr eigenes Risiko und ihre persönliche Gefahr handelt. Dieser letztere Vorbehalt ist natürlich unerläßlich. Niemand behauptet, daß Handlungen so frei sein sollten wie Meinungen. Im Gegenteil, sogar Meinungen verlieren ihre Immunität, wenn die Umstände, unter denen sie geäußert werden, solche sind, daß ihre Äußerung zu einer direkten Anstiftung zu einer Übeltat wird. Eine Meinung wie die, daß Kornhändler Leute sind, die die Armen verhungern lassen, oder daß Privateigentum Diebstahl ist, sollte unbehelligt bleiben, wenn sie einfach durch die Presse geht, kann sich aber gerechterweise Bestrafung zuziehen, wenn sie mündlich einer erregten Menge vorgetragen wird, die sich vor dem Hause eines Kornhändlers versammelt hat, oder wenn sie unter derselben Menge in Form eines Handzettels verbreitet wird. Handlungen, welcher Art auch immer, die ohne zu rechtfertigenden Grund anderen Leuten Schaden zufügen, können, und müssen in den wichtigeren Fällen unbedingt, durch die ungünstigen Empfindungen und wenn nötig durch das aktive Eingreifen der Menschheit eingeschränkt werden. Die Freiheit des Individuums muß in soweit begrenzt sein; es darf nicht zu einer Plage für andere Leute werden. Wenn es sich aber einer Belästigung anderer in dem, was sie betrifft, enthält, und nur nach seiner eigenen Neigung und seinem eigenen Urteil handelt in Dingen, die es selbst betreffen, dann sprechen dieselben Gründe, die zeigen, daß die Meinung frei sein sollte, auch dafür, daß es ihm erlaubt sein sollte, seine Meinungen ohne Belästigung auf seine eigenen Kosten in die Tat umzusetzen.

Daß die Menschheit nicht unfehlbar ist; daß ihre Wahrheiten zumeist nur Halbwahrheiten sind; daß Einheit der Meinung, wenn nicht das Ergebnis des vollständigsten und freiesten Vergleichs entgegengesetzter Meinungen, nicht wünschenswert ist, Vielfalt nicht ein Übel, sondern ein Gut, bis die Menschheit viel fähiger ist als in der Gegenwart, alle Seiten der Wahrheit zu erkennen: das sind Prinzipien, die für das Handeln der Menschen nicht weniger gelten als für ihre Meinungen. Wie es nützlich ist, daß es, solange die Menschheit unvollkommen ist, verschiedene Meinungen gibt, so auch, daß es verschiedene Lebensexperimente gibt; daß den verschiedenen Arten von Charakter freier Spielraum gewährt werden sollte, von der Schädigung anderer abgesehen; und daß der Wert verschiedener Lebensweisen praktisch erprobt werden sollte, wenn irgend jemand sich für geeignet hält, sie zu versuchen.

Es ist, kurz gesagt, wünschenswert, daß in Dingen, die nicht primär andere betreffen, die Individualität sich selbst geltend macht. Wo nicht des Menschen eigener Charakter, sondern die Traditionen oder Gewohnheiten anderer Leute die Verhaltensregel sind, da fehlt einer der Hauptbestandteile des menschlichen Glücks und durchaus der wichtigste Faktor des individuellen und sozialen Fortschritts. [...]

Es wäre ein großes Mißverständnis dieser Lehre, würde man annehmen, sie sei eine der selbstsüchtigen Indifferenz, die behauptet, daß menschliche Wesen mit dem Verhalten eines jeden anderen nichts zu schaffen haben, und daß sie sich um das

Wohltun und Wohlbefinden eines anderen nicht kümmern sollten, es sei denn, ihr eigenes Interesse ist mit im Spiele. Statt einer Verminderung ist eine beträchtliche Vermehrung uneigennütziger Bemühungen zur Förderung des Wohls anderer nötig. Aber uneigennütziges Wohlwollen vermag andere Mittel und Wege, Menschen zu ihrem Wohle zu überreden, finden als Peitschen und Geißeln, entweder im buchstäblichen oder im metaphorischen Sinne.

Ich bin der Letzte, die dem Selbst geltenden Tugenden zu unterschätzen; sie sind, wenn überhaupt von zweitrangiger Bedeutung, dann dies nur gegenüber den gesellschaftlichen. Es ist Sache der Erziehung, beide gleichermaßen zu pflegen. Aber sogar die Erziehung arbeitet ebenso mit Überzeugung und Überredung wie mit Zwang, und nur durch die ersteren sollten die dem Selbst geltenden Tugenden eingeschärft werden, wenn die Periode der Erziehung vorbei ist. Menschliche Wesen schulden einander Hilfe beim Unterscheiden des Besseren vom Schlechteren sowie Ermunterung zur Wahl des ersteren und zur Meidung des letzteren. Sie sollten einander ständig anregen, in wachsendem Maße von ihren höheren Fähigkeiten Gebrauch zu machen und ihre Gefühle und Wünsche immer mehr auf verständige statt törichte, erhebende statt herabziehende Gegenstände und Betrachtungen zu richten. Aber weder ein einzelner Mensch noch eine Mehrzahl von Menschen ist berechtigt, einem anderen menschlichen Geschöpf in reifen Jahren zu sagen, es sollte mit seinem Leben für seinen eigenen Nutzen nicht das tun, was zu tun seine eigene Wahl ist. Er ist derjenige, der an seinem eigenen Wohlbefinden am meisten interessiert ist: das Interesse, das irgendein anderer Mensch, außer in Fällen starker persönlicher Anhänglichkeit, daran haben kann, ist unbedeutend, verglichen mit seinem eigenen. Das Interesse der Gesellschaft an ihm als Individuum (abgesehen von seinem Verhalten zu anderen) ist minimal und ganz indirekt: während der durchschnittlichste Mann oder die gewöhnlichste Frau hinsichtlich ihrer eigenen Gefühle und Lebensumstände Mittel der Erkenntnis besitzen, die die irgendeines anderen unermeßlich übertreffen. Der Eingriff der Gesellschaft zwecks Beherrschung seines Urteils und seiner Absichten in dem, was nur ihn selbst angeht, muß auf allgemeine Annahmen gegründet sein: die ganz und gar falsch sein können, und, selbst wenn sie richtig sind, sehr häufig von Leuten auf individuelle Fälle falsch angewandt werden, die mit den Umständen solcher Fälle nicht besser vertraut sind als Menschen, die sie nur von außen betrachten. In diesem Bereich der menschlichen Angelegenheiten hat deshalb die Individualität ihr eigentliches Tätigkeitsfeld.

Im Verhalten menschlicher Wesen zueinander ist es meistenteils notwendig, daß allgemeine Regeln beachtet werden, damit jedermann weiß, was er zu erwarten hat; in den eigenen Angelegenheiten jedes Menschen aber ist seine individuelle Spontaneität zu freier Entfaltung berechtigt. Überlegungen, die seinem Urteil helfen sollen, Ermahnungen zur Stärkung seines Willens, mögen ihm von anderen angeboten, sogar aufgedrängt werden; aber er selbst ist der letzte Richter. Alle Irrtümer, die er wahrscheinlich gegen Rat und Warnung begeht, werden weit überwogen durch das Übel, daß es anderen erlaubt ist, ihn zu dem zu zwingen, was sie für sein Wohl halten. [...]

Doch das stärkste aller Argumente gegen die Einmischung der Öffentlichkeit in rein persönliches Verhalten ist, daß sie, wenn sie sich einmischt, es sehr wahrscheinlich in falscher Weise und am falschen Orte tut. In Fragen der sozialen Moral, der Pflicht gegen andere, ist die Meinung der Öffentlichkeit, das heißt einer überwältigenden Mehrheit, wenngleich oft falsch, doch wahrscheinlich noch öfter richtig; weil die Leute in solchen Fragen nur ihre eigenen Interessen zu beurteilen brauchen, die Art und Weise, wie ein bestimmtes Verhalten, wäre es erlaubt, sie selbst berühren würde. Die Meinung einer ähnlichen Mehrheit aber in Fragen des rein persönlichen Verhaltens, die der Minderheit als Gesetz auferlegt wird, kann ebensogut falsch wie richtig sein. Denn in diesen Fällen bedeutet Öffentliche Meinung bestenfalls die Meinung einiger Leute darüber, was für andere Leute gut oder schlecht ist, und sehr häufig bedeutet sie nicht einmal das; die Öffentlichkeit geht mit völliger Gleichgültigkeit über das Vergnügen oder den Vorteil derer hinweg, deren Verhalten sie tadelt, und hat nur das im Sinn, was sie selbst bevorzugt.

Es gibt Leute, die irgendein ihnen mißliebiges Verhalten als ein Unrecht gegen sie selbst betrachten und es als eine grobe Beleidigung ihrer Gefühle übelnehmen; wie ein religiöser Eiferer, von dem man weiß, daß er auf die Anschuldigung, er mißachte die religiösen Gefühle anderer, erwidert, sie mißachteten seine Gefühle, indem sie auf ihrem abscheulichen Gottesdienst oder Glaubensbekenntnis beharren. Aber es gibt keine Parität zwischen dem Gefühl eines Menschen für seine eigene Meinung und dem Gefühl eines anderen, der durch sie verletzt wird, sowenig wie zwischen dem Wunsch eines Diebes, eine Geldbörse zu stehlen, und dem Wunsch des rechtmäßigen Besitzers, sie zu behalten. Und der Geschmack eines Menschen ist so sehr seine eigene Angelegenheit wie seine Meinung oder seine Geldbörse.

Man kann sich leicht eine ideale Öffentlichkeit vorstellen, die die Freiheit und Wahl der Individuen in allen ungewissen Dingen unangetastet läßt und von ihnen lediglich verlangt, daß sie sich der Handlungsweisen enthalten, die die allgemeine Erfahrung verurteilt hat. Aber wo hat man schon einmal eine Öffentlichkeit gesehen, die ihrer Zensur eine solche Grenze setzt? Oder wann kümmert sich die Öffentlichkeit selbst um allgemeine Erfahrung? Bei ihrer Einmischung in persönliches Verhalten denkt sie selten an etwas anderes als an die Ungeheuerlichkeit, daß da jemand anders handelt oder fühlt als sie selbst. Und dieser Urteils-Maßstab wird, dürftig verkleidet, der Menschheit von neun Zehnteln aller Moralisten und philosophischen Schriftsteller als das Gebot von Religion und Philosophie vorgehalten. Diese lehren, daß Dinge recht sind, weil sie recht sind; weil wir fühlen, daß sie es sind. Sie sagen uns, wir sollten in unserem eigenen Geiste und Herzen nach Gesetzen für unser Verhalten suchen, die uns selbst und alle anderen binden. Was kann das arme Publikum anderes tun, als diese Instruktionen anwenden und seine eigenen persönlichen Gefühle von Gut und Böse, wenn es einigermaßen einmütig über sie ist, zur Verpflichtung für alle Welt machen? [...]

Ein bedeutendes Beispiel illegitimer Einmischung in die rechtmäßige Freiheit des Individuums, nicht einfach angedroht, sondern seit langem triumphierend, ist die Gesetzgebung über die Sonntagsruhe. Ohne Zweifel ist die Enthaltung von der üblichen täglichen Beschäftigung an einem Tag der Woche, soweit es die Lebensnotwendigkeiten erlauben, eine überaus wohltätige Sitte, wenngleich in keiner Hinsicht für irgend jemanden, außer für Juden, von religiöser Verbindlichkeit. Und da nun diese Sitte nicht eingehalten werden kann ohne allgemeines Einverständnis darüber unter den arbeitenden Klassen, mag es, insofern gewisse Leute durch ihr Tätigsein anderen dieselbe Notwendigkeit aufbürden könnten, zulässig und richtig sein, daß das Gesetz jedermann die Einhaltung der Sitte durch andere garantiert, indem es die größeren Arbeiten der Industrie an einem bestimmten Tage suspendiert.

Aber diese Rechtfertigung, die sich auf das direkte Interesse anderer an der Einhaltung der Praxis durch jedermann gründet, gilt nicht für die selbstgewählten Beschäftigungen, die jemand für die geeignete Ausfüllung seiner Mußestunden halten mag; noch gilt sie auch nur im geringsten für die gesetzliche Beschränkung von Vergnügungen. Es ist wahr, daß das Vergnügen der einen das Tagewerk der anderen ist; aber das Vergnügen, um nicht zu sagen die nützliche Erholung Vieler ist die Arbeit einiger Weniger wert, vorausgesetzt, die Beschäftigung ist frei gewählt und kann nach eigener Wahl beendet werden. Die Arbeiter sind völlig im Recht, wenn sie meinen, daß, würden alle am Sonntag arbeiten, die Arbeit von sieben Tagen für einen Sechs-Tage-Lohn geleistet werden müßte. Aber solange die große Masse der Arbeiten eingestellt ist, erhält die kleine Zahl von Leuten, die für das Vergnügen anderer noch arbeiten müssen, einen proportionalen Lohnzuschlag; und sie sind nicht verpflichtet, jenen Beschäftigungen nachzugehen, wenn sie die Muße dem Gewinn vorziehen. Sucht man eine weitere Erleichterung, so ließe sie sich darin finden, daß man einen Feiertag für diese besondere Klasse von Leuten an einem anderen Tage zur Gewohnheit macht.

Der einzige Grund, mit dem Beschränkungen von Sonntagsvergnügungen verteidigt werden können, ist daher der, daß sie aus religiösen Gründen zu verurteilen sind: ein Motiv der Gesetzgebung, gegen das niemals ernstlich genug protestiert werden kann. »Deorum injuriae Diis curae.« (»Beleidigung der Götter ist Sache der Götter.«) Es bleibt zu beweisen, daß die Gesellschaft oder irgendeines ihrer Ämter einen Auftrag von oben erhalten habe, irgendeine vermeintliche Beleidigung der Allmacht zu ahnden, die nicht auch ein Unrecht an unseren Mitmenschen ist. Die Vorstellung, es sei des einen Menschen Pflicht, dafür zu sorgen, daß ein anderer religiös ist, war die Grundlage aller je begangenen religiösen Verfolgungen und würde sie, wenn anerkannt, voll rechtfertigen. Obgleich das Gefühl, das in den wiederholten Versuchen, den Eisenbahnverkehr am Sonntag zum Stillstand zu bringen, in dem Widerstand gegen die Öffnung von Museen und dergleichen zum Ausdruck kommt, nicht die Grausamkeit der alten Verfolger hat, ist der dadurch angezeigte Geisteszustand im Grunde derselbe. Es handelt sich um die Entschlossenheit, nicht zu tolerieren, daß andere das tun, was ihnen durch ihre Religion erlaubt ist, weil es die Religion des Verfolgers nicht erlaubt. Es ist der Glaube, daß Gott nicht nur die Tat des Irrgläubigen verabscheut, sondern auch uns nicht für schuldlos ansehen wird, wenn wir ihn unbehelligt lassen. [...]

Es ist eine angemessene Aufgabe der öffentlichen Autorität, Unfälle zu verhindern. Wenn ein Beamter oder jemand anderes sah, wie ein Mensch eine Brücke zu überqueren versuchte, von der man wußte, daß sie unsicher ist, und es war keine Zeit mehr, jenen Menschen vor der Gefahr zu warnen: dann durften sie ihn festhalten und zurückreißen, ohne daß es sich um eine wirkliche Verletzung seiner Freiheit gehandelt hätte: denn Freiheit besteht darin, daß man das tut, was man zu tun wünscht, und jener Mensch wünscht nicht, in den Fluß zu fallen. Gleichwohl kann, wenn keine Gewißheit, sondern nur die Gefahr eines Mißgeschicks gegeben ist, niemand anderes als der Betreffende selbst die Hinlänglichkeit des Motivs beurteilen, das ihn veranlassen mag, das Risiko einzugehen: in diesem Falle sollte er darum (wenn er kein Kind oder wahnsinnig oder in einem Zustand der Erregung oder Erschöpfung ist, der den vollen Gebrauch seines Denkvermögens unmöglich macht), meine ich, nur vor der Gefahr gewarnt, nicht unter Zwang daran gehindert werden, sich ihr auszusetzen.

Wenden wir ähnliche Überlegungen auf eine solche Frage wie den Verkauf von Giften an, so vermögen wir zu entscheiden, welche unter den möglichen Arten einer Regelung im Widerspruch zu dem Prinzip stehen und welche nicht. Eine Vorschrift wie die zum Beispiel, daß die Droge mit einem Etikett versehen werden muß, das ausdrücklich auf ihren gefährlichen Charakter hinweist, kann ohne Verletzung der Freiheit eingeführt werden: der Käufer kann nicht wünschen, nicht zu wissen, daß das Ding, das er besitzt, Eigenschaften eines Giftes hat. Würde man aber in allen Fällen das Zertifikat eines praktischen Arztes verlangen, so wäre es manchmal unmöglich, stets kostspielig, den Artikel für legitime Zwecke zu bekommen. [...]

Wiederum gibt es viele Handlungen, die, direkt schädlich nur für den Handelnden selbst, nicht gesetzlich untersagt sein sollten, die aber, wenn sie in der Öffentlichkeit begangen werden, eine Verletzung der guten Sitten darstellen und, weil sie so in den Bereich der Vergehen gegen andere fallen, rechtmäßigerweise verboten werden können. Von dieser Art sind Verstöße gegen Anstand und Würde, bei denen wir uns umso weniger aufzuhalten brauchen, als sie nur indirekt mit unserem Thema zusammenhängen. Der Einwand gegen ein öffentliches Zurschaustellen ist gleich stark im Falle vieler Handlungen, die an sich nicht verwerflich sind und auch nicht dafür gehalten werden.

Es gibt eine andere Frage, auf die eine Antwort gefunden werden muß, die mit den dargelegten Prinzipien übereinstimmt. In Fällen des persönlichen Verhaltens, die an sich als tadelnswert gelten, kann dennoch Rücksicht auf die Freiheit es ausschließen, daß die Gesellschaft sie verhindert oder bestraft, weil das unmittelbare Ergebnis ganz den Handelnden trifft. Sollten nun andere Leute auch die Freiheit haben, das zu empfehlen oder zu dem anzustiften, was zu tun der Handelnde frei ist? Diese Frage entbehrt nicht der Schwierigkeit. Der Fall eines Menschen, der einen anderen drängt, eine Handlung zu begehen, ist im strengen Sinne kein Fall von rein persönlichem Verhalten. Jemandem Ratschläge geben oder Anreize bieten, ist ein gesellschaftlicher Akt, und man mag darum meinen, ein solches Verhalten sei, wie im allgemeinen Handlungen, die andere berühren, der Kontrolle der Gesellschaft unterworfen. Ein wenig Überlegung aber korrigiert den ersten Eindruck, indem sie zeigt, daß, wenn der Fall auch strenggenommen nicht unter die Definition der individuellen Freiheit fällt, doch die Vernunftgründe, auf denen das Prinzip der individuellen Freiheit beruht, auf ihn anwendbar sind. Wenn es den Menschen erlaubt sein muß, in all dem, was nur sie selbst betrifft, auf ihr eigenes Risiko hin so zu handeln, wie es ihnen am besten erscheint, so müssen sie gleichfalls die Freiheit haben, mit einem anderen über das zu beraten, was getan werden sollte, Meinungen auszutauschen und Anregungen zu geben wie zu empfangen. Was immer zu tun erlaubt ist, das muß auch anzuraten erlaubt sein.

Zweifelhaft ist die Frage nur, wenn der Anstifter einen persönlichen Gewinn aus seinem Ratschlag zieht; wenn er es um seines Lebensunterhalts oder finanziellen Vorteils willen zu seiner Beschäftigung macht, das zu fördern, was die Gesellschaft und der Staat als ein Übel ansehen. Dann kommt in der Tat ein neues, komplizierendes Element hinzu: nämlich die Existenz von Klassen von Leuten, deren Interesse dem, was als Öffentliches Wohl gilt, entgegengesetzt ist und die davon leben, ihm entgegenzuhandeln. Sollte hier eingegriffen werden oder nicht? Hurerei zum Beispiel muß toleriert werden und ebenso Glücksspiel; aber sollte ein Mensch die Freiheit haben, ein Kuppler zu sein oder eine Spielhölle zu unterhalten? Dieser Fall gehört zu jenen, die genau an der Grenze zweier Prinzipien liegen, und es ist im ersten Augenblick nicht deutlich, zu welchem von beiden er eigentlich gehört. Es gibt auf beiden Seiten Argumente.

Auf der Seite der Toleranz mag gesagt werden, daß die Tatsache, daß man irgendetwas als Beschäftigung betreibt und von seiner Praktizierung lebt oder Gewinn aus ihr zieht, das nicht zum Verbrechen macht, was anderenfalls zulässig wäre; daß die Handlung entweder durchweg erlaubt oder durchweg verboten sein sollte; daß es, wenn die von uns bis jetzt verteidigten Prinzipien wahr sind, nicht Sache der Gesellschaft als Gesellschaft sein kann, irgendetwas, was nur das Individuum betrifft, für schlecht zu erklären: daß sie über das bloße Abraten nicht hinausgehen darf, und daß ein Mensch die Freiheit haben sollte, zuzuraten, wie ein anderer die, abzuraten. Im Gegensatz dazu mag behauptet werden, daß, obgleich die Öffentlichkeit oder der Staat nicht bevollmächtigt sind, zu Zwecken der Verhinderung oder Bestrafung autoritativ zu entscheiden, daß dieses oder jenes nur die Interessen des Individuums berührende Verhalten gut oder schlecht sei, sie doch, wenn sie es für schlecht halten, sehr wohl das Recht haben, es zumindest als eine offene Frage zu betrachten, ob es das ist oder nicht. Weiter mag gesagt werden, daß sie, dies angenommen, nicht falsch handeln können, wenn sie sich bemühen, den Einfluß von nicht uneigennützigen Aufreizungen, von Anregern, die unmöglich unparteiisch sein können, auszuschließen – von Leuten, die ein direktes persönliches Interesse an einer Seite haben, und gerade an der Seite, die der Staat für schädlich hält, und die sie erklärtermaßen nur um persönlicher Vorteile willen fördern. Es kann, so mag geltend gemacht werden, gewiß kein Verlust entstehen, nichts Gutes wird geopfert, wenn man die Dinge so ordnet, daß jedermann seine Wahl, entweder verständig oder töricht, nach seiner eigenen Eingebung zu treffen vermag, so frei wie möglich von den Künsten von Leuten, die seine Neigungen um eigener Zwecke willen beeinflussen.

So sollten denn (mag gesagt werden) – obwohl die Vorschriften in bezug auf ungesetzliche Spiele sich ganz und gar nicht verteidigen lassen, obwohl alle Menschen die Freiheit haben sollten, in ihrem eigenen Hause oder dem eines anderen Glücksspiele zu spielen, oder an einem nur durch ihre eigenen Beiträge eingerichteten Versammlungsort, der nur für die Mitglieder und ihre Gäste offen ist – öffentliche Spielhäuser gleichwohl nicht erlaubt sein. Es stimmt, daß das Verbot niemals wirksam ist, und daß Spielhäuser immer unter anderen Vorwänden aufrechterhalten werden können, wieviel tyrannische Macht man der Polizei auch immer gibt; aber sie können gezwungen werden, ihren Betrieb in ein gewisses Dunkel zu hüllen, so daß bis auf die, die sie suchen, niemand etwas von ihnen weiß: und mehr als dies sollte die Gesellschaft nicht anstreben.

Diese Argumente sind recht zwingend. Ich will nicht zu entscheiden wagen, ob sie ausreichen, die moralische Anomalie zu rechtfertigen, daß der Helfer bestraft wird, während man dem Haupttäter erlaubt (und erlauben muß), straffrei auszugehen; daß der Kuppler zu Geldstrafe oder Haft verurteilt wird, nicht aber der Hurer, der Spielhausbesitzer, nicht aber der Spieler. [...]

Infolge des Fehlens irgendwelcher anerkannter allgemeiner Prinzipien wird Freiheit oft da gewährt, wo sie vorenthalten werden sollte, so wie sie da vorenthalten wird, wo sie gewährt werden sollte. Und einer der Fälle, in denen sich in der modernen europäischen Welt das Gefühl der Freiheit am stärksten geltend macht, ist einer, wo es nach meiner Auffassung völlig fehl am Platze ist. Ein Mensch sollte frei sein, in seinen eigenen Angelegenheiten zu tun, wie ihm beliebt; aber er sollte nicht frei sein, beim Handeln für einen anderen zu tun, wie ihm beliebt, unter dem Vorwand, die Angelegenheiten des anderen seien seine eigenen Angelegenheiten. Derselbe Staat, der die Freiheit eines Jeden in dem, was speziell ihn selbst angeht, respektiert, ist verpflichtet, seine Ausübung jedweder Macht, die er ihm über andere einräumt, wachsam zu kontrollieren.

Diese Verpflichtung wird im Falle der Familienbeziehungen fast gänzlich mißachtet, einem Falle, der in seinem direkten Einfluß auf menschliches Glück von größerer Bedeutung ist als alle anderen Fälle zusammen. Die beinahe despotische Macht der Ehemänner über ihre Frauen braucht hier nicht ausführlich behandelt zu werden, weil zur vollständigen Beseitigung dieses Übels nichts notwendiger ist, als daß die Frauen dieselben Rechte besitzen und den Schutz des Gesetzes in derselben Art und Weise genießen wie alle anderen Menschen; und weil in diesem Punkte die Verteidiger der etablierten Ungerechtigkeit sich nicht des Vorwandes der Freiheit bedienen, sondern offen als Anwälte der Macht auftreten. Es ist im Falle der Kinder, daß falsch angewandte Anschauungen von der Freiheit für den Staat ein wirkliches Hindernis bei der Erfüllung seiner Pflichten bilden. Man möchte beinahe meinen, daß die Kinder eines Mannes für ein Teil seiner selbst im buchstäblichen und nicht nur im metaphorischen Sinne gehalten werden, so eifersüchtig ist die öffentliche Meinung hinsichtlich des geringsten Eingriffs des Gesetzes in seine absolute und ausschließliche Kontrolle über sie, eifersüchtiger beinahe als hinsichtlich irgendeiner Einmischung in seine eigene Freiheit. Soviel geringer bewerten die Menschen im allgemeinen die Freiheit als die Macht. [...]

Nicht nur in der Frage der Erziehung verhindern unangebrachte Begriffe von Freiheit, daß moralische Verpflichtungen der Eltern anerkannt und ihnen gesetzliche Verpflichtungen auferlegt werden, obwohl die stärksten Gründe immer für die ersteren und in vielen Fällen auch für die letzteren sprechen. Die Tatsache selbst, daß man das Dasein eines menschlichen Wesens verursacht, ist eine der verantwortlichsten Handlungen im Bereich des menschlichen Lebens. Diese Verantwortung zu übernehmen – ein Leben zu verleihen, das entweder ein Fluch oder ein Segen sein kann – ohne daß das Wesen, dem man es verliehen hat, zumindest die normalen Chancen einer erstrebenswerten Existenz haben wird, ist ein Verbrechen gegen dieses Wesen. Und in einem übervölkerten oder von Übervölkerung bedrohten Lande mehr als eine sehr kleine Zahl von Kindern in die Welt zu setzen, mit der Wirkung, daß sie durch ihre Konkurrenz den Arbeitslohn herunterdrücken, ist ein ernstes Vergehen gegen Alle, die von ihrem Arbeitslohn leben.

Die Gesetze, die in vielen Ländern des Kontinents eine Eheschließung untersagen, wenn die Partner nicht nachweisen können, daß sie über die Mittel für den Unterhalt einer Familie verfügen, überschreiten nicht die legitimen Machtbefugnisse des Staates: und mögen solche Gesetze nun zweckmäßig sein oder nicht (eine Frage, deren Beantwortung vor allem von lokalen Umständen und Anschauungen abhängt), man kann sie jedenfalls nicht als Verletzungen der Freiheit für unstatthaft erklären. Solche Gesetze sind Eingriffe des Staates zur Verhinderung einer schädlichen Tat – einer Tat, die, weil sie nachteilig für andere ist, ein Gegenstand der Mißbilligung und gesellschaftlichen Brandmarkung sein sollte, selbst dann, wenn man es nicht für ratsam hält, eine gesetzliche Bestrafung hinzuzufügen.

Doch die landläufigen Ideen von Freiheit, die sich so leicht beugen vor wirklichen Verletzungen des Individuums in Dingen, die nur es selbst betreffen, würden den Versuch zurückweisen, seinen Neigungen irgendeine Beschränkung aufzuerlegen, auch wenn die Folge ihrer Nachsicht ein Leben oder mehrere Leben voll Elend und Verderb für die Nachkommenschaft sind, mit mannigfachen Übeln für diejenigen, die ihnen nahe genug sind, um von ihren Handlungen in irgendeiner Weise berührt zu werden. Wenn wir den seltsamen Respekt der Menschen vor der Freiheit mit ihrem seltsamen Mangel an Respekt vor ihr vergleichen, so könnten wir wähnen, daß ein Mensch ein unabdingbares Recht habe, anderen Schaden zuzufügen, und keinerlei Recht, nach eigenem Gefallen zu leben, ohne irgendjemandem Unbill zu bereiten. [...]

Der zwingendste Grund für eine Beschränkung der Regierungseinmischung ist das große Übel der unnötigen Mehrung der Regierungsmacht. Jede Funktion, die den von der Regierung bereits ausgeübten Funktionen hinzugefügt wird, führt zu einer noch weiteren Ausdehnung ihres Einflusses auf Hoffnungen und Befürchtungen und verwandelt den aktiven und ehrgeizigen Teil des Publikums mehr und mehr in bloße Anhängsel der Regierung oder einer Partei, die Regierung zu werden strebt. Wenn die Straßen, die Eisenbahnen, die Banken, die Versicherungsagenturen, die großen Aktiengesellschaften, die Universitäten und die öffentlichen Wohlfahrtsinstitutionen allesamt Zweige der Regierung wären; wenn zusätzlich dazu die Gemeindeverwaltungen und Lokalbehörden mit all dem, was ihnen jetzt übertragen ist, Abteilungen der Zentralverwaltung würden; wenn die Beschäftigten all dieser verschiedenen Unternehmen durch die Regierung ernannt und bezahlt würden und jeden Aufstieg im Leben von ihr zu erwarten hätten: so würden alle Freiheit der Presse und alle demokratische Verfassung der gesetzgebenden Gewalt dieses oder irgendein anderes Land in keinem anderen Sinne als nur dem Namen nach frei machen.

Und das Übel wäre um so größer, je wirksamer und wissenschaftlicher die Verwaltungsmaschinerie konstruiert wäre – je trefflicher die Vorrichtungen wären, die bestqualifizierten Hände und Köpfe zu bekommen. In England ist kürzlich vorgeschlagen worden, alle Mitglieder des Civil Service der Regierung sollten durch einen Examenswettbewerb ausgewählt werden, um so für diese Tätigkeiten die intelligentesten und kenntnisreichsten Leute zu bekommen, die es gibt; und es ist viel für und wider diesen Vorschlag gesagt und geschrieben worden. Eines der Argumente, auf das seine Gegner sich am meisten versteifen, ist das, daß die Tätigkeit eines ständigen beamteten Staatsdieners nicht genügend Aussichten auf Entlohnung und Ansehen bietet, um die größten Talente anzuziehen, die immer in der Lage sein würden, eine viel einladendere Karriere in den Fachberufen oder im Dienste von Gesellschaften oder anderen öffentlichen Körperschaften zu finden. Man wäre nicht überrascht gewesen, hätten sich die Befürworter des Vorschlags dieses Arguments als Antwort auf seine Hauptschwierigkeit bedient. Daß es von seinen Gegnern kommt, ist sonderbar genug. Was als Einwand geltend gemacht wird, ist in Wahrheit gerade das Sicherheitsventil des vorgeschlagenen Systems. Wenn tatsächlich jedes große Talent des Landes in den Dienst der Regierung gezogen werden *könnte,* dann würde ein Vorschlag, der darauf abzielt, dies Resultat zu erreichen, sehr wohl Unbehagen erregen.

Wenn jeder Teil der gesellschaftlichen Praxis, der organisiertes Zusammenwirken oder große und umfassende Perspektiven erfordert, in der Hand der Regierung wäre, und wenn Regierungsämter ganz allgemein mit den fähigsten Leuten besetzt wären: dann wäre die ganze höhere Kultur und praktische Intelligenz, mit Ausnahme der rein spekulativen, in einer zahlreichen Bürokratie konzentriert, auf die allein der Rest der Gesellschaft in allen Dingen seinen Blick richten würde: die Masse in Erwartung von Leitung und Vorschrift in allem, was sie zu tun hat, die Fähigen und Strebsamen im Hinblick auf ihren persönlichen Aufstieg. In die Reihen dieser Bürokratie aufgenommen zu werden und, wenn aufgenommen, in ihr aufzusteigen, wären die einzigen Ziele des Ehrgeizes. Unter einem solchen Regime ist nicht nur das draußenstehende Publikum wegen seines Mangels an praktischer Erfahrung schlecht qualifiziert, die Arbeitsweise der Bürokratie zu kritisieren oder ihr Zügel anzulegen, sondern selbst dann, wenn die Zufälle despotischer oder das natürliche Wirken demokratischer Institutionen gelegentlich einen oder mehrere Herrscher mit Reform-Neigungen an die Spitze bringen, kann keine Reform durchgeführt werden, die den Interessen der Bürokratie widerspricht. [...]

Den Punkt zu bestimmen, an dem für die menschliche Freiheit und den menschlichen Fortschritt so furchtbare Übel beginnen, oder vielmehr an dem sie die Vorteile zu überwiegen beginnen, die mit der kollektiven Anwendung der Kräfte der Gesellschaft, unter ihren anerkannten Führern, für die Beseitigung der ihrem Wohlbefinden im Wege stehenden Hindernisse verbunden sind; soviel von den Vorteilen zentralisierter Macht und Intelligenz zu sichern, wie man haben kann, ohne einen zu großen Teil der allgemeinen Aktivität in Regierungskanäle zu leiten: das ist eine der schwierigsten und kompliziertesten Fragen der Regierungskunst.

Es handelt sich dabei in erheblichem Maße um eine Frage der Details, bei der viele und verschiedenartige Überlegungen beachtet werden müssen, und eine absolute Regel läßt sich nicht aufstellen. Aber ich glaube, daß das praktische Prinzip, auf dem Sicherheit beruht, das Ideal, das man im Auge behalten muß, der Maßstab, mit dem alle Maßnahmen zur Überwindung der Schwierigkeiten zu prüfen sind, wie folgt zusammengefaßt werden kann: die größte Dezentralisierung der Macht, die mit Effektivität vereinbar ist, aber die größtmögliche Zentralisierung der Information und ihre Verbreitung von einem Mittelpunkt aus.

Epilog

Fjodor M. Dostojewskij: Der Widerstreit zwischen Freiheit und Glück

Der folgende Text bildet das Kernstück aus dem berühmten Kapitel ›Der Großinquisitor‹ in Dostojewskijs Roman ›Die Brüder Karamasow‹. Dieses Kapitel ist Teil einer großangelegten weltanschaulichen Auseinandersetzung zwischen den beiden Brüdern Iwan und Aljoscha. Um seinen Standpunkt zu erläutern, trägt Iwan seinem Bruder eine von ihm erfundene Legende vor: Im Spanien des sechzehnten Jahrhunderts, auf dem Höhepunkt der kirchlichen Inquisition, kehrt eines Tages Christus auf die Erde zurück. Das Volk erkennt ihn und jubelt ihm zu. Doch der oberste Leiter der Inquisition, der greise Großinquisitor, behandelt ihn als Ketzer und läßt ihn einkerkern. In der Nacht betritt der Großinquisitor den Kerker und versucht, die von ihm verkörperte kirchliche Herrschaftsform mit ihren Abweichungen von den Lehren des Evangeliums dem schweigenden Christus gegenüber zu rechtfertigen. Die Rechtfertigungsrede in ihrem wesentlichen Teil ist Inhalt unseres Textes.

Die volle Bedeutung der Legende vom Großinquisitor läßt sich nur im Gesamtzusammenhang des Romans sowie auf dem Hintergrund der Einstellung seines Autors zum Christentum abschätzen. Das schließt jedoch nicht aus, daß auch jener Leser, der über die hierzu nötigen Kenntnisse nicht verfügt, von der dichterischen Kraft des Textes betroffen sein wird und sich in vielfältiger Weise zum Nachdenken anregen lassen kann. Als Abschluß dieses staatsphilosophischen Readers schien mir der Text vor allem deshalb geeignet, weil er tiefgehende und provozierende Aussagen zu einem Problem enthält, dessen Bedeutung für die politischen Grundfragen des zwanzigsten Jahrhunderts in Ost und West man kaum überschätzen kann: dem Problem der Vereinbarkeit von Glück, Zufriedenheit, Wohlergehen, Wohlstand, sozialer Sicherheit usw. auf der einen und individueller Freiheit in all ihren Spielarten auf der anderen Seite. Dieses Problem kann sehr verschiedene Dimensionen annehmen – angefangen von der unmetaphysisch-empirischen, die wir bei Mill kennenlernten, bis hin zu der theologischen, das Grundverständnis des Christentums berührenden Dimension, die es bei Dostojewskij annimmt. Selbst wer Schwierigkeiten hat, diese theologischen Gedanken nachzuvollziehen, und auch zu schöngeistiger Literatur wenig Beziehung hat, dürfte in dem folgenden Text genügend Anregung finden, die Vereinbarkeit der politischen Zielvorstellungen »Freiheit« und »Glück« erneut zu überdenken.

Unser Textauszug setzt unmittelbar in der Rechtfertigungsrede des Großinquisitors vor Christus ein, wie sie Iwan seinem Bruder Aljoscha vorträgt.

»Hast Du das Recht, uns auch nur ein einziges Geheimnis jener Welt zu verkünden, aus der Du gekommen bist?‹ fragt Ihn der Inquisitor und antwortet selbst an Seiner Statt: ›Nein, Du hast es nicht, denn Du darfst dem, was Du schon früher gesagt hast, nichts hinzufügen und darfst den Menschen nicht die Freiheit nehmen, für die Du so sehr eingetreten bist, als Du noch auf Erden warst. Alles, was Du neu verkünden würdest, wäre ein Anschlag auf die Glaubensfreiheit der Menschen, denn es käme einem Wunder gleich; die Freiheit ihres Glaubens aber ging Dir damals, vor anderthalbtausend Jahren, über alles. Hast nicht gerade Du damals so oft gesagt: Ich will euch frei machen? Nun hast Du sie gesehen, diese freien Menschen!‹ fügt der Greis mit nachdenklichem, spöttischem Lächeln hinzu. ›Ja, das ist uns teuer zu stehen gekommen‹, fährt er fort und blickt Ihn streng an, ›doch wir haben dieses Werk schließlich zu Ende geführt, in Deinem Namen. Fünfzehn Jahrhunderte lang haben wir uns mit dieser Freiheit herumgeplagt, doch jetzt ist unser Werk vollendet, für alle Zeiten vollendet. Du glaubst nicht, daß es für alle Zeiten vollendet ist? Du blickst mich sanft an und würdigst mich nicht einmal Deines Unwillens? Doch Du mußt wissen: gerade jetzt, gerade heutzutage sind die Menschen mehr als je davon überzeugt, völlig frei zu sein; dabei haben sie selbst uns ihre Freiheit gebracht und sie uns demütig vor die Füße gelegt. Das ist unser Werk, hast Du aber das gewollt, eine solche Freiheit?‹«

»Ich verstehe wieder nicht«, unterbrach ihn Aljoscha. »Redet er ironisch, will er sich über Ihn lustig machen?«

»Nicht im geringsten. Er rechnet es sich und den Seinen als Verdienst an, daß sie endlich die Freiheit niedergerungen haben und daß sie das taten, um die Menschen glücklich zu machen. ›Denn jetzt‹ – er spricht natürlich von der Inquisition – ›ist es zum erstenmal möglich geworden, an das Glück der Menschen zu denken. Der Mensch ist seiner Anlage nach ein Empörer; können denn Empörer glücklich sein? Man hat Dich gewarnt‹, sagt er zu Ihm, ›es fehlte Dir nicht an Warnungen und Hinweisen, aber Du hörtest nicht auf die Warnungen, Du verschmähtest den einzigen Weg, auf dem man die Menschen hätte glücklich machen können. Doch zum Glück hast Du, als Du von hinnen schiedest, die Sache uns übergeben. Du hast es versprochen, Du hast es durch Dein Wort bekräftigt, Du hast uns das Recht verliehen, zu binden und zu lösen, und jetzt darfst Du selbstverständlich nicht einmal daran denken, uns dieses Recht wieder zu nehmen. Warum bist Du also gekommen, uns zu stören?‹«

»Was heißt das: ›Es fehlte Dir nicht an Warnungen und Hinweisen?‹« fragte Aljoscha.

»Gerade darin besteht das Wichtigste, was der Greis zu sagen hat. ›Der furchtbare und kluge Geist, der Geist der Selbstvernichtung und des Nichtseins‹, fährt der Greis fort, ›der große Geist hat mit Dir in der Wüste gesprochen, und es ist uns in der Schrift überliefert, er habe Dich dort versucht. Trifft das zu? Und hätte man wohl etwas Wahreres sagen können als das, was er Dir in den drei Fragen verkündete und was Du von Dir wiesest und was in der Schrift ,Versuchungen‘ genannt wird? Wenn jemals auf Erden ein wirkliches, gewaltiges Wunder vollbracht worden ist, so an jenem Tage, am Tage dieser drei Versuchungen. Gerade darin, daß diese drei Fragen auftauchten, bestand das Wunder. Wenn man sich, nur zur Probe und als Beispiel, vorstellen wollte, daß diese drei Fragen des furchtbaren Geistes spurlos aus der Schrift verschwunden wären und wiederhergestellt, von neuem erdacht und formuliert werden müßten, um sie wieder in die Schrift einzusetzen, und daß man zu diesem Zweck alle Weisen der Erde, alle Herrscher, Erzpriester, Gelehrten, Philosophen und Dichter versammelte und ihnen die Aufgabe stellte: ersinnt und formuliert drei Fragen, die nicht nur der Größe des Ereignisses entsprechen, sondern überdies noch in drei Worten, in drei Sätzen die ganze künftige Geschichte der Welt und der Menschheit enthalten – glaubst Du wohl, alle Weisheit der Welt vermöchte, wenn sie sich vereinigte, etwas zu ersinnen, das an Kraft und Tiefe den drei Fragen gleichkäme, die Dir damals in der Wüste von dem mächtigen und klugen Geist vorgelegt wurden? Schon allein an diesen Fragen, allein schon an dem Wunder, daß sie gestellt wurden, ist zu erkennen, daß man es hier nicht mit der vergänglichen menschlichen Vernunft zu tun hat, sondern mit der ewigen und absoluten. Denn in diesen drei Fragen ist die gesamte weitere Geschichte der Menschheit gleichsam zusammengefaßt und vorausgesagt, und in ihnen werden drei Symbole gezeigt, die alle unlösbaren historischen Widersprüche der menschlichen Natur auf Erden in sich vereinen. Damals war das noch nicht so ersichtlich, denn die Zukunft war unbekannt, heute aber, nachdem fünfzehn Jahrhunderte vergangen sind, sehen wir: in diesen drei Fragen ist alles dermaßen genau dargestellt und vorausgesagt, und es hat sich so sehr bewahrheitet, daß sich ihnen nichts mehr hinzufügen und nichts von ihnen wegnehmen läßt.

Entscheide nun selbst, wer recht hatte: Du oder jener, der

Dich damals fragte? Erinnere Dich der ersten Frage! Wenn auch nicht wörtlich, so doch dem Sinne nach lautete sie: ‚Du willst in die Welt gehen und gehst mit leeren Händen, mit dem vagen Versprechen einer Freiheit, das sie in ihrer Einfalt und angeborenen Zuchtlosigkeit nicht einmal begreifen können, vor dem sie sich fürchten und das sie beängstigt – denn nichts ist jemals dem Menschen und der menschlichen Gesellschaft unerträglicher gewesen als die Freiheit! Siehst Du die Steine in dieser nackten und glühenden Wüste? Verwandle sie in Brote, und die Menschheit wird Dir nachlaufen wie eine Herde, dankbar und gehorsam, wenn sie auch ewig zittern wird, Du könntest Deine Hand zurückziehen, und Deine Brote würden ein Ende nehmen.‘ Doch Du wolltest den Menschen nicht der Freiheit berauben und lehntest den Vorschlag ab, denn was wäre das für eine Freiheit, dachtest Du, wenn der Gehorsam mit Broten erkauft würde? Du entgegnetest, der Mensch lebe nicht vom Brot allein, aber Du weißt auch, daß im Namen gerade dieses irdischen Brotes der Geist der Erde sich gegen Dich erheben und mit Dir kämpfen und Dich besiegen wird und daß alle ihm mit dem Ruf folgen werden: ‚Wer ist dem Tier gleich, es hat uns das Feuer vom Himmel gegeben!‘ Weißt Du auch, daß Jahrhunderte vergehen werden und die Menschheit durch den Mund ihrer Weisheit und Wissenschaft verkünden wird, es gebe kein Verbrechen und folglich auch keine Sünde, sondern es gebe nur Hungrige? ‚Mache sie zuerst satt, und dann verlange von ihnen Tugend!‘ Das werden sie auf das Panier schreiben, das sie gegen Dich erheben werden und durch das Dein Tempel zerstört werden wird. An Stelle Deines Tempels wird ein neues Gebäude, ein neuer furchtbarer babylonischer Turm errichtet werden, und obwohl auch der unvollendet bleiben wird wie der ehemalige, so hättest Du doch den Bau dieses neuen Turms abwenden und die Leiden der Menschen um tausend Jahre abkürzen können – denn sie werden ja zu uns kommen, nachdem sie sich tausend Jahre lang mit ihrem Turm abgeplagt haben! Sie werden uns dann wieder unter der Erde, in den Katakomben, unserem Versteck suchen (denn man wird uns von neuem verfolgen und martern), sie werden uns finden und uns anflehen: ‚Sättigt uns, denn die uns das Feuer vom Himmel versprachen, haben es uns nicht gegeben!‘ Und dann werden wir ihren Turm vollenden, denn vollenden wird ihn, wer sie satt macht, und sie satt machen werden nur wir, und wir werden ihnen vorlügen, es geschehe in Deinem Namen. Oh, nie, nie werden sie sich ohne uns sättigen können! Keine Wissenschaft kann ihnen Brot geben, solange sie frei bleiben, doch es wird damit enden, daß sie uns ihre Freiheit zu Füßen legen und zu uns sagen werden: ‚Knechtet uns lieber, aber macht uns satt!' Sie werden endlich selber einsehen, daß beides, Freiheit und genügend Brot für jeden, zusammen undenkbar sind, denn nie werden sie untereinander zu teilen wissen! Zudem werden sie sich davon überzeugen, daß sie auch niemals frei sein können, weil sie schwach, lasterhaft, nichtig und aufrührerisch sind. Du hast ihnen himmlisches Brot versprochen, ich aber sage nochmals: läßt es sich denn in den Augen des schwachen, ewig lasterhaften und ewig undankbaren Menschengeschlechts mit dem irdischen vergleichen? Und wenn auch um des himmlischen Brotes willen Tausende und Zehntausende Dir nachfolgen werden, was geschieht dann mit den Millionen und Milliarden von Geschöpfen, die nicht die Kraft haben, das irdische Brot um des himmlischen willen zu verschmähen? Oder liegen Dir nur die Zehntausende von Großen und Starken am Herzen, und sollen die übrigen Millionen, die schwach sind und zahllos wie der Sand am Meer, aber Dich lieben, den Großen und Starken nur als Material dienen? Nein, uns sind auch die Schwachen lieb. Sie sind lasterhaft und aufrührerisch, aber zu guter Letzt werden sie sich fügen. Sie werden uns anstaunen und uns für Götter halten, weil wir, die wir uns an ihre Spitze stellten, uns bereit erklärt haben, die Freiheit zu ertragen, vor der sie erschraken, und über sie zu herrschen – so schrecklich wird es ihnen zuletzt erscheinen, frei zu sein! Aber wir werden sagen, daß wir Dir gehorsam sind und in Deinem Namen herrschen. Wir werden sie wieder betrügen, denn Dich werden wir nicht mehr zu uns lassen. In diesem Betrug wird unsere Qual bestehen, denn wir werden lügen müssen. – Das bedeutet die erste Frage in der Wüste, und das hast Du im Namen der Freiheit abgelehnt, die Du über alles stelltest. Und doch war in dieser Frage das große Geheimnis dieser Welt enthalten. Hättest Du die Brote angenommen, so hättest Du der allgemeinen und ewigen menschlichen Sehnsucht, des einzelnen wie auch der ganzen Menschheit, entsprochen: ‚Wen sollen wir anbeten?' Es gibt für den Menschen, wenn er frei bleibt, keine hartnäckigere und qualvollere Sorge als die, möglichst schnell jemanden zu finden, den er anbeten kann. Doch der Mensch strebt danach, etwas anzubeten, das über allen Zweifel erhaben ist, so hoch erhaben, daß alle Menschen zugleich bereit sind, es gemeinsam anzubeten. Denn die Sorge dieser jämmerlichen Geschöpfe besteht nicht nur darin, etwas zu finden, das ich oder ein anderer anbeten könnte, sondern etwas zu finden, woran alle glauben und was alle, unbedingt *alle zusammen,* anbeten könnten. Gerade dieses Bedürfnis nach einer *Gemeinsamkeit* in der Anbetung war die größte Qual jedes einzelnen Menschen und der gesamten Menschheit seit dem Anfang der Zeiten. Um der gemeinsamen Anbetung willen rotteten sie einander mit dem Schwerte aus. Sie schufen Götter und forderten einander auf: ‚Verlaßt eure Götter und kommt, die unsrigen anzubeten, oder ihr und eure Götter sollt des Todes sein!' Und so wird es bleiben bis zum Ende der Welt, selbst dann, wenn die Welt entgöttert sein wird: einerlei, sie werden sich vor Götzen niederwerfen. Du kanntest dieses Grundgeheimnis der menschlichen Natur, es ist undenkbar, daß Du es nicht gekannt hast, aber Du hast das einzige absolute Zeichen verschmäht, das Dir angeboten wurde und womit Du alle hättest zwingen können, Dich ohne Widerrede anzubeten – das Zeichen des irdischen Brotes, und Du hast es verschmäht im Namen der Freiheit und des himmlischen Brotes. – Siehe, was Du weiter getan hast, wiederum im Namen der Freiheit. Ich sage Dir, der Mensch kennt keine qualvollere Sorge, als jemanden zu finden, dem er möglichst bald jenes Geschenk der Freiheit übergeben könnte, mit dem er, dieses unglückselige Geschöpf, auf die Welt kommt. Doch nur der kann sich der Freiheit der Menschen bemächtigen, der ihr Gewissen zu beruhigen vermag. In dem Brot wurde Dir ein unanfechtbares Zeichen angeboten: gibst Du Brot, so wird der Mensch Dich anbeten, denn es gibt nichts, das sich weniger anzweifeln ließe als Brot; unterwirft sich aber zur gleichen Zeit neben Dir ein anderer das Gewissen der Menschen – oh, dann werden sie sogar Dein Brot von sich werfen und dem nachfolgen, der ihr Gewissen verführt. Darin hattest Du recht. Denn das Geheimnis des menschlichen Seins liegt nicht darin, daß der Mensch lebt, sondern darin, wozu er lebt. Ohne eine feste Vorstellung davon, wozu er leben soll, wird der Mensch nicht leben wollen und sich eher vernichten, als auf Erden bleiben, selbst wenn er Brot in Hülle und Fülle hätte. So ist das, was aber machtest Du daraus? Statt Dich der Freiheit der Menschen zu bemächtigen, hast Du sie noch mehr erweitert! Oder hast Du vergessen, daß Ruhe und selbst der Tod dem Menschen lieber sind als freie Wahl in der Erkenntnis von Gut und Böse? Nichts kann den Menschen mehr verführen als Gewissensfreiheit, aber auch nichts ist qualvoller für ihn. Doch statt ihm feste Grundlagen zu geben, damit er sein Gewissen ein für allemal beruhigen könnte, wiesest Du ihm alles zu, was es an

Ungewöhnlichem, Rätselhaftem und Unbestimmtem gibt, alles, was über die Kräfte der Menschen geht. Du handeltest also, als liebtest Du sie überhaupt nicht – und wer hat das getan? Der, der gekommen war, Sein Leben für sie zu lassen! Statt Dich der Freiheit der Menschen zu bemächtigen, hast Du sie vermehrt und ihre Qualen auf ewig der menschlichen Seele aufgebürdet. Du wolltest, der Mensch solle in Freiheit lieben, damit er, von Dir bezaubert und gebannt, Dir freiwillig folge. Statt nach dem festen alten Gesetz sollte der Mensch hinfort in der Freiheit des Herzens selber entscheiden, was gut und was böse sei, und nur Dein Vorbild als Richtschnur vor sich haben – aber hast Du denn nicht daran gedacht, daß er schließlich sogar Dein Vorbild und Deine Wahrheit ablehnen und bestreiten wird, wenn man ihm ein so furchtbares Joch wie die Wahlfreiheit aufbürdet? Die Menschen werden schließlich ausrufen, die Wahrheit sei nicht in Dir, denn es war unmöglich, sie in größerer Verwirrung und Qual zurückzulassen, als Du es getan hast, der Du ihnen soviel Sorgen und unlösbare Aufgaben hinterließest. Auf diese Weise hast Du selbst die Zerstörung Deines Reiches angebahnt, miß also niemand anderem die Schuld daran bei. Was aber wurde Dir angeboten? Es gibt drei Mächte, nur drei Mächte auf Erden, die das Gewissen dieser kraftlosen Rebellen zu ihrem eigenen Glück auf ewig besiegen und gefangennehmen können – diese Mächte sind: das Wunder, das Geheimnis und die Autorität. Du hast die eine wie die andere und auch die dritte verworfen und bist selbst mit gutem Beispiel vorangegangen. Als der furchtbare und weise Geist Dich auf des Tempels Zinne stellte und zu Dir sprach: ,Wenn Du wissen willst, ob Du Gottes Sohn bist, so stürze Dich hinab, denn es steht geschrieben von Ihm, daß Engel Ihn auffangen und tragen werden und Er nicht fallen noch sich verletzen wird – dann wirst Du wissen, ob Du Gottes Sohn bist, und beweisen, wie stark Dein Glaube an Deinen Vater ist.‘ Doch Du hörtest den Vorschlag an und wiesest ihn zurück, Du gabst nicht nach und stürztest Dich nicht hinab. Oh, gewiß, Du hast stolz und großartig gehandelt wie ein Gott, doch die Menschen, dieses schwache, aufrührerische Geschlecht – sind sie denn Götter? Oh, Du begriffst damals: tätest Du nur einen Schritt, nur eine Bewegung, um Dich hinabzustürzen, so würdest Du damit sofort Gott versuchen wie auch Deinen ganzen Glauben an Ihn verlieren und an der Erde zerschellen, die zu erlösen Du gekommen warst, und der böse Geist, der Dich versuchte, würde darüber frohlocken. Doch ich wiederhole: gibt es denn viele, die sind wie Du? Und konntest Du wirklich nur einen Augenblick lang annehmen, auch die Menschen seien einer solchen Versuchung gewachsen? Ist denn die Natur des Menschen so beschaffen, daß er das Wunder ausschlagen und in so furchtbaren Augenblicken des Lebens, in Augenblicken der schrecklichsten, wichtigsten und qualvollsten Seelenfragen, mit der freien Entscheidung seines Herzens auskommen könnte? Oh, Du wußtest, daß Deine Tat in der Schrift aufbewahrt bleiben, die Tiefe der Zeiten und die äußersten Grenzen der Erde erreichen wird, und Du hofftest, daß auch der Mensch Deinem Beispiel folgen und kein Wunder brauchen werde, um seinen Glauben an Gott zu bewahren. Aber Du wußtest nicht, daß der Mensch, sobald er das Wunder ablehnt, auch Gott ablehnt, denn den Menschen verlangt es nicht so sehr nach Gott als nach Wundern. Und da der Mensch außerstande ist, ohne Wunder auszukommen, wird er sich neue, eigene Wunder schaffen und das Wunder der Scharlatane, die Hexerei alter Weiber anbeten, wenn er auch hundertmal ein Aufrührer, ein Ketzer und ein Gottesleugner ist. Du bist nicht vom Kreuz herabgestiegen, als sie Dir unter Hohn und Spott zuriefen: ‚Steig herab vom Kreuz, und wir werden glauben, daß Du es bist!‘ Du bist nicht herabgestiegen, weil Du wiederum den Menschen nicht durch ein Wunder knechten wolltest, weil Du nach seinem freien Glauben lechztest und nicht nach Wunderglauben. Du lechztest nach Liebe in Freiheit und nicht nach der knechtischen Begeisterung eines Sklaven angesichts einer Macht, die ihm ein für allemal Schrecken eingeflößt hat. Aber auch darin hattest Du eine zu hohe Meinung von den Menschen, denn sie sind selbstverständlich Sklaven, wenn auch Aufrührer von Natur. Blicke um Dich und urteile; fünfzehn Jahrhunderte sind vergangen; geh hin und sieh Dir die Menschen an: wen hast Du zu Dir emporgehoben? Ich schwöre Dir, der Mensch ist schwächer und niedriger, als Du gedacht hast! Vermag er denn zu vollbringen, was Du vollbracht hast? In Deiner hohen Achtung vor ihm hast Du so gehandelt, als hättest Du kein Mitleid mehr mit ihm, denn Du verlangtest zuviel von ihm – Du, der Du ihn mehr liebst als Dich selbst! Hättest Du ihn weniger geachtet, so hättest Du auch weniger von ihm verlangt, und das wäre der Liebe näher gekommen, denn seine Bürde wäre dann leichter gewesen. Er ist schwach und gemein. Was hat es schon zu besagen, wenn er jetzt allerorten gegen unsere Herrschaft rebelliert und darauf auch noch stolz ist? Das ist nur der Stolz eines Kindes, eines Schuljungen. Sie sind wie kleine Kinder, die sich im Klassenzimmer empört und den Lehrer hinausgejagt haben. Doch auch ihre Freude wird ein Ende nehmen, und sie wird sie teuer zu stehen kommen. Sie werden die Kirchen niederreißen und die Erde mit Blut überschwemmen. Aber bei all ihrer Torheit werden sie schließlich einsehen, daß sie zwar Aufrührer, aber nur schwache Aufrührer sind, die ihren eigenen Aufruhr nicht ertragen können. Sie werden in ihrer Blindheit Tränen vergießen und eingestehen, der sie zu Empörern erschaffen hat, habe sich zweifellos über sie lustig machen wollen. Sie werden das in Verzweiflung sagen, und ihre Worte werden eine Gotteslästerung sein, die sie noch unglücklicher machen wird; denn die menschliche Natur verträgt keine Gotteslästerung und rächt sich zuletzt stets dafür. Unruhe, Verwirrung und Unglück – das ist somit das heutige Los der Menschen nach alledem, was Du für ihre Freiheit erduldet hast! Dein großer Prophet sagt in seinem Gesicht und Gleichnis, er habe alle Teilnehmer der ersten Auferstehung gesehen, und es seien von jedem Geschlechte zwölftausend gewesen. Doch wenn ihrer auch so viele gewesen sind, so waren sie trotzdem gleichsam nicht Menschen, sondern Götter. Sie hatten Dein Kreuz auf sich genommen, sie hatten jahrzehntelang in der unfruchtbaren und kahlen Wüste ausgehalten, sich von Heuschrecken und Wurzeln genährt – und freilich, voller Stolz kannst Du auf sie hinweisen, auf diese Kinder der Freiheit, der Liebe in Freiheit, des freien und großartigen Opfers in Deinem Namen. Doch bedenke, es waren ihrer nur einige tausend, überdies waren es Götter – und die übrigen? Was können die übrigen, die schwachen Menschen dafür, daß sie nicht das gleiche zu ertragen vermochten wie die Starken? Was kann eine schwache Seele dafür, daß sie nicht imstande ist, so furchtbare Gaben in sich zu fassen? Bist Du denn wirklich nur zu den Auserwählten und für die Auserwählten gekommen? Trifft das zu, so handelt es sich hier um ein Geheimnis, das wir nicht begreifen können. Und handelt es sich um ein Geheimnis, so hatten auch wir das Recht, ein Geheimnis zu predigen und die Menschen zu lehren, wichtig sei nicht der freie Entschluß ihres Herzens und nicht die Liebe, sondern das Geheimnis, dem sie blind gehorchen müßten, selbst gegen ihr Gewissen. Das haben wir getan. Wir haben Deine Tat verbessert und sie auf das *Wunder,* das Geheimnis und die Autorität gegründet. Und die Menschen freuten sich, daß sie wieder geführt wurden wie eine Herde und daß ihnen die furchtbare Gabe, die ihnen soviel Qual gebracht hatte, endlich vom Herzen genommen war. Sag, hatten wir nicht recht, als wir so lehrten und handelten? Haben wir die Menschheit nicht geliebt, als wir so demütig ihre Ohnmacht erkannten, in Liebe ihre Bürde erleichterten und ihrer schwachen Natur sogar die Sünde, freilich nur mit unserer Einwilligung, gestatteten? Warum bist Du jetzt gekommen, uns zu stören? Und was blickst Du mich stumm und durchdringend an mit Deinen sanften Augen? Zürne mir doch, ich will Deine Liebe nicht, weil ich selber Dich nicht liebe. Und was sollte ich vor Dir verbergen? Weiß ich etwa nicht, mit wem ich rede? Alles, was ich Dir zu sagen habe, ist Dir schon bekannt, ich lese es in Deinen Augen. Könnte ich denn vor Dir unser Geheimnis verbergen? Vielleicht willst Du es gerade aus meinem Munde vernehmen. So höre denn: wir sind nicht mit Dir, sondern mit *ihm*, das ist unser Geheimnis! Wir sind schon längst nicht mehr mit Dir, sondern mit *ihm*, schon seit acht Jahrhunderten. Vor genau acht Jahrhunderten haben wir von ihm das angenommen, was Du entrüstet zurückgewiesen hattest, jene letzte Gabe, die er Dir anbot, als er Dir alle Reiche der Welt zeigte: Wir nahmen von ihm Rom und das Schwert des Kaisers und erklärten uns selbst zu irdischen Königen, zu den einzigen Königen, wenn es uns auch bis heute nicht gelungen ist, unser Werk zu vollenden. Doch wer ist daran schuld? Oh, dieses Werk steckt bis jetzt noch in den Anfängen, aber es hat begonnen. Lange noch wird man warten müssen, bis es vollendet ist, und viel wird die Welt noch zu erleiden haben, aber wir werden unser Ziel erreichen und werden Kaiser sein, und dann werden wir an das Glück der ganzen Menschheit denken. Dabei hättest Du schon damals das Schwert des Kaisers in die Hand nehmen können. Warum hast Du diese letzte Gabe zurückgewiesen? Hättest Du diesen dritten Rat des mächtigen Geistes angenommen, so hättest Du alles erfüllen können, wonach es den Menschen hienieden verlangt: Du hättest ihm gezeigt, wen er anbeten, wem er sein Gewissen überantworten könnte und auf welche Weise alle sich endlich zu einem einzigen allgemeinen und einträchtigen Ameisenhaufen vereinigen könnten, denn das Bedürfnis nach einem erdumfassenden Zusammenschluß ist die dritte und letzte Qual der Menschen. Hat doch die Menschheit als Ganzes schon immer danach gestrebt, sich zu einer die ganze Erde umspannenden Gemeinschaft zu verbinden. Es hat viele große Völker mit großer Geschichte gegeben, doch je höher diese Völker standen, desto unglücklicher waren sie, denn stärker als anderen kam ihnen das Bedürfnis nach einem weltumfassenden Zusammenschluß der Menschen zum Bewußtsein. Die großen

Eroberer, ein Timur und Dschingis-Khan, jagten wie ein Wirbelwind über die Erde und wollten die ganze Welt erobern, aber auch sie bekundeten, wenn auch unbewußt, das gleiche große Bedürfnis der Menschheit nach einer weltumfassenden und allgemeinen Einigung. Hättest Du die Welt und den Purpur des Kaisers angenommen, so hättest Du ein Weltreich begründen und der ganzen Welt Ruhe bringen können. Denn wer anders sollte denn über die Menschen herrschen, wenn nicht die, in deren Händen ihr Gewissen und ihr Brot sind? Wir haben das Schwert des Kaisers angenommen, und damit verwarfen wir natürlich Dich und folgten *ihm*. Oh, es werden noch Jahrhunderte vergehen, in denen der Unfug des freien Verstandes, ihre Wissenschaft und Menschenfresserei herrschen werden, denn sie, die ihren babylonischen Turm ohne uns zu bauen begannen, werden bei der Menschenfresserei enden. Dann aber wird das Tier zu uns gekrochen kommen und wird uns die Füße lecken und sie mit den blutigen Tränen seiner Augen benetzen. Und wir werden uns auf das Tier setzen und den Kelch erheben, und auf ihm wird geschrieben stehen: *Das Geheimnis!* Dann erst, und nur dann, wird für die Menschen das Reich der Ruhe und des Glückes anbrechen. Du bist stolz auf Deine Auserwählten, doch Du hast nur Auserwählte, wir aber werden allen Ruhe bringen. Und nicht nur das: wie viele von diesen Auserwählten, von den Starken, die hätten Auserwählte werden können, sind schließlich des Wartens auf Dich müde geworden und haben die Kräfte ihres Geistes und die Glut ihres Herzens auf einen anderen Acker getragen und werden sie noch dorthin tragen und zuletzt ihr Panier der *Freiheit* gegen Dich erheben? Dieses Panier aber hast Du selbst aufgerichtet. Bei uns jedoch werden alle glücklich sein und weder rebellieren noch einander ausrotten, wie es unter Deiner Freiheit allerorten geschieht. Oh, wir werden sie davon überzeugen, daß sie erst dann frei sein werden, wenn sie zu unseren Gunsten auf ihre Freiheit verzichtet und sich uns unterworfen haben. Nun, werden wir damit recht haben, oder wird das eine Lüge sein? Sie werden sich selbst davon überzeugen, daß wir recht haben, denn sie werden sich erinnern, zu welchen Schrecknissen der Sklaverei und der Verwirrung Deine Freiheit sie geführt hat. Die Freiheit, der freie Geist und die Wissenschaft werden sie in solche Wirrnisse führen und vor solche Wunder und unlösbare Geheimnisse stellen, daß die einen von ihnen, die Unbotmäßigen, aber Schwachen, sich gegenseitig ausrotten werden, während die übriggebliebenen dritten, die Schwachen und

Unglücklichen, zu unseren Füßen gekrochen kommen und laut zu uns rufen werden: ‚Ja, ihr hattet recht, ihr allein besaßet Sein Geheimnis, und wir kehren zu euch zurück; rettet uns vor uns selbst!' Wenn sie von uns Brot erhalten, werden sie natürlich erkennen, daß wir ihnen ihr eigenes, mit ihren eigenen Händen erworbenes Brot nehmen, um es ohne jedes Wunder wieder an sie zu verteilen; sie werden sehen, daß wir nicht Steine in Brot verwandelt haben, doch fürwahr, mehr noch als über das Brot werden sie sich darüber freuen, daß sie es aus unseren Händen erhalten! Denn nur zu gut werden sie sich erinnern, daß früher, ohne uns, das Brot, das sie erarbeitet hatten, sich in ihren Händen in Steine verwandelte, daß aber, seit sie zu uns zurückkehrten, die Steine in ihren Händen zu Brot wurden. Nur zu gut werden sie zu schätzen wissen, was es heißt, sich ein für allemal zu unterwerfen! Und solange die Menschen das nicht begreifen, werden sie unglücklich sein. Wer hat am meisten zu diesem Unverständnis beigetragen? Sprich! Wer hat die Herde auseinandergesprengt und auf unbekannte Pfade zerstreut? Doch die Herde wird sich wieder sammeln und sich wieder unterwerfen, und dann ein für allemal. Dann werden wir ihnen das stille, bescheidene Glück schwacher Wesen geben, als die sie erschaffen sind. Oh, wir werden sie endlich überreden, nicht stolz zu sein, Du aber hast sie emporgehoben und dadurch gelehrt, stolz zu sein; wir werden ihnen beweisen, daß sie schwach und nur armselige Kinder sind, daß aber Kinderglück süßer ist als jedes andere. Sie werden schüchtern werden und zu uns emporblicken und sich in ihrer Angst an uns schmiegen wie die Küken an die Glucke. Sie werden uns anstaunen und fürchten und stolz darauf sein, daß wir so mächtig und klug sind und daher eine so wilde Herde von tausend Millionen zu bändigen vermochten. Ohnmächtig werden sie vor unserem Zorn zittern, ihr Geist wird verzagen, ihre Augen werden tränenreich sein wie die der Kinder und Frauen, doch ebenso leicht werden sie auf einen Wink von uns zur Heiterkeit und zum Lachen, zu heller Freude und glücklichen Kinderliedern übergehen. Ja, wir werden sie zwingen zu arbeiten, aber ihre arbeitsfreien Stunden werden wir zu einem kindlichen Spiel gestalten, mit Kinderliedern, Chorgesang und harmlosen Tänzen. Oh, wir werden ihnen auch die Sünde erlauben, denn sie sind ja schwach und ohnmächtig, und sie werden uns wie Kinder dafür lieben, daß wir ihnen erlauben zu sündigen. Wir werden ihnen sagen, daß jede Sünde getilgt werde, wenn sie mit unserer Erlaubnis begangen worden sei; daß wir ihnen erlaubten zu sündigen, weil wir sie liebten, und daß wir die Strafe für solche Sünden auf uns nehmen wollten. Und wir werden sie auch auf uns nehmen, und sie werden uns als ihre Wohltäter vergöttern, die vor Gott ihre Sünden tragen. Und sie werden keinerlei Geheimnisse vor uns haben. Wir werden ihnen erlauben oder verbieten, mit ihren Frauen und Geliebten zu leben, Kinder zu haben oder nicht – je nach ihrem Gehorsam –, und sie werden sich uns freudig und gern unterwerfen. Mit den qualvollsten Geheimnissen ihres Gewissens – mit allem, allem werden sie zu uns kommen, und wir werden alles entscheiden, und sie werden unserer Entscheidung freudig glauben, denn sie wird sie von einer großen Sorge und von den jetzigen furchtbaren Qualen der persönlichen und freien Entscheidung erlösen. Und alle werden glücklich sein, all die Millionen Geschöpfe; nur die hunderttausend nicht, die über sie herrschen. Denn wir allein, die wir das Geheimnis bewahren, wir allein werden unglücklich sein. Es wird Tausende Millionen glücklicher Kinder geben und hunderttausend Dulder, die den Fluch der Erkenntnis von Gut und Böse auf sich genommen haben. Still werden sie sterben, still erlöschen in Deinem Namen und jenseits des Grabes nichts als den Tod finden. Doch wir werden das Geheimnis bewahren und sie um ihres Glückes willen mit dem himmlischen und ewigen Lohne locken. Denn selbst wenn es im Jenseits etwas gäbe, so doch natürlich nicht für solche Menschen wie sie. Es heißt und wird prophezeit, Du werdest kommen und von neuem siegen, Du werdest kommen mit Deinen Auserwählten, mit Deinen Stolzen und Mächtigen; doch wir werden sagen, daß sie nur sich selbst, wir aber alle erlöst haben. Es heißt, daß die große Hure, die auf dem Tier sitzt und das *Geheimnis* in ihren Händen hält, beschimpft werden wird, daß die Schwachen sich von neuem empören, den Purpur der Hure zerreißen und ihren eklen Leib entblößen werden. Dann aber werde ich mich erheben und Dich hinweisen auf die Tausende von Millionen glücklicher Kinder, die keine Sünde gekannt haben. Und wir, die wir um ihres Glückes willen ihre Sünden auf uns genommen haben, wir werden vor Dich hintreten und zu Dir sagen: ‚Richte uns, wenn Du es kannst und wagst!‘ Du mußt wissen, daß ich Dich nicht fürchte. Du mußt wissen, daß auch ich in der Wüste gewesen bin, daß auch ich mich von Heuschrecken und Wurzeln genährt habe, daß auch ich die Freiheit gesegnet habe, mit der Du die Menschen gesegnet hast; auch ich hatte vor, einer von Deinen Auserwählten, einer von den Mächtigen und Starken zu werden, und lechzte danach, ‚die Zahl zu vervollständigen'. Doch ich kam zur Besinnung und wollte nicht mehr dem Wahnsinn dienen. Ich kehrte zurück und schloß mich der Schar derer an, die *Deine Tat verbesserten.* Ich verließ die Stolzen und kehrte zu den Demütigen zurück, um ihres Glückes willen. Was ich Dir sage, wird in Erfüllung gehen, und unser Reich wird errichtet werden. Ich sage Dir nochmals: morgen noch wirst Du diese gehorsame Herde sehen, die auf meinen ersten Wink herbeistürzen wird, um glühende Kohlen auf den Scheiterhaufen zu schaufeln, auf dem ich Dich verbrennen werde, weil Du gekommen bist, uns zu stören. Denn wenn jemand den Scheiterhaufen verdient, so bist Du es. Morgen werde ich Dich verbrennen. Dixi.‹«

Literaturhinweise

Es werden nur solche Bücher genannt, die seit dem Zweiten Weltkrieg in deutscher Sprache erschienen sind und die die Gesamtgeschichte der abendländischen Staatsphilosophie zum Gegenstand haben. Zu den einzelnen Epochen und Denkern findet der interessierte Leser in diesen Büchern – insbesondere in den Sammelwerken – eine Fülle weiterführender Hinweise.

Friedrich Berber, *Das Staatsideal im Wandel der Weltgeschichte.* München, C. H. Beck 1973.

Arnold Bergsträsser, Dieter Oberndörfer, Wolfgang Jäger (Hrsg.), *Klassiker der Staatsphilosophie.* 2 Bände. Stuttgart, K. F. Koehler 1962 und 1971.

Carl August Emge, *Geschichte der Rechtsphilosophie.* Darmstadt, Wissenschaftliche Buchgesellschaft 1967.

Carl J. Friedrich, *Die Philosophie des Rechts in Historischer Perspektive.* Berlin-Göttingen-Heidelberg, Springer 1955.

Jürgen Gebhardt, Manfred Henningsen, Peter J. Opitz (Hrsg.), *Geschichte des politischen Denkens.* List Hochschulreihe. 14 Bände. München, List 1968-1974.

Ernst von Hippel, *Geschichte der Staatsphilosophie in Hauptkapiteln.* 2 Bände, 2. Aufl. Meisenheim, Hain 1958.

Hans Maier, Heinz Rausch, Horst Denzer (Hrsg.), *Klassiker des Politischen Denkens.* 2 Bände. Band I: 4. Aufl. 1972; Band II: 3. Aufl. 1974. München, C. H. Beck.

Gerhard Möbus, Otto Heinrich von der Gablentz (Hrsg.), *Politische Theorien Teil I, II und III.* 3 Bände. Band I: 2. Aufl. 1963; Band II: 2. Aufl. 1966; Band III: 3. Aufl. 1967. Köln und Opladen, Westdeutscher Verlag.

Wolfgang Naucke, *Rechtsphilosophische Grundbegriffe.* Frankfurt a. M., Alfred Metzner 1982.

Karlheinz Rode, *Geschichte der europäischen Rechtsphilosophie.* Düsseldorf, Werner 1974.

Bertrand Russell, *Philosophie des Abendlandes.* Wien, Europa Verlag 1975.

Kurt Schilling, *Geschichte der sozialen Ideen.* 2. Aufl. Stuttgart, Kröner 1966.

Walter Theimer, *Geschichte der politischen Ideen.* 4. Aufl. Bern/München, Francke 1973.

Alfred Verdross, *Abendländische Rechtsphilosophie.* 2. Aufl. Wien, Springer 1963.

Hans Welzel, *Naturrecht und Materiale Gerechtigkeit.* 4. Aufl. Göttingen, Vandenhoeck & Ruprecht 1962.

Reinhold Zippelius, *Geschichte der Staatsideen.* 3. Aufl. München, C. H. Beck 1976.

Quellennachweise

Einführung
Norbert Hoerster, *Der Gegenstand der Staatsphilosophie und ihre Geschichte*. Originalbeitrag.

1. Kapitel
Platon, *Die Idee des Staates und das wahre Interesse der Bürger*. Aus: Platon, *Der Staat*. In: Platon, *Jubiläumsausgabe sämtlicher Werke*. Bd. 4, Zürich, Artemis 1974, S. 86–94 (338c–342e), 117–121 (358e–361d); und: Platon, *Gorgias*. In: Platon, *Jubiläumsausgabe sämtlicher Werke*. Bd. 2, Zürich, Artemis 1974, S. 330–331 (483b–484c), 362–366 (502d–505b), 369–371 (507a–508c), 379 (513e–514a), 385–386 (517b–518c), 391–392 (521d–522c); und: Platon, *Der Staat* (s.o.), S. 314–316 (488a–489c), 294 (473c–473d), 333–334 (500b–500e), 357 (517b–517c). Abdruck mit freundlicher Genehmigung des Verlages.
Aristoteles, *Der Staat als natürliche Voraussetzung glücklichen Lebens*. Aus: Aristoteles, *Politik*. 2. Aufl. München 1976 (dtv 6022), S. 47–48 (1252a1–1252a35), 49–50 (1252b28–1253a40), 52–54 (1254a15 bis 1254b27), 116–118 (1280a31–1281a8), 113–114 (1279a17–1279b10), 122–123 (1282b14–1283a22), 134–135 (1287b38–1288b3), 184–185 (1308b31–1309a32), 186 (1309b18–1310a1). Abdruck mit freundlicher Genehmigung des Artemis Verlages, Zürich.
Marcus Tullius Cicero, *Naturrecht als universale Teilhabe am ewigen Weltgesetz*. Aus: Marcus Tullius Cicero, *Der Staat*. Reinbeck bei Hamburg 1964 (Rowohlts Klassiker 162), S. 25, 80; und: Marcus Tullius Cicero, *Über die Gesetze*. Reinbek bei Hamburg 1969 (Rowohlts Klassiker 239), S. 14, 15–17, 18–19, 19, 20, 23–26. Abdruck mit freundlicher Genehmigung des Verlages.
Aurelius Augustinus, *Die Verwirklichung des Gottesstaates als Ziel der Geschichte*. Aus: Aurelius Augustinus, *Vom Gottesstaat*, 2 Bde. Zürich, Artemis 1955, Bd. II, S. 570–571; Bd. II, S. 572; Bd. I, S. 213–214; Bd. I, S. 211–213; Bd. II, S. 7–8; Bd. II, S. 158; Bd. II, S. 216–218,; Bd. II, S. 506; Bd. II, S. 564–565; Bd. II, S. 566–567; Bd. II, S. 585–586; Bd. I, S. 296; Bd. I, S. 297–298. Abdruck mit freundlicher Genehmigung des Verlages.
Thomas von Aquin, *Regeln zur Erreichung des diesseitigen und jenseitigen Lebenszieles*. Aus: Thomas von Aquin, *Über die Herrschaft der Fürsten*. Stuttgart 1971 (Reclams UB 9326), S. 5–6, 52–56, 57–59. Abdruck mit freundlicher Genehmigung des Verlages. – Und: Thomas von Aquin, *Summa Theologica*. 1. Teil des 2. Buches, Fragen 90–96. In: Thomas von Aquin, *Summa Theologica*. Bd. II, Taurini, Marietti 1932, S. 517 (91, 1), 516 (90, 4), 518 (91, 2), 530–531 (93, 5 und ad

1), 527 (93, 2), 534 (94, 2), 537 (94, 4), 534–535 (94, 2), 537 (94, 5), 538 (94, 5 ad 2), 540 (95, 1), 528 (93, 3), 529 (93, 3 ad 2), 541 (95, 2), 548 (96, 4), 520 (91, 4). Übersetzt von Norbert Hoerster.

2. Kapitel

Niccolò Machiavelli, *Realpolitische Bedingungen der Ausübung staatlicher Macht*. Aus: Niccolò Machiavelli, *Politische Betrachtungen über die alte und die italienische Geschichte*. Köln und Opladen, Westdeutscher Verlag 1965, S. 135, 127–128, 121, 29–30; und: Niccolò Machiavelli, *Der Fürst*. Stuttgart 1974 (Reclams UB 1218–19), S. 95–96, 113, 40, 45, 42–43, 70–71, 100, 101–102, 104–106, 73–74, 134–136, 137–138. Abdruck mit freundlicher Genehmigung der Verlage.

Thomas Hobbes, *Der Staat als Instrument eines aufgeklärten Egoismus*. Aus: Thomas Hobbes, *Leviathan*. Frankfurt a. M. – Berlin – Wien 1976 (Ullstein Taschenbücher 3240), S. 94–102, 104–105, 110–111, 119–122, 131–135, 137–138, 165–166, 168–169, 169–170, 171, 262–264. Abdruck mit freundlicher Genehmigung des Luchterhand Verlages, Neuwied und Darmstadt.

John Locke, *Der Staat als Zusammenschluß zur Sicherung natürlicher Grundrechte*. Aus: John Locke, *Zwei Abhandlungen über die Regierung*. Frankfurt a. M., Europäische Verlagsanstalt 1967, Buch II: S. 201 (§ 4), 202–203 (§ 6–7), 206–208 (§ 12–14), 211–213 (§ 19–20), 256–257 (§ 87), 258–260 (§ 90–91), 264–266 (§ 95–99), 283–287 (§ 123–132), 289–294 (§ 134–137), 298–299 (§ 143–144), 301–302 (§ 149). Abdruck mit freundlicher Genehmigung des Verlages.

3. Kapitel

David Hume, *Die wertlose Fiktion vom Gesellschaftsvertrag*. Aus: David Hume, *Of the Original Contract*. In: David Hume, *The Philosophical Works*. Bd. 3, Aalen, Scientia 1964, S. 443–448, 449 bis 451, 452–453, 453, 454–456, 459–460. Übersetzt von Hartmut Kliemt.

Montesquieu, *Teilung der Staatsgewalt als Garantie politischer Freiheit*. Aus: Montesquieu, *Vom Geist der Gesetze*. Erster Band, Tübingen, H. Laupp'sche Buchhandlung 1951, S. 9–11, 12, 16, 19, 20–21, 211–215, 217–226, 229. Abdruck mit freundlicher Genehmigung des Verlages J. C. B. Mohr (Paul Siebeck), Tübingen.

Jean-Jacques Rousseau, *Die Realisierung des allgemeinen Willens durch Demokratie*. Aus: Jean-Jacques Rousseau, *Über den Ursprung der Ungleichheit unter den Menschen*. In: Jean-Jacques Rousseau, *Schriften zur Kulturkritik*. 2. Aufl. Hamburg, Felix Meiner 1971, S. 79, 165–169, 175–177, 183–185; und: Jean Jacques Rousseau, *Der Gesellschaftsvertrag oder die Grundsätze des Staatsrechts*. Stuttgart 1974 (Reclams UB 1769–70), S. 5–6, 9–10, 11, 11–12, 14–15, 17–24, 27–30, 32–35, 36–39, 42–44, 46, 47–49, 58–59, 116, 120–121. Abdruck mit freundlicher Genehmigung der Verlage.

Immanuel Kant, *Die Rechtsordnung als denknotwendige Bedingung allgemeiner Freiheit und Gleichheit.* Aus: Immanuel Kant, *Die Metaphysik der Sitten.* In: Immanuel Kant, *Werke.* (Akademie-Ausgabe 7), Bd. 6, Berlin, Reimer 1907, S. 229–231, 237–238; und: Immanuel Kant, *Über den Gemeinspruch: Das mag in der Theorie richtig sein, taugt aber nicht für die Praxis.* In: Immanuel Kant, *Werke.* (Akademie-Ausgabe), Bd. 8, Berlin, Reimer 1912, S. 289–305.

4. Kapitel

Georg Wilhelm Friedrich Hegel, *Der geschichtliche Staat als Verkörperung der sittlichen Vernunft.* Aus: Georg Wilhelm Friedrich Hegel, *Grundlinien der Philosophie des Rechts.* 4. Aufl. Hamburg, Felix Meiner 1955, S. 6–8, 13–14, 14–15, 15–16, 165, 169, 207–208, 208–210; und: Georg Wilhelm Friedrich Hegel, *Die Vernunft in der Geschichte.* 5. Aufl. Hamburg, Felix Meiner 1955, S. 111–112, 142–143, 28–29, 32, 32–33, 64–65, 75–76, 94–95, 98–99.

Karl Marx und Friedrich Engels, *Von der kapitalistischen zur kommunistischen Gesellschaft.* Aus: Karl Marx, *Zur Kritik der Politischen Ökonomie.* In: Karl Marx/Friedrich Engels, *Ausgewählte Schriften in zwei Bänden.* Bd. 1, Berlin, Dietz Verlag 1974, S. 335–337; und: Karl Marx/Friedrich Engels, *Feuerbach (1. Teil der »Deutschen Ideologie«).* In: Karl Marx/Friedrich Engels, *Studienausgabe in 4 Bänden.* Frankfurt a. M. 1972–1975 (Fischer Taschenbücher 6059–6062), Bd. 1, S. 96–97; und: Karl Marx, *Lohn, Preis, Profit.* In: *Studienausgabe* (s. o.), Bd. 2, S. 194–197; und: Karl Marx/Friedrich Engels, *Manifest der kommunistischen Partei (1848).* In: *Studienausgabe* (s. o.), Bd. 3, S. 59–60, 61–62, 64–65, 65–66, 67–68, 68–69, 70–73, 75, 77; und: Karl Marx, *Randglossen zum Programm der deutschen Arbeiterpartei (1875).* In: *Studienausgabe* (s. o.), Bd. 3, S. 178–180, 186; und: Friedrich Engels, *Die Entwicklung des Sozialismus von der Utopie zur Wissenschaft.* In: *Studienausgabe* (s. o.), Bd. 1, S. 176–177.

John Stuart Mill, *Plädoyer für die Freiheit des Individuums.* Aus: John Stuart Mill, *Über Freiheit.* Frankfurt a. M., Europäische Verlagsanstalt 1969, S. 16–19, 28–29, 43–44, 51–52, 68–69, 91–92, 100–101, 108–109, 116, 118–120, 125–126, 130–131, 132–134, 136. Abdruck mit freundlicher Genehmigung des Verlages.

Epilog

Fjodor M. Dostojewskij, *Der Widerstreit zwischen Freiheit und Glück.* Aus: Fjodor M. Dostojewskij, *Die Brüder Karamasow,* München, Winkler Verlag 1968, S. 338–351. Abdruck mit freundlicher Genehmigung des Verlages.

Philosophie